2022 개정 교육과정
평가, AI로 날개를 달다

지미정 오한나 노명호 권의선 김영수 이진원 장희영 소민영 조보현

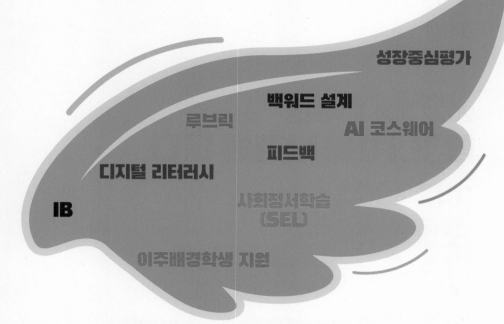

성장중심평가

백워드 설계

루브릭

AI 코스웨어

피드백

디지털 리터러시

IB

사회정서학습
(SEL)

이주배경학생 지원

🔍 깊이 있는 학습

개념기반 교육과정, 백워드 설계, 루브릭, 성장중심평가, AI 코스웨어,
사회정서학습(SEL), IB 교육, 평가와 피드백 지원 플랫폼 등
2022 개정 교육과정 및 평가에 대해 현장 교사들의 깊이 있는 연구를 담은 책!

2022 개정 교육과정
평가, AI로 날개를 달다

초판 1쇄 인쇄 | 2024년 09월 20일
초판 5쇄 인쇄 | 2024년 12월 30일

지 은 이 | 지미정, 오한나, 노명호, 권의선, 김영수, 이진원, 장희영, 소민영, 조보현 공저
표 지 시 안 | 장희영
발 행 인 | 김병성
발 행 처 | 앤써북
편 집 진 행 | 조주연
주   소 | 경기도 파주시 탄현면 방촌로 548번지
전   화 | (070)8877-4177
팩   스 | (031)942-9852
등   록 | 제382-2012-0007호
도 서 문 의 | answerbook.co.kr

I S B N | 979-11-93059-36-4 13000

들어가는 글

2022 개정 교육과정의 의미와 방향

2022 개정 교육과정은 '미래교육', '모든 학생을 위한 맞춤 교육'이라는 비전 아래 학습자의 성장과 발달을 지원하는 교육을 강조한다. 수업의 변화는 평가 패러다임을 바꾸는 것으로부터 출발한다. 그래서 교사 역할은 무대 위의 현자(Sage on the stage)에서 학습자 옆의 가이드(Guide on the side)로 변화할 것을 요구받고 있다. 이러한 맥락에서 대한민국 교육부의 "교사가 이끄는 교실 혁명" 슬로건과 디지털 대전환 시대에 맞춘 교사 역할 변화 강조는 시의적절한 접근이라고 볼 수 있다.

그러나 현재 AI 디지털 교과서 도입에만 치중된 방향은 개념기반 교수 학습의 본질을 간과할 위험이 있다. 디지털 교과서와 AI 기술은 기초 학습 부진 해결과 개별 맞춤형 학습에 일정 부분 기여할 수 있지만, 이는 개념기반 교육과정이 추구하는 고차원적 사고력과 깊이 있는 개념 이해를 달성하기에는 불충분하다.

이러한 문제의식을 바탕으로, 본 저서 〈2022 개정 교육의 평가, AI로 날개를 달다〉는 미래 교육 평가를 고민하는 교사들에게 실질적인 도움을 주고자 집필되었다. 본 저서는 단순히 AI 디지털 교과서 사용법을 넘어, 개념기반 교수학습에 대한 깊이 있는 이해와 실천 방안을 제시한다.

1장에서는 2022 개정 교육과정의 평가 방향을 깊이 있게 탐색하고, 깊이 있는 학습을 위한 평가 설계 및 실천 방안을 제시한다. 특히, AI 코스웨어, 생성형 AI 등 다양한 에듀테크를 활용하여 학생 맞춤형 교육과 평가를 실현하는 구체적인 사례를 소개하며, 이주배경학생과 같이 교육 취약 계층을 위한 평가 방안도 함께 모색한다.

2장에서는 개념기반 교육과정의 이해를 돕고, 이를 바탕으로 백워드 설계를 통해 진정한 이해와 전이를 끌어내는 수업 및 평가 설계 방법을 제시한다. 또한, AI를 활용하여 개념기반 교육과정을 효과적으로 운영하는 실제 수업 사례를 통해 교사들의 이해를 돕는다.

3장에서는 평가에서 매우 중요한 루브릭에 대해 알아본다. 학교 현장에 직접 적용하는 데에 따른 어려움과 해결 방법, 적용 사례 등을 살펴보고, AI를 활용하여 쉽게 도움을 받을 수 있는 방법을 소개한다.

들어가는 글

4장에서는 성장중심평가의 의미와 실천 방안을 탐구한다. 학생 참여형 평가, 데이터 기반 평가, 정의적 영역 평가 등 다양한 성장중심평가 사례를 통해 학생의 자기 성찰과 성장을 촉진하는 평가의 가능성을 제시한다. 특히, AI 챗봇을 활용한 피드백, 구글 설문을 활용한 평가 등 에듀테크를 활용한 평가 방법을 소개하여 교사들의 실천적인 역량을 강화하고자 한다.

5장에서는 구글 클래스룸, 다했니? 다했어요, 클리포 등 평가와 피드백을 효과적으로 지원하는 다양한 플랫폼을 소개한다. 각 플랫폼의 기능과 활용 방법을 자세히 안내하여 교사들이 평가 업무의 효율성을 높이고, 학생들에게 더욱 의미 있는 피드백을 제공할 수 있도록 돕는다.

6장에서는 각 시·도 교육청이 도입에 적극성을 보이는 IB(International Baccalaureate) 교육과 미래 교육이라 불리는 2022 개정 교육과정에 대해 객관적으로 비교 분석하여, 우리나라 미래 교육의 방향이 어디를 가리키고 있는지 진단하고 교사 교육과정을 책임지는 교사 입장에서 우려되는 여러 사항에 대해 비판적인 관점으로 고찰하고자 한다.

본 저서는 개념기반 탐구 학습의 이해와 디지털, AI 리터러시가 2022 개정 교육과정 실천의 필수 전제 조건임을 강조한다. 이는 단순히 디지털 기술에 의존하는 것이 아니라, 교사의 전문성 강화, 교수학습 방법의 혁신, 평가 체제의 개선 등이 종합적으로 이루어져야 함을 의미한다.

결론적으로, 본 저서는 2022 개정 교육과정 시대에 발맞춰 평가 패러다임의 변화를 모색하고, AI 기술을 비롯한 에듀테크를 적극적으로 활용하여 학생의 성장과 발달을 지원하는 평가를 실천하고자 하는 모든 교육 관계자들에게 유용한 지침서가 될 것이다. 학자, 관료가 이야기하는 추상적인 이론에만 머물지 않고 현장에 접목하여 과감히 실천하고 심지어 실패 사례까지 가감 없이 드러낸 책이기 때문이다. 현장의 고민이 고스란히 녹아있는 이 책을, 급변하는 교육 환경 속에서도 끊임없이 배우고 성장하는 학생들을 기르기 위해 함께 고민하고 노력하는 대한민국의 모든 선생님들께 헌정한다.

지미정 개념기반 교육과정, 그 어려운 개념을 어떻게 이해할 수 있을까? AI 코스웨어로 학생 개별 맞춤 교육 구현을 넘어 수학적 사고력을 함양하는 탐구 수업으로 어떻게 나아갈 수 있을까? 학생 성취도 데이터를 실시간으로 빠르게 수집하고, 이를 바탕으로 맞춤 수업 설계를 어떻게 할 수 있지?

새로운 시대에 발맞춰 에듀테크와 생성형 AI로 함께 풀어보자.

오한나 이제는 교육과정과 평가라는 교육의 핵심까지 실제 사례를 곁들여 에듀테크로 풀어가는 책이 필요하다. 중요하지만 실천하기 어려운 성장중심평가와 개념기반 교육과정을 생성형 AI로 쉽게 구현하고 싶었다. 이 책을 기점으로 교육에 에듀테크를 적용하는 지평이 넓어지기를 기대한다.

노명호 1년 동안 IBEC과정을 이수하면서 핵심 아이디어(Central Idea)를 추출해서 단원탐구계획(UOI)를 짜는 것이 얼마나 힘들었는지 새삼 기억이 났다. 개인적으로 매우 도전적이었고 고통스러웠다. IB의 개념기반 탐구 수업과 유사한 2022 개정 교육과정 수업 설계 및 평가를 감당해야 할 대한민국 대다수 선생님들께 참고할만한 무언가를 제공하고 싶었다. 더불어 교육과정을 실천할 책임을 맡고 있지만 부당하게 폄하되는 현장 교사 입장을 독자들에게 잘 전달할 수 있기를...

권의선 생성형 AI가 교육에 도입되면서 우리는 많은 AI 도구를 배우고, 다양한 융합 수업 사례 연수를 받아왔다. 그런데 평가는 어떻게 해야 할까? 답을 찾지 못한다면 우리는 그저 디지털 도구를 익히기 위한 체험형 수업에 그치게 된다. 왜 우리가 디지털·AI 도구를 활용해야 하는지, 이를 통해 무엇을 얻을 수 있는지 '평가'를 통해 해답을 찾아보도록 하자.

들어가는 글

김영수 학교 현장에 디지털 기기가 많이 보급되었고 수많은 에듀테크 도구가 있음에도 정작 교사가 이것을 학습과 평가에 활용하기는 쉽지 않다. 더군다나 '점점 늘어나고 있는 이주배경학생(다문화학생)을 어떻게 가르치고 평가할 것인가?'에 대한 고민이 커졌다. 디지털 기기와 에듀테크 도구를 활용하여 평가와 피드백을 통해 학생의 성장을 돕는 성장중심평가에 도전장을 던진다.

이진원 2022 개정 교육과정의 도입을 앞둔 지금, 성장중심평가와 루브릭, 그리고 생성형 AI의 도움으로 수업과 평가에서 많은 변화를 불러올 수 있을 것이라는 믿음으로 시작하였다. 학생의 성장을 돕기 위한 다양한 사례들을 함께 알아보자.

장희영 2022 개정 교육과정으로 또 한 번 변화의 바람이 불고 있는 교육 현장에서 준비된 교사가 되고 싶었다. 2022 개정 교육과정의 방향을 담은 수업과 평가를 제대로 풀어보고 싶었다. 이 책에는 우리의 고민과 시행착오를 담고 있으며, 그 곁에는 함께 하는 동료 교사와 AI가 있다.

소민영 에듀테크와 AI라는 큰 변화 속에서 변하지 않는 가치는 무엇일까? 이 고민을 하면서 어떤 가치를 아이들과 함께 나누고 싶은지 고민했다. 아이들이 정서적 성장을 경험하며 함께하는 기쁨과 변화에 대한 열정을 이해하기를 바란다. 또한, 사회적 상호작용을 통해 서로를 격려하고 발전할 수 있는 평가 방법을 에듀테크 도구와 함께 탐색하고 담아 보았다.

조보현 다양한 에듀테크 도구와 AI를 수업 시간에 잘 활용하면 편리하고 학생들도 즐거워한다. 하지만 단순히 이런 도구를 잘 활용한다고 해서 학생들의 성장에 도움이 된다고 볼 수 있을까? 에듀테크와 AI를 활용한 수업과 평가에 깊이를 더하려면 어떻게 해야 할지 고민하고 연구했다.

저마다의 깊이를 더하며

2024년 8월

독자 지원 센터

[도서자료·정오표]

이 책의 실습에 필요한 책 소스 파일 다운로드, 정오표, Q&A 방법, 긴급 공지 사항 같은 안내 사항은 앤써북 공식 카페의 [종합 자료실]에서 [도서별 전용 게시판]을 이용하시면 됩니다.

앤써북 네이버 카페에서 [종합 자료실] 아이콘(❶)을 클릭한 후 종합자료실 게시글에 설명된 표에서 209번 목록 우측 도서별 전용 게시판 링크 주소(❷)를 클릭하거나 아래 QR 코드로 바로가기 합니다. 도서 전용 게시판에서 설명하는 절차로 책소스 파일 다운로드, 정오표, Q&A 방법 등을 안내 받을 수 있습니다.

▶ 앤써북 공식 네이버 카페 종합자료실 https://cafe.naver.com/answerbook/5858

▶ 도서 전용게시판 바로가기 https://cafe.naver.com/answerbook/6497

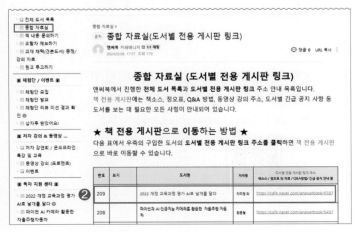

독자 지원 센터

[앤써북 공식 체험단]

앤써북에서 출간되는 도서와 키트 등 신간 책을 비롯하여 연관 상품을 체험해 볼 수 있습니다. 체험단은 수시로 모집하기 때문에 앤써북 카페 공식 체험단 게시판에 접속한 후 "즐겨찾기" 버튼(❶)을 눌러 [채널 구독하기] 버튼(❷)을 눌러 즐겨찾기 설정해 놓거나, 새글 구독을 우측으로 드래그하여 ON으로 설정해 놓으면 새로운 체험단 모집 글(❸)을 메일로 자동 받아보실 수 있습니다.

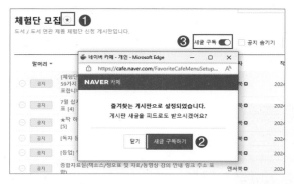

▶ 앤써북 카페 공식 체험단 게시판 https://cafe.naver.com/answerbook/menu/150

체험단 바로가기 QR코드

[저자 강의 안내]

앤써북에서 출간된 책 관련 주제의 온·오프라인 강의는 특강, 유료 강의 형태로 진행될 예정입니다. 강의 관련해서는 아래 게시판을 통해서 확인해주세요. "앤써북 저자 강의 안내 게시판"을 통해서 앤써북 저자들이 진행하는 다양한 온·오프라인 강의를 확인할 수 있습니다.

▶ 앤써북 강의 안내 게시판 https://cafe.naver.com/answerbook/menu/144

저자 강의 안내 게시판 바로가기 QR코드

Contents
목차

I 2022 개정 교육과정 평가 톺아보기

Contents
목차

Contents
목차

 V 평가와 피드백을 지원하는 플랫폼

IB와 2022 개정 교육과정

이 책의 북토크 영상 보기 QR코드

https://url.kr/5pvp5g

https://cafe.naver.com/answerbook/7138

I

2022 개정 교육과정
평가 톺아보기

Ⅰ-1

2022 개정 교육과정 평가 방향

가. 2022 개정 교육과정의 의미와 방향

2022 개정 교육과정은 미래 사회의 불확실성과 복잡성에 대비하여 학습자의 핵심 역량 함양을 강조하며, 이를 위해 깊이 있는 학습을 제시한다. 깊이있는 학습은 개념기반 교육과정을 통해 실현되며 비판적 사고, 창의적 사고, 평생 학습 능력을 함양하는데 중점을 둔다. 개념기반 교육과정은 역량 함양을 위해 지식과 기능을 넘어 개념적 이해를 강조하며, 탐구 중심 수업을 통해 학생들의 능동적인 참여를 유도한다. 탐구 과정에서 학생들은 스스로 질문을 만들고 답을 찾아가는 과정을 통해 비판적 사고 능력과 문제 해결 능력을 키울 수 있다. 이는 OECD 교육 2030 중간 보고서에서 제시된 '지식역량통합 교육'과도 맥을 같이 한다.

깊이 있는 학습은 학습자가 스스로 지식을 구성하고 세상에 대한 이해를 넓혀나가는 탐구 학습이다. 마치 AI(인공지능)가 딥러닝을 통해 스스로 패턴을 만들고 지식을 도출하는 과정과 유사하다. AI가 대량의 데이터 속에서 패턴을 찾아 스스로 학습하듯, 학습자 역시 다양한 정보를 탐색하고 연결하여 자신만의 지식을 만들어 나간다. 즉, 깊이 있는 학습은 정보를 능동적으로 탐색하고 연결하여 지식을 구성하고, 이를 통해 세상에 대한 이해를 넓혀가는 과정이다. 이는 학습자들이 정보 과잉 시대에 정보를 선별하고 비판적으로 분석하는 **비판적 사고**, 새로운 아이디어를 창출하고 문제를 해결하는 **창의적 사고**, 그리고 변화하는 사회에 적응하고 지속적으로 성장하는 **학습자 주도의 평생 학습 능력**을 함양하는데 필수적이다.

2022 개정 교육과정은 이러한 핵심 역량 함양을 위해 **삶과 연계된 학습, 교과 간 연계 및 통합, 학습 과정에 대한 성찰**을 강조한다. 삶과 연계된 학습은 학습 내용을 실생활 맥락 속에서 이해하고 적용함으로써 학습의 의미와 동기를 부여하고, 교과 간 연계 및 통합은 다양한 지식을 융합하여 복잡한 문제를 해결하는 능력을 키운다. 또한 학습 과정에 대한 성찰은 학습 전략을 개선하고 메타인지 능력을 키워서 자기 주도 학습 능력을 함양하는 데 기여한다.

나. 2022 개정 교육과정 평가 방향

2022 개정 교육과정에서의 평가 방향은 이러한 깊이 있는 학습을 촉진하고 핵심 역량 함양을 지원하는 데 초점을 맞춘다. 주요 평가 방향은 다음과 같다.

- **과정중심평가 강화:** 학습의 결과뿐만 아니라 과정을 중요하게 여기며, 학생들의 성장과 발전을 지속적으로 모니터한다. 수업 중 관찰, 토론, 프로젝트 수행 등 다양한 활동을 통해 평가가 이루어진다.
- **역량중심평가:** 단순 지식 암기를 넘어 핵심 역량의 발달을 평가한다. 문제 해결력, 비판적 사고력, 창의성, 의사소통 능력 등을 종합적으로 평가한다.
- **수행평가 확대:** 실제적인 과제와 프로젝트를 통해 학생들의 역량을 평가한다. 협동 학습, 토론, 발표, 포트폴리오 등 다양한 수행평가 방법을 활용한다.
- **형성평가 강화:** 학습 과정에서 지속적인 피드백을 제공하여 학생들의 개선과 성장을 돕는다. 자기평가와 동료평가를 통해 학생들의 메타인지 능력을 향상시킨다.
- **개별화된 평가:** 학생 개개인의 성장과 발달을 고려한 맞춤형 평가를 실시한다. 학습자의 다양성을 인정하고, 개인의 강점과 약점을 파악하여 개선점을 제시한다.
- **통합적 평가:** 여러 교과의 지식과 기능을 융합하여 평가하는 방식을 도입한다. 실생활 문제 해결을 위한 종합적인 능력을 평가한다.
- **디지털 기술을 활용한 평가:** 온라인 플랫폼, AI 기술 등을 활용하여 다양한 형태의 평가를 실시한다. 실시간 피드백과 개별화된 학습 경로 제공이 가능해진다.
- **평가의 신뢰성과 타당성 확보:** 다양한 평가 방법과 도구를 사용하여 평가의 객관성을 높인다. 평가 기준과 루브릭을 명확히 하여 평가의 일관성을 유지한다.

I-2

깊이 있는 학습을 구현하기 위한 수업·평가 사례

가. 중등 외국어 교과에서 깊이 있는 학습 실현하기

　AI가 실생활에 깊숙이 파고들면 스마트폰 '온디바이스(On-Device) AI' 기능으로 실시간 통번역이 가능해진다. 기존에는 특정 정보를 얻기 위해 구글 번역이나 딥엘(DeepL) 번역기를 사용하였지만, 앞으로는 외국인과 대화할 때 일상생활에서 겪을 수 있는 다양한 문제를 온디바이스로 손쉽게 해결할 수 있게 된다.

　그렇다면 우리가 앞으로 외국어를 학습해야 하는 이유는 무엇일까?

　중·고등학교에는 영어를 비롯해 일본어와 중국어, 스페인어 등 다양한 제2외국어 교과가 있고, 원활한 의사소통을 위한 언어 표현과 문화양식 등을 배우고 있다.

　외국어 학습의 목적은 다른 나라의 가치관과 행동양식, 생활양식 등을 함께 배움으로써 세계시민으로서의 포용력과 다양성, 타인에 대한 존중, 협력적 태도를 함양하기 위함이다. 따라서 기술의 발전이 급변하는 미래 사회에 상호 간의 진정한 협력적 의사소통을 위해서는 언어 학습을 통해 서로 다른 언어와 문화에 대한 폭넓은 이해와 존중, 열린 태도가 중요할 것이다.

　본고에서는 깊이 있는 학습을 통해 학습자가 스스로 학습 목적을 도출한 일본어 교과 수행평가 사례를 소개하고자 한다. **'외국인과 교류한다면 무엇을 주제로 대화할까?'**라는 질문에 학습자들은 자신과 관련된 다양한 맥락 속에서 창의적으로 문제를 해결하고자 노력하였고, 그 과정에서 자연스럽게 외국어 학습의 목적인 원활한 의사소통을 위해 서로에 대한 문화적 차이를 이해하고 상호 존중하는 태도가 필요하다는 결론을 내릴 수 있었다. 이 과정에서 교과 간 연계와 통합, 삶의 맥락과의 전이에서 학생이 연결의 주체가 되어 스스로 학습 방향을 만들어갈 수 있도록 수업을 설계하는 것이 무엇보다 중요하였다.

1) 깊이 있는 학습 실현을 위한 수업 설계하기

(1) 핵심 질문 설정하기

깊이 있는 학습은 핵심 아이디어를 기반으로 학습자가 깊이 있게 사고하고, 탐구하는 과정에서 자기 생각과 경험을 연결하고 내면화하여 새로운 상황에 적용할 수 있는 역량 함양을 목표로 한다. 따라서 학생의 사고와 탐구를 촉진하기 위한 핵심 질문 설정이 중요하다.

핵심 아이디어[1]	• 일본 문화에 대한 이해는 원활한 의사소통의 근간으로, 문화적 감수성을 키우는 바탕이 된다. • 상호문화적 관점에서 일본 문화를 이해하는 것은 일본을 이해하고 일본과 교류하는 데 도움이 된다.
성취기준	• [9생일05-03] 한일문화의 공통점과 차이점에 대해 상호문화적 관점에서 온오프라인으로 의견을 공유한다. • [9생일05-04] 언어문화 · 비언어 문화를 포함한 일본 문화 내용을 의사소통 상황에 활용한다.

학습 목적	일본 문화를 이해하고 한일 간의 다양한 문화적 차이를 아는 것은 원활한 의사소통을 실현하고 세계시민으로서의 포용력과 다양성, 협력적 태도 등을 함양하기 위함이다.

핵심 질문	일본인과 교류할 때 원활한 의사소통을 위해 필요한 것은 무엇인가?

▲ 핵심 질문 도출 과정

(2) 학습자 분석을 통한 학습 내용 도출하기

핵심 질문을 해결하기 위해 학습자들이 학습해야 할 내용은 '문화'이다. 2022 개정 교육과정 중학교 생활일본어과 문화 영역에서 도출한 내용 요소는 다음과 같다.

---

[1] 2022 개정 교육과정 중학교 생활일본어과 '문화' 영역에서 발췌함.

지식·이해	• 언어문화(호칭 방법, 표현적 특징 등) • 비언어 문화(손짓, 몸짓 등) • 일본의 간략한 개관(행정 구역, 지리, 인구 등) • 일상생활 문화(가정생활, 학교생활, 교통, 의식주, 연중행사, 마쓰리, 스포츠, 행운·기원, 환경 등) • 대중문화(노래, 만화, 애니메이션, 드라마, 영화 등)
과정·기능	• 문화 내용 이해하기 • 문화 내용을 의사소통 상황에 활용하기 • 한일문화의 공통점과 차이점에 대해 온오프라인으로 의견 공유하기
가치·태도	• 일본 문화의 다양성에 대한 인식과 포용 • 상호문화적 관점 인지

▲ 2022 개정 교육과정 중학교 생활일본어과 문화 영역 내용 요소

일본 문화에 대한 학습자들의 관심도를 알아보기 위해 설문을 시행한 결과, 대중문화와 일상생활 문화 순으로 관심이 높았으며, 언어문화 5.7%, 개관 5.2%, 기타 6.2%였고 기타 내용으로는 경제, 과학 등이 언급되었다.

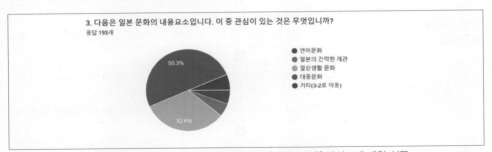

▲ 중학교 3학년 대상 '일본 문화 내용 요소(지식·이해)' 관심도에 대한 설문

필자가 주목한 것은 학습자의 개별성이다. 유의미한 학습은 개개인이 탐구하고 싶은 내용을 깊이 있게 학습하는 과정에서 형성된다. 이에 학습 내용을 학생이 스스로 결정하고 창의적으로 문제를 해결할 수 있도록 지원할 필요가 있다고 판단되었다.

(3) 탐구 과정 설계하기

탐구 과정의 줄기는 핵심 질문의 해답을 학습자가 스스로 찾아낼 수 있도록 설계하는 것이다. 구체적으로 살펴보자면 우선, 학습자는 가상으로 일본인과 의사소통하는 상황을 설정한다. 이 때의 대화 주제는 곧 자신의 탐구 주제이자 학습 내용이 된다. 주제는 일본

문화 영역의 내용 요소(지식 · 이해) 중 하나를 선정하되, 자신의 관심 분야와 연계하여 도출하거나, 혹은 다른 교과 시간에 배운 내용 중에서 더 깊이 탐구하고 싶은 것이 있으면 이를 연계하여 선정하도록 하였다.

가령, 축구에 관심이 있는 학생은 한국와 일본의 축구 문화에 대해 일본인과 대화를 나누게 된다. 의사소통 과정에서 서로의 문화를 알게 되고 공통점과 차이점을 발견한다. 즉 일본인과 교류할 때 원활한 의사소통을 위해 무엇이 필요한지, 대화 상황을 만들어보면서 스스로 탐구 주제를 학습하고 핵심 질문에 대한 해답을 도출해 나가는 것이다. 모든 과정을 표로 정리하자면 다음과 같다.

핵심 질문	일본인과 교류할 때 원활한 의사소통을 위해 필요한 것은 무엇인가?
⬇	
사전 설문 결과	학습자들은 대중문화, 일상생활 문화에 관심이 많음. 그 외 언어문화, 개관, 경제, 과학 등이 거론됨. → 학습자들의 개별성을 존중해야 한다는 결론을 내림.
⬇	
성취기준	• [9생일05-03] 한일 문화의 공통점과 차이점에 대해 상호문화적 관점에서 온오프라인으로 의견을 공유한다. • [9생일05-04] 언어문화 · 비언어 문화를 포함한 일본 문화 내용을 의사소통 상황에 활용한다.
⬇	
학생별 탐구 질문	일본인과 교류한다면 무엇을 주제로 대화할까?
⬇	
의사소통 상황	자신만의 의사소통 상황 설정하기 (가상의 한국인과 일본인 정하고, 어떤 상황에서의 대화인지 설정)

탐구 주제 [대화 주제] ⬇ 설정하기

일본문화 내용 요소 [지식 · 이해]	+	a. 자신의 관심 분야
		b. 다른 교과에서 배운 내용 중에서 더 깊이 연구하고 싶은 주제

⬇

의사소통 내용❷	의사소통 내용에 들어가야 할 요소 (한국/일본 문화 특징 각각 2개, 공통점 2개, 차이점 2개)

⬇

결론	"일본인과 교류할 때 원활한 의사소통을 위해 필요한 것은 무엇인가?"에 대한 결론 도출

▲ 탐구 활동 흐름

---

❷ 일본 문화 내용 요소의 과정 · 기능을 반영하여 설정함.

2) 깊이 있는 학습 실행하기

실제 프로젝트는 중학교 3학년 학생 213명을 대상으로 약 3주간(6차시) 수행평가로 진행하였고, 전반적인 과정에서 다음과 같이 디지털 역량도 함께 기를 수 있도록 하였다.

❶ 뤼튼(Wrtn)[3] 이미지 생성	어떤 교류 상황인지 설명하기 위한 가상의 등장인물 만들기
❷ 뤼튼	학습 내용(일본 문화 내용 요소 지식 · 이해)에 대한 자료 수집과 조사 실천하기 (AI가 생성한 내용은 출처를 보며 비판적으로 수용해야 한다는 점을 강조함.)
❸ 캔바(Canva)[4]	조사한 내용을 가상 인물 간의 대화문 형식으로 제시하되, 반드시 구체적 근거와 함께 작성하기

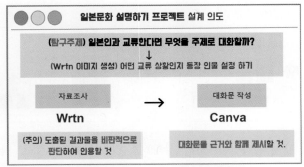

▲ 학생들에게 사전에 수업 의도를 안내한 PPT

학생들은 처음에 뤼튼의 AI 생성 답변을 신기해하였지만 이내 곧 자신에게 필요한 정보를 탐색하는 것에 익숙해짐을 느꼈고, '선생님 뤼튼 답변에 오류가 있는 것 같아요!'라며 답변의 정확성 여부를 검토하는 아이들이 증가하기 시작하였다.

하지만 프로젝트 진행 과정을 꾸준히 관찰해보니 수집한 정보를 대화문으로 즉 자신만의 언어로 바꾸는 것을 무척이나 어려워하였고, 안타깝게도 AI가 생성한 답변을 그대로 복사해서 붙여넣기하여 보고서 형식으로 제작하려는 학생이 많았다.

이에 캔바에서 실시간으로 결과물을 살펴보면서 뤼튼의 AI 생성 결과물을 그대로 수용하지 말고 비판적으로 살펴본 뒤 자신만의 언어로 바꿔야 한다는 점을 강조하였다. 또한 학생들이 뤼튼 답변을 비판적으로 검증해야 함을 인지시키기 위해 반드시 구체적인 근거

❸ wrtn.ai
❹ canva.com

(사진, 뉴스 등의 보도자료, 그림, 그래프 등)를 대화문에 함께 제시해야 한다는 점도 꾸준히 설명하였다. 다음은 학생의 결과물이다.

▣ [일본 문화와 자신의 관심사를 연계] (상황) 전문가 대담 형식[5]

▣ [일본 문화와 자신의 경험을 연계] (상황) 한·일 친구끼리 SNS로 나누는 새해 대화

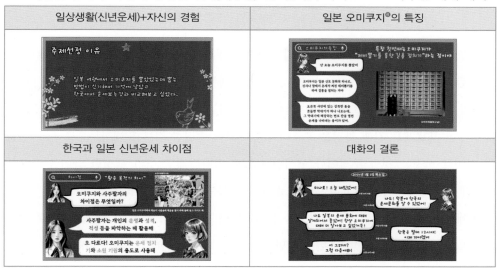

[5] 한국인: 교육부 근무하는 교육 전문가, 해외 교육 프로그램을 검토하여 자문하는 역할, 일본인: 일본 고교 교사
[6] 일본의 신사에서 자신의 운세를 점치는 제비뽑기

■ [일본 문화와 타 교과 내용을 연계] (상황) 한·일 친구끼리의 일상대화

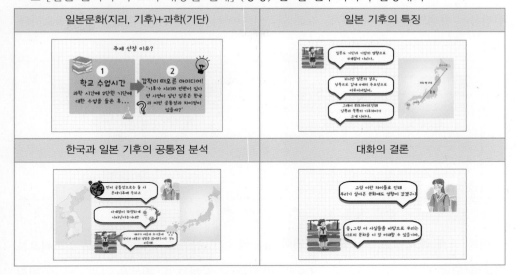

| 일본문화(지리, 기후)+과학(기단) | 일본 기후의 특징 |
| 한국과 일본 기후의 공통점 분석 | 대화의 결론 |

수업 후, 학생들이 다양하게 일본인과의 교류 상황을 설정하고 한·일 양국의 문화를 언급하는 과정에서 원활한 대화를 위해서 문화 이해가 중요하다는 사실을 스스로 도출해 내는 과정을 엿볼 수 있어 매우 유의미하였다.

3) 학습 결과 분석하기

사후 설문조사 결과, '1. 일본인과 교류할 때 원활한 의사소통을 위해 필요한 것은 무엇인가?'라는 질문에 대다수 학생은 '서로 다른 문화에 대한 이해'를 꼽았다. 답변을 워드 클라우드로 시각화한 결과(오른쪽)에도 '문화, 차이, 대화, 이해'의 단어가 주로 언급된 것을 알 수 있다.

▲ 설문 결과 자료

또한, '2. 일본인과 교류할 때 우리에게 필요한 자세는 무엇인가?'라는 질문에 '다름을 인정하는 자세와 존중'이 꼽혔다. 주로 언급된 단어는 '문화, 존중, 다른, 자세, 필요하다'였다.

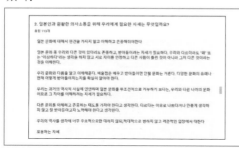

▲ 설문 결과 자료

이와 함께 디지털 도구인 뤼튼과 캔바 사용에 대한 만족도 설문에서 모두 압도적으로 도움이 되었다는 의견이 나왔다. 하지만 개별적으로 살펴보면, 뤼튼은 자료 조사의 편리함을 느꼈지만, 신뢰할 수 없어서 검증이 필요하였다는 의견이 있었고, 캔바는 기능을 익히는데 처음엔 힘들었지만 자료를 만드는데 편리하였다는 의견이 많았다.

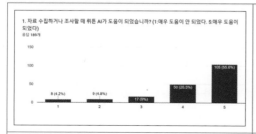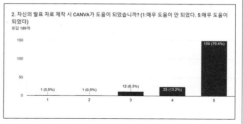

▲ 설문 결과 자료

4) 디지털 도구로 더하는 깊이 있는 학습과 학습으로서의 평가

깊이 있는 학습은 창의적이고 융합적인 문제해결 과정을 통해 실현될 수 있다. 외국어를 배우는 이유는 무지성으로 언어를 배우고 그들의 문화를 수용하기 위함이 아니라, 다양한 언어와 문화양식을 가진 세계인들과 교류할 때 각자의 문화적 차이를 인식하고, 상호문화적 존중과 협력적 태도를 갖추기 위해서이다.

이를 도출하기 위해 디지털 도구를 기반으로 '일본 문화 내용(지식·이해)'을 이해하고, '의사소통 반영, 공통점과 차이점에 대한 의견 공유(과정·기능)'를 통해 가치·태도를 함양할 수 있도록 전개하였다.

앞으로 우리의 교육은 수업 방향, 평가에 대한 관점의 변화가 필요하다. 교사는 전체적인 흐름을 읽고 학습자가 주도적으로 학습할 수 있는 질문을 설계하고, 학습자는 이를 해결해 가는 과정에서 삶으로의 전이, 삶과 연계된 학습이 일어날 수 있다. 즉 평가 자체가 또 하나의 학습이 되는 것이다.

나. 초등 수학 교과에서 깊이 있는 학습 실현하기

2022 개정 교육과정에서는 '포용성과 창의성을 갖춘 주도적인 사람'을 미래 교육에 대한 비전으로 제시하며, 미래 사회 변화에 대응할 수 있는 기초소양과 역량을 함양하기 위해 깊이 있는 학습을 강조한다. 깊이 있는 학습을 위해서는 교과 간 연계와 통합, 학생의 삶과 연계된 학습, 학습에 대한 성찰 등이 중요하다. 이는 교과 지식을 더 많이 암기해야 한다거나 더 어려운 수준까지 학습해야 함을 의미하는 것이 아니다. 각 교과의 고유한 핵심 개념과 원리를 올바르게 이해하고 내면화하며 생각이나 경험과 연결하여 자신의 것으로 만들어야 함을 의미한다. 깊이 있는 학습이 이루어질 때 그 지식은 무기력한 지식이 아니라 삶의 다양한 맥락에서 활용할 수 있는 살아 있는 지식이 되며, 창의적이고 융합적인 문제 해결 능력의 기초가 될 수 있다(교육부, 2024).

수학 교과에서는 수학의 개념, 원리, 법칙을 이해하고 수학의 가치를 인식하며 바람직한 수학적 태도를 길러 수학적으로 추론하고 의사소통하며 다양한 현상과 연결하여 정보를 처리하고 문제를 창의적으로 해결하는 수학 교과 역량을 함양하는 것을 목표로 제시한다. 수학은 위계성이 강한 과목이고 깊이 있는 학습을 위해 개념을 이해하는 것이 무엇보다 중요하다. 하지만 교과서에서 제시하는 여러 가지 문제들을 해결하며 수업하다 보면 학생들이 수학 개념을 깊이 이해했는지 확인하고 평가하기 어렵다.

초등학교 3학년 학생들에게 (두 자리수)×(한 자리수)를 가르치기 위해 학생들의 사전 지식을 진단하였다. 학생들이 2학년 때 학습한 곱셈 구구(한 자릿 수의 곱셈)에 대해 질문한 결과, 2×3이라는 식을 보고 답을 계산하는 것은 모든 학생이 할 수 있었다. 하지만 '사탕을 두 개씩 세 명에게 주면 사탕이 모두 몇 개가 필요할까요?'와 같은 문장으로 된 문제를 이해하고 '두 개씩 세 묶음'을 수모형으로 설명하는 학생은 63%(22명 중 14명)에 불과했다. 또 곱셈은 우리 생활 속에서 어디에 이용되는지, 곱셈의 의미는 무엇인지 질문하면 대부분의 학생이 제대로 답을 하지 못했다.

▲ 학생의 수모형 조작 결과

학생들이 기계적으로 곱셈을 계산할 수는 있지만 곱셈 개념을 제대로 이해하지 못하거나 곱셈 개념과 알고리즘을 연결하지 못한 것이다. 학생들은 곱셈 개념과 수학적 상황을 이해하지 못하고, 곱셈 단원을 공부할 때는 보이는 두 수를 곱하고, 나눗셈 단원을 공부할 때는 보이는 두 수를 나누는 경우가 허다하다. 이렇게 문제를 풀어도 수학익힘책 대부분의 문제를 맞힐 수 있다.

학생의 삶과 수학 개념을 연결하는 등 깊이를 더하기 위해 수학 교과서의 모든 단원에는 실생활 문제가 제시되어 있다. 하지만 그런 문제를 푸는 것만으로 학생의 삶에 연결되고 확장된다고 볼 수 있을까? 또 단순히 곱셈식과 답을 적는 평가를 통해 교사는 학생의 이해를 판단할 수 있을까?

진단 평가 결과를 보며 그동안 했던 필자의 수학 수업을 되돌아봤다. 수업을 단순히 문제 풀이 위주로 해왔던 것은 아닌지, 평가를 통해 학생이 개념을 깊이 이해하고 자신의 삶에 적용할 수 있는지 확인하지 못했던 것은 아닌지 고민이 깊어졌다. 이번 장에서는 수학 수업에 대한 필자의 고민을 2022 개정 교육과정이 추구하는 깊이 있는 학습의 관점에서 풀어나가 보려고 한다.

2022 개정 교육과정 총론 해설에서는 깊이 있는 학습을 위해 다음의 다섯 가지를 제시하고 있다.

가. 깊이 있는 학습

가. 학교는 학생들이 깊이 있는 학습을 통해 핵심역량을 함양할 수 있도록 교수·학습을 설계하여 운영한다.

1) 단편적 지식의 암기를 지양하고 각 교과목의 핵심 아이디어를 중심으로 지식·이해, 과정·기능, 가치·태도의 내용 요소를 유기적으로 연계하며 학생의 발달 단계에 따라 학습 경험의 폭과 깊이를 확장할 수 있도록 수업을 설계한다.

2) 교과 내 영역 간, 교과 간 내용 연계성을 고려하여 수업을 설계하고 지도함으로써 학생들이 융합적으로 사고하고 창의적으로 문제를 해결하는 능력을 함양할 수 있도록 한다.

3) 학습 내용을 실생활 맥락 속에서 이해하고 적용하는 기회를 제공함으로써 학교에서의 학습이 학생의 삶에 의미 있는 학습 경험이 되도록 한다.

4) 학생이 여러 교과의 고유한 탐구 방법을 익히고 자신의 학습 과정과 학습 전략을 점검하며 개선하는 기회를 제공하여 스스로 탐구하고 학습할 수 있는 자기주도 학습 능력을 함양할 수 있도록 한다.

5) 교과의 깊이 있는 학습에 기반이 되는 언어·수리·디지털 기초소양을 모든 교과를 통해 함양할 수 있도록 수업을 설계한다.

▲ 깊이 있는 학습: 2022 개정 교육과정 총론 해설 중(교육부, 2024).

1) 핵심 아이디어 중심의 수업 설계

핵심 아이디어는 교과 기저의 근본이며, 학습의 토대가 되는 개념들을 의미한다. 이는 교과 학습을 통해 궁극적으로 내면화하고 자기맥락화해야 할 아이디어로, 추상적이고 광범위한 수준에서 표현된다.

여기서 개념과 핵심 아이디어는 기존의 교과서가 제시하던 사실적 지식과는 구분된다. 아래의 그림은 사실과 소재들, 그로부터 도출된 개념, 두 가지 이상의 개념이 결합하여 만들어지는 일반화와 원리 사이의 관계를 보여준다(린 에릭슨·로이스 래닝·레이첼 프렌치, 2019).

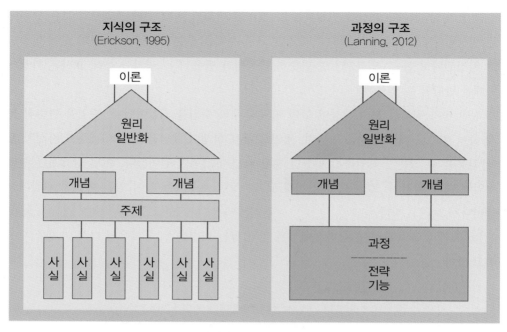

<table>
<tr><td>지식의 구조
(Erickson, 1995)</td><td>과정의 구조
(Lanning, 2012)</td></tr>
</table>

▲ 지식의 구조와 과정의 구조

2022 개정 교육과정에서는 교과별 학습 내용을 지식·이해, 과정·기능, 가치·태도의 세 차원으로 구성하고 각 차원의 내용 요소가 핵심 아이디어를 중심으로 유기적으로 통합되도록 하였다. 3학년 수학 교과의 곱셈을 수업하기 위해 개정 교육과정의 내용 체계표를 확인하였고, 학년 수준 및 학생의 발달 단계에 맞게 아래와 같이 추출하였다.

핵심 아이디어		– 사칙계산(곱셈)은 자연수에 대해 정의되며, 이때 연산의 성질이 일관되게 성립한다. – 수와 사칙계산(곱셈)은 실생활 문제를 포함한 다양한 문제를 해결하는 데 유용하게 활용된다.
내용 요소	지식·이해	자연수의 곱셈 (두 자리 수)×(한 자리 수)
	과정·기능	– 사칙계산(곱셈)의 의미와 계산 원리를 탐구하고 계산하기 – 수 감각과 연산 감각 기르기 – 자연수의 사칙계산(곱셈)을 실생활과 연결하여 문제 해결하기
	가치·태도	– 사칙계산(곱셈), 어림의 유용성 인식 – 수와 연산 관련 문제해결에서 비판적으로 사고하는 태도

▲ 수학과 내용 체계: 3학년 곱셈 관련 내용 추출

진단평가를 보고 본격적인 수업을 시작하기 전에 이번 단원에서 무엇을, 어떻게 평가할 것인지 구체적인 계획을 세웠다. 이번 단원에서는 단순 곱셈 계산 숙달을 넘어서서 학생들이 곱셈의 개념 및 원리를 이해하고 실생활에서 곱셈 상황을 발견하는 등 자신의 삶에 확장하는 것을 목표로 하였다. 또 곱셈 원리를 이용한 다양한 풀이 방법을 활용하는 것을 강조하여 다음의 평가 계획을 세웠다.

　평가 방식은 논술형 평가로 하되, 매 차시마다 형성평가를 통해 학생의 성장 과정을 평가하고 개별 피드백을 주기 위해 노력하였다.

성취 기준	[4수01-05] 곱하는 수가 한 자리 또는 두 자리 수인 곱셈의 계산 원리를 이해하고 그 계산을 할 수 있다.
평가 방법	논술형 평가
평가 내용	곱셈의 원리를 이해하고 우리 주변에서 곱셈을 찾아 다양하게 설명하기

평가요소	매우 잘함	잘함	보통	노력 요함
곱셈 개념 및 원리 이해	수모형을 조작하며 자신이 이해한 곱셈 개념 및 원리를 정확하고 자세하게 설명함.	수모형을 조작하며 자신이 이해한 곱셈 개념 및 원리를 대부분 정확하게 설명함.	수모형을 조작하여 곱셈을 설명하는 과정에서 몇 가지 오류가 있음.	수모형 조작을 통해 곱셈 개념 및 원리를 설명하지 못함.
곱셈 상황 이해 및 발견	다양한 곱셈 상황을 발견하고 곱셈 원리와 연결하여 정확하게 설명함.	곱셈 상황을 발견하고 곱셈 원리와 연결하여 설명하나, 건너뛰는 과정이 있는 등 약간의 오류가 있음.	곱셈 상황을 발견하나 곱셈 원리와 연결하여 설명하지 못함.	곱셈이 이용되는 상황을 발견하지 못함.
해결 과정의 정확성	문제 해결 과정을 단계별로 매우 명확하게 설명하며, 모든 계산이 정확함.	문제 해결 과정을 대부분 명확하게 설명하며, 받아올림 등 약간의 계산 실수를 제외하고는 정확함.	문제 해결 과정의 일부가 불명확하거나, 받아올림 등에 지속적인 오류가 있어 계산이 정확하지 않음.	문제 해결 과정을 설명하지 못함.
해결 과정의 다양성	문제 해결 과정에서 다양한 방법(글, 그림, 가로셈, 세로셈, 더하기 등)을 이용하여 이해하기 쉽게 설명함.	문제 해결 과정에서 자신이 선호하는 한 두가지 방법을 이용하여 설명함.	문제 해결 과정에서 알고리즘(세로셈)을 이용한 계산만 활용함.	문제 해결 과정을 설명하지 못함.

▲ 평가 계획 및 루브릭

2) 삶과 연계한 의미 있는 학습

학생들은 자신의 실생활과 밀접한 과제를 해결하며 다양한 지식을 습득하고 사고하는 힘을 기를 수 있으며, 다양한 문제 해결 전략들을 개발하고 적용할 수 있게 된다(NCTM, 2000). 삶과 연계한 학습은 학생에게 '삶에 의미 있는 학습 경험'으로 이어진다.

이에 적합한 수학과 교수·학습 방법으로는 '수학적 모델링'이 있다. 수학적 모델링은 우리 주변에서 쉽게 일어날 수 있는 실제 상황을 수학적 내용과 표현을 사용하여 해결하는 과정을 말한다(Lesh & Lehrer, 2003). 이때 학생들은 실제 상황으로부터 직관적으로 정보를 추출하고 문제 해결에 필요한 정보를 중심으로 자세히 살펴본 후, 이를 바탕으로 수학적 모델을 활용하여 문제를 해결하게 된다. 문제 해결 이후 다른 실생활 상황에 자신이 만든 수학적 모델을 다시 적용하여 설명하고 예측할 수 있다. 이 과정에서 학생들은 수학화 과정을 체험하고, 수학의 유용성을 인식하며 문제해결력을 기를 수 있다(김혜영, 김래영, 2016).

이번 단원을 수업하며 학생들은 실생활 상황에서 '곱해지는 수'와 '곱하는 수' 사이의 관계를 파악하고 곱셈 상황에서 수학적 모델링 과정을 경험하며 귀납적으로 곱셈을 이해했다. 수업 초반에는 곱셈이 아닌 '덧셈'을 수학적 모델로 활용하는 것도 허용하였다.

수학적 모델링 과정	수업 활동 내용
실세계 탐구	■ 문제 상황 제시 및 이해하기 – 교실에서 곱셈이 이용되는 상황 살펴보고 문제 상황에 대해 이야기 나누기 (문제 예) 우리 반 사물의 개수를 알아보려고 합니다. 어떻게 하면 좋을까요? – 어떤 문제를 해결해야 하는지 파악하기
수학적 모델 수립	■ 문제 해결 방법 찾기 – 문제 해결을 위해 필요한 정보 파악하기 – 곱셈 개념 떠올리기 – 문제 해결을 위해 다양한 방법을 생각하고 기록하기 ■ 문제 해결 방법 공유하기 – 모둠원들과 이야기 나누며 해결 방법 비교하기
수학적 결론	■ 문제 해결하기 – 문제를 해결하고 자신의 해결 과정 설명하기
모델 적용	■ 반성 – 자신의 해결 과정 반성하고 모둠원과 비교하기 ■ 모델 활용하기 – 비슷한 문제에 적용 가능한지 알아보기 – 사용한 수학적 개념의 실생활 활용 방법 알아보기

▲ 수학적 모델링을 적용한 수업 예시(이예진 외, 2023, 349–368쪽 재구성)

곱셈 단원을 본격적으로 배우기 전, 첫 수업에서 "우리 주변에는 곱셈이 얼마나 숨어 있을까?"라는 질문을 던졌다. 학생들과 가장 가까운 환경인 교실에서 곱셈 배열을 찾아보며 2학년 때 공부했던 '덧셈으로서 곱셈의 의미'와 '곱셈구구'를 자신의 언어로 표현할 수 있도록 했다.

> 한 모둠에 책상이 4개씩 5모둠이 있어요.
> 사물함이 한 줄에 11개씩 3줄이 있어요.
> 창문이 4개씩 3번 있어요.
> 자석이 5개씩 10줄 있어요.
> 모둠 바구니에 사인펜이 12개씩 5개 있어요.

▲ 3학년 학생이 찾은 실생활 사례

위와 같이 학생들이 찾은 실생활 문제 중 (두 자리수)×(한 자리수)로 표현할 수 있는 것들을 분류하여 수업의 실생활 문제 상황으로 적용했다.

3) 학습에 대한 성찰 및 성장을 지원하는 평가

학생이 학습 전반에 걸쳐 자신의 탐구 과정과 학습 방법을 성찰하고 개선하며 자기주도 학습 능력을 기를 수 있도록 수업 및 평가 과정에서 면밀한 관찰을 통해 학생의 현재 상태를 진단하고 학생에게 필요한 피드백을 주는 등 개별적인 성장을 지원했다.

(1) 진단 평가 결과에 대한 피드백

진단 평가 결과, 2학년 때 배운 곱셈의 의미 및 곱셈구구에 대해 이해도가 낮은 학생들은 쉬는 시간을 이용해 개별 지도하였다. 곱셈 개념에 대한 설명과 수모형 조작 과정을 도와주었는데, 다행히 학습 결손이 누적된 상태는 아니었고 몇 번의 지도 후 목표에 도달하였다.

(2) 음성 텍스트 변환(Speech To Text)[9]을 이용한 성찰 및 피드백

학생들이 모둠별로 수학적 모델링 과정을 수행하다 보니 학생들이 활발하게 의사소통하고 탐구하는 모습이 인상적이었다. 하지만 일부 학생이 모둠 활동을 주도하거나 무임승차하는 등 학생 참여도에 차이가 있었고, 교사가 교실을 돌아다니며 학생이 개념을 이해했는지 파악하는 데 어려움이 있었다.

이에 대한 대안으로 음성 녹음을 텍스트 만들어주는 프로그램인 '클로바노트[8]'를 이용하였다. 클로바노트는 네이버가 제공하는 음성 기록 관리 서비스로, AI를 이용하여 요약 정리 및 참석자별 대화 점유율에 대해 정보를 제공해준다.

물론 교실에서 학생들을 대상으로 녹음하는 것에 대한 우려가 있을 것이다. 수업 장학을 위해 학생의 동의를 얻어 영상을 녹화하는 것처럼 학생의 성장과 수업 개선을 위해 학생 및 학부모의 동의를 얻어 녹음하였다. 개인정보 보호를 위해 외부에 유출하지 않으며 학생의 자기 평가 및 교사의 피드백을 위한 활용 목적임을 밝혔다.

▲ 협력적 소통 역량 및 학습 성취도를 분석하기 위한 음성 녹음

음성 녹음을 통해 텍스트로 변환할 때 학생의 이름 대신 '참석자1', '참석자2'와 같이 표시된다. 교사가 확인할 때 어려울 수 있으므로 녹음을 처음 시작할 때 학생들이 자신의 이름을 한 번씩 말하도록 했다. 또 녹음된 내용으로 학생의 개념 이해를 확인하기 위해, 모둠 구성원 모두 문제 해결 과정과 수학적 개념을 설명하도록 안내했다.

---

❼ 필자는 '클로바노트'를 활용하였으나 14세 미만 아동의 경우 이용이 제한되어 교사 계정으로 활용함. 클로바노트 대신 '다글로'와 같은 어플도 활용할 수 있음.

❽ clovanote.naver.com

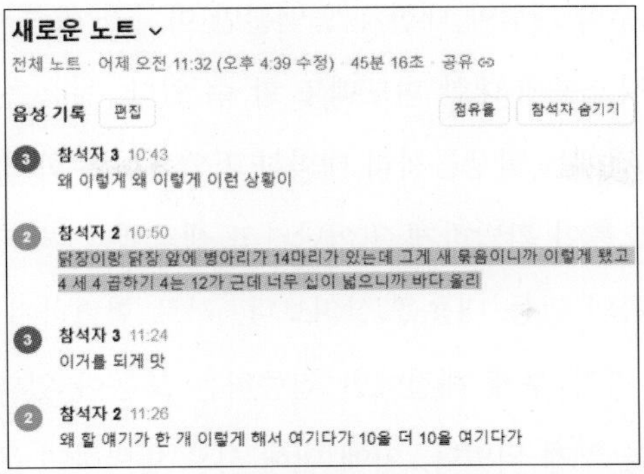

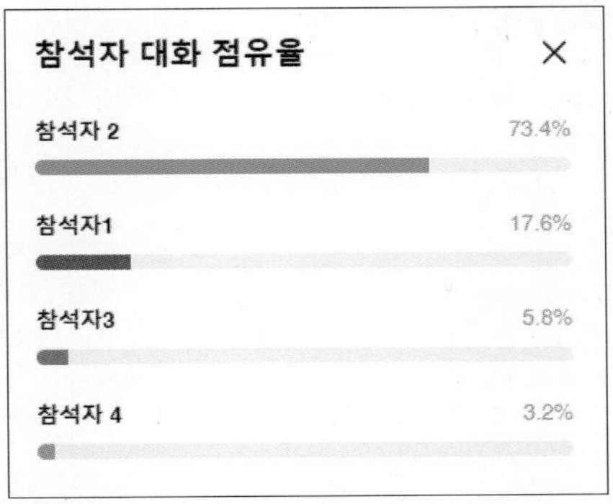

▲ 클로바노트 화면(좌: 수모형 조작하며 설명하는 화면 / 우: 참석자 점유율)

녹음을 마치면 음성 녹음을 텍스트로 바꿔준다. 또 참석자 대화 점유율을 통해 어떤 학생이 가장 활발하게 말했는지 확인할 수 있다. 이때, '참석자1'과 같은 표기를 학생 이름으로 직접 수정할 수 있다. 텍스트로 변환된 내용을 살펴보며 단어를 클릭하면 그 부분의 녹음을 들어볼 수 있다. 이 과정에서 학생들이 이해한 내용을 어떻게 설명하는지 확인하고 진단한다.

앞서 제시된 왼쪽 그림은 학생이 수모형을 조작하며 설명하는 내용이다. 텍스트로 변환하는 과정에서 오타가 있어, 직접 녹음된 내용을 들어보면 다음과 같다.

"닭장이랑 닭장 앞에 병아리가 14마리가 있는데 그게 세 묶음이니까 이렇게 수모형을 놓았고, (일의 자리인) 4 곱하기 3은 12, 근데 12는 10이 넘으니까 십모형으로 바꿔서 받아올림해야 돼."

이 학생은 곱셈 상황을 정확하게 이해하고 받아올림하는 과정을 잘 설명하고 있다.

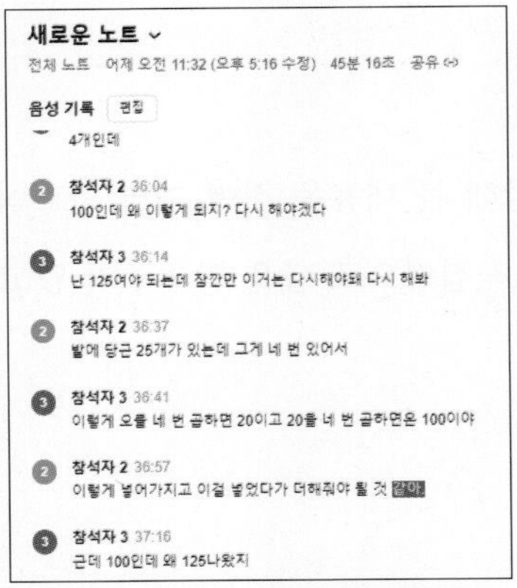

▲ 음성 기록으로 학생의 오개념 확인

왼쪽의 장면은 학생이 25×5를 수모형으로 조작하며 해결하는 과정이다. 학생들이 5의 배수의 곱셈을 직관적으로 계산했을 때와 수모형으로 조작한 결과가 달라 고민하는 모습을 알 수 있다. 수업 중 이 부분에 대해 파악하지 못했지만 녹음된 내용을 들으며 학생들이 5의 배수에 대한 곱셈을 헷갈려한다는 것을 알게 되었고 이에 대해 추후 피드백하였다.

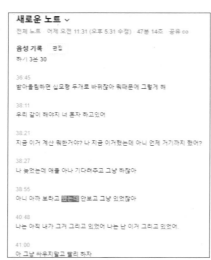

수학 개념에 대한 피드백뿐만 아니라 협력적인 의사소통에 대한 피드백도 할 수 있다. 녹음을 듣기 전에는 학생들끼리 대화하고 있으니 수학적 의사소통이 활발하게 일어난다고 생각했다. 하지만 왼쪽의 활동 내용을 살펴보니, 서로 협력하지 않고 각자 문제 해결에만 집중하는 모둠이 있다는 것을 알게 되었다. 이에 대해 서로 협력하여 문제를 해결하는 과정이 더 중요함을 피드백했다.

▲ 음성 기록으로 학생의 협력적 역량 확인

클로바노트와 같은 음성 텍스트 변환 프로그램은 여러 학생이 동시에 말하는 교실 환경에서 다소 정확도가 떨어지는 문제가 있다. 또 교과 전담이나 중·고등학교에서 여러 반을 수업해야 하는 경우 너무 많은 데이터를 다뤄야해서 현실적인 제약이 있다.

하지만 교사 한 명이 모든 학생의 이해도를 점검하기 힘든 수업 상황을 고려하면, 학생의 개념 이해 및 의사소통이나 문제 해결 과정에 대해 충분히 의미 있는 정보를 얻을 수 있다. 녹음된 내용을 들어보며 학생 스스로 성찰하거나 교사가 녹음 내용에 대해 피드백하는 등 활용도가 높다. 또 학생들은 교사에게 말하거나 발표할 때 긴장해서 제대로 표현하지 못하는 경우가 있으므로 구술 평가 시 활용하면 좋을 것이다.

(3) 학습 결과물에 대한 피드백 및 수정

학생이 학습 후 제출한 결과물에 수정할 부분이나 생각해 볼 내용을 적어 개별 피드백했다. 이때 루브릭의 평가 요소 네 가지를 참고하였으며 직접적으로 답을 알려주지 않고 학생이 스스로 문제를 해결하도록 했다.

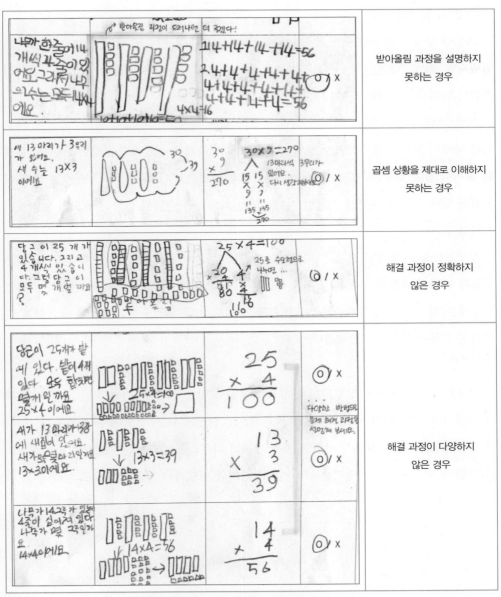

	받아올림 과정을 설명하지 못하는 경우
	곱셈 상황을 제대로 이해하지 못하는 경우
	해결 과정이 정확하지 않은 경우
	해결 과정이 다양하지 않은 경우

▲ 루브릭의 평가 요소에 초점을 맞춰 제시한 피드백

4) 반성 및 제언

그동안 무심코 해오던 수학 수업은 수학 원리를 배우고 익히는 시간이었다. 열심히 수업했지만, 항상 "다했는데 뭐해요?"라는 학생과 제대로 이해하지 못하는 학생이 공존해서 고민이 많았다. 고민해도 딱히 다른 대안이 없다고 생각해서 수업에 발전이 없었다.

이번 단원 수업을 하며 '어떻게 하면 학생의 삶에 녹아드는 수업이 될까? 수준이 서로 다른 학생이 모두 성장하려면 어떻게 해야 할까?' 계속해서 성찰하고 반성했다. 수학 문제를 풀어서 답을 맞추는 '결과'가 아니라 친구들과 협력하고 나의 삶에 적용시키는 '과정'에 초점을 맞추고 수학 수업을 진행한 다음부터는 학생들이 수업에 임하는 태도가 달라지기 시작했다.

무엇보다도 가장 달라진 것은 학습자에 대한 교사로서의 관점이다. 완벽하게 가르치는 것보다 학생이 필요한 부분에 도움을 주려고 하다 보니 한 명씩 더 자세히 관찰하게 되었다. '왜 이걸 이렇게 설명했을까? 어떤 부분이 이해가 안 되었을까?' 그동안 궁금하지 않았던 학생의 속사정이 궁금해졌다.

새로운 교육과정과 평가에 부담을 가지는 교사가 많을 것이다. 필자 또한 그렇다. 평가가 어렵기 때문에 이제는 에듀테크를 적극적으로 활용해 보는 것도 좋은 방법이다. 하지만 더욱 중요한 것은 '교사가 어떤 관점을 가지고 학생들을 바라보는지', '어떤 마음가짐으로 수업 및 평가에 임하는지' 등 교사가 지닌 가치와 태도라는 것을 강조하고 싶다.

학생 맞춤형 교육을 위한 노력

가. 디지털 교과서, AI 코스웨어와 생성형 AI로 수학 시간 정복하기

수학은 그 어떤 과목보다 위계성이 명확하다. 초등학교 과정을 제대로 익히지 못하면 중학교와 고등학교 과정을 절대 이해할 수 없다. 고등학생임에도 분수의 덧셈을 제대로 못 하는 학생들도 있다고 하는 말을 들었을 때 든 생각은 솔직히 놀라움보다는 '당연히 그럴 수밖에…'였다.

초등학교 5학년에 나오는 분수의 덧셈을 계산하기 위해서는 약분과 통분을 이해하고 있어야 하며, 약분과 통분하기 위해서는 약수와 배수를 알아야 한다. 그리고 약수와 배수를 알기 위해서는 곱셈과 나눗셈의 개념이 명확해야 한다. 이렇게 수학 교육에서는 선수 학습 내용의 이해가 필수적이다.

선수 학습 내용에 대한 수준을 진단하기 위해 학기 초에 기초학력 진단평가를 실시한다. 이전 학년의 시험 결과를 받아 든 교사는 눈동자가 흔들린다. 진단평가의 결과는 빙산의 일각일 뿐인 걸 이미 알고 있기 때문이다.

그리고 수학 단원 시작 전, 사전 학습 개념에 대한 진단평가인 '공부할 준비가 되어 있나요' 결과를 확인한 교사는 이 학생을 어떻게 지도해야 할지 고민이 깊어진다. 이전 학년의 학습 결손을 이번 학년에서 어떻게 보충할 수 있을까? 교사는 한 명, 학생은 20~30명, 한정된 시간과 자원 속에서 교사의 고군분투가 펼쳐진다. 하지만 대부분 실패다. 그 빙산 전체를 녹이는 건 쉽지 않은 일이기 때문이다.

하지만 AI 코스웨어가 도입되고, 그 가능성의 길이 열리고 있다. 그리고 기초학력 부진 학생뿐 아니라 잘하는 학생까지도 수준별 맞춤교육을 진행할 수 있다. 교사 혼자라면 절대 할 수 없는 일, AI 코스웨어와 함께라면 가능하다.

1) AI 코스웨어와 학습자 맞춤교육

AI 코스웨어는 AI 기술을 활용하여 개인의 학습 수준과 특성에 맞춘 맞춤형 교육 콘텐츠를 제공하는 것을 의미한다. 이를 통해 학습자의 흥미와 동기를 높이고, 효과적인 학습을 지원할 수 있다. AI 코스웨어는 AI 기술을 활용하여 개인의 학습 데이터를 분석하고, 이를 바탕으로 개인화된 학습 경험을 제공할 수 있다.

클래스팅 AI 러닝, 매쓰홀릭, 풀리수학, 매쓰플랫, 수학대왕 CLASS, 마타수학 및 출판사별 지니아튜터, AI 클래스 등 다양한 수학 AI 코스웨어가 현장 교사의 피드백을 바탕으로 빠르게 안착하고 있다. 이 중, '**클래스팅 AI 러닝®**'을 바탕으로 AI 코스웨어의 특성을 설명하고자 한다.

(1) 개인화된 학습 경로

AI 코스웨어는 학습자의 성과, 선호도, 그리고 학습 스타일을 분석하여 개인에게 가장 적합한 학습 경로를 제안한다. 이를 통해 학습자는 자신의 속도로 학습할 수 있으며, 필요한 부분에 더 많은 시간을 할애할 수 있다.

처음 클래스팅 AI 러닝을 시작했을 때, 첫 번째로 놀랐던 점은 학생별로 진단평가가 다르게 진행된다는 점이었다. 학생의 응답 결과에 따라 다음 문항이 달라지며, 그렇기에 문항 수도 같지 않다. 교사가 테스트를 위해 문제를 풀지 않고 찍었더니, 계속 진단을 위한 문항 수만 늘어나서 열심히 풀 수밖에 없었던 일화를 전한다.

두 번째로 놀랐던 점은 차시별로 수업이 끝나고 실시하는 형성평가 문제가 AI로 진단한 학습자의 수준에 따라 개별적으로 출제된다는 점이다. 항상 같은 시험 문제를 풀어왔던

⑨ classting.ai

학생들은 자신이 몇 문항을 맞았다고 자연스레 이야기하며 비교하기 시작했다. 그런데 서로 틀린 문항을 공유하여 문제를 함께 푸는데 문항의 난이도가 확연히 다르다는 것을 알게 되었고, 그 이후로 '너는 몇 개 맞았어?'라는 말이 교실에서 사라졌다.

(2) 적응형 학습 자료

AI는 학습자가 특정 주제나 개념을 어려워하는 경우, 이를 감지하고 보다 쉽게 이해할 수 있는 자료나 추가 설명을 제공한다. 동영상, 인터랙티브 활동, 퀴즈 등 다양한 형태로 이루어질 수 있다.

클래스팅 AI 러닝에서는 진단평가를 실시한 후, 분석을 통해 [사전 학습이 필요한 개념]을 제시한다. 다 맞은 학생은 [학습이 준비됨]으로 분류되고, 틀린 문항이 있는 학생은 [사전 학습 필요]로 분류되어 대시보드에 표시된다. 그리고 이 사전 학습이 필요한 개념 학습 문제를 완료했을 때, 교사의 대시보드에 [미완료]에서 [완료]로 표시된다. 물론 교사는 학생의 문제와 결과를 모두 확인할 수 있다.

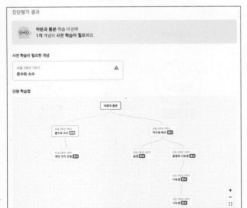

▲ 진단평가를 통해 진단 및 사전 학습이 필요한 개념 학습

아직은 AI 코스웨어 초기이다 보니 클래스팅 AI 러닝뿐 아니라 대부분의 AI 코스웨어에서 적응형 학습 자료 제공 기능이 만족스럽지는 않다. 클래스팅 AI 러닝에서는 문제 형식으로 적응형 학습 자료를 제시하고 있으며, 학습자가 학년을 직접 변경해서 해당 사전

학습 내용의 영상 및 문제를 학습할 수 있도록 보완하고 있다. 교사는 학생의 평가 결과를 보고 부족한 개념에 대해 해당 학생에게만 추가 문제를 배당해 줄 수 있다. 물론 이전 단원이나 이전 학년의 문제도 가능하다.

머지않은 시기에 수학 개념을 이해하는 데 어려움을 겪는 학습자에게 AI가 더 쉬운 예제나 추가적인 설명·영상·게임 등을 다양하게 제공하고, 학습자가 원하는 유형으로 선택하여 지원을 받을 수 있는 때가 올 거라 기대해 본다.

(3) 실시간 피드백 및 평가

학습자는 실시간으로 자신의 학습 진행 상황과 성취도에 대한 피드백을 받을 수 있다. 이는 학습자가 자신의 강점과 약점을 인식하고, 필요한 조치를 할 수 있도록 돕는다.

학습자가 문제의 정답을 입력하자마자 그 결과를 확인할 수 있다는 것만으로도 학습자의 동기를 유지하고 즉각적인 수정 학습을 가능하게 하여, 학습 효율성을 크게 향상할 수 있다.

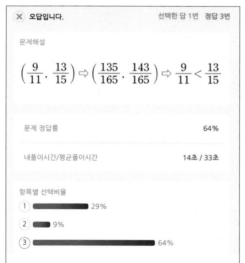

▲ 실시간 채점 결과 및 결과 리포터 확인

(4) 동기 부여 요소

게임화(Gamification) 요소와 같은 동기 부여 전략을 통해 학습자의 참여도와 흥미를 유지하며, 학습 목표 달성을 촉진한다.

개인적으로 게임화 요소가 오히려 학습에 방해 요소가 되는 경우가 많아서 좋아하지 않는다. 하지만 대시보드에서 확인할 수 있듯이 열심히 수학 문제를 풀고 랭킹을 올리거나 아이템 상자를 열기 위해 애쓰고 있는 선두 주자 남학생 3인방을 보면 이런 기능이 왜 들어와 있는지 고개가 절로 끄덕여진다.

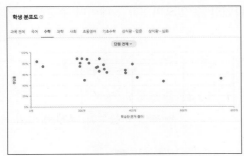 

▲ 학습량과 정답률을 확인할 수 있는 학생 분포도와 랭킹

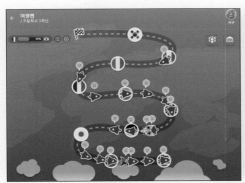 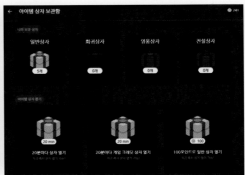

▲ 게임화 요소가 들어간 여정맵

(5) 데이터 분석과 보고

AI 코스웨어는 학습 데이터를 수집하고 분석하여 교육자에게 제공한다. 더는 채점과 점수 기록에 시간을 낭비하지 않아도 되는 것이다. 실시간으로 제공되는 데이터를 통해 교육자는 학습 프로그램을 개선하고, 학습자 개개인에게 최적화된 피드백을 할 수 있다. 기존에는 단원평가를 볼 때나 학생의 성취도 확인이 가능했지만, 이제는 수시로 확인할 수 있다. 불가능에 가까웠던 학생 개별 맞춤 피드백을 단숨에 가능함을 넘어 쉽게 구현토록 해준 것이다.

클래스팅 AI 러닝에서는 과목, 학년, 단원, 문항 수, 문항 정답 수, 문항 풀이 시간, 영상 강의 수, 영상 강의 시청 시간의 데이터를 확인할 수 있으며, '학습 데이터 추출하기' 기능을 활용하여 다운로드할 수도 있다.

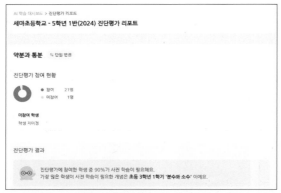

▲ 평가 참여 현황 점검 대시보드

▲ 학습 데이터 추출 기능

(6) 접근성과 편의성

클라우드 기반의 학습 플랫폼을 통해 언제 어디서나 학습 자료에 접근할 수 있으며, 다양한 기기에서 학습을 이어갈 수 있다. 이러한 접근성과 편의성으로 학습자는 언제 어디에서든 교과서가 없어도 수학 학습을 지속할 수 있으며, 이는 학습의 지속성을 보장하고 학습 목표 달성에 도움을 준다.

이렇게 수학 AI 코스웨어의 발전은 학습자 개인의 요구에 맞춰진 교육을 제공하는 데 크게 기여하고 이는 전통적인 교육 방식에서는 달성하기 어려웠던 개인별 학습의 최적화를 가능하게 한다.

개인적으로 AI를 비롯한 에듀테크 사이트를 유료로 활용하는 것을 좋아하지는 않는다. 하지만 물속에 잠긴 빙산까지도 녹일 가능성을 봤으니, AI 코스웨어를 하지 않을 이유는 없어 보인다. 경기도의 하이러닝처럼 자체적으로 개발하고 있는 코스웨어도 있으며, 시도 교육청별로 업체와 협약을 맺고 활용하도록 하는 경우도 있다. 아울러 일정 기간 무료 체험을 지원하는 경우도 있으니 알아보고 적극적으로 활용해 보면 좋겠다.

그런데 여기서 우리가 AI 코스웨어에 대해서 비판적으로 생각해 볼 부분이 있다. 이런 AI 코스웨어가 학습자 개별 진단에 따라 학습자 맞춤교육을 구현해 준다고 해도 그 방향성이 실생활의 문제 해결 역량이나 귀납적 탐구에 기반을 둔 수학적 사고 함양의 방향과 일치하지는 않는다는 것이다. 교사는 수학이 단순 문제 풀이와 오답 정리에서 끝나지 않도록 그 방법을 찾아야 한다.

2) 생성형 AI로 창의 융합 수학 문제 제작하여 활용하기

지식 습득이 아니라 역량 함양을 목표로 하는 교육을 구현하기 위해 다양한 탐구학습을 시도하고 있지만, 여전히 수학 시간은 탐구보다는 문제 풀이 시간에 더 가깝다. 이런 상황에서 학생 개별 맞춤 문제를 제공하는 AI 코스웨어가 탑재된 디지털 교과서를 활용한 수학 시간은 어떤 모습으로 펼쳐질까? 탐구 시간에 더 가까울 것인가? 문제 풀이 시간에 더 가까울 것인가?

조금 더 수학적 사고력을 함양할 기회를 주고 싶지만 교사들이 그런 문제까지 고민할 시간이 없는 게 현실이다. 그런데 생성형 AI가 이런 교사의 고민을 덜어줄 수 있다.

아래의 프롬프트를 통해 창의 융합 수학 문제와 과제를 다양하게 만들 수 있으며, 이를 바탕으로 교사는 학생에게 창의 융합 수학 문제를 접할 기회를 더 쉽게 제공할 수 있을 것이다.

질문 아래의 핵심 아이디어와 성취기준을 바탕으로 수학적 사고력 중 귀납적 사고력을 함양할 수 있는 창의 융합 수업 과제를 제시해줘. 삶의 맥락과 연관 지은 문제를 제시해줘.

[핵심 아이디어]

- 사물의 양은 자연수, 분수, 소수 등으로 표현되며, 수는 자연수에서 정수, 유리수, 실수로 확장된다.
- 사칙계산은 자연수에 대해 정의되며 정수, 유리수, 실수의 사칙계산으로 확장되고 이때 연산의 성질이 일관되게 성립한다.
- 수와 사칙계산은 수학 학습의 기본이 되며, 실생활 문제를 포함한 다양한 문제를 해결하는 데 유용하게 활용된다.

[성취기준]

[6수01-06] 크기가 같은 분수를 만드는 방법을 이해하고, 분수를 약분, 통분할 수 있다.

[6수01-07] 분모가 다른 분수의 크기를 비교하고 그 방법을 설명할 수 있다.

답변 이 질문에 대한 답변으로, 귀납적 사고력을 함양하는 데 도움이 될 수 있는 창의융합 수업 과제를 다음과 같이 제안합니다. 이 과제는 학생들이 일상생활에서 접할 수 있는 문제 상황을 기반으로 하여, 분수의 이해와 관련된 다양한 개념을 탐구하고 적용해볼 수 있도록 설계되었습니다.

[창의 융합 수업 과제: "우리 동네 빵집의 할인 이벤트"]

문제 상황:

우리 동네의 빵집에서는 매주 토요일마다 할인 이벤트를 진행합니다. 이번 주에는 다음과 같은 할인 이벤트가 있습니다.

1. $1/4$ 크기의 빵을 사면 $1/8$ 크기의 빵을 추가로 줍니다.
2. $1/2$ 크기의 빵을 사면, 같은 크기의 빵을 하나 더 반값에 살 수 있습니다.

과제:

1. 두 가지 이벤트 각각을 이용할 때, 총 얼마나 많은 양의 빵을 얻게 되는지 분수를 이용하여 표현해보세요.
2. 두 이벤트 중 어느 이벤트가 더 많은 양의 빵을 얻을 수 있는지 비교하고, 그 이유를 분수의 관점에서 설명해주세요.
3. 만약 당신이 빵집 주인이라면, 다음 주 할인 이벤트로 어떤 방식을 선택하겠습니까? 여러분이 선택한 이벤트가 고객에게 어떻게 이익이 될지, 또 빵집에 어떤 이익을 가져다줄지 분수를 이용해 설명해주세요.
4. 여러분이 생각하는 또 다른 창의적인 빵 할인 이벤트를 제안해보고, 그 이벤트가 고객과 빵집에 어떤 이익을 가져다줄지 분수를 이용하여 설명해주세요.

학습 목표:

– 분수의 개념을 이해하고, 실생활 문제에 적용할 수 있다.

– 분수의 약분과 통분을 이해하고 실제 상황에 적용할 수 있다.

– 다양한 분수의 크기를 비교하고, 그 결과를 실생활 문제 해결에 활용할 수 있다.

– 창의적 문제 해결 능력과 귀납적 사고력을 발달시킨다.

이 과제를 통해 학생들은 분수의 개념을 일상생활 상황에 적용하는 법을 배우고, 분수를 이용해 문제를 해결하는 과정에서 귀납적 사고력을 함양할 수 있습니다. 또한, 실생활 문제를 해결하는 과정에서 창의적인 아이디어를 발전시킬 수 있는 기회가 될 것입니다.

뤼튼(Wrtn)

위 문제(과제)는 문해력이 부족하며 학업성취도가 높지 않은 필자의 학생들에게 적절하지 않았기에 난이도를 아래와 같이 조정해 보았다.

질문 문제가 너무 어려워. 조금 더 쉬운 문제로 제시해줘.

답변 문제 상황:

동네 과일 가게에서는 사과, 바나나, 오렌지를 판매하고 있습니다. 오늘 가게에는 사과 1/2 박스, 바나나 1/3 박스, 오렌지 1/4 박스가 남아 있습니다.

과제:

1. 사과, 바나나, 오렌지 각각의 남은 양을 분수로 표현해보세요.

2. 만약 가게에서 사과 1/4 박스를 더 팔았다면, 남은 사과는 전체의 몇 분의 몇이 될까요?

3. 오렌지를 1/8 박스 더 판매한다면, 남은 오렌지의 양은 얼마일까요? 이를 분수로 표현해보세요.

4. 바나나 1/6 박스와 오렌지 1/8 박스를 함께 판매한 세트 상품을 만든다면, 이 세트 상품은 전체 과일 박스의 몇 분의 몇일까요? (통분하여 계산해보세요.)

5. 자신이 좋아하는 과일을 고르고, 그 과일의 남은 양을 두 배로 늘려보세요. 이때, 새로운 양을 분수로 표현해보세요.

학습 목표:

– 분수의 개념을 이해하고, 실생활 문제에 적용해보기.

– 분수의 덧셈과 뺄셈을 통해 분수의 기초 계산능력을 향상시키기.

– 분수를 이용해 실생활 상황을 해결하는 창의적인 사고력 개발하기.

이 과제를 통해 학생들은 분수의 기본적인 계산과 그것이 실생활 문제 해결에 어떻게 적용될 수 있는지에 대해 배우며, 분수에 대한 이해도를 높일 수 있습니다. 또한, 간단한 문제를 통해 귀납적 사고력을 키우는 데 도움이 될 것입니다.

뤼튼(Wrtn)

교사는 기본 개념을 잘 이해하여 빠르게 공통 과제를 완료한 학생에게 위와 같은 과제를 생성하여 제시해 줄 수 있다. 그리고 학생들에게 아래와 같이 풀이 과정도 제시해 줄 수 있다.

질문 위 문제의 풀이 과정도 제시해줘.

답변 물론이죠. 위에서 제시한 "우리 동네 과일 가게" 문제의 풀이 과정을 설명해 드리겠습니다.

1. 과일의 남은 양을 분수로 표현하기
– 사과는 박스의 절반, 즉 1/2 박스가 남았습니다.
– 바나나는 박스의 1/3이 남았습니다.
– 오렌지는 박스의 1/4이 남았습니다.

2. 사과 1/4 박스 판매 후 남은 양 계산하기
– 원래 사과가 1/2 박스 있었습니다. 여기서 1/4 박스를 판매하면, 1/2 – 1/4 = 1/4 박스가 남게 됩니다.

3. 오렌지 1/8 박스 판매 후 남은 양 계산하기
– 원래 오렌지가 1/4 박스 있었습니다. 여기서 1/8 박스를 판매하면, 남은 양을 계산하기 위해 같은 분모로 맞추어야 합니다. 1/4 = 2/8이므로, 2/8 – 1/8 = 1/8 박스가 남습니다.

4. 바나나 1/6 박스와 오렌지 1/8 박스 판매가 전체 과일 박스에서 차지하는 비율 계산하기
– 바나나 1/6 박스와 오렌지 1/8 박스를 판매하는 것이 전체 과일 박스에서 차지하는 비율을 계산하기 위해 다시 한번 같은 분모로 맞추어야 합니다. 가장 작은 공통 분모는 24입니다.
– 바나나: 1/6 = 4/24, 오렌지: 1/8 = 3/24
– 따라서, 바나나와 오렌지를 합친 판매량은 4/24 + 3/24 = 7/24입니다.

5. 좋아하는 과일의 남은 양을 두 배로 늘리고 분수로 표현하기
– 가정으로, 바나나를 가장 좋아한다고 합시다. 원래 바나나의 남은 양은 1/3 박스였습니다.
– 이 남은 양을 두 배로 늘리면, 1/3 * 2 = 2/3 박스가 됩니다.

이러한 방식으로 각 단계를 따라가며 문제를 풀어나가면, 학생들은 분수의 기본적인 계산뿐만 아니라, 분수를 이용하여 실생활 문제를 해결하는 방법에 대해서도 배울 수 있습니다.

뤼튼(Wrtn)

개인 또는 모둠별로 문제를 잘 해결하면, 아래와 같이 프롬프트를 입력하여, 새로운 창의 융합 활동을 제시해 줄 수도 있을 것이다.

 질문 다른 활동도 제시해줘.

답변 분수의 개념을 활용하여 창의적인 요리 레시피를 만들기 위한 프로젝트를 제안합니다. 이 활동은 학생들이 분수를 이해하고 실생활에 적용하는 능력을 개발하는 데 도움이 됩니다. 또한 요리를 통해 수학적 사고력과 창의력을 동시에 발달시킬 수 있습니다.

프로젝트 제목: "분수 요리사: 나만의 창의적 요리 레시피 만들기"

목표:
– 분수의 개념을 이해하고 요리 레시피에 적용하기
– 요리 과정에서의 분수 사용을 통해 분수의 약분과 통분을 실습하기
– 요리를 통해 팀워크와 창의적 문제 해결 능력을 키우기

활동 설명:
1. 레시피 선택 및 분수 적용: 학생들은 간단한 요리 레시피를 선택합니다. 그리고 레시피에 필요한 재료의 양을 분수로 표현합니다. 예를 들어, 1/2컵의 설탕, 1/4컵의 물 등으로 표현합니다.
2. 레시피 변형하기: 선택한 레시피의 분량을 두 배 또는 반으로 줄여서, 필요한 재료의 양을 조정합니다. 이 과정에서 분수의 약분과 통분을 활용해야 합니다. 예를 들어, 레시피를 반으로 줄이면 1/2컵의 설탕이 1/4컵이 되는 식입니다.
3. 창의적 변형 추가하기: 학생들은 기본 레시피에 자신만의 창의적인 변형을 추가합니다. 예를 들어, 추가 재료를 넣거나, 장식 방법을 달리할 수 있습니다. 이때 추가되는 재료의 양도 분수로 표현합니다.
4. 요리 실습 및 발표: 학생들은 실제로 자신의 레시피대로 요리를 만들어 봅니다. 완성된 요리와 레시피를 클래스 앞에서 발표하며, 자신이 선택한 분수 표현과 약분, 통분의 사용을 설명합니다.
5. 평가 및 피드백: 다른 학생들과 선생님이 요리와 레시피에 대해 피드백을 제공합니다. 특히 분수의 정확한 사용과 창의적 요소에 대해 평가합니다.

이 활동을 통해 학생들은 분수의 개념을 실생활 문제에 적용하는 방법을 배우고, 요리를 통해 수학적인 문제를 해결하는 재미를 경험할 수 있습니다. 요리라는 창의적인 활동을 통해 분수에 대한 이해를 더욱 깊게 할 수 있습니다.

뤼튼(Wrtn)

물론 직접 AI 프롬프트를 입력할 수 있는 연령의 학생이라면 프롬프트를 알려주고, 친구들과 함께 문제를 해결해 보고 직접 풀이 과정을 점검해 볼 수도 있다.

AI 코스웨어와 생성형 AI를 활용하여 기초학력 부진 학생뿐 아니라 잘하는 학생까지도 수준별 맞춤교육의 길이 열리고 있다. 하지만 학생 개별 맞춤교육을 구현하여 학생을 성장시키는 일은 AI가 도움을 준다 해도 교사의 많은 관심과 에너지가 필요하다. AI가 도입되어도 결국 교사의 관심과 에너지가 학생을 성장시키는 원동력이라는 것을 잊지 않았으면 좋겠다.

나. 이주배경학생(다문화학생)[10]도 소외되지 않는 학습과 평가

1) 점점 늘어나고 있는 이주배경학생

필자가 근무하는 학교는 농촌의 면 단위에 위치한 지역이지만 인근에 공업단지가 조성되어 있어서 외국인 근로자들의 유입이 많아 이주배경학생의 비율이 상당히 높다.

지난 10년간 이주배경학생의 수는 약 2.7배 증가했다고 한다. 전국적으로 보면 지역에 따라 차이는 있겠지만 세계화가 확대됨에 따라 앞으로 전국의 모든 학교에 이주배경학생의 수는 점점 늘어날 것이다.

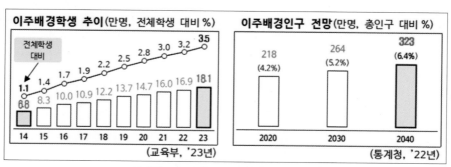

▲ 함께학교 공지사항: 정책알림[11] 5번 자료 발췌

---

[10] 이주배경학생(다문화학생)은 학생 또는 부모가 외국 국적이거나 외국 국적을 가졌던 학생을 말함. 교육부에서는 이주배경학생 인재양성 지원방안(23년~27년)을 수립 · 발표함(2023.9.26.).
[11] togetherschool.go.kr/playGround/policyNotification

이주배경학생 중에는 일찍 귀국하여 한국어에 능통하여 학교 수업을 따라가기에 수월한 학생도 있지만, 대다수의 이주배경학생들은 한국에 들어온 지 얼마 되지 않아 의사소통에 어려움을 겪는다.

'언어'는 학습을 가능하게 하는 도구이기도 하지만, '언어'가 다를 경우에는 커다란 장벽이 된다. 교사가 아무리 우수한 수업 방법과 수업 도구를 사용한다 하더라도 '언어'라는 학습 장벽을 극복하기란 쉽지 않다. 앞서 언급한 것처럼 본교에는 이주배경학생들의 비율이 상당히 높다 보니 기존의 전통적인 교수 학습 방법으로는 학생들의 수업 참여를 이끌어내는 것이 어려워졌다.

수업 시간에 멀뚱멀뚱 앉아 있는 학생들이 많았으며 수행평가를 실시하더라도 백지 답안을 제출하는 학생들이 많았다. 교사로서 무기력함을 느끼게 되었고 어떻게 하면 이 문제를 해결할 수 있을까를 고민하는 시점에 에듀테크 도구를 활용한 수업을 연구하게 되었다. 이주배경학생이 많은 학교에서 활용하면 좋은 에듀테크 도구 몇 가지를 소개하고자 한다.

2) 이주배경학생을 위한 맞춤 에듀테크 도구

(1) 크롬 브라우저와 구글 클래스룸

과거에는 새 학기 초에 워크북을 제작하여 제본한 후 학생들에게 제공하였는데 2021년부터 모든 수업은 구글 클래스룸(Google Classroom)[12]을 개설하여 학습지와 활동지를 제공하였다. 이제 이주배경학생들도 크롬 브라우저의 번역 기능을 활용하여 수업에 적극적으로 참여하고 있다.

---

[12] classroom.google.com

▲ 구글의 번역 기능으로 학생이 수업에 참여하는 장면

    이제 이주배경학생들을 대상으로 한 수행평가도 어렵지 않다. 과거에는 수행평가를 실시할 때 이주배경학생들에게 피드백을 제공하는 것이 사실상 거의 불가능했으나 지금은 디지털 기기 덕분에 소통이 원활하다. 교사는 일반 학생들과 동일하게 한국어로 피드백을 제공하면 된다. 이후 학생들은 번역 기능을 활용하여 교사의 피드백을 확인하고 과제를 수정해 나간다. 이제 이주배경학생들은 예전처럼 백지 답안을 제출하는 경우가 드물다.

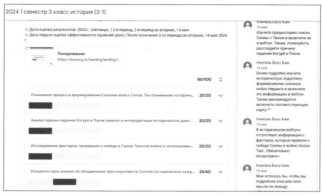

▲ 교사의 피드백을 보고 성실하게 과제를 제출한 장면

교사로부터 받은 피드백을 반영하여 한국인 학생들 못지않게 수행 과제를 제출하는 이주배경학생들을 볼 때면 교사로서 보람과 뿌듯함을 느낀다. '언어' 장벽으로 인해 수업의 외곽에서 머물 수밖에 없었던 이주배경학생들이 비로소 교실 수업과 평가의 영역으로 들어오게 된 것이다. 디지털 기기와 에듀테크 도구를 활용하여 '언어'라는 거대한 장벽은 사라지게 되었다.

(2) 유튜브(Youtube)와 브루(Vrew)

일반적으로 교사는 교실 수업에서 수업과 관련된 동영상을 한두 개 정도 보여주기 마련이다. 하지만 이주배경학생들이 많은 학교에서는 이 유용한 수업 동영상은 무용지물이 된다. 그 학생들 눈에는 단순히 재생되는 영상일 뿐이기 때문이다. 이때 교사는 유튜브의 자동번역 기능을 활용하면 좋다.

▲ 유튜브 영상 출처 '지니키즈—충무공 이순신 장군 특집 4부작 중'

유튜브 메뉴바에는 자막(c) 메뉴가 있는데 그 옆에 톱니바퀴 모양의 설정을 클릭하게 되면 자막에 '한국어(자동 생성됨)'를 선택할 수 있다. 그 아래 '자동 번역'이 활성화되는데 이때 번역하고자 하는 언어를 선택하면 된다. 물론 모든 유튜브 동영상이 자막을 지원해주지는 않으며, 자막 사용이 불가한 영상이 훨씬 많다.

만약에 유튜브에서 활용하고자 하는 영상이 자막 사용이 불가하여 자동 번역을 지원해주지 않을 때는 브루[13]라는 동영상 편집 프로그램을 활용하면 된다.

---

[13] vrew.voyagerx.com

먼저 교사는 브루 홈페이지에서 회원 가입을 하고 브루 프로그램을 설치한다. 미리 준비한 MP4 파일 형식의 동영상을 프로그램에 업로드하고, 간단히 번역 자막만 추가하면 영상 하단에 자막이 추가된다. 유튜브에 '브루에서 번역 자막 추가하기' 관련 영상들이 많으니 보면서 따라 하면 쉽게 번역 자막을 추가할 수 있다. 참고로 브루는 매월 120분의 음성 분석과 3만 자의 번역을 무료로 제공해 주고 있다.

▲ 브루(Vrew)에서 러시아어 자막을 영상 출력하는 장면

▲ 영상에 러시아어 자막이 추가된 장면('유튜브 영상 출처−워니비 중3 사회')

(3) MS 오피스 365

교실에서 교사가 말하는 것을 실시간으로 번역해 주는 프로그램은 없을까? 상상만 해도 꿈과 같은 일이다. 하지만 이제 현실에서 가능한 일이 되었다. 바로 MS 오피스 365를 활용하면 된다. 다행히 대부분의 시도교육청에서 MS 오피스 365를 교원을 대상으로 무료로 지원해 주고 있다.

MS 오피스 365로 업데이트하게 되면 낮은 버전에서 보이지 않았던 새로운 메뉴가 눈에 뜨인다. 바로 슬라이드 쇼에서 '자막 설정' 메뉴이다. 항상 자막 사용에 체크(√)를 하고 그 하단의 '자막 설정'에서 '음성 언어'와 '자막 언어'를 선택하면 끝이다. 마지막으로 자막을 슬라이드 아래에 또는 위에 나타나게 할 것인지만 선택해 주면 된다.

▲ MS 오피스 365에서 실시간 자막 설정하는 방법

이제 교사는 슬라이드 쇼를 클릭하고 평소에 말하는 속도와 억양으로 또박또박 수업을 전개하면 된다. 슬라이드가 넘어갈 때마다 화면 하단에 설정한 언어로 교사의 음성이 실시간으로 번역되었다. 생각보다 음성 인식의 결과는 상당히 놀라웠다. 한국어를 잘하는 이주배경학생들에게 확인한 결과 실시간 번역이 상당히 잘 되었다는 피드백도 받았다.

이주배경학생들이 점점 늘어나서 이제는 러시아어를 따로 배워야 하나 고민하고 있던 찰나에 한 줄기 빛을 본 느낌이다. 반드시 파워포인트 자료가 없어도 된다. 새 프레젠테이션 화면만 띄어 놓고 자막 설정을 해 놓으면 교사의 음성이 실시간으로 화면에 나타난다. 마치 이중 언어 선생님을 교실에 두고 수업하는 기분이 들었다. 이제 나는 외국어 스트레스에서 해방되었다!

Следующие две работы позволяют нам сравнить различия между Средневековьем и Ренессансом.

▲ 교사의 설명이 실시간 자막으로 표시되는 장면

(4) 구글 설문과 번역 에듀테크

구글 설문 중 퀴즈 과제를 활용하여 논술 수행평가를 실시할 수 있다. 한국어가 서툰 이주배경학생이 외국어로 논술 답안을 제출하더라도, 교사는 답안을 번역해서 읽고 채점이 가능하다. 어느 러시아 이주배경학생은 한국어로 글쓰기를 어려워하며, 러시아어보다 영어로 글쓰기를 더 잘한다. 이 책의 'Ⅱ-3. 삶으로 전이하는 개념기반 음악 수업'에는 음악의 빠르기와 인간의 삶에 대해 논술하는 수행평가 사례가 실렸다. 이 글의 필자는 이주배경학생이 한국어와 외국어 중에서 글쓰기가 더 편안한 언어를 선택해서 자신의 생각을 논술하도록 안내했다. 논술 수행평가의 루브릭에 반드시 한국어로만 답안을 쓰라는 평가 요소가 없기 때문에, 학생이 논술 수행평가 점수를 더 받는 방향으로 도움을 주고 싶었다.

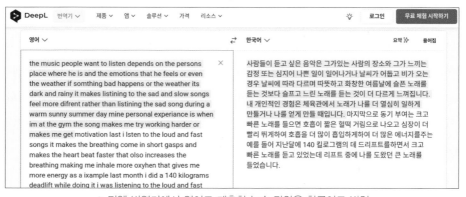

▲ 딥엘 번역기에서 영어로 제출한 논술 답안을 한국어로 번역

논술 결과를 확인하고 감탄했다. 평소 서툰 한국어로 논술 답안을 몇 줄만 겨우 쓰던 학생이, 영어로는 공백 포함 800자를 넘게 썼다. 딥엘(DeepL)[14] 번역기를 활용하여 학생의 영어 답안을 입력하니 한국어로 금방 번역되어 내용을 쉽게 파악했다.[15] 음악과 삶을 연결하는 철학적인 논술 문제를 한국어로 쓰기도 어려운데, 영어로 이만큼 표현할 수 있다니 기특했다.

구글 설문 중 퀴즈 과제로 논술 수행평가를 실시하면 교사가 개별 피드백을 제공할 수도 있다. AI 챗봇인 미조우(Mizou)[16] 에 평가 요소를 담은 루브릭을 미리 프롬프트로 입력하고, 학생의 논술 답안을 제시하여 논술 내용과 문법에 대한 피드백을 받았다. 이를 살펴보고 복사하여 퀴즈 과제의 개별 피드백에 붙여 넣었다.

> **개별 피드백** ✏️ 🗑
>
> 영어로 글을 쓰니 훨씬 문장을 길게 표현하는구나. 영어 문장이 문법적으로 수정할 필요가 있어. 미조우 AI 챗봇 피드백을 참고해서 수정해 보자.
>
> 미조우 답변 1) 잘한 점:
> 음악을 듣는 상황과 감정, 날씨에 따른 음악의 영향을 다뤘다는 점이 좋습니다. 또한 개인 경험을 통해 설명하여 글을 더 구체적이고 실감나게 했습니다.
>
> 2) 개선할 점:
> 문법 오류와 문장 구조를 다듬어 전체적으로 더 명확하게 만들어 보세요. 예를 들어, the music people want to listen depends on the persons place where he is"는 "the music people want to listen to depends on the person's place where they are"로 수정될 수 있어요.
>
> 수정한 글:
> The music people want to listen to depends on the place they are in, the emotions they feel, or even the weather. For example, if something bad happens or the weather is dark and rainy, sad and slow songs feel different compared to listening to sad songs on a warm, sunny summer day. From my personal experience, when I'm at the gym, the music motivates me to work harder. Listening to loud and fast songs makes my breathing come in short gasps and my heart beat faster, increasing my oxygen intake and giving me more energy. For instance, last month I did a 140-kilogram deadlift while listening to a loud and fast song. I'm sure it helped me during the lift. Thank you for reading. It was a very nice experience to have.
>
> 한국어 번역
> 사람들이 듣고 싶어하는 음악은 그 사람이 있는 장소, 느끼는 감정, 또는 날씨 등에 따라 다릅니다. 예를 들어, 악화된 상황이 발생하거나 날씨가 어둡고 비가 내릴 때, 슬프고 느린 노래는 화창한 여름날에 듣는 것과는 다르게 느껴집니다. 제 개인적인 경험으로는, 제가 헬스장에 있을 때 음악이 저를 더 열심히 운동하게 만듭니다. 빠르고

▲ 구글 설문의 퀴즈 과제를 활용하여 개별 피드백 제공

종이로 논술 답안을 썼다면 이를 촬영해서 AI 기반의 OCR(광학 문자 인식) 기술로 글자를 추출하면 된다. 카카오톡 검색창에서 Askup을 입력하여 친구 추가하여 활용하는 방법을 소개한다. 아숙업이라고도 불리는 Askup(애스크업)의 대화창에 외국어로 쓴 논술

---

[14] deepl.com
[15] 딥엘 이외에 구글 번역과 네이버의 파파고 번역도 대중적이며, 챗GPT 등의 생성형 AI를 활용하여 번역하기도 가능함.
[16] mizou.com. 자세한 활용 방법은 'Ⅳ-1. 학생 참여형 평가 실천 사례' 참조.

답안 이미지를 첨부하면, Askup은 이미지에 있는 글자를 추출하고 내용을 요약한다. 이를 번역하라고 요청하면 한국어로 번역된다. 단, 손글씨가 반듯한 경우에 인식률이 높다.

▲ 카카오톡에 Askup을 친구 추가: 논술 답안 이미지를 첨부해서 번역 요청

이러한 시도는 학생이 한국어 학습을 소홀히 할 가능성과, 한국어로 정확하게 용어를 적는 과정이 중요한 측면에서는 한계가 있다. 그러나 이주배경학생이 언어라는 걸림돌로 인해 생각을 자유롭게 표출하지 못하는 경우, 평가에서 낮은 점수를 받을 수밖에 없는 상황도 고려해야 한다. 이제는 에듀테크를 활용하여 학생을 맞춤형으로 쉽게 도울 수 있는 시대이다. 이주배경학생도 적극적으로 수업에 참여하여 실력을 정당하게 평가받고, 교사의 피드백을 통해 성장하도록 지원할 필요가 있다.

지금까지 이주배경학생들이 많은 학교에서 다년간 근무한 교사로서 학교 현장에 쉽게 활용할 수 있는 에듀테크 도구를 소개해 보았다. 앞으로 대한민국의 교실에서 이주배경학생들을 마주하는일은 그리 낯설고 어색하지 않다. 점점 늘어나고 있는 이주배경학생들을 위해서 이제는 교사가 디지털 기기와 에듀테크 도구를 활용한 수업 방법을 본격적으로 고민하고 연구해야 하는 시점이라고 생각한다. 위에 소개한 에듀테크 도구만 제대로 활용한다면 앞으로 교실에서 많이 마주하게 될 이주배경학생들에 대한 고민도 해결할 수 있을 것이다.

디지털·AI 활용 수업, 평가로 확장하기
(학습을 확장하고 역량을 키우는 학습으로서의 평가)

가. 디지털·AI 활용 수업의 난제, 평가

> "인공지능 융합 수업. 취지는 좋은데 그거 다 AI가 만드는 건데 애들 능력이 아니잖아요. 평가가
> 가능한가요?"
> "디지털 활용 수업은 평가할 수가 없어요. 교실 와이파이가 불안정해서 활동을 못 하거나 기기
> 불량으로 참여하지 못한 아이들도 있는데 이런 아이들을 어떻게 평가하죠?"
> "에듀테크나 디지털 도구를 활용한 부분을 일반 교과에서 평가에 어디까지 반영해야 하나 고민
> 이에요. 평가에 반영하는 것은 어려워요."

디지털 대전환(Digital Transformation) 시대, 우리의 삶 곳곳에 인공지능(AI) 기술이 도입되고 교육 전반에도 디지털 기반의 변화가 일어나고 있다.

각 학급에는 1인 1 디바이스가 보급되었고, 디지털을 활용한 수업이 장려되고 있다. 각종 에듀테크 도구 및 AI를 접목한 수업 사례가 개발되고 있고, 디지털 인재를 양성하기 위한 각 시도교육청의 연수도 쏟아지고 있다. 챗GPT(ChatGPT)를 계기로 촉발된 생성형 AI에 대한 교육의 필요성은 두말할 나위 없다.

그런데, 문제는 **"평가"**이다.

디지털·AI 활용 수업 사례는 많이 소개되고 있지만 정작 이에 대한 평가 기준과 지침은 전무한 상황이다. 일단 디지털·AI 수업에서 디지털 활용 부분을 평가하는 것 자체가 어렵

다. 무엇을 어떻게 평가해야 하는지조차 제시되지 않은 상태에서 와이파이 연결이 안 되거나 기기 고장 등의 불안정한 교육 환경으로 인한 변수도 많다.

따라서 필자는 다양한 에듀테크와 AI 융합 수업을 하면서도 정작 디지털·AI 활용 수업은 "평가"에서 자유로워야 한다고 주장했었다. 자고로 평가는 배운 지식을 학습자에게 확인하고 도달 정도를 점검하는 과정인데 디지털 도구의 활용 정도를 세분화하여 파악하기가 어렵다고 생각했기 때문이다. 게다가 무엇보다 디지털 도구는 교과의 성취기준을 달성하기 위한 하나의 수단인데 굳이 평가할 필요가 없다고 여기기도 하였다.

실제로 디지털 및 AI 도구를 활용한 수행평가를 할 때 디지털 활용 영역은 아예 제외하거나, 반영하더라도 평가 기준(성취 수준)에서 디지털 및 AI 도구의 활용 척도나 도달 정도를 세분화하여 반영하기보다는 그저 사용만 하면 점수를 부여해 버리는 수준에 머무르고 말았다.

하지만 디지털·AI 수업을 진행할수록 디지털 활용 부분에서 학습자들의 다양한 성장과 문제 해결력, 창의적 사고, 협력적 의사소통 능력 등이 신장한 것을 엿볼 수 있었고, 학생들이 교육과정 성취기준에 어느 정도 도달했는지를 판단하기 위한 실질적인 기준의 정립 또한 필요하다고 느끼게 되었다.

이에 다양한 디지털·AI 활용 수업의 평가에 대한 세 가지의 실패 사례와 이를 극복하기 위해 치열하게 고심했던 과정을 공유하고, 평가에 대한 새로운 시각을 가지게 된 점을 나누고자 한다.

나. 실제 수업 취지와 따로 가는 디지털·AI 활용 수업 수행평가

1) 디지털·AI 도구 활용을 채점 기준에 반영한 실패 사례

중학교 일본어 교사인 필자는 10년 동안 변함없이 "はじめまして。(처음 뵙겠습니다)" 자기소개부터 시작하는 교과서와 듣기, 말하기, 읽기, 쓰기 중심의 정형화된 언어 교수법에 한계를 느꼈다. 챗GPT를 계기로 사회 전반이 급속도로 변하고 있는데 교과서는 늘 인사하기, 소개하기 등의 간단하고 쉬운 문장 익히기만 제시되어 있고, 학습자들 또한 초급 수준 이상의 언어적 확장이 어려웠다.

고민 끝에 1학기 평가계획을 수립할 때, 2022 개정 교육과정 방향성에 맞게 언어 재료와 기능 익히기 중심의 단순 암기식 언어 학습에서 벗어나 AI 기술을 통해 삶과 연계되고 실생활에 전이되는 학습 경험을 제공하고자 'AI로 자기소개 표현 확장하기 프로젝트'를 기획하였다. 학생들에게 다양한 생성형 AI를 활용하여 생산적인 활동을 경험하게 하고 그 과정에서 자연스럽게 일본어를 학습할 수 있도록 유도하는 것이 목표였다.

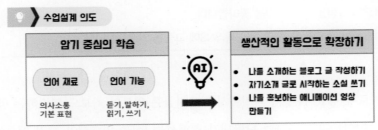

▲ 'AI로 자기소개 확장하기 프로젝트' 수업 설계 의도

이 중 하나를 소개하자면 '나를 소개하는 블로그 글 작성하기'는 이미지 생성형 AI를 활용하여 자신만의 페르소나를 창작하고, 교과서에서 배운 자기소개 표현 외에 번역기를 활용하여 자신의 캐릭터의 특징과 성격, 취향 등의 내용을 포함한 블로그 글을 작성하는 과제였다.

はじめまして。
わたしは　ひいらぎ　たかせです。
にほんの　さっぽろから　きました。
みどり　ちゅうがっこう　1ねんせいです。
わたしの　しゅみは　おんがくです。

기존 수업에서
학습한 내용

ひいらぎ　たかせ

私は時々家で一人で歌を聞きます。
歌を聞きながら絵を描くのが好きです。
そして、人々に私の絵を見られるように
SNSに絵をアップロードします。

번역기를 통해
학습자가
확장한 부분

[한국어 해석]

처음 뵙겠습니다. 저는 히이라기 다카세입니다. 일본의 삿포로에서 왔습니다. 미도리 중학교 1학년입니다. 저의 취미는 음악입니다.

저는 가끔 집에서 혼자 노래를 듣습니다.
노래를 들으며 그림을 그리는 것을 좋아합니다.
그리고 사람들이 제 그림을 볼 수 있도록 SNS에 그림을 업로드합니다.

▲ '나를 소개하는 블로그 글 작성하기' 학생 활동 예시

　수행평가로 진행했지만, 이 과정에서 학습자들은 일본어 키보드 입력하는 방법을 익힐 수 있었고 'あ[아]' 라는 글자를 나타내기 위해서는 [a]를 입력해야 했기 때문에[7] 디지털 텍스트로 표현하는 과정에서 자연스럽게 말하기와 읽기, 쓰기 연습이 진행되는 것을 관찰할 수 있었다. 또한, 부정확하게 인지한 학습자들은 입력과정에서도 오류가 나타났기 때문에 교사는 추후 피드백을 제공해 줄 수 있었다.

　이와 함께, 번역기 사용을 통해 초급 학습자 한계를 극복할 수 있었고 자신만의 스토리를 창작하는 언어적 사고의 확장도 가능하였다. 수행과정에서 분명히 학습자들의 배움과 성장이 있었지만, 평가는 전혀 달랐다.

---

[7] 일본어 키보드는 Romaji(영어를 활용하여 일본어 문자를 입력)를 사용함.

실제 사용한 수행평가 기준안의 일부를 각색하여 소개한다.[18]

평가 영역명	AI로 자기소개 표현 확장하기		평가 만점	20점
2015 교육과정 성취기준	[9생일–04–04] 의사소통 기본 표현과 관련된 내용을 짧고 쉬운 글로 쓴다.			
평가 기준	상	인사 및 소개 등과 관련된 내용을 디지털 및 AI 도구를 활용하여 짧고 쉬운 글로 정확하게 쓸 수 있다.		
	중	인사 및 소개 등과 관련된 내용을 디지털 및 AI 도구를 활용하여 제시된 문형에 맞게 글로 쓸 수 있다.		
	하	인사 및 소개 등과 관련된 내용을 디지털 및 AI 도구를 활용하여 제시된 어구나 낱말을 조합하는 수준으로 쓸 수 있다.		

	평가 요소 및 채점 기준		배점
나를 소개하는 블로그 글 작성하기	〈 채점 기준 〉 ▷ 디지털 텍스트로 소개 글 작성하기 ▷ 이미지 생성형 AI를 활용하여 캐릭터 설명하기 ▷ 번역기를 사용하여 캐릭터의 특징과 성격, 취향 등 설명하기 ▷ 한국어로 해석하기	채점 기준 3개 이상을 만족한 경우	10
		채점 기준 2개를 만족한 경우	8
		채점 기준 1개를 만족한 경우	6
		채점 기준 모두를 만족하지 못하는 경우	4

위 평가의 문제점은

첫째, 디지털·AI를 처음 접하는 학생을 대상으로 했기 때문에 수행 중 와이파이 접속 문제 등 다양한 변수 발생이 우려되어 점수 부여에 지장이 없도록 한국어로 해석하기를 포함하는 등 채점 기준을 모호하게 설정한 점.

둘째, 생성형 AI 및 번역기 사용을 채점 기준에 넣어도 되는지 확신과 기준이 없는 상태에서 디지털 활용 역량에 대한 평가 기준을 정립하지 못해 도달 정도를 설정하지 못하고 실행 여부만 포함한 점.

셋째, 활동 목표에 부합되는 일본어 교과 성취기준에 따른 채점 기준을 세분화하지 않은 점이라고 생각한다.

결국 디지털·AI 도구를 활용하여 교과의 목표를 달성하였는지, 유의미한 사고의 확장이 있었는지를 평가하기보다는 도구 실행에만 초점을 맞추어 주객이 전도된 평가척도가 되어버렸다. 이에 기존의 언어 지식과 기능 확인 여부에서 벗어나 디지털·AI 도구를 활용하여 새로운 학습 경험이 확장되고 실생활의 맥락에 적용할 수 있도록 설계하였지만, 평

[18] AI로 자기소개 표현 확장하기 프로젝트 중 '나를 소개하는 블로그 글 작성하기' 평가 요소 부분만 발췌하여 재진술함.

가 설계에는 한계를 느끼고 다음 디지털·AI 융합 수업에서는 디지털 활용 영역을 평가에서 아예 제외하게 되었다.

2) 디지털·AI 도구 활용을 채점 기준에 미반영한 실패 사례

같은 해 2학기, 일본의 지리와 일상생활 문화 등의 개관을 배우고 이를 종합하여 '내가 만든 여행 가이드북 소개하기' 활동을 진행하였다. 필자는 학습자들의 이해를 돕기 위해 일본의 대표적인 중심 지역을 설정하고 한국인의 관광 후기를 기반으로 한 데이터를 텍스트 마이닝[19] 을 통해 워드 클라우드[20] 형태로 제공해 주었다. 학습자들은 이를 기반으로 자신이 조사하고 싶은 지역을 설정하고 정보 수집 및 탐색을 통해 자신만의 일본 관광 가이드북을 제작하였다.

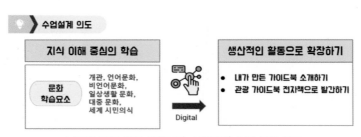

▲ '내가 만든 여행 가이드북 소개하기' 수업 설계 의도

※ 패들렛(Padlet)으로 학습자들은 지리 정보를 탐색함.
교사는 오렌지3(Orange3)와 챗GPT를 활용하여 지역별 한국 관광객 후기 등의 정보를 제공함.

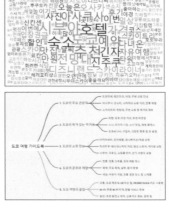

▲ 교사가 제공해 준 학습 자료

---

[19] 대량의 텍스트 데이터를 분석하고 유의미한 인사이트 및 정보를 추출하는 기술.
[20] 텍스트 데이터에서 단어의 빈도를 시각적으로 표현하는 방법으로 자주 등장하는 단어일수록 더 크게 표시되며, 이를 통해 텍스트의 주요 주제나 키워드를 쉽게 파악할 수 있음.

▲ 북 크리에이터(Book creator)로 여행 가이드북 전자책을 제작한 학생 활동 예시

수행평가 기준안은 다음과 같으며, 부연 설명을 위해 일부는 재구성하였다.

평가 영역명		내가 만든 여행 가이드북 소개하기	평가 만점	15점
2015 교육과정 성취기준		[9생일−05−02] 일본의 간략한 개관, 일상생활 문화, 대중문화에 대해 이해한다. [9생일−05−03] 일본의 간략한 개관, 일상생활 문화, 대중문화에 대해 조사하여 발표·토론한다.		
평가 기준	상	일본의 지리적 특징과 관광 명소를 이해하고, 정보 검색 능력을 활용하여 세부 내용을 조사한 후, 주제에 맞게 정리하여 구체적으로 소개할 수 있다.		
	중	일본의 지리적 특징이나 관광 명소를 이해하고, 정보 검색 능력을 활용하여 주요 내용을 조사한 후, 주제에 맞게 정리하여 소개할 수 있다.		
	하	일본의 지리적 특징을 이해하고, 정보 검색 능력을 활용하여 관광 명소에 대한 단순한 내용을 소개할 수 있다.		

평가 요소 및 수행 수준❷			배점
내가 만든 가이드북 소개하기	일본 관광지 조사하여 소개하기 (10점)	자신이 관심있는 대표 관광지를 선정하여 지리적 특징과 관광 정보에 대한 소주제 3개를 주제에 맞게 근거 자료(사진, 그림, 표 등)와 함께 정리하여 소개할 수 있다.	10
		자신이 관심있는 대표 관광지를 선정하여 지리적 특징과 관광 정보에 대한 소주제 2개를 주제에 맞게 근거 자료(사진, 그림, 표 등)와 함께 정리하여 소개할 수 있다.	8
		자신이 관심있는 대표 관광지를 선정하여 지리적 특징과 관광 정보에 대한 소주제 1개를 주제에 맞게 근거 자료(사진, 그림, 표 등)와 함께 정리하여 소개할 수 있다.	6
		지리적 특징과 관광 정보에 대한 소주제 선정과 근거 자료를 통한 설명이 미흡하다.	4

❷ 필자가 재직 중인 학교에서는 2023년 2학기부터 '채점 기준'을 '수행 수준'으로 용어를 변경하였음.

	가이드북 전자책 제작하기 (5점)	• 주제 선정 이유에 대해 자신의 생각을 명확하게 제시할 수 있음. • 수행 과정에서 자신의 느낀점과 배운점을 작성할 수 있음. • 검색의 출처를 정확하게 제시할 수 있음.	수행 수준 모두를 만족한 경우	5
			수행 수준 2개를 만족한 경우	4
			수행 수준 1개를 만족한 경우	3
			수행 수준 모두를 만족하지 못하는 경우	2

수행과정 중 아쉬운 점은 학습자 전원 북 크리에이터(Book creator)[22]를 처음 접하였기 때문에 기능을 익히는데 꽤 많은 시간이 소요되어, 시간 부족으로 발표나 토론 과정을 전자책으로 발간하고 공유한 것에 그친 부분이었다.

또한 평가 기준안의 문제점을 살펴보면,

첫째, 가이드북 전자책을 제작하기 위해 수행과정 중 많은 시간을 북 크리에이터 도구 익히기, 정보 수집과 활용, 재구성에 소요했음에도 불구하고 평가 채점 기준(수행 수준)에 전혀 포함되지 않았다는 점. 즉 평가에서 디지털 활용 부분을 전혀 다루지 않았다는 점.

둘째, 평가 요소 '가이드북 전자책 제작하기'를 체계적으로 설계하지 못한 점을 들 수 있겠다.

하지만 수행과정에서 대다수 학습자는 교사가 제공한 자료를 토대로 스스로 관심 있는 정보를 탐색하고 수집, 재해석하는 과정을 통해 자신만의 전자책을 만들어 낼 수 있었다. 또한, 한 학생의 경우 일반인들에게는 알려지지 않은 곳이지만 자신이 좋아하는 가수의 뮤직비디오 촬영장소에 나온 지역적 정보를 조사하고 가사와 연결 지으며 지리적 특징과 자신만의 추천 여행 코스를 제공하는 등 유의미한 학습 경험으로 성장해 나가는 모습을 관찰할 수 있었다.

즉, 디지털·AI 활용 수업 평가가 배운 지식을 복기하는 평가가 아닌, 이 자체가 학습이 되어가는 것을 느끼는 순간이었다.

---

[22] bookcreator.com

3) 디지털·AI 활용 수업을 평가에 미반영한 실패 사례

2학기말 전환기 수업에서 순회 지원을 나간 중학교 2학년 학생을 대상으로 '나도 JPOP 작곡가' 프로젝트를 실시하였다. 조별로 챗GPT, 구글 번역 등의 다양한 디지털 도구를 활용하여 작사한 뒤 수노(Suno)[23]로 작곡하고, 캔바(Canva)와 생성형 AI로 다 같이 뮤직비디오를 만드는 과정이었다.

학생들은 서로 협의하며 자신들만의 JPOP 뮤직비디오를 만들어냈고 이 과정에서 디지털 활용 역량과 의사소통 능력, 문제 해결력을 엿볼 수 있었다.

▲ '나도 JPOP 작곡가' 수업 설계 의도

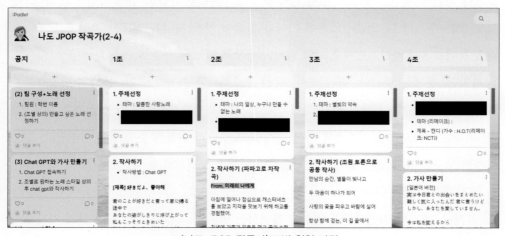

▲ '나도 JPOP 작곡가' 조별 협업 과정

---

[23] suno.com. 노래 가사, 음악 스타일 등을 입력하면 곡을 만들어 주는 AI 기반의 음악 작곡 도구

▲ 각 조별 학생들 작품 예시

　일본어 초급 수준의 학생들이었지만, 챗GPT 혹은 번역기 등의 디지털 도구를 활용하며 언어 장벽의 한계를 극복해 냈고, 작사하는 과정에서 수업 시간에 배운 단어를 활용해 보거나 기존에 자신들이 알고 있던 단어와 연결 짓는 등 다양한 언어 학습으로 확장되는 것을 엿볼 수 있었다. 또한, 일본어 가사와 한국어 가사 자막을 만드는 과정에서 계속 노래를 들어보면서 자연스럽게 듣기와 읽기 연습으로 발전해 가는 모습을 보였다.

　하지만, 문제는 역시나 "평가"였다. 당시 프로젝트를 시작하기 전, 분명 수행평가가 어려울 거라고 판단하여 학기 말 관찰평가로 실시하고 생활기록부에 반영할 것을 계획했었다. 이유는 무엇보다 성취기준에 따른 평가 요소 추출과 수행 수준 설정이 어려웠고, '과연 디지털 도구를 통해 만든 결과물을 학생들의 언어적 능력으로 볼 수 있는가?'에 대해 해답을 찾지 못했기 때문이다.

　그러나, 평가에 미반영하자 열심히 참여하는 아이와 그렇지 않은 아이 간의 차가 극명하게 나타났다. 디지털·AI 활용 수업은 평가에서 자유로워야 한다고 생각했었는데, 평가 자체가 수업 참여의 동기부여가 된다는 사실을 확인한 순간이었다.

　이에, 다음 장에서는 디지털·AI 활용 수업 평가 기준안의 방향을 모색해보고, 이전에 언급한 문제점들을 하나씩 해결해 나가는 과정을 나눠보고자 한다.

다. 디지털·AI 활용 수업, 평가 설계하기

디지털·AI 활용 수업의 바탕이 되는 것이 바로 디지털 소양(Digital literacy)이다. '다양한 디지털 도구와 기술을 사용하여 정보를 체계적으로 수집·분석·관리하고 소통하며 문제를 효과적으로 해결하는 능력(교육부, 2024)', 혹은 '디지털 지식과 기술에 대한 이해와 윤리 의식을 바탕으로 정보를 수집·분석하고 비판적으로 이해·평가하여 새로운 정보와 지식을 생산·활용하는 능력을 함양할 수 있도록 지원하는 교육(김자미, 2022)'을 의미한다.

하지만, 교육과정에서 이를 실현하기 위한 내용 체계나 성취기준이 미흡하여 구체적으로 디지털·AI 활용 수업을 어떤 방향으로 설계하고 운영되어야 하는지 설정하기 어렵다. 따라서 평가를 설계하기 앞서서 교과와 연계할 때 디지털 소양 교육이 어떤 형태로 실현되어야 할지 살펴보고 평가의 방향을 설정하고자 한다.

1) 디지털·AI 활용 수업의 기반이 되는 디지털 소양(Literacy) 교육

(1) 디지털·AI 활용 수업의 목표

2022 개정 교육과정 총론에서는 디지털 소양을 모든 교과를 통해 함양할 수 있도록 제시하였다.

---

1. 교육과정 구성의 중점

다. 모든 학생이 학습의 기초인 언어·수리·**디지털 기초소양**을 갖출 수 있도록 하여 학교 교육과 평생 학습에서 학습을 지속할 수 있게 한다.

2. 교수·학습

가. 학교는 학생들이 깊이 있는 학습[24]을 통해 핵심역량[25]을 함양할 수 있도록 교수·학습을 설계하여 운영한다.

　5) 교과의 깊이 있는 학습에 기반이 되는 언어·수리·**디지털 기초소양**을 모든 교과를 통해 함양할 수 있도록 수업을 설계한다.

▲ 2022 개정 교육과정 총론–디지털 기초소양 관련(교육부, 2024)

---

[24] 2022 개정 교육과정에서 제시한 올바른 학습의 상태를 말하며, 이를 실현하기 위해 교과 간 연계와 통합, 학생의 삶과 연계된 학습, 학습에 대한 성찰 등이 중요하다는 점을 강조하였음.
[25] 자기관리 역량, 지식정보처리 역량, 창의적 사고 역량, 심미적 감성 역량, 협력적 소통 역량, 공동체 역량

디지털·AI 활용 수업은 교과의 깊이 있는 학습이 주요 목적이고 이를 실현하는 데 디지털 기초소양이 기반이 된다는 점이 중요하다. 다시 말해, 디지털 도구를 이해하고 목적에 맞게 활용하는 역량을 지원함으로써 교과의 성취기준을 달성하고 깊이 있는 학습 실현을 목적으로 한다고 볼 수 있다.

(2) 디지털 소양(literacy) 구성 체계 및 내용 요소

디지털 소양을 이해하기 위해 알아야 하는 것이 바로 「디지털 리터러시 구성 체계」이다. 이 구성 체계에는 학교급별 디지털 역량을 함양하기 필요한 내용 요소가 크게 '▶디지털 기기와 소프트웨어의 활용, ▶디지털 정보의 활용과 생성, ▶디지털 의사소통과 문제해결, ▶디지털 윤리와 정보 보호'로 제시되어 있다(김진숙·김묘은·박일준 외, 2022).

▲ 「디지털 리터러시 구성 체계」(김진숙·김묘은·박일준 외, 2022)

위 연구 자료를 기반으로 경기도교육청(2023a)은 「디지털 소양 내용 요소」를 구체적으로 제시하고 교과별 성취기준과 연계한 자료집을 발간하였다.

대영역	세부 요소	세부 요소 설명
디지털 기기와 소프트 웨어의 활용	디지털기기의 활용	디지털 기기를 조작하는데 필요한 기본 원리와 기능을 이해 및 활용한다.
	소프트웨어의 활용	소프트웨어의 기본 원리와 기능을 이해하고 다양한 작업에서 소프트웨어를 활용한다.
	인공지능의 활용	다양한 문제해결 과정에 인공지능 기술이 탑재된 도구를 활용한다.
디지털 정보의 활용과 생성	자료의 수집과 저장	사용 목적을 고려해 자료를 수집하고, 비판적 시각으로 정확성을 평가하여 효율적으로 저장 / 관리한다.
	정보의 분석과 표현	정보를 효과적으로 전달하기 위해 데이터를 분석, 종합, 시각화한다.
	디지털 콘텐츠 생성	디지털 미디어를 통해 제공될 수 있는 다양한 유형의 콘텐츠를 생성한다.
디지털 의사 소통과 문제 해결	디지털 의사소통	디지털 환경에서 정보를 비판적으로 분석하고, 정보 공유, 의사결정 참여, 협업하는 소양을 기른다.
	디지털 문제해결	문제해결 방안을 구안하고, 디지털 도구를 활용하여 실행한다.
디지털 윤리와 정보 보호	디지털 윤리	디지털 사회의 성숙한 시민으로서 타인을 배려하고, 예절과 윤리를 실천한다.
	디지털정보 보호	자신과 타인의 정보를 보호하기 위한 방법을 실천한다.

▲ 「디지털 소양 내용 요소」(경기도교육청, 2023a)

종합해보면, 디지털·AI 활용 수업은 디지털 도구를 다루고 에듀테크 기술을 익히는 것이 아니라, 디지털 역량 교육을 통해 학습자의 삶과 연계된 유의미한 사고와 경험의 확장을 제공해 줌으로써 다양한 문제 해결력을 기를 수 있도록 지원하는 것이 핵심이라고 볼 수 있다.

따라서 교과의 깊이 있는 학습 실현을 위해 「디지털 소양 내용 요소」를 기반으로 학습 목표(성취기준)를 달성할 수 있도록 수업을 설계하고, 디지털 및 AI 도구 활용에 대한 평가에는 다음의 내용이 반영되어야 한다.

a. 학습자의 삶과 연계되고 다양한 맥락에서 활용될 수 있는 유의미한 사고와 경험의 확장을 실현하였는가?
b. 이를 통해 창의적이고 융합적인 문제해결이 가능하였는가?

2) 디지털·AI 활용 수업, 평가 기준안 작성하기

평가를 설계할 때 흔히 우리는 다음과 같은 과정을 거친다(경기도교육청, 2024a). 디지털·AI 활용 수업 '나를 소개하는 블로그 글 작성하기'에도 이 과정을 적용해 보고 적절한 평가 기준안을 제시해 보고자 한다.

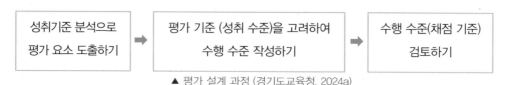

▲ 평가 설계 과정 (경기도교육청, 2024a)

(1) 학습 목표 설정하기

평가를 설계하기 전, 필자가 고려한 최종 학습 도달 목표는 다음과 같다.

수업	AI와 함께 나를 소개하는 블로그 글 작성하기
활동 개요	일본어 자기소개 표현을 배우고, 생성형 AI를 활용하여 자기소개 블로그 글을 작성함.
2022 개정 교육과정 성취기준	[9생일04-03] 간단하고 쉬운 대화문이나 글을 상황과 목적에 맞게 작성한다.
설계 전 학습·평가의 목표	1. 학습활동에서 배운 언어요소(자기소개 의사소통 표현)를 상황과 목적에 맞게 작성할 수 있는가? ▶ 교과 자체의 언어적 성취기준(학습 목표) 달성 여부 2. 디지털 역량으로 언어적인 사고의 확장(창작력, 표현력 등)을 달성하고, 깊이 있는 학습을 실현할 수 있는가? ▶ 디지털 소양 교육을 통한 깊이 있는 학습 달성 여부

▲ '나를 소개하는 블로그 글 작성하기' 학습 및 평가 목표

(2) 성취기준 분석으로 평가 요소 도출하기

필자가 생각한 평가 요소는 교과 자체의 목표인 '언어적 성취기준(학습 목표) 달성 여부'와 '디지털 소양 교육을 통한 깊이 있는 학습 달성 여부'이다. 하지만 디지털 역량에 대한 전문 지식이 없다면 디지털 소양 교육의 내용 체계 중 어떤 것을 교과 수업에 반영되어야 하는지부터 고민하게 될 것이다.

이를 해결하기 위한 방안은 「디지털 리터러시 구성 체계」 혹은 「디지털 소양 내용 요소」를 살펴보며 교사가 수업과 연계할 수 있는 내용 요소를 직접 선정하는 것이다.

하지만, 「디지털 소양 내용 요소」와 각 교과별 성취기준을 교사가 일일이 연계하고 분석하는 것도 쉬운 일이 아니다. 교사가 쉽게 디지털·AI 활용 수업을 설계하고 평가를 도출할 수는 없을까? 이런 고민을 손쉽게 해결해 줄 수 있는 도구가 바로 '뤼튼(Wrtn)[26]' 이었다.

뤼튼은 AI 검색 및 GPT-4 기능을 무료로 제공해 주는데, 이를 통해 「디지털 소양 내용 요소」와 교과의 성취기준을 쉽게 맵핑(mapping)하고 수업 설계의 아이디어도 얻을 수 있다. 다음은 「디지털 소양 내용 요소」와 교과의 성취기준을 연계하고, 평가 요소를 도출한 예시이다.

❶ 「디지털 소양 내용 요소」와 교과 성취기준 연계하기

| 질문 | 중학교 생활일본어 문화 영역의 성취기준인 [9생일04-03] 간단하고 쉬운 대화문이나 글을 상황과 목적에 맞게 작성한다[27]를 달성하기 위해 다양한 AI 디지털 도구를 활용하여 '나를 소개하는 블로그 글 작성하기' 수업 및 평가를 설계하고 싶어. 접목할 수 있는 디지털 리터러시 내용 요소 및 성취기준을 추천해 줘. |

| 답변 | **디지털 리터러시 기반 '나를 소개하는 블로그 글 작성하기' 수업 및 평가 설계**
이 수업에서는 학생들이 다양한 AI 디지털 도구를 활용하여 자신을 소개하는 블로그 글을 작성하게 됩니다. 이를 통해 일본어 의사소통 기본 표현 능력을 기르고, 디지털 리터러시 역량도 함께 향상시킬 수 있습니다.

디지털 리터러시 내용 요소 및 성취기준
1. 정보 활용 능력
 1) 다양한 디지털 도구를 활용하여 정보를 검색, 수집, 분석할 수 있다.
 2) 수집한 정보의 신뢰성과 타당성을 평가할 수 있다.

2. 디지털 콘텐츠 생산 능력
 1) 다양한 디지털 도구를 활용하여 자신의 생각과 감정을 효과적으로 표현할 수 있다.
 2) 디지털 콘텐츠 제작 시 저작권과 윤리 원칙을 준수할 수 있다.

3. 디지털 의사소통 능력
 1) 디지털 환경에서 상대방의 입장을 이해하고 공감하며 효과적으로 의사소통할 수 있다.
 2) 디지털 기기와 플랫폼을 활용하여 협력적으로 문제를 해결할 수 있다. |

---

[26] wrtn.ai
[27] 2022 개정 교육과정을 반영하기 위해 일본어 교과의 성취기준을 2022에 맞게 변경함.

> 4. 디지털 시민성
> 1) 디지털 환경에서 안전하고 책임감 있게 행동할 수 있다.
> 2) 디지털 기술이 개인과 사회에 미치는 영향을 이해하고 이를 고려할 수 있다.
>
> 뤼튼(Wrtn)

필자는 뤼튼 답변과 「디지털 소양 내용 요소」를 참고하여 아래와 같은 결과를 도출할 수 있었다.

수업	AI와 함께 나를 소개하는 블로그 글 작성하기
활동 개요	일본어 자기소개 표현을 배우고, 생성형 AI를 활용하여 자기소개 블로그 글을 작성한다.
2022 개정 교육과정 성취기준	[9생일04-03] 간단하고 쉬운 대화문이나 글을 상황과 목적에 맞게 작성함.
디지털 소양 내용 요소	인공지능의 활용, 디지털 콘텐츠 생성

▲ '나를 소개하는 블로그 글 작성하기' 디지털 소양 내용 요소

뤼튼의 장점은 'AI 검색'으로 실시간 정보를 바탕으로 한 답변 제공과 GPT-4로 상세한 AI 생성 답변을 참고할 수 있다는 점, 자료의 출처를 제시해 준다는 점을 들 수 있다. 참고 출처를 한번 더 검토해 보면서 내용의 신빙성을 검증해 보았고 뤼튼 결과와 「디지털 소양 내용 요소」를 비교해 보면서 수업에 적용할 디지털 소양 내용 요소를 선정할 수 있었다.

다시 한번 강조하지만, 「디지털 소양 내용 요소」와 교과 성취기준을 연계할 때 가장 중요한 점은 디지털 도구를 통해 교과의 학습 목표를 얼마나 확장하여 깊이 있는 학습을 달성할 수 있는가를 고려해야 한다는 것이다. 여기서 '확장'이란 더 어려운 수준이나 더 많은 지식을 학습해야 하는 것이 아니라, 학습자의 사고와 경험의 폭을 넓혀주고 다양한 삶의 맥락에서 활용할 수 있도록 지원함으로써 문제 해결력과 창의성, 주도성 등 다양한 역량을 함양하도록 이끌어주는 것을 의미한다.

따라서, 단순한 디지털 도구 체험이 아니라 수업 주제에 맞는 디지털 소양 내용 요소를 선정하는 과정이 중요하다.

❷ 평가 요소 도출하기

평가 요소란 교육과정 성취기준을 기반으로 추출하며, 학생들에게 기대하는 핵심 내용을 구체적으로 기술한 평가 내용을 의미한다. 즉 '성취기준에서 도출한 학습 내용과 기능'으로도 볼 수 있다. 기존에는 교사가 직접 성취기준을 분석하여 평가 요소를 선정하였지만, 이 또한 뤼튼으로 쉽게 도움을 받을 수 있다. 참고로 프롬프트를 작성할 때 평가 요소에 대한 출력형식과 같은 부연 설명을 추가하거나, 예시를 들어주면 더 나은 결과물을 얻을 수 있다.

질문 '나를 소개하는 블로그 글 작성하기'를 주제로 중학교 생활일본어 성취기준 "[9생일04-03] 간단하고 쉬운 대화문이나 글을 상황과 목적에 맞게 작성한다."와 디지털 내용 요소 "인공지능의 활용, 디지털 콘텐츠 생성"을 연계한 수행평가를 실시하고 싶어. 평가 요소를 제시해 줘.
평가 요소는 교육과정 성취기준을 고려하여 도출하며 학생의 수행 정도를 판단할 수 있도록 지식, 기능, 태도가 포함된 구체적인 내용(예: 자기소개 글 작성하기)으로 기술해주어야 해.

답변 1. **일본어 의사소통 능력**
1) 일본어 문장 구조 이해 및 활용: 일본어 문장 구조와 문법을 이해하고 이를 활용하여 간단하고 쉬운 자기소개 글을 작성할 수 있다.
2) 상황과 목적에 맞는 어휘 선택: 자기소개 글 작성 상황과 목적에 맞는 적절한 어휘를 선택하여 사용할 수 있다.

2. **디지털 콘텐츠 제작 능력**
1) 인공지능 기반 콘텐츠 생성 활용: 인공지능 기반 콘텐츠 제작 도구
   (예 Tooning)를 활용하여 자기소개 블로그 글을 작성할 수 있다.
2) 개인화된 콘텐츠 제작: 자신의 특성과 선호도를 반영한 개인화된 자기소개 블로그 글을 작성할 수 있다.

3. **자기표현 및 태도**
1) 자기 이해 및 표현: 자신의 특성, 관심사, 경험 등을 이해하고 이를 효과적으로 표현할 수 있다.
2) 창의성 및 성실성: 자기소개 글 작성 시 창의적인 아이디어를 활용하고 성실하게 임할 수 있다.

뤼튼(Wrtn)

필자가 처음 평가 목표를 설계할 때, '교과 자체의 언어적 성취기준(학습 목표) 달성'과 '디지털 소양 교육을 통한 깊이 있는 학습 달성 여부'를 세웠는데, 뤼튼 결과도 위의 예시처럼 평가 요소가 동일하게 도출되어 매우 놀랐던 기억이 있다. 하지만, 챗GPT와 뤼튼을 비롯한 모든 생성형 AI는 질문할 때마다 답변이 달라진다는 단점이 있다. 이에 교사는 비판적이고 주체적으로 사용할 수 있는 전문성이 무엇보다 중요하다.

> **❝ 프롬프트(Prompt) 작성 요령**
>
> 질문을 할 때, #(마크다운: 형식을 만들어 주는 규칙)을 활용하면 더 밀도 높은 결과물을 얻을 수 있다.

질문

#지시문

'나를 소개하는 블로그 글 작성하기'를 주제로 중학교 3학년 학생들을 대상으로 생활일본어 과목 수행평가를 설계하려고 해. 평가 요소를 2가지 제시해 줘.

#제약조건

일본어 교육과정 성취기준과 디지털 소양 내용 요소를 연계하여 작성할 것.

1) 일본어 교육과정 성취기준

[9생일04-03] 간단하고 쉬운 대화문이나 글을 상황과 목적에 맞게 작성한다.

2) 디지털 소양 내용 요소

인공지능의 활용, 디지털 콘텐츠 생성

#출력조건

평가 요소는 교육과정 성취기준을 고려하여 도출하며 학생의 수행 정도를 판단할 수 있도록 지식, 기능, 태도가 포함된 구체적인 내용(예: 자기소개 글 작성하기)으로 기술해주어야 해.

답변

1. 일본어 의사소통 능력 평가

1) 내용: 자신을 소개하는 간단한 일본어 대화문이나 글 작성하기

2) 평가 기준:

 - 일상생활과 관련된 주제로 간단하고 쉬운 대화문이나 글을 상황과 목적에 맞게 작성할 수 있는가?

 - 일본어 문법과 어휘를 정확하게 사용하고 있는가?

2. 디지털 리터러시 평가

1) 내용: 자신을 소개하는 블로그 글 작성하기

2) 평가 기준:

> - 디지털 콘텐츠 제작 도구(예: 블로그 플랫폼)를 활용하여 자신을 소개하는 글을 작성할 수 있는가?
> - 자신을 효과적으로 소개하는 디지털 콘텐츠를 생성할 수 있는가?
>
> 이와 같이 일본어 의사소통 능력과 디지털 리터러시 역량을 종합적으로 평가할 수 있도록 수행평가 요소를 구성하였습니다. 학생들은 일본어로 자신을 소개하는 글을 작성하면서 디지털 도구를 활용하여 효과적으로 표현하는 능력을 기를 수 있을 것입니다.
>
> 추가로, 인공지능 활용 역량 평가를 고려해볼 수 있습니다. 학생들이 자신을 소개하는 블로그 글 작성 시 인공지능 기술(예: 자동 번역, 문장 생성 등)을 활용할 수 있도록 하고, 이에 대한 이해와 활용 능력을 평가할 수 있습니다.
>
> 뤼튼(Wrtn)

마크다운 형식으로 프롬프트를 넣자, 필자의 의도에 맞는 결과물을 도출할 수 있었다. 만약 원하는 결과물이 나오지 않는다면 여러 번의 시도를 해보면서 내용을 교사 스스로가 선별하여 판단하면 평가의 방향 설계에 도움이 될 것이다.

위 대답을 참고하여 필자는 아래와 같이 평가 요소를 도출할 수 있었다.

평가 요소	▶ 자기소개 글 작성하기(언어) ▶ 자기소개 블로그 글 제작하기(디지털)

(3) 평가 기준(성취 수준)을 고려하여 수행 수준 작성하기

❶ 평가 기준(성취 수준) 세우기

평가 기준은 학생들이 교육과정 성취기준에 어느 정도 도달했는지를 판단하기 위한 실질적인 기준 역할을 할 수 있도록 도달한 정도를 상·중·하로 나누어 진술한 것으로 학교·학년·학급에 맞는 채점 기준을 설정할 때 근거가 된다(교육과정평가원, 2021; 경기도교육청, 2024c).

평가 기준(성취 수준)을 고려한 수행 수준을 작성할 때, 2022 개정 교육과정의 교과별 성취기준에 따른 성취 수준과 디지털 소양 내용 요소의 성취 수준을 분석하고 학습자의 수행 수준을 성취 수준 5단계(A~E)에 맞추니 세분화 된 결과물을 얻을 수 있었다.

#지시문

'나를 소개하는 블로그 글 작성하기' 생활일본어 수행평가에서 아래의 평가 요소에 따른 평가 기준(성취 수준)을 세우고 싶어. 다음 조건에 맞게 평가 기준(성취 수준)을 5단계로 제시해 줘.

#제약조건

1) 평가 요소는 '자기소개 글 작성하기(언어)'와 '자기소개 블로그 글 제작하기(디지털)'로 설정할 것.

2) 아래의 생활일본어 성취기준을 바탕으로 제시할 것.

- 생활일본어 성취기준: [9생일04-03] 간단하고 쉬운 대화문이나 글을 상황과 목적에 맞게 작성한다.

3) '자기소개 글 작성하기(언어)' 평가 기준(성취 수준)

- 위의 "생활일본어 성취기준"의 도달 정도와 문법, 어휘 등 언어 요소를 고려하여 제시할 것.

4) '자기소개 블로그 글 제작하기(디지털)' 평가 기준(성취 수준)

- 위 생활일본어 성취기준을 바탕으로 디지털 소양 내용 요소의 도달도를 참고할 것.

- 디지털 소양 내용 요소: 인공지능의 활용, 디지털 콘텐츠 생성

- 언어적인 사고의 확장(창작력, 표현력 등)을 달성하고, 깊이 있는 학습을 실현할 수 있는가의 내용이 포함될 것.

#출력조건

출력형식은 학생들의 수행 수준을 파악할 수 있도록 성취 수준 5단계(A~E)에 맞춰서 "~할 수 있다"로 표현해줘.

답변 평가 기준(성취 수준)

1. 자기소개 글 작성하기(언어)

A. 간단하고 쉬운 대화문이나 글을 상황과 목적에 매우 적절하게 작성할 수 있으며, 문법과 어휘 사용이 매우 정확하다.

B. 간단하고 쉬운 대화문이나 글을 상황과 목적에 적절하게 작성할 수 있으며, 문법과 어휘 사용이 대체로 정확하다.

C. 간단하고 쉬운 대화문이나 글을 상황과 목적에 보통 수준으로 작성할 수 있으며, 문법과 어휘 사용에 약간의 오류가 있다.

D. 간단하고 쉬운 대화문이나 글을 상황과 목적에 다소 부적절하게 작성하며, 문법과 어휘 사용에 많은 오류가 있다.

E. 간단하고 쉬운 대화문이나 글을 상황과 목적에 매우 부적절하게 작성하며, 문법과 어휘 사용이 매우 부족하다.

2. 자기소개 블로그 글 제작하기(디지털)

A. 간단하고 쉬운 대화문이나 글을 상황과 목적에 매우 적절하게 작성하고, 인공지능 활용과 디지털 콘텐츠 생성을 통해 창의적이고 깊이 있는 자기소개 블로그 글을 제작할 수 있다.

B. 간단하고 쉬운 대화문이나 글을 상황과 목적에 적절하게 작성하고, 인공지능 활용과 디지털 콘텐츠 생성을 통해 자기소개 블로그 글을 제작할 수 있다.

C. 간단하고 쉬운 대화문이나 글을 상황과 목적에 보통 수준으로 작성하고, 인공지능 활용과 디지털 콘텐츠 생성을 통해 기본적인 자기소개 블로그 글을 제작할 수 있다.

D. 간단하고 쉬운 대화문이나 글을 상황과 목적에 다소 부적절하게 작성하고, 인공지능 활용과 디지털 콘텐츠 생성에 어려움이 있어 자기소개 블로그 글 제작이 미흡하다.

E. 간단하고 쉬운 대화문이나 글을 상황과 목적에 매우 부적절하게 작성하고, 인공지능 활용과 디지털 콘텐츠 생성 능력이 매우 부족하여 자기소개 블로그 글 제작이 불가능하다.

뤼튼(Wrtn)

도출된 결과를 살펴보니, 평가 기준을 정량적으로 세분화하면 채점 기준의 도출이 쉬울 것으로 판단되었다. 중등에서는 채점 기준이 정량적으로 명확해야 추후 평가에 따른 민원을 예방할 수 있으므로 명확성 확보가 무엇보다 중요하다. 이에, 좀 더 명확한 결과를 얻기 위해 추가 질문을 이어 나갔다.

❷ 평가 기준(성취 수준)에 따른 수행 수준(채점 기준) 모색하기

 질문 위 결과를 좀 더 구체적으로 정량적으로 다시 제시해 주면 좋겠어. 예를 들어서 평가 요소 '자기소개 글 작성하기(언어)'의 *"간단하고 쉬운 대화문이나 글을 상황과 목적에 매우 적절하게 작성할 수 있으며, 문법과 어휘 사용이 매우 정확하다."*에서 자기소개 글에 포함되어야 할 조건으로 첫인사, 이름, 소속, 취미 등이 몇 개 이상 포함되도록 설명하였으면 해.

답변 자기소개 글 작성하기 (언어) 평가 기준(성취 수준)

A. 간단하고 쉬운 대화문이나 글을 상황과 목적에 매우 적절하게 작성할 수 있으며, 문법과 어휘 사용이 매우 정확하다.

– 자기소개 글에 첫인사, 이름, 소속, 취미, 특기, 장래 희망 등 6개 이상의 내용이 포함되어 있다.

– 문법과 어휘 사용이 매우 정확하고 자연스러운 수준이다.

B. 간단하고 쉬운 대화문이나 글을 상황과 목적에 적절하게 작성할 수 있으며, 문법과 어휘 사용이 대체로 정확하다.

– 자기소개 글에 첫인사, 이름, 소속, 취미, 특기 등 5개의 내용이 포함되어 있다.

– 문법과 어휘 사용이 대체로 정확한 수준이다.

C. 간단하고 쉬운 대화문이나 글을 상황과 목적에 보통 수준으로 작성할 수 있으며, 문법과 어
   휘 사용에 약간의 오류가 있다.

– 자기소개 글에 첫인사, 이름, 소속, 취미 등 4개의 내용이 포함되어 있다.

– 문법과 어휘 사용에 약간의 오류가 있는 수준이다.

D. 간단하고 쉬운 대화문이나 글을 상황과 목적에 다소 부적절하게 작성하며, 문법과 어휘 사
   용에 많은 오류가 있다.

– 자기소개 글에 첫인사, 이름, 소속 등 3개 이하의 내용이 포함되어 있다.

– 문법과 어휘 사용에 많은 오류가 있는 수준이다.

E. 간단하고 쉬운 대화문이나 글을 상황과 목적에 매우 부적절하게 작성하며, 문법과 어휘 사
   용이 매우 부족하다.

– 자기소개 글에 첫인사, 이름 등 2개 이하의 내용만 포함되어 있다.

– 문법과 어휘 사용이 매우 부족한 수준이다.

뤼튼(Wrtn)

예시를 '자기소개 글 작성하기(언어)'만 들어서인지 언어 평가 요소만 수정되었고, '자기
소개 블로그 글 제작하기(디지털)'는 제시되지 않았다. 또한, 필자가 원했던 '언어적인 사
고의 확장(창작력, 표현력 등)을 달성하고, 깊이 있는 학습을 실현할 수 있는가?'의 내용
설명이 미흡한 듯 보여 한번 더 뤼튼으로 구체적인 예시를 요청하였다.

질문 위 '자기소개 블로그 글 제작하기 (디지털)' 평가 기준을 정량적으로 다시 작성해 줘.
*"인공지능 활용과 디지털 콘텐츠 생성을 통해 창의적이고 깊이 있는 자기소개 블로그 글을 제작
할 수 있다."* 부분을 디지털 도구를 통해 언어적인 사고의 확장(창작력, 표현력 등)을 달성하고, 깊
이 있는 학습을 실현할 수 있는가를 기반으로 하는 다양한 예시가 포함되도록 새롭게 작성해 줘.

답변 자기소개 블로그 글 제작하기(디지털) 평가 기준(성취 수준)

A: 디지털 도구를 활용한 창의적이고 깊이 있는 자기소개 블로그 글 제작

– 인공지능 기반 번역기, 문장 생성기 등의 디지털 도구를 활용하여 자신의 특성, 선호도, 경험
   등을 창의적이고 개성 있게 표현할 수 있다.

– 웹사이트 빌더, 동영상 편집기 등의 디지털 콘텐츠 제작 도구를 활용하여 시각적으로 매력
   적이고 깊이 있는 자기소개 블로그 글을 제작할 수 있다.

– 이를 통해 언어적 사고의 확장(창작력, 표현력 향상)과 깊이 있는 학습을 실현할 수 있다.

B: 디지털 도구를 활용한 자기소개 블로그 글 제작
- 인공지능 기반 자동완성, 문법 검사 등의 기능을 활용하여 자신의 특성과 경험을 효과적으로 표현할 수 있다.
- 이미지 편집기, 동영상 제작 앱 등의 디지털 콘텐츠 제작 도구를 활용하여 자기소개 블로그 글을 제작할 수 있다.
- 이를 통해 언어적 사고의 확장(표현력 향상)과 깊이 있는 학습을 실현할 수 있다.

C: 기본적인 자기소개 블로그 글 제작
- 인공지능 기반 맞춤법 검사, 문장 생성 보조 등의 기능을 활용하여 자신의 특성과 경험을 기본적으로 표현할 수 있다.
- 온라인 블로그 플랫폼, 간단한 이미지 편집기 등의 디지털 콘텐츠 제작 도구를 활용하여 기본적인 자기소개 블로그 글을 제작할 수 있다.
- 이를 통해 언어적 사고의 확장(표현력 향상)과 기본적인 깊이 있는 학습을 실현할 수 있다.

D: 자기소개 블로그 글 제작 미흡
- 디지털 도구 활용과 언어적 사고의 확장(창작력, 표현력 등)에 어려움이 있어 자기소개 블로그 글 제작이 미흡하다.

E: 자기소개 블로그 글 제작 불가능
- 디지털 도구 활용과 언어적 사고의 확장(창작력, 표현력 등)이 매우 부족하여 자기소개 블로그 글 제작이 불가능하다.

추가 정보: 디지털 도구를 통한 언어적 사고의 확장 예시
디지털 도구를 활용하면 언어적 사고를 다양한 방식으로 확장할 수 있습니다.
예를 들어:
- **창작력 향상**: 인공지능 기반 번역기를 활용하여 자신의 특성과 선호도를 다양한 언어로 표현하고, 이를 바탕으로 창의적인 자기소개 블로그 글을 작성할 수 있습니다.
- **표현력 향상**: 인공지능 기반 문장 생성기를 활용하여 자신의 경험과 감정을 보다 효과적으로 표현할 수 있습니다. 또한 웹사이트 빌더, 동영상 편집기 등의 디지털 콘텐츠 제작 도구를 통해 자신을 시각적으로 매력적으로 표현할 수 있습니다.
- **깊이 있는 학습**: 인공지능 기반 학습 시스템을 활용하여 자신의 강점과 약점을 진단하고, 이를 바탕으로 자기소개 블로그 글을 보다 깊이 있게 작성할 수 있습니다.

이와 같이 다양한 디지털 도구를 활용하면 언어적 사고를 확장하고 깊이 있는 학습을 실현할 수 있습니다. 이를 통해 창의적이고 개성 있는 자기소개 블로그 글을 제작할 수 있습니다.

뤼튼(Wrtn)

처음에 원했던 정량적인 요소가 도출되진 않았지만, 디지털을 활용한 평가에서 실현하고자 하였던 언어적 사고의 확장 예시 등에 설명이 잘 제시되어 많은 참고가 되었다.

(4) 수행 수준(채점 기준) 작성하고 검토하기

❶ 채점 기준표 작성하기

평가 기준(성취 수준)에 근거하여 채점 기준표를 작성할 때 수행 과제에 따라 기대하는 학습자 수준을 구체적인 언어로 제시하는 것이 중요하다. 이에 분석적 루브릭을 반영하여 채점 기준을 구체화하고자 하였다. 또한, 각 평가 요소별로 구체적인 채점 기준표를 얻고자 각각 질문하였다.

> **❝ 프롬프트(Prompt) 작성 요령**
>
> 뤼튼의 결과물이 마음에 들지 않아 새로운 채팅창에 질문을 할 때, 뤼튼의 답변을 붙여넣기하고 다시 지시문을 작성하면 이어 질문하는 효과를 얻을 수 있다.

질문   [뤼튼 답변 붙여넣기] "자기소개 글 작성하기(언어) 평가 기준(성취 수준)"

#지시문
위 평가 기준(성취 수준)을 기반으로 채점 기준표를 작성해줘.

#제약조건
기대하는 학습자 수준이 구체적으로 나타날 수 있도록 분석적 루브릭 형식으로 채점 기준표를 제시해 줘.

#출력조건
채점 기준 언어형식은 "~할 수 있다."이고, 표로 나타내줘.

답변   자기소개 글 작성하기 (언어) 채점 기준표

평가	A수준	B수준	C수준	D수준	E수준
내용 구성	자기소개 글에 첫인사, 이름, 소속, 취미, 특기, 장래 희망 등 6개 이상의 내용을 매우 적절하게 작성할 수 있다.	자기소개 글에 첫인사, 이름, 소속, 취미, 특기 등 5개의 내용을 적절하게 작성할 수 있다.	자기소개 글에 첫인사, 이름, 소속, 취미 등 4개의 내용을 보통 수준으로 작성할 수 있다.	자기소개 글에 첫인사, 이름, 소속 등 3개 이하의 내용을 다소 부적절하게 작성할 수 있다	자기소개 글에 첫인사, 이름 등 2개 이하의 내용만 매우 부적절하게 작성할 수 있다
언어 사용	문법과 어휘 사용이 매우 정확하고 자연스러운 수준이다.	문법과 어휘 사용이 대체로 정확한 수준이다.	문법과 어휘 사용에 약간의 오류가 있는 수준이다.	문법과 어휘 사용에 많은 오류가 있는 수준이다.	문법과 어휘 사용이 매우 부족한 수준이다.

뤼튼(Wrtn)

[뤼튼 답변 붙여넣기] "자기소개 블로그 글 제작하기(디지털) 평가 기준(성취 수준)"

#지시문

위 평가 기준(성취 수준)을 기반으로 채점 기준표를 작성해줘.

#제약조건

기대하는 학습자 수준을 구체적으로 나타날 수 있도록 분석적 루브릭 형식으로 채점 기준표를 제시해 줘.

#출력조건

채점 기준 언어형식은 "〜할 수 있다."이고, 표로 나타내줘.

자기소개 글 작성하기 (디지털) 채점 기준표

평가	A수준	B수준	C수준	D수준	E수준
디지털 도구 활용	인공지능 기반 번역기, 문장 생성기 등의 다양한 디지털 도구를 창의적으로 활용하여 자기소개 블로그 글을 제작할 수 있다.	인공지능 기반 자동완성, 문법 검사 등의 디지털 도구를 활용하여 자기소개 블로그 글을 제작할 수 있다.	인공지능 기반 맞춤법 검사, 문장 생성 보조 등의 기본적인 디지털 도구를 활용하여 자기소개 블로그 글을 제작할 수 있다.	디지털 도구 활용에 어려움이 있어 자기소개 블로그 글 제작이 미흡하다.	디지털 도구 활용이 매우 부족하여 자기소개 블로그 글 제작이 불가능하다.
언어적 사고 확장	창의적이고 개성 있는 자기표현을 통해 언어적 사고의 확장(창작력, 표현력 향상)과 깊이 있는 학습을 실현할 수 있다.	효과적인 자기표현을 통해 언어적 사고의 확장(표현력 향상)과 깊이 있는 학습을 실현할 수 있다.	기본적인 자기표현을 통해 언어적 사고의 확장(표현력 향상)과 기본적인 깊이 있는 학습을 실현할 수 있다.	언어적 사고의 확장(창작력, 표현력 등)에 어려움이 있다.	언어적 사고의 확장(창작력, 표현력 등)이 매우 부족하다.
시각적 표현	웹사이트 빌더, 동영상 편집기 등의 디지털 콘텐츠 제작 도구를 활용하여 시각적으로 매력적이고 깊이 있는 자기소개 블로그 글을 제작할 수 있다.	이미지 편집기, 동영상 제작 앱 등의 디지털 콘텐츠 제작 도구를 활용하여 자기소개 블로그 글을 제작할 수 있다.	온라인 블로그 플랫폼, 간단한 이미지 편집기 등의 디지털 콘텐츠 제작 도구를 활용하여 기본적인 자기소개 블로그 글을 제작할 수 있다.	시각적 표현에 어려움이 있어 자기소개 블로그 글 제작이 미흡하다.	시각적 표현이 매우 부족하여 자기소개 블로그 글 제작이 불가능하다.

뤼튼(Wrtn)

❷ 검토하기

앞서 언급했듯이 디지털·AI 수업 평가는 다음의 2가지를 반영해야 한다.

a. 학습자의 삶과 연계되고 다양한 맥락에서 활용될 수 있는 유의미한 사고와 경험의 확장을 실현하였는가?
b. 이를 통해 창의적이고 융합적인 문제해결이 가능하였는가?

'자기소개 글 작성하기(언어)' 평가 요소는 학습활동에서 배운 언어요소(자기소개 의사소통 표현)를 상황과 목적에 맞게 작성할 수 있는가를 기준으로 설계하고자 하였는데 내용 요소와 언어 사용의 측면이 모두 제시되었고, 각자의 기준에 맞는 채점 기준을 항목별로 상세하게 제시해 주어 도움이 되었다.

또한, '자기소개 블로그 글 제작하기(디지털)' 평가 요소도 AI 기술을 통한 언어적 경험의 확장과 블로그 글 제작하기를 통한 문제해결 등의 다양한 역량을 확인하는 것에 대한 기준을 세우는 데 많은 참고가 되었다.

그러나, 필자가 재직 중인 학교에서 요구하는 채점 기준표 양식에 맞추기 위해 전체적인 수정이 필요해 보였고, 이를 참고하여 교사가 작성한 최종 평가 기준안은 다음과 같다.

(5) 최종 평가 기준안 설계하기

평가 영역명	나를 소개하는 블로그 글 작성하기		평가 만점	10점
2022 개정 교육과정 성취기준	[9생일04–03] 간단하고 쉬운 대화문이나 글을 상황과 목적에 맞게 작성한다.			
평가 기준 (성취수준)	상	정확하고 적절한 어휘와 문법을 사용하여 자기소개 글을 상황과 목적에 맞는 문장 형식으로 자세히 작성할 수 있다. 디지털 도구를 능숙하게 활용하여 자신의 특성, 장단점, 관심사 등을 상세히 반영한 자기소개 블로그 글을 창의적으로 제작할 수 있다.		
	중	적절한 어휘와 문법을 사용하여 자기소개 글을 상황과 목적에 맞는 일부의 문장 형식을 작성할 수 있다. 디지털 도구를 적절히 활용하여 자신의 특성, 장단점 등을 반영한 자기소개 블로그 글을 제작할 수 있다.		
	하	자기소개 글을 상황과 목적에 맞게 제한된 문장 형식으로 작성할 수 있다. 디지털 도구로 자신의 특성 등 일부의 내용을 반영한 자기소개 블로그 글을 제작할 수 있다.		

평가 요소 및 수행 수준			배점
나를 소개하는 블로그 글 작성하기	자기소개 글 작성하기 (6점)	정확하고 적절한 어휘와 문법을 사용하여 6개 이상의 내용(첫인사, 이름, 국적, 소속, 취미, 마무리 인사 등)이 포함된 자기소개 글을 디지털 문자 형식에 맞게 구체적인 문장으로 작성할 수 있다.	6
		적절한 어휘와 문법을 사용하여 4개~5개 내용(첫인사, 이름, 국적, 소속, 취미, 마무리 인사 등)이 포함된 자기소개 글을 디지털 문자 형식에 맞게 구체적인 문장으로 작성할 수 있다.	5
		자기소개 글 형식에 맞게 기본적인 어휘와 문법을 사용하여 2개~3개의 부분적인 내용(첫인사, 이름, 국적 등)을 문장으로 작성할 수 있다.	4
		자기소개 글 형식에 맞게 1개의 제한적인 내용(첫인사 등)을 문장으로 작성할 수 있다.	3
		자기소개 글을 형식에 맞게 작성하는 것이 미흡하다.	2
	자기소개 블로그 글 제작하기 (4점)	자기소개 표현을 확장하기 위해 번역기 및 인공지능 기반의 디지털 도구를 능숙하게 활용하여 자신만의 다양한 창작 내용(자신의 특성, 장단점, 관심사, 장래 포부 등)으로 확장하고, 이에 어울리는 캐릭터 이미지 등이 포함된 자기소개 블로그 글을 창의적으로 제작할 수 있다.	4
		자기소개 표현을 확장하기 위해 번역기 및 인공지능 기반의 디지털 도구를 적절히 활용하여 자신만의 창작내용(자신의 특성, 장단점 등)으로 확장하고, 캐릭터 이미지 등이 포함한 자기소개 블로그 글을 제작할 수 있다.	3
		자기소개 표현을 확장하기 위해 번역기 및 인공지능 기반의 디지털 도구를 활용하여 자신만의 창작내용(자신의 특성 등)으로 확장하거나, 캐릭터 이미지가 포함한 자기소개 블로그 글을 제작할 수 있다.	2
		디지털 도구로 자신만의 창작내용(자신의 특성 등)으로 확장하거나, 캐릭터 이미지를 포함한 자기소개 블로그 글 제작이 미흡하다.	1

'언어 교과에서 번역기를 사용한 부분을 평가에 반영하는 것이 옳은가?'에 대해 답변하자면 앞서 언급했듯 디지털 도구 활용의 목적은 교과의 학습 목표를 확장하여 깊이 있는 학습을 달성하는 데 있다. '자기소개 글 작성하기'라는 교과의 학습 목표에서 '자기소개 블로그 글 제작하기' 활동으로 확장함으로써 학생의 삶과 연계된, 실생활로의 전이를 지향하는 학습이 가능하였다.

그리고 이 과정에서 번역기 도구의 사용은 듣기, 말하기, 읽기, 쓰기 중심의 기능 익히기 언어 활동에서 나아가 초급 학습자들의 한계를 벗어나 스토리 창작 활동을 통해 다양한 언어적 사고의 확장이 가능하게 만들어 주었다. 교과서에 배운 내용을 기본 토대로 작성하되 학습자가 표현하고 싶지만 아직 배우지 않아 나타내기 어려운 문장에 대해서는 번역기를 통해 확장된 경험을 제공해 주자 학습자들의 다양한 창의력과 창작 능력이 발현될 수 있었다.

평가를 통해 문제 해결력과 창의성, 주도성 등 다양한 역량이 발휘될 수 있었기에 기존의 지식 확인의 평가와는 방향성이 다르다는 점을 강조하고 싶다.

3) 다른 평가에 적용하기

같은 과정으로 '내가 만든 여행 가이드북 소개하기'와 '나도 JPOP 작곡가' 활동도 평가기준안을 재설계하였다. 참고로 평가명 또한 목표를 명확하게 설명하기 위해 '일본 관광 가이드북 소개하기'와 '일본 음악 함께 창작하기'로 정정하고자 한다.

(1) 일본 관광 가이드북 소개하기

수업	내가 만든 일본 관광 가이드북 소개하기
활동 개요	일본의 지리에 대해 배우고, 디지털 도구를 활용하여 자신만의 관광 가이드북을 제작함.
2022 개정 교육과정 성취기준	[9생일05-02] 일본 문화 내용을 조사·정리하여 보고서를 작성한다.
설계 전 평가의 목표	1. 일본 지리적·문화적 특징을 이해하고 다양한 지역 정보를 분별력있게 수집하여 자신만의 언어로 정리할 수 있는가? ▶ 문화 관련 정보(자료) 조사·정리 달성 여부 2. 보고서를 자신만의 여행 가이드북 전자책으로 제작하고 소개, 성찰할 수 있는가? ▶ 보고서 제작을 통한 깊이 있는 학습 달성 여부
디지털 소양 내용 요소	자료의 수집과 저장, 디지털 콘텐츠 생성
평가 요소	• 일본 지역 정보 조사하고 정리하기(문화+디지털) • 나만의 관광 가이드북 제작하기(문화+디지털) • 가이드북 소개하기(문화)

평가명	일본 관광 가이드북 소개하기	평가 만점	20점

2022 개정 교육과정 성취기준	[9생일05–02] 일본 문화 내용을 조사·정리하여 보고서를 작성한다.		
평가 기준 (성취수준)	상	일본 지리적·문화적 특징을 깊이있게 이해하고 다양한 관련 정보를 분별력있게 수집, 조사한 뒤 체계적으로 정리할 수 있다. 이를 바탕으로 자신만의 구체적이고 창의적인 관광 가이드북을 제작하고 소개, 성찰할 수 있다.	
	중	일본 지리적·문화적 특징을 이해하고 주요 관련 정보를 수집, 조사한 뒤 정리할 수 있다. 이를 바탕으로 자신만의 관광 가이드북을 제작하고 소개할 수 있다.	
	하	일본 지리적·문화적 특징을 단편적으로 이해하고 관련된 일부의 정보를 수집, 조사하여 정리할 수 있다. 이를 바탕으로 단순한 관광 가이드북을 제작할 수 있다.	

평가 요소 및 수행 수준			배점
일본 관광 가이드북 소개하기	일본 지역 정보 조사 하고 정리하기 (8점)	일본의 지리적·문화적 특징을 깊이 있게 이해하고 지역과 관련된 정보(주요 관광 명소, 문화, 체험 활동 등) 3가지를 폭넓고 분별력있게 수집, 조사한 뒤 자신만의 언어로 체계적이고 창의적으로 정리할 수 있다.	8
		일본의 지리적·문화적 특징을 이해하고 지역과 관련된 정보(주요 관광 명소, 문화 등) 2가지를 폭넓게 수집, 조사한 뒤 자신만의 언어로 체계적으로 정리할 수 있다.	6
		일본의 지리적·문화적 특징을 단편적으로 이해하고 지역과 관련된 정보(주요 관광 명소 등) 1가지를 수집, 조사하여 자신만의 언어로 정리할 수 있다.	4
		일본의 지리적·문화적 특징을 제한적으로 이해하여 지역과 관련된 단편적인 정보(주요 관광 명소 등)를 수집, 조사하고 정리하는 것이 미흡하다.	2
	나만의 관광 가이드북 제작하기 (7점)	정리한 내용을 바탕으로 디지털 도구를 효과적으로 활용하여 그림, 사진, 지도 등의 구체적이고 다양한 자료가 포함된 자신만의 창의적인 관광 가이드북 전자책을 제작할 수 있다.	7
		정리한 내용을 바탕으로 디지털 도구를 활용하여 자신만의 창의적인 관광 가이드북 전자책을 제작할 수 있다.	5
		정리한 내용을 바탕으로 디지털 도구로 단편적인 관광 가이드북 전자책을 제작할 수 있다.	3
		디지털 도구로 관광 가이드북 전자책을 제작하는 것이 미흡하다.	1
	가이드북 소개하기 (5점)	가이드북을 논리적이고 설득력있게 소개한 뒤 자신의 작품을 성찰하며 개선점을 도출할 수 있다.	5
		가이드북을 소개한 뒤 자신의 작품을 성찰할 수 있다.	3
		자신의 작품을 소개하고 성찰하는 것이 미흡하다.	1

(2) 일본 음악 함께 창작하기

수업	우리가 만드는 JPOP 뮤직비디오
활동 개요	조별로 테마곡을 설정하고, 디지털 도구를 활용하여 주제에 맞는 곡을 일본어로 작사, 작곡한 뒤 뮤직비디오로 홍보함. ▶ 주제 설계❷❽ (조별 활동, 4인 1조) ▶ 작사(개인별 2줄씩 작성하여 총 8줄 완성) ▶ 작곡(개인별 창작 후 조별 협의로 우수 곡 선정) ▶ JPOP 뮤직비디오 제작, 홍보(개별+조별)
2022 개정 교육과정 성취기준	[9생일04-03] 간단하고 쉬운 대화문이나 글을 상황과 목적에 맞게 작성한다. [9생일05-05] 일본 문화에 대해 호기심을 가지고 수업이나 과제 활동에 적극적으로 참여한다.
설계 전 평가의 목표	1. 주제에 맞는 뮤직비디오 스토리를 공동으로 설계하고 배운 일본어 표현과 번역기를 활용하여 작사한 뒤, 이와 어울리는 곡을 제작할 수 있는가? ▶ 언어 지식의 재구성과 창의성, 협동성 발현 여부 2. 다양한 디지털 도구를 적절하게 활용하여 공동으로 뮤직비디오를 제작하고, 과제 해결을 위해 정보를 공유하거나 문제 해결을 위해 적극 협업할 수 있는가? ▶ 문제 해결 능력 및 과제 해결을 위한 적극적 태도
디지털 소양 내용 요소	인공지능의 활용, 디지털 콘텐츠 생성, 디지털 의사소통
평가 요소	• 주제 설계하기 • 주제에 맞는 일본노래 작성하기(언어+디지털) • 일본노래 뮤직비디오 제작하기(언어+디지털) • 과제 해결 태도(정의적 영역)

---

❷❽ '우리가 가져야 할 가치는 무엇일까?'를 주제로 하여 앞으로 가져야 할 다양한 가치(책임감, 존중, 사랑, 우정, 협력, 정직, 인내, 공감, 용기, 겸손, 배려 등)를 조별로 하나씩 결정하고자 함.
(보충 설명: 필자는 평소 '나를 알아가는 일본어 수업'을 지향하고 있음. 언어와 문화 수업 외에도 다양한 프로젝트 수업을 통해 내가 무엇을 원하는지, 관심 있는 것이 무엇인지를 생각해 보게 하고, 이를 언어 및 문화와 연관 지어 볼 수 있도록 설계함.)

평가명	일본 음악 함께 창작하기	평가 만점	20점
2022 개정 교육과정 성취기준	[9생일04-03] 간단하고 쉬운 대화문이나 글을 상황과 목적에 맞게 작성한다. [9생일05-05] 일본 문화에 대해 호기심을 가지고 수업이나 과제 활동에 적극적으로 참여한다.		
평가 기준 (성취수준)	상	조별 주제를 반영한 뮤직비디오 스토리를 구체적, 체계적으로 설계할 수 있다. 번역기 등 인공지능 도구를 통해 배운 일본어 표현을 창의적으로 활용하여 주제에 맞는 가사를 작성하고, 작곡한 뒤 완성도 높은 뮤직비디오를 제작할 수 있다. 과제 활동에 호기심과 열정을 가지고 적극 참여하고, 협력을 통해 다양한 문제를 해결할 수 있다.	
	중	조별 주제를 반영한 뮤직비디오 스토리를 적절히 설계할 수 있다. 번역기 등 인공지능 도구를 통해 배운 일본어 표현을 활용하여 주제에 맞는 가사를 작성하고, 작곡한 뒤 개연성 있는 뮤직비디오를 제작할 수 있다. 과제 활동에 참여하여 다양한 문제를 해결할 수 있다.	
	하	조별 주제를 반영한 뮤직비디오 스토리를 대략적으로 설계할 수 있다. 번역기 등 인공지능 도구를 통해 일본어 가사를 작성, 작곡하고 뮤직비디오를 제작할 수 있다. 과제 활동에 참여할 수 있다.	

평가 요소 및 수행 수준			배점
일본 음악 함께 창작하기	주제 설계하기 (3점)	조별로 주제를 구체적이고 체계적으로 세우고, 뮤직비디오 내용을 스토리보드로 완성도 있게(자연스러운 흐름, 세부 내용이 구체적으로 제시됨 등) 설계할 수 있다.	3
		조별로 주제를 세우고, 뮤직비디오 내용을 스토리보드로 적절히(자연스러운 흐름 등) 설계할 수 있다.	2
		조별로 주제를 세우고 뮤직비디오 내용을 스토리보드로 설계하는 점이 미흡하다.	1
	주제에 맞는 일본 노래 작성하기 (7점)	필요에 따라 번역기를 활용하되 기존에 배운 일본어 표현 3개를 포함하여 주제에 맞는 가사 1~2문장을 창의적으로 작성한 뒤 조원과 함께 1절로 정리할 수 있다. 완성된 가사를 디지털 도구(예 수노)를 활용하여 가사에 맞는 멜로디와 리듬을 창작할 수 있다.	7
		필요에 따라 번역기를 활용하되 기존에 배운 일본어 표현 1개~2개를 포함하여 주제에 맞는 가사 1~2문장을 창의적으로 작성한 뒤 조원과 함께 1절로 정리할 수 있다. 디지털 도구(예 수노)를 활용하여 가사에 맞는 멜로디와 리듬을 창작할 수 있다.	5
		번역기를 활용하여 주제에 맞는 가사를 작성한 뒤 조원과 함께 1절로 정리할 수 있다. 디지털 도구(예 수노)를 활용하여 멜로디와 리듬을 창작할 수 있다.	3
		번역기를 활용하여 주제에 맞는 가사를 작성하거나 디지털 도구(예 수노)로 작곡하는 것이 미흡하다.	1
	일본노래 뮤직비디오 제작하기 (7점)	디지털 도구를 활용하여 가사 내용에 맞는 창의적이고 완성도 높은 뮤직비디오(영상, 효과, 그림, 자막 등 포함)를 제작하고 조별로 협업하여 뮤직비디오를 완성할 수 있다.	7
		디지털 도구를 활용하여 가사 내용과 관련된 뮤직비디오(그림, 자막 등 포함)를 제작하고 조별로 협업하여 뮤직비디오를 완성할 수 있다.	5
		디지털 도구를 활용하여 뮤직비디오를 제작하고 조별로 협업하여 뮤직비디오를 완성할 수 있다.	3
		디지털 도구를 활용하여 뮤직비디오 제작하는 것이 미흡하다.	1
	과제 해결 태도 (3점)	호기심과 열정을 가지고 일본 음악 창작에 적극 참여하고, 팀원들과의 협력을 통해 다양한 문제를 해결할 수 있다.	3
		일본 음악 창작에 참여하여 팀원들과의 문제를 해결할 수 있다.	2
		일본 음악 창작과 팀원과의 협력에 소극적이다.	1

생성형 AI를 통한 평가 기준안 설계가 절대적인 것은 결코 아니다. 각 학교 사정에 맞춰야 하는 양식도 반영해야 하고, 교사의 교수학습 설계의 방향이 잘 담겨 있어야 한다. 그럼에도 불구하고 생성형 AI로 여러 번의 질의를 통해 수행과정을 거침으로써 조금씩 불명확했던 디지털·AI 활용 수업에 대한 채점 기준을 조금씩 채워나갈 수 있었고, 설계 과정을 통해 교사 스스로도 평가에 대한 체계적인 안목을 기를 수 있어 도움이 되었다고 생각한다.

라. 학습을 확장하고 역량을 키우는 학습으로서의 평가

 디지털·AI 활용 수업에서는 평가의 관점, 패러다임이 바뀌어야 한다. 흔히 평가는 배운 지식을 학습자에게 확인하고 도달 정도를 점검하는 과정이라고 한다. 하지만, 디지털·AI 활용 수업에서의 평가는 지식 이해 중심의 교육에서 나아가 디지털 역량을 기반으로 교과의 학습 목표가 확장되고 학습자의 사고와 경험의 폭이 넓어져 다양한 삶의 맥락에서 활용될 수 있는 다양한 역량을 함양하는 교육이 가능해진다. 다시 말해, 평가 자체가 학습자의 역량을 키우는 학습이 되는 것이다.

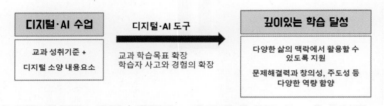

▲ 디지털·AI 활용 수업의 방향

 교과의 깊이 있는 학습 목표를 실현하고 디지털을 활용한 다양한 문제해결 수업을 설계하는데 본 평가안이 미약하게나마 도움이 되었길 기대한다.

Ⅱ

개념기반 교육과정
살펴보기

Ⅱ-1

개념기반 교육과정
생성형 AI로 풀어나가기

2022 개정 교육과정 총론에는 놀랍게도 '개념'이라는 낱말이 한 번도 등장하지 않는다. 그런데도 왜 2022 개정 교육과정을 개념기반 교육과정이라고 하는지 의아하지 않은가?

바로 '핵심 아이디어' 때문이다. 하지만 '핵심 아이디어' 역시 총론에 아래와 같이 딱 한 번 등장한다.

2. 교수 · 학습

가. 학교는 학생들이 깊이 있는 학습을 통해 핵심역량을 함양할 수 있도록 교수 · 학습을 설계하여 운영한다.

1) 단편적 지식의 암기를 지양하고 각 교과목의 핵심 아이디어를 중심으로 지식 · 이해, 과정 · 기능, 가치 · 태도의 내용 요소를 유기적으로 연계하며 학생의 발달 단계에 따라 학습 경험의 폭과 깊이를 확장할 수 있도록 수업을 설계한다.

2) 교과 내 영역 간, 교과 간 내용 연계성을 고려하여 수업을 설계하고 지도함으로써 학생들이 융합적으로 사고하고 창의적으로 문제를 해결하는 능력을 함양할 수 있도록 한다.

3) 학습 내용을 실생활 맥락 속에서 이해하고 적용하는 기회를 제공함으로써 학교에서의 학습이 학생의 삶에 의미 있는 학습 경험이 되도록 한다.

4) 학생이 여러 교과의 고유한 탐구 방법을 익히고 자신의 학습 과정과 학습 전략을 점검하며 개선하는 기회를 제공하여 스스로 탐구하고 학습할 수 있는 자기주도 학습 능력을 함양할 수 있도록 한다.

5) 교과의 깊이 있는 학습에 기반이 되는 언어 · 수리 · 디지털 기초소양을 모든 교과를 통해 함양할 수 있도록 수업을 설계한다.

▲ 초중등학교 교육과정 총론: 학교 교육과정 설계와 운영(교육부, 2022)

총론에 의하면, 학생들이 깊이 있는 학습을 하며 핵심역량을 함양하기 위해서는 지식·이해, 과정·기능, 가치·태도의 내용 요소를 연계하며 학습 경험의 폭을 확장하도록 수업을 설계하라고 한다. 그 중심에 각 교과목의 핵심 아이디어가 있다. 개념기반 교육과정에서 두 개 혹은 그 이상의 개념 간 관계로 진술된 것을 일반화라고 한다. 그리고 이는 빅 아이디어(Big Idea), 핵심적인 이해, 영속적인 이해로 불리기도 한다. 2022 개정 교육과정에서는 이를 핵심 아이디어라 부른다. 핵심 아이디어를 중심으로 설계하는 수업, 그렇기에 2022 개정 교육과정을 개념기반 교육과정이라고 부르기도 한다.

핵심 아이디어에 대한 탐구심이 발동되며, 단 하나의 질문을 하기 위해 무려 1박 2일 연수에 참가하기까지 했던 필자의 여정을 소개하고자 한다.

가. 쉽지 않은 개념기반 교육과정

1) '핵심 아이디어'는 바꿀 수 있는가?

연수 과정에 융합 지도안 작성 과제가 있었고, 2022 개정 교육과정에 맞춘 지도안 작성 강의를 듣게 되었다. 수업 지도안에 '핵심 아이디어'를 아래와 같은 내용으로 작성하라는 지침이 있었다.

> 핵심 아이디어 – 선정한 학습 요구 중에서 교사의 교육적 판단을 통해 선정한 내용의 핵심 아이디어를 집약적으로 표현하기

그러나 무엇을 써야 하는지 막막했다. 핵심 아이디어가 정확히 무엇인지 질문했지만, 답을 들어도 이해 불가였다.

핵심 아이디어가 너무 궁금했다. 그러던 중, 경기도교육청 2022 개정 교육과정 평가 정책 발표회에 2015-2022 교육과정 개발에 참여하신 교수님이 오신다는 얘기를 듣고, 이 궁금증을 풀기 위해 달려갔다. 이 분은 개념기반 교육과정 전문가로 2022 개정 교육과정에서 핵심 아이디어는 정말 중요하다고 거듭 강조하셨다.

'아하! 핵심 아이디어는 바꾸면 안 되는 거구나!'

그러나 이 확신도 잠시, 연수 과제로 교사들이 작성한 수업 지도안의 핵심 아이디어는 창조되거나, 일부 수정하거나, 변형 없이 그대로 쓰이는 등 중구난방이었다. 필자는 교수의 강의를 통해 핵심 아이디어는 정말 중요하니 변경하면 안 된다고 이해했기 때문에 이러한 상황이 혼란스러웠다.

다행히 전문가의 코칭 시간이 있었고, 내 관심은 온통 '핵심 아이디어'에 쏠려있었다. 솔직히 핵심 아이디어를 중심으로 설계해야 하는데, 이에 대한 개념이 명확하지 않으니 지도안 설계 시간이 힘들기만 했다.

"핵심 아이디어가 과연 바뀔 수 있는 것인지, 변경하면 안 되는지, 일부 변경이 가능하다면 어떤 방식으로 가능한지 알고 싶습니다. 핵심 아이디어가 수업과 평가에 영향을 줄 것이기에 지도안을 완성할 수가 없었습니다."

라고 고민을 말씀드렸고, '이 분은 알겠지?'라는 생각에 심장이 두근두근하기까지 했다. 하지만 본인도 모르겠다는 말씀에 바로 좌절을 맛보게 되었다.

결국 핵심 아이디어에 대한 궁금증에 확답을 주실 수 있을 거 같은 전문가에게 물어봐야겠다는 판단이 섰다. 그렇게 개념기반 교육과정의 전문가인 온정덕 교수님이 잠시 오셔서 강연하는 1박 2일 연수까지 참석하게 된 것이다.

"교수님, 여러 연수에서 강사분들께 물어보니, 핵심 아이디어에 대한 의견이 다양합니다. 과연 핵심 아이디어는 바꿀 수 있는 걸까요?"

당일 메모했던 내용을 바탕으로 전달해 본다.

> ☑ 핵심 아이디어 자체는 일부러 포괄적으로 만들어졌다.
> ☑ 따라서 이를 환경, 학년 등에 따라 구체화하여 표현하거나 만드는 것도 물론 가능하다.
> ☑ 하지만 초 · 중 · 고를 연결하는 맥락이 있는 아이디어이므로 이를 완전히 다른 것으로 바꾸거나 해서는 안 되는 것이다.
> ☑ 그 '핵심'을 건드려서는 안 될 것이다.

▲ 연수에서 교수와 대화하며 이해한 내용

무려 1박 2일의 연수까지 감행하여 핵심 아이디어를 핵심을 건드리지 않는 한, 변경하거나 새로 만드는 것도 가능하다는 건 알게 되었다. 여기까지의 과정도 참 험난하게 느껴질 것이다. 하지만 몇 개월이 더 지난 지금, 개념기반 교육과정을 이해하기 위한 이 여정은 시작에 불과했음을 깨닫는다.

'핵심'을 건드리지 않고 변경하는 건 어떻게 하는 걸까? 그리고 그 '핵심'은 무엇일까? 이런 의문을 시작으로 궁금한 것들이 산처럼 쌓여갔다.

그리고 그사이, 6개월이 지났고, 많은 정보가 인터넷에 업데이트되었으며 생성형 AI의 성능 또한 놀라울 정도로 발전하였다. 이젠 1박 2일 연수를 쫓아가지 않아도 우리는 이런 답변을 받을 수 있다.

질문 2022 개정 교육과정에서 핵심 아이디어는 교사가 재구성하여 바꿀 수 있는 거야?

답변 2022 개정 교육과정에서 제시된 <u>핵심 아이디어는 교사가 재구성할 수 있지만, 임의적으로 변경하는 것은 불가능합니다.</u>

핵심 아이디어는 각 교과마다 설정된 핵심 개념 또는 범교과적 핵심 개념을 기반으로, 해당 영역을 아우르면서 학습을 통해 일반화할 수 있는 내용을 핵심적으로 진술한 것입니다. 이는 학생들이 깊이 있는 학습을 하도록 돕고, 교과 간 연계 및 통합을 촉진하며, 삶과 연계한 학습을 가능하게 하는 데 중요한 역할을 합니다.

따라서 교사는 학습 상황과 학생들의 특성을 고려하여 핵심 아이디어를 다양한 방식으로 구성할 수 있습니다. 예를 들어, 핵심 아이디어를 다른 개념과 연관시키거나, 실제 사례와 연결하거나, 학생들의 질문을 통해 탐구하도록 돕는 등의 방법을 활용할 수 있습니다.

<u>하지만 핵심 아이디어의 핵심 내용을 변경하거나 삭제하는 것은 허용되지 않습니다.</u> 이는 핵심 아이디어가 교육과정의 핵심 요소이며, 학습의 방향성을 제시하는 역할을 하기 때문입니다.

만약 핵심 아이디어를 변경하게 된다면, <u>학습의 일관성과 체계성이 저하될 수 있으며, 학생들이 핵심 개념을 제대로 이해하지 못하게 될 수 있습니다.</u>

따라서 교사는 핵심 아이디어를 창의적으로 활용하면서도, 교육과정의 의도를 존중하는 방향으로 수업을 진행해야 합니다.

제미나이(Gemini)[29]

---

[29] gemini.google.com

핵심 아이디어의 '핵심 내용'을 변경하거나 삭제하는 것은 허용되지 않는 부분은 연수에서 들은 내용과 AI의 답변이 일치한다.

생성형 AI의 답변을 100% 신뢰할 수는 없지만, AI의 도움으로 핵심 아이디어 중심으로 수업 설계에 도움을 받을 수 있는 건 확실하다.

그럼 AI와 함께 개념기반 교육과정을 풀어나가 보자.

2) 변경하면 안 되는 '핵심'이란?

그렇다면 건드리면 안 되는 '핵심'과 '핵심 내용'이 무엇일까? 교과별 교육과정을 살펴보자.

2. 내용 체계 및 성취기준

내용 체계 학습 내용의 범위와 수준을 나타냄

- **영역**: 교과(목)의 성격에 따라 기반 학문의 하위 영역이나 학습 내용을 구성하는 일차 조직자
- **핵심 아이디어**: 영역을 아우르면서 해당 영역의 학습을 통해 일반화할 수 있는 내용을 핵심적으로 진술한 것. 이는 해당 영역 학습의 초점을 부여하여 깊이 있는 학습을 가능하게 하는 토대가 됨
- **내용 요소**: 교과(목)에서 배워야 할 필수 학습 내용
  - **지식·이해**: 교과(목) 및 학년(군)별로 해당 영역에서 알고 이해해야 할 내용
  - **과정·기능**: 교과 고유의 사고 및 탐구 과정 또는 기능
  - **가치·태도**: 교과 활동을 통해 기를 수 있는 고유한 가치와 태도

성취기준 영역별 내용 요소(지식·이해, 과정·기능, 가치·태도)를 학습한 결과 학생이 궁극적으로 할 수 있거나 할 수 있기를 기대하는 도달점

- **성취기준 해설**: 해당 성취기준의 설정 취지 및 의미, 학습 의도 등 설명
- **성취기준 적용 시 고려 사항**: 영역 고유의 성격을 고려하여 특별히 강조하거나 중요하게 다루어야 할 교수·학습 및 평가의 주안점, 총론의 주요 사항과 해당 영역의 학습과의 연계 등 설명

▲ 사회과 교육과정 일러두기 내용 중

'핵심 내용'은 지식·이해, 과정·기능, 가치·태도에 적혀 있는 부분임을 어렵지 않게 생각할 수 있을 것이다. 그런데 핵심 아이디어는 초등학교 3학년부터 중학교 3학년까지가

동일하므로 학년을 불문하고 일관성 있게 가르치라는 의미로 해석된다. 교수와의 대화에서 핵심 아이디어는 학년을 연결하는 맥락이 있다고 설명한 부분과 통한다.

질문 하지만 핵심 아이디어의 핵심 내용을 변경하거나 삭제하는 것은 허용되지 않습니다. 라고 했잖아. [핵심 내용]이 뭐야? 교육과정에서 핵심 내용을 어떻게 찾을 수 있어?

답변 **핵심 아이디어**는 교과마다 설정된 핵심 개념 또는 범교과적 핵심 개념을 기반으로, 해당 영역을 아우르면서 학습을 통해 일반화할 수 있는 내용을 **핵심적으로 진술**한 것입니다. 이는 학생들이 깊이 있는 학습을 하도록 돕고, 교과 간 연계 및 통합을 촉진하며, 삶과 연계한 학습을 가능하게 하는 데 중요한 역할을 합니다.

반면에 **핵심 내용은 교육과정에서 학습해야 할 필수적인 내용**을 의미하며, 핵심 아이디어를 구체화하고 세분화한 내용이라고 볼 수 있습니다. 핵심 내용은 교과서, 교사용 지도서, 학습 자료 등에 제시되어 있으며, 평가의 기준으로도 활용됩니다.

핵심 내용을 찾는 방법은 다음과 같습니다:

- **교과서:** 각 단원의 시작 부분이나 끝부분에 핵심 내용이 제시된 경우가 많습니다. 또한, 교과서의 목차를 통해 핵심 내용을 파악할 수도 있습니다.
- **교사용 지도서:** 교사용 지도서에는 각 단원의 핵심 내용과 함께, 수업 목표, 수업 활동, 평가 방법 등이 제시되어 있습니다.
- **교육부 홈페이지:** 교육부 홈페이지 "교육과정" 메뉴를 통해 각 교과의 교육과정을 확인할 수 있습니다. 교육과정에는 핵심 내용을 포함한 다양한 정보가 제공됩니다.

핵심 아이디어와 핵심 내용은 서로 밀접하게 연관되어 있지만, **구분해야 할 중요한 개념입니다.** 핵심 아이디어는 핵심 내용을 이해하는 데 **지침 역할**을 하며, 핵심 내용은 핵심 아이디어를 **구체화**하고 **실현**하는 데 필요한 내용입니다.

따라서 교사는 핵심 아이디어를 창의적으로 활용하면서도 핵심 내용을 정확하게 전달하고 학습하도록 돕는 것이 중요합니다.

제미나이(Gemini)

---

(2) 자연환경과 인간생활

핵심 아이디어		• 지표상에는 다양한 기후 특성이 나타나며, 기후 환경은 특정 지역의 생활양식에 중요하게 작용한다. • 우리나라와 세계 각지에 다양한 지형 경관이 나타나고, 해당 지역의 인문환경과 인간생활에 중요한 영향을 미친다. • 인간은 자연환경에 의존하고 적응하며, 자연환경을 변형시키기도 한다.		
범주		내용 요소		
		초등학교		중학교
		3~4학년	5~6학년	1~3학년
지식 · 이해	기후 환경	• 우리 지역의 기온과 강수량 • 사례 지역의 기후환경	• 우리나라의 계절별 기후 • 세계의 기후	• 우리나라의 계절별, 지역별 기후 특성과 변화 양상 • 세계 각 지역의 기후 특성
	지형 환경	• 사례 지역의 지형환경	• 우리나라의 지형 • 세계의 지형	• 우리나라 주요 지형의 위치와 특성, 지형 경관 • 세계 각 지역의 지형 특성
	자연- 인간의 상호 작용	• 이용과 개발에 따른 환경 변화	• 다양한 자연환경과 인간 생활 • 기후변화 • 자연재해	• 기후변화에 대한 지역별 대응 노력 • 자연재해의 지리적 특성과 대응 노력
과정·기능		• 자료를 바탕으로 다양한 자연환경과 생활모습 조사하기 • 자료를 바탕으로 우리나라의 계절별 기후 특징 탐구하기 • 지도, 기후 그래프, 사진 등을 활용하여 세계의 다양한 기후 비교하기 • 사진, 기록물, 영상자료 등을 활용하여 다양한 지형의 사례 조사하기 • 자연재해 대비 노력 조사하기		• 지도상에서 세계와 우리나라의 주요 자연환경 요소의 위치 파악하기 • 다양한 지리 정보와 매체를 활용하여 지리적 시각화하기 • 지리적 특성이나 문제를 지도로 표현하기 • 자연환경과 인간생활 간 상호 연계성 파악하기 • 일상생활에서 자연재해에 적극적으로 대처하기
가치·태도		• 개발과 보전에 대한 균형 있는 관점 • 자연환경에 대한 감수성 • 기후변화 대응에 대한 관심		• 세계와 우리나라의 자연경관에 대한 호기심과 소중히 여기는 태도 • 자연환경 보호 활동의 참여 및 실천 • 기후변화 문제 해결을 위한 생활 속 실천과 참여

▲ 2022 개정 사회과 교육과정: 자연환경과 인간생활 내용 체계표(교육부, 2022)

그러면 핵심 아이디어의 핵심을 바꾸지 않으면서 학년의 특성에 맞게 변경하는 것은 어떻게 할 수 있을까? 핵심 아이디어는 지식·이해의 범주를 중심으로 초등학교 3학년부터 중학교 3학년까지 학습을 통해 일반화할 수 있는 내용을 핵심적으로 진술했음을 파악할 수 있다. 그러면 사회과 핵심 아이디어를 살펴보고 분석해 보자.

> **지표상에는 다양한 기후 특성**이 나타나며, 기후 환경은 특정 지역의 생활양식에 중요하게 작용한다.

위 핵심 아이디어에서 지식 · 이해 범주의 '기후 환경'과 관련하여 5학년에서는 '우리나라의 계절별 기후'의 내용을 배운다. 5학년에 맞게 변형해 보자.

> (적용) **우리나라에는 계절별 기후 특성**이 나타나며, 기후 환경은 특정 지역의 생활양식에 중요하게 작용한다.

▲ 초등학교 5학년에 맞게 변경한 핵심 아이디어

만약 3-4학년이라면 '우리 지역의 기온과 강수량'에 대해 학습하므로 해당 지역명을 넣어서 변경해도 될 것이다.

> 우리나라와 <u>세계 각지</u>에 다양한 지형 경관이 나타나고, 해당 지역의 인문환경과 인간생활에 중요한 영향을 미친다.

이 핵심 아이디어를 보면 지식 · 이해 범주의 '지형 환경'과 관련하여 초등학교 5학년에서 배우지 않는 '세계의 지형'이라는 핵심 내용이 포함되었으므로, 이를 제외했다.

> (적용) **우리나라에** 다양한 지형 경관이 나타나고, 해당 지역의 인문환경과 인간생활에 중요한 영향을 미친다.

▲ 초등학교 5학년에 맞게 변경한 핵심 아이디어

마지막으로 지식 · 이해 범주의 '자연−인간의 상호작용'과 관련된 핵심 아이디어를 살펴보자. 5학년에서는 '다양한 자연 생활과 인간생활', '기후변화', '자연재해'의 내용이 모두 포함되므로 변경하지 않았다.

> 인간은 자연환경에 의존하고 적응하며, 자연환경을 변형시키기도 한다.

만약 3~4학년이라면 '이용과 개발에 따른 환경 변화'에 대해 학습하므로 다음과 같이 변경할 수 있을 것이다.

> (적용) 인간은 자연환경을 **이용하고 개발하여** 자연환경을 변형시키기도 한다.

▲ 초등학교 3~4학년에 맞게 변경한 핵심 아이디어

이렇게 핵심 아이디어를 학년에 맞게 변경하는 것이 왜 중요한지 의문이 들 수 있다. 이는 '탐구−실행−성찰'의 수업 설계를 위해 사실적 질문, 개념적 질문, 논쟁적 질문을 AI로 생성할 때 큰 차이가 발생한다. 위에서 마지막에 3~4학년 내용 체계에 맞게 변경한 핵심 아이디어를 바탕으로 탐구 질문을 생성하여 비교해 보자.

> **질문**　인간은 자연환경을 이용하고 개발하여 자연환경을 변형시키기도 한다.
> 위 [핵심 아이디어]와 관련하여 사실적 질문, 개념적 질문, 논쟁적 질문을 초등학교 3학년 수준으로 각각 5개씩 제시해줘.

답변　**사실적 질문**
1. "인간이 자연환경을 어떻게 이용하나요?"
    • 인간이 자연환경 속 자원을 어떻게 활용하는지에 대해 질문합니다. 이는 핵심 아이디어와 직접 연결되어 있습니다.
2. "도시를 만들 때 자연환경은 어떻게 변하나요?"
    • 도시 개발이 자연환경에 어떤 변화를 가져오는지에 대한 구체적인 예를 묻습니다.
3. "나무를 베어내고 건물을 지을 때 자연에는 어떤 영향이 있나요?"
    • 나무 베기와 같은 행위가 자연에 미치는 구체적인 영향에 대해 질문합니다.
4. "자동차와 공장이 많아지면 공기는 어떻게 달라지나요?"
    • 인간 활동이 환경 오염에 어떻게 기여하는지에 대해 질문합니다.
5. "강을 정리해서 농사를 짓게 되면, 그 주변 환경은 어떻게 변하나요?"
    • 물리적 환경 변화가 생태계에 어떤 영향을 미치는지에 대해 질문합니다.

개념적 질문
1. "왜 사람들은 자연을 변형시키려고 하나요?"
    • 인간이 자연환경을 변형시키는 이유에 대해 탐구하도록 합니다.
2. "자연환경을 보호하는 것이 중요한 이유는 무엇인가요?"
    • 자연 보호의 중요성에 대해 생각하게 합니다.
3. "자연과 사람은 어떻게 함께 살 수 있나요?"
    • 인간과 자연의 공존 방안에 대해 탐구하도록 합니다.

4. "자연이 우리에게 주는 것은 무엇인가요?"

- 자연이 인간에게 제공하는 혜택에 대해 생각하게 합니다.

5. "우리가 자연을 변형시킬 때, 무엇을 가장 조심해야 할까요?"

- 자연을 변형시키는 과정에서 고려해야 할 가장 중요한 요소에 대해 탐구하도록 합니다.

논쟁적 질문

1. "도시를 만들기 위해 숲을 없애는 것이 옳은 일인가요?"

- 개발과 환경 보호 사이의 균형에 대해 논의하도록 합니다.

2. "모든 사람이 자동차를 갖는 것이 좋은 일인가요?"

- 환경 오염과 편리함 사이의 관계를 탐구하도록 합니다.

3. "학교 근처에 큰 공장을 지을 때, 주민들의 의견을 물어봐야 하나요?"

- 지역 개발과 주민 참여의 중요성에 대해 논의하도록 합니다.

4. "동물원이 동물들을 위한 좋은 장소인가요?"

- 동물 복지와 인간의 오락 사이의 관계를 탐구하도록 합니다.

5. "우리가 쓰레기를 줄이기 위해 할 수 있는 가장 좋은 방법은 무엇인가요?"

- 환경 보호를 위한 실천 방안에 대해 논의하도록 합니다.

각 질문은 초등학교 3학년 학생들이 이해할 수 있는 수준에서 자연환경의 이용과 변형에 관한 사실, 개념, 논쟁적 측면을 탐구하도록 설계되었습니다.

뤼튼(Wrtn)

▲ 초등학교 3~4학년에 맞게 변경한 핵심 아이디어로 생성한 탐구 질문

앞처럼 질문 아래 간단한 설명이 있길 원한다면 아래의 프롬프트를 추가해서 물어보자.

> 질문　그리고 각 질문이 핵심 아이디어와 어떻게 관련이 있는지 설명해줘.

물론 핵심 아이디어를 변경하지 않고, 학년별 내용 요소만 추가하여 질문할 수도 있다. 하지만 기존의 핵심 아이디어를 그대로 활용하면서 학년의 내용 요소만 반영해 달라고 요청한 경우에는 다음과 같이 학년에 적합하지 않은 어려운 질문이 많이 나왔다.

질문 [핵심 아이디어] 인간은 자연환경에 의존하고 적응하며, 자연환경을 변형시키기도 한다.
위 [핵심 아이디어]와 아래의 [내용 요소]와 관련하여 사실적 질문, 개념적 질문, 논쟁적 질문을 초등학교 3학년 수준으로 각각 5개씩 제시해줘.
[내용 요소] 이용과 개발에 따른 환경 변화

답변 물론입니다! 아래에 초등학교 3학년 수준에 맞춘 사실적 질문, 개념적 질문, 논쟁적 질문을 각각 5개씩 제시하겠습니다.

사실적 질문

1. 인간은 어떤 방식으로 자연환경을 이용하나요?
2. 농사를 짓기 위해 인간은 자연환경을 어떻게 변형시키나요?
3. 공장을 세우면 자연환경에 어떤 변화가 생기나요?
4. 인간이 숲을 개발하면 동물들은 어떻게 되나요?
5. 인간이 물을 사용하기 위해 만든 구조물에는 어떤 것들이 있나요?

개념적 질문

1. 자연환경을 이용한다는 것은 무엇을 의미하나요?
2. 환경 개발이란 무엇인가요?
3. 환경 변화가 인간 생활에 미치는 영향은 무엇인가요?
4. 인간이 자연환경에 적응한다는 것은 어떤 의미인가요?
5. 자연환경을 변형시키는 것은 왜 필요한가요?

논쟁적 질문

1. 인간이 자연환경을 개발하는 것은 항상 옳은 일인가요?
2. 환경 보호를 위해 개발을 멈춰야 할까요?
3. 자연환경을 이용하는 것과 보존하는 것 중 무엇이 더 중요한가요?
4. 인간이 자연환경을 변형시키지 않고 살 수 있을까요?
5. 개발로 인해 손상된 자연환경을 복구하는 것이 가능할까요?

이 질문들을 통해 학생들이 자연환경과 인간의 관계에 대해 다양한 관점에서 생각해볼 수 있을 것입니다.

뤼튼(Wrtn)

▲ 초등학교 3학년~ 중학교 3학년 공통 핵심 아이디어로 생성한 탐구 질문

따라서 학년을 고려하여 핵심 아이디어를 재구성할 필요가 있으며, 이 과정에서 생성형 AI를 활용하면 학년에 맞는 질문을 쉽게 생성할 수 있다.

핵심 내용 요소에서 도출된 개념 간의 관계를 일반화하여 서술한 핵심 아이디어는 개념 기반 교육과정에서 매우 중요하다. 학습의 방향성을 제시하는 역할을 하는 핵심 아이디어를 잘못 변경하게 된다면, 학습의 일관성과 체계성이 저하될 수 있으며, 학생들이 핵심 개념을 제대로 이해하지 못하게 될 수 있다. 즉, 핵심 아이디어에서 해당 학년의 '핵심 내용 요소'가 아니라면 변경할 때 주의해야 한다.

핵심 아이디어는 기존의 사실(know)과 기능(do)에 맞춰서 수업을 설계한 2차원적 모델을 개념적 이해(understand)에 중점을 둔 3차원 모델로 변형시켜 준다. 결국, 사실을 알고, 개념적으로 이해하여 능숙하게 하는 것에 초점을 맞추고 있다.

앞서 5학년에 맞게 적용한 '우리나라에 다양한 지형 경관이 나타나고, 해당 지역의 인문환경과 인간생활에 중요한 영향을 미친다.' 라는 개념적 이해를 서술한 핵심 아이디어가 기존의 2차원 목표에 추가되면서 3차원 목표가 되는 것이다.

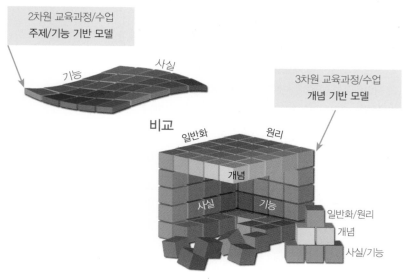

▲ 2차원 교육과정 수업 모델 vs 3차원 교육과정 수업 모델(Erickson et al., 2014)

> 우리나라에 다양한 지형 경관이 나타나고, 해당 지역의 인문환경과 인간생활에 중요한 영향을 미친다는 것을 이해하기 위해(개념적 이해)
>
> 1. 우리나라의 인구 구성과 인구 분포의 변화(사실)를 조사한다(기능).
> 2. 우리나라의 도시 발달 과정에서 나타난 특징(사실)을 분석한다(기능).

▲ 3차원 교육목표

3) '개념'이 무엇인가?

2022 개정 교육과정의 이론적 배경을 찾아 에릭슨(Erickson)의 개념기반 교육과정과 관련된 책을 읽었으나, 내용이 정말 어려웠다. 책에 메모한 것을 들춰보면 중간중간 가장 많이 쓰인 문구는 별표와 함께 '이게 무슨 말이야?', '이해 X'였다. 그런데 문제는 차라리 나만 어려웠다면 좋았겠지만, 나도 어려웠던 것이었고, 함께 연구를 시작한 교사들이 그 과정에서 포기를 선언하기도 했다.

연구회 교사들과 함께 평가 집필 프로젝트를 시작하고 중반부에 들어섰을 때, '2022 개정 교육과정은 망했다'를 자주 외쳤다. 그 이유는 2022 개정 교육과정의 방향과 이론적 배경이 되는 것들을 깊이 있게 이해하여 교육 현장에서 구현하는 것이 정말 쉽지 않음을 깨달았기 때문이다. 뚜렷한 목적의식을 지니고 도전한 교사들도 포기를 외치는 2022 개정 교육과정의 평가는 그 정도로 난이도 최상이었다. 그중 최고가 바로 개념기반 교육과정이었다.

책으로 이해되지 않던 것이 그나마 AI를 통해 도움을 받을 수 있었기에 포기하지 않을 수 있었다고 해도 과언이 아니다. 처음엔 분명 어렵겠지만 개념기반 교육과정만의 강점도, 재미도 있으니 도전해 보자.

학습자가 학습한 내용의 '전이'가 활발히 일어나는 수업과 평가를 위한 시행착오 속에서 몇몇 성공한 장면에서 학생들의 탄성과 반짝이는 눈빛을 보는 건 생각보다 뿌듯한 일이다. 개념기반 교육과정에서 '개념'을 중요하게 생각하는 이유는 바로 '전이' 때문이다. 우리가 기존에 가르치기 방식으로 접근해서 주로 가르치던 단순한 '주제'와 '사실'은 전이되지 않지만, '개념'은 전이된다는 것이다. 생각보다 흥미진진한 전이되는 수업을 향해, 함께 나아가면 좋겠다.

저마다 개념기반 교육과정을 탐구하며 궁금한 것이 다를 것이다. 이 여정의 시작이 '핵심 아이디어는 바꿀 수 있는 것인가?'라는 질문에서 시작했듯이 자신만의 궁금증에서 탐구를 이어나가면 된다. 필자의 두 번째 탐구 주제는 '개념'의 개념이었다.

개념概念

명사

1. 어떤 사물이나 현상에 대한 일반적인 지식.
정보화라는 개념을 이해하다.

2. (사회 일반) 사회 과학 분야에서, 구체적인 사회적 사실들에서 귀납하여 일반화한 추상적인 사람들의 생각. 예를 들어 사람들이 많이 시청하는 프로그램을 재미있는 프로그램이라고 할 때, '재미있는 프로그램'이라는 개념이 생기게 된다.

3. (철학) 여러 관념 속에서 공통된 요소를 뽑아내어 종합하여서 얻은 하나의 보편적인 관념. 언어로 표현되며, 일반적으로 판단에 의하여 얻어지는 것이나 판단을 성립시키기도 한다.

'개념'은 사전적 의미마저도 어렵다. 그런데 예전에는 보이지 않던 '사실', '일반화'와 같은 낱말이 보인다. 이는 뒤에서 설명할 에릭슨의 '지식의 구조'와 밀접하게 관련이 있는 낱말이다.

생성형 AI의 응답은 AI별, 사이트별로 특성이 다르므로 같은 프롬프트를 넣어도 응답이 완전히 다를 수 있음을 참고하며, 다음과 같이 프롬프트를 넣으며 우선 '개념'을 이해해 보자.

질문 개념기반 교육과정에서 '개념'의 의미를 구체적으로 설명해줘.

답변 개념기반 교육과정에서의 '개념'의 의미: 깊이 있는 이해를 위한 다각적 시각

개념기반 교육과정에서 '개념'은 단순히 단어나 정의를 암기하는 것을 넘어, 더 깊이 있는 이해와 사고를 가능하게 하는 핵심적인 아이디어를 의미합니다. 학습 과정에서 만나는 다양한 정보와 경험을 연결하고 의미 있는 앎으로 만들어 주는 역할을 합니다.

1. 추상화와 일반화: 본질적인 특징 파악

개념은 개별적인 사실이나 사건들을 **추상화하고 일반화**하여 본질적인 특징을 드러낸 것입니다. 예를 들어, '개'라는 개념은 다양한 종류의 개를 포괄하는 추상적인 아이디어이며, 특정한 개 한 마리의 특징을 넘어 '네 발로 걷는 포유류', '털이 있고 꼬리가 있는 동물'과 같은 일반적인 특징을 담고 있습니다.

---

2. 의미 있는 연결: 정보와 경험의 통합

개념은 서로 다른 정보들 사이에 **의미 있는 연결**을 만들어 줍니다. 예를 들어, '중력'이라는 개념은 사과가 땅으로 떨어지는 현상과 달이 지구를 공전하는 현상을 연결해주는 역할을 합니다. 개념을 통해 우리는 다양한 현상들을 하나의 틀 아래 이해하고 설명할 수 있게 됩니다.

3. 문제 해결 능력 향상: 지식의 적용

개념은 **새로운 상황에 적용될 수 있는 지식**을 제공합니다. 암기된 지식과 달리, 개념을 이해하면 비슷한 유형의 문제들을 해결하거나 새로운 문제 상황을 분석하고 해결책을 도출하는 데 활용할 수 있습니다.

4. 창의적 사고 촉진: 틀을 깨는 사고

개념은 **틀에 박힌 사고방식을 벗어나 창의적으로 사고**하도록 돕습니다. 개념을 다양한 방식으로 조합하고 변형함으로써 새로운 아이디어를 창출하고 문제에 대한 새로운 해결책을 찾을 수 있습니다.

5. 지속 가능한 학습: 깊은 이해와 기억

개념기반으로 학습하면 단순히 시험을 위해 지식을 암기하는 것이 아니라 **지식을 깊이 이해하고 오랫동안 기억**할 수 있습니다. 또한, 새로운 정보와 경험을 기존의 개념 체계와 연결하여 학습을 지속하고 발전시킬 수 있는 토대를 마련합니다.

6. 다양한 학습 방식과의 연계: 깊이 있는 학습 경험

개념기반 교육과정은 다양한 학습 방식과 연계될 수 있습니다. 예를 들어, 탐구 학습, 문제 해결 학습, 프로젝트 기반 학습 등을 통해 학생들이 개념을 직접 경험하고 적용할 수 있도록 돕습니다.

7. 평가 방식의 변화: 이해도 평가

개념기반 교육과정에서는 단순히 암기력을 평가하는 것이 아니라, **개념을 이해하고 적용할 수 있는 능력을 평가**하는 데 중점을 둡니다. 다양한 평가 도구와 방법을 활용하여 학생들의 학습 과정을 지속적으로 평가하고 피드백을 제공합니다.

결론적으로, 개념기반 교육과정에서의 '개념'은 단순한 단어나 정의가 아닌, 핵심적인 아이디어를 통해 학습자들의 이해를 심화시키고 사고력, 문제 해결 능력, 창의력을 향상시키며 지속 가능한 학습을 위한 토대를 마련하는 중요한 요소입니다.

제미나이(Gemini)

학생들과 함께 개념을 생각해보고, 일반화 문장으로 정리해보는 과정에서 필자를 당황시킨 학생들의 질문은 '사과는 개념이에요?', '의자는요?'와 같은 질문이었다. 개념의 예시 중, 이런 사과나 의자와 같은 일상적인 사물에 대한 예는 없다. 그렇다면 '사과'와 '의자'는 개념이 아닌 걸까?

> **질문** 공통적인 속성을 지니는 일련의 사례로 만들어진 지적 구성체 (mental construct). 개념은 시간을 초월하며, 보편적이고, 추상적이다. 그리고 공통적인 속성을 공유하는 사례들이 있다.
>
> **예** 주기, 다양성, 상호의존성, 불평등, 텍스트 증거, 의도, 인내, 소실점[30]
>
> 개념기반 교육과정의 에릭슨과 래닝은 개념을 위처럼 정의했어. 이를 바탕으로 **사과**가 개념인지 아닌지를 개념기반교육과정의 관점에서 명확히 설명해줘.

사과에서부터 상위 개념으로 확장하여 질문해 보았고, 흥미로운 점은 생성형 AI별로 답변이 다르고, **같은 생성형 AI라 할지라도 답변이 항상 일치하지는 않는다**는 점이다.

질문	챗GPT	제미나이	뤼튼	클로드
사과는 개념인가?	X	○	X	X
과일은 개념인가?	○	△	○	○
식품은 개념인가?	○	△	○	○

▲ 개념인지 아닌지 생성형 AI별 답변 결과(결과가 항상 일치하지는 않음)

생성형 AI는 개념의 특성인 추상성, 보편성, 시간 초월성, 공통적인 속성을 공유하는 사례 존재 유무를 기준으로 개념인지 아닌지를 판단한다. 대부분 사과를 특정한 과일을 지칭하는 구체적인 명사로 추상적인 개념이 아니라 물리적인 실체이기에 개념이라 할 수 없다고 응답한다. 하지만 제미나이는 사과의 추상적 의미에 초점을 두고 사과가 개념이라고 설명한다.

> **답변** 개념기반 교육과정에서 **개념**은 시간을 초월하고, 보편적이며, 추상적인 지적 구성체로 정의됩니다. 즉, 특정 속성을 공유하는 사례들의 집합을 의미하며, 이는 단순한 사실이나 구체적인 경험을 넘어서 **추상화된 사고**를 가능하게 합니다.
>
> **에릭슨과 래닝**이 제시한 개념 정의에 따르면, 사과가 개념인지 판단하기 위해서는 다음과 같은 질문들을 고려해 볼 수 있습니다.
>
> 1. **시간을 초월하는가**: 사과는 오랜 역사 속에서 인간과 함께 해온 과일이며, 다양한 문화와 사회에서 중요한 역할을 해왔습니다. 이처럼 시간적 제약 없이 지속적으로 존재하며 인지되어 왔다는 점에서 **시간을 초월한다고 볼 수 있습니다.**
> 2. **보편적인가**: 사과는 전 세계적으로 다양한 지역에서 재배되고 소비되는 과일입니다. 특정 문화나 지역에 국한되지 않고 **전 세계적으로 공통적으로 인지되는 사례**라고 할 수 있습니다.

---

[30] 린 에릭슨 · 로이스 래닝 · 레이첼 프렌치(2019), 생각하는 교실을 위한 개념기반 교육과정 및 수업(온정덕 · 윤지영 역), 학지사.

3. **추상적인가:** 사과는 구체적인 형태, 색깔, 맛 등을 지닌 개체이지만, 이러한 특징들을 넘어서 더욱 추상적인 개념으로 이해될 수 있습니다. 예를 들어, 사과는 단순한 과일이 아닌 건강, 영양, 자연, 봄, 지식 등 다양한 상징과 의미를 담고 있습니다.

4. **공통적인 속성을 공유하는 사례들이 있는가:** 사과는 다양한 종류가 있지만, **달콤하거나 시큼한 맛, 붉은색이나 녹색 껍질, 둥근 형태**와 같이 공통적으로 공유하는 속성들을 가지고 있습니다.

결론적으로, 에릭슨과 래닝의 개념 정의를 기반으로 판단했을 때, 사과는 시간을 초월하고, 보편적이며, 추상적인 특성을 지니고 있으며, 공통적인 속성을 공유하는 사례들을 가지고 있기 때문에 개념으로 분류될 수 있다고 판단됩니다.

물론, 개념의 정의와 해석은 다양한 관점에서 이루어질 수 있으며, 특정한 기준에 따라 판단될 수 있습니다. 하지만, 개념기반 교육과정의 핵심적인 요소들을 고려했을 때, 사과는 분명히 개념으로 볼 수 있는 충분한 근거를 가지고 있다고 말할 수 있습니다.

제미나이(Gemini)

그렇다면 의자는 개념인걸까?

질문	챗GPT	제미나이	뤼튼	클로드
의자는 개념인가?	X	○	X	X
가구는 개념인가?	○	○	X	X
생활용품은 개념인가?	○	△	X	X

▲ 개념인지 아닌지 생성형 AI별 답변 결과(결과가 항상 일치하지는 않음)

여러 답변을 분석해 보면 대부분의 생성형 AI는 의자는 실체를 가지는 구체적인 사물이기에 추상적이지 않으므로 개념이 아니라고 응답한다. 하지만 '앉는 기능을 제공하는 사물'이라는 관점에서 보면 추상적인 개념이라고 볼 수 있다고 말한다.

처음엔 사과와 의자가 개념인가 아닌가하는 정답만 궁금하여 생성형 AI에게 질문을 했다. 결과만 보면 생성형 AI의 답변이 일치하지 않으니 명확한 게 없어보인다. 하지만 왜 그렇게 응답했는지 개념의 추상성, 보편성, 시간 초월성, 공통적인 속성을 근거로 답변하는 내용을 읽어보면서 '**개념**'에 대한 **개념적 이해**를 할 수 있었다.

처음엔 사과와 의자가 개념인지 아닌지에 대해 답을 파악하는 것이 개념기반 교육과정 이해를 위한 핵심이라 생각했었다. 하지만 이제는 알겠다. 그보다 더 중요한 것은 '질문'이었고, 귀납적으로 탐구해 나아가는 그 과정에 더 큰 의미가 있음을 말이다.

이때 교사는 사과와 의자가 개념인지 아닌지 교사의 답으로 탐구가 끝나지 않도록 '이를 포함하는 상위 개념은 무엇일까?'라는 질문으로 상위 개념 속에서 구조화하도록 도와주면 좋다. 학생은 '사과→과일→식품'으로 '의자→가구→생활용품'으로 개념 간 위계를 이해하게 되고, 보다 일반화가 가능한 상위 개념을 찾으며 추상화하는 능력이 향상된다.

전이가 가능한 개념과 일반화에 대해 학생들과 함께 찾아보았던 도전의 결과 질문이 달라졌다. "선생님 00의 상위 개념은 00인가요?", "00의 하위 개념에는 00, 00, 00이라고 할 수 있나요?" 등 기존에 받아보지 못했던 질문을 받고 있다. 그리고 발견한 두 개념 이상의 관계를 일반화 문장으로 표현해 보면서 시행착오 속에서 성공 경험의 빈도를 늘리고 있다. 끝말잇기처럼 '개념잇기' 놀이가 생겨나는 교실의 변화가 달갑다.

개념기반 교육과정에서의 '개념'은 핵심 아이디어의 중요한 요소다. 그리고 '개념'이 다양한 정보와 경험을 연결하고 의미 있는 앎으로 만들어 주는 '전이'의 시작임을 이해하고, 학생들과 함께 놀이처럼 개념 찾기를 시작해 보길 권한다.

4) 개념기반 교육과정이란?

개념기반 교육과정의 전반적인 특성을 파악해보며 수업 적용을 위한 도전을 이어나가 보자.

질문	개념기반 교육과정이란?

 답변 개념기반 교육과정은 단순히 지식을 암기하는 것을 넘어, 핵심 개념을 이해하고, 그것을 다양한 상황에 적용할 수 있는 사고력을 키우는 데 중점을 둔 교육과정입니다.
핵심 특징은 다음과 같습니다.

- **핵심 개념 중심:** 각 교과나 학문 분야에서 가장 중요한 개념을 선정하여 학습합니다.
- **탐구적 학습:** 학생들이 스스로 탐구하고 문제를 해결하는 과정을 통해 개념을 이해하도록 합니다.
- **실생활 연계:** 배우는 개념을 실생활에 적용할 수 있는 다양한 활동을 통해 학습 효과를 높입니다.
- **지속적인 평가:** 학습 과정에서 지속적으로 학생들의 이해도를 평가하고, 필요에 따라 추가적인 학습 기회를 제공합니다.

개념기반 교육과정의 장점은 다음과 같습니다.

- **지식 보유 능력 향상:** 단순히 지식을 암기하는 것이 아니라, 개념을 이해하기 때문에 오랫동안 기억하고 활용할 수 있습니다.
- **문제 해결 능력 향상:** 다양한 상황에 개념을 적용할 수 있도록 학습하기 때문에 문제 해결 능력이 향상됩니다.
- **창의적 사고력 향상:** 틀에 박힌 사고방식에서 벗어나 창의적으로 사고할 수 있도록 합니다.
- **자기 주도적 학습 능력 향상:** 스스로 학습하고 문제를 해결하는 과정을 통해 자기 주도적 학습 능력을 키울 수 있습니다.

개념기반 교육과정은 아직 초기 단계이지만, 미래 교육의 방향으로 주목받고 있습니다.

제미나이(Gemini)

위 응답 중, 다른 내용은 어느 정도 이해가 되지만, '핵심 개념 중심'이란 게 무엇인지 명확히 모르는 게 당연하다. 그만큼 '개념'이란 낱말의 성격이 매우 추상적이기에 탐구가 더 필요하다. 위 응답을 복사하여 이렇게 물어보자.

질문 핵심 개념 중심: 각 교과나 학문 분야에서 가장 중요한 개념을 선정하여 학습합니다.
에 대해 자세히 구체적인 예를 들어 설명해줘.

답변 개념기반 교육과정에서 핵심 개념 중심 학습의 구체적인 예시

1. 수학 과목에서의 핵심 개념 중심 학습
   - **단원:** 일차 방정식
   - **핵심 개념:** 변수, 방정식, 미지수, 해, 연산, 등식, 부등식
   - **기존 학습 방식:** 일차 방정식의 공식을 암기하고, 다양한 문제 유형을 풀어 익히는 방식
   - **개념기반 학습 방식:**
     - **변수의 개념:** 변수가 무엇을 의미하는지, 실생활에서 어디에 활용되는지 다양한 예시를 통해 이해하도록 합니다. 예를 들어, 체온을 나타내는 변수 x를 설정하고, 시간에 따른 체온 변화를 그래프로 표현하는 활동을 통해 변수의 개념을 이해하도록 합니다.
     - **방정식의 개념:** 두 수가 같다는 의미를 나타내는 방정식의 개념을 이해하고, 다양한 방정식을 표현하고 해를 구하는 방법을 학습합니다. 예를 들어, 주어진 상황을 이용하여 방정식을 만들고, 그 해를 구하는 활동을 통해 방정식의 개념을 이해하도록 합니다.

2. 사회 과목에서의 핵심 개념 중심 학습
   - **단원:** 한국 근현대사
   - **핵심 개념:** 식민지 지배, 해방과 독립, 분단과 분쟁, 민주화와 경제 성장
   - **기존 학습 방식:** 역사적 사건과 인물을 암기하는 방식

- **개념기반 학습 방식:**
  - **식민지 지배의 개념:** 식민지 지배의 개념을 이해하고, 식민지 지배가 한국 사회에 미친 영향을 다양한 자료를 통해 분석하도록 합니다. 예를 들어, 식민지 시대의 일기, 사진, 영상 등을 활용하여 식민지 지배의 실상을 이해하도록 합니다.
  - **해방과 독립의 개념:** 해방과 독립의 개념을 이해하고, 해방과 독립을 위해 노력했던 사람들과 사건들을 다양한 관점에서 조명합니다. 예를 들어, 독립운동가들의 일기, 연설문, 사진 등을 활용하여 해방과 독립의 의미를 이해하도록 합니다.

3. 과학 과목에서의 핵심 개념 중심 학습
   - **단원:** 에너지
   - **핵심 개념:** 힘, 에너지, 일, 에너지 변환, 에너지 보존, 에너지 효율
   - **기존 학습 방식:** 에너지의 종류와 특성을 암기하는 방식
   - **개념기반 학습 방식:**
     - **힘의 개념:** 힘의 개념을 이해하고, 힘이 물체에 미치는 영향을 다양한 실험을 통해 살펴봅니다. 예를 들어, 물체를 밀거나 당기면서 힘의 방향과 크기가 물체의 운동에 미치는 영향을 조사하는 실험을 통해 힘의 개념을 이해하도록 합니다.
     - **에너지 보존의 개념:** 에너지 보존의 개념을 이해하고, 에너지가 창조되거나 소멸되지 않고 한 형태에서 다른 형태로 변환될 뿐이라는 것을 다양한 실험을 통해 증명합니다. 예를 들어, 물체를 높은 곳에서 떨어뜨리는 실험을 통해 에너지의 변환 과정을 관찰하고, 에너지가 보존되는 것을 확인합니다.

제미나이(Gemini)

위 개념기반 학습 방법 예시를 통해 지식 중심의 암기 중심 수업에서 실험, 조사, 분석 등의 과정을 통해 귀납적으로 개념 형성의 과정으로 나아가는 교육의 방향임을 이해했을 것이다.

처음부터 개념기반 수업 설계를 잘할 수 있는 교사는 없을 것이다. 전문가가 되기 전까지 책도 읽고, 연수도 들으면서 생성형 AI에게 아래와 같은 탐구 질문도 해보자. 그리고 시행착오 속에서 나만의 개념기반 교육과정 수업을 만들어 나아가면 될 것이다.

> 질문　초등학교 5학년 [분수의 덧셈과 뺄셈] 수학 단원을 개념 중심 교육과정의 관점에서 수업을 어떻게 진행하면 좋을지 구체적으로 설명해줘.

> 질문　초등학교 5학년 [분수의 덧셈과 뺄셈] 수학 단원을 개념 중심 교육과정의 관점에서 수업을 어떻게 진행하면 좋을지 수업 지도안을 작성해줘.

> 질문　위 과정이 정말 전이가 일어나는 개념기반 중심의 수업 설계가 맞아?

나. 개념기반 교육과정, AI로 파고들기

1) 지식의 구조와 귀납적 탐구학습

▶ **핵심 아이디어:** 영역을 아우르면서 해당 영역의 학습을 통해 일반화할 수 있는 내용을 핵심적으로 진술한 것. 이는 해당 영역 학습의 초점을 부여하여 깊이 있는 학습을 가능하게 하는 토대가 됨.

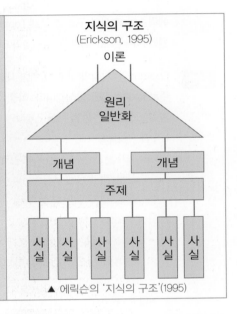

▲ 에릭슨의 '지식의 구조'(1995)

2022 개정 교육과정에서는 핵심 아이디어를 위처럼 정의하고 있다. '일반화'를 이해하기 위해서는 에릭슨의 '지식의 구조'는 필수 코스이다. 지식의 구조 중, 특히 '개념'과 '일반화'에 대한 개념적 이해가 필요하다.

◆ **개념(Concept):** 공통적인 속성을 지니는 일련의 사례로 만들어진 지적 구성체(mental construct). 개념은 시간을 초월하며, 보편적이고, 추상적이다. 그리고 공통적인 속성을 공유하는 사례들이 있다. **예** 주기, 다양성, 상호의존성, 불평등, 텍스트 증거, 의도, 인내 소실점.

◆ **일반화(Generalization):** 두 개 혹은 그 이상의 개념 간 관계로 진술된 것. 핵심적인 이해, 영속적인 이해 또는 빅 아이디어로 불리기도 한다. 일반화는 시간, 문화, 상황을 넘나들며 전이되는 개념적 이해이다. 이들은 구체적인 사실이나 기능과 결부된 보다 심층적인 전이 가능한 이해를 나타낸다.

▲ 개념기반 교육과정 용어 해설(린 에릭슨 · 로이스 래닝 · 레이첼 프렌치, 2019)

그런데 생성형 AI는 지식의 구조의 각 요소에 대한 다양한 예시는 제법 잘 알려주지만, 정의는 불명확하다. 앞의 설명을 참고하며 비판적으로 받아들이자.

> **질문** 에릭슨의 '지식의 구조'를 주제(Topics), 사실(Facts), 개념(Concepts), 일반화(Generalizations), 원리(Principles), 이론 (Theorys)의 6가지로 나눠서 구체적으로 예를 들어 설명해줘.[31]

> **답변** Erickson의 '지식의 구조'는 학습 내용을 효과적으로 조직하고 이해하기 위해 정보를 여러 범주로 나누는 접근 방식입니다. 이를 주제, 사실, 개념, 일반화, 원리, 이론의 6가지 범주로 설명할 수 있습니다. 각 범주를 구체적인 예를 통해 설명해보겠습니다.
>
> 1. 주제 (Topics):
> - 소재는 학습이나 연구의 주제나 주제 영역을 의미합니다. 이는 넓은 범주로, 구체적인 사실, 개념 등을 포함합니다.
> - 예시: "지구 온난화"는 환경 과학에서 중요한 주제입니다.
>
> 2. 사실 (Facts):
> - 사실은 관찰이나 경험을 통해 얻어진 구체적인 정보나 데이터입니다. 이는 검증 가능하고 특정한 시간과 장소에 적용됩니다.
> - 예시: "2020년 지구의 평균 온도는 20세기 평균보다 1.2도 높았다."
>
> 3. 개념 (Concepts):
> - 개념은 유사한 속성을 가진 사물이나 사건을 묶어주는 일반적인 아이디어입니다. 이는 학습자가 특정 현상을 이해하는 데 도움을 줍니다.
> - 예시: "온실가스"는 대기 중에서 열을 가두어 지구의 온도를 높이는 기체들을 의미합니다.
>
> 4. 일반화 (Generalizations):
> - 일반화는 여러 개별 사례에서 도출된 광범위한 결론이나 주장을 의미합니다. 이는 일반적인 패턴이나 경향을 설명합니다.
> - 예시: "온실가스 배출이 증가하면 지구의 평균 온도가 상승한다"는 일반화된 진술입니다.
>
> 5. 원리 (Principles):
> - 원리는 특정 상황에서 사실과 개념이 어떻게 상호 작용하는지 설명하는 규칙이나 법칙입니다. 이는 일반화된 규칙을 더 구체적으로 설명합니다.
> - 예시: "이산화탄소와 메탄은 주요 온실가스로, 대기 중 농도가 높아지면 지구의 복사 에너지 균형이 변화하여 온도가 상승한다"는 원리입니다.
>
> 6. 이론 (Theories):
> - 이론은 다수의 원리와 개념을 통합하여 복잡한 현상을 설명하는 체계적인 틀입니다. 이는 가설을 통해 검증되며, 과학적 방법론을 통해 지속적으로 발전합니다.

[31] 프롬프트에 각 요소에 대한 영어를 넣지 않은 경우, 영어가 일치하지 않는 경우가 많아 주의가 필요함.

- 예시: "기후 변화 이론"은 인간 활동이 지구 기후에 미치는 영향을 설명하며, 다양한 기후 모델과 데이터를 통해 지구 온난화의 원인과 결과를 종합적으로 설명합니다.

구체적인 예시: 지구 온난화에 대한 지식의 구조

1. 주제 (Topics):
- 지구 온난화

2. 사실 (Facts):
  - 2020년의 평균 지구 온도는 20세기 평균보다 1.2도 높았다.
  - 산업화 이후 대기 중 이산화탄소 농도가 약 40% 증가했다.

3. 개념 (Concepts):
  - 온실가스
  - 탄소 발자국

4. 일반화 (Generalizations):
  - 온실가스 배출이 증가하면 지구의 평균 온도가 상승한다.
  - 기후 변화는 전 세계적으로 해수면 상승과 이상 기후를 초래한다.

5. 원리 (Principles):
  - 이산화탄소와 메탄은 열을 가두어 지구의 복사 에너지 균형을 변화시킨다.
  - 화석 연료의 연소는 대기 중 이산화탄소 농도를 증가시킨다.

6. 이론 (Theories):
  - 기후 변화 이론: 인간 활동이 지구 기후에 미치는 영향을 설명하며, 이는 다양한 기후 모델과 관측 데이터를 통해 검증되고 발전한다.

이렇게 Erickson의 '지식의 구조'를 통해 복잡한 학습 내용을 체계적으로 분류하고 이해하는 데 도움을 받을 수 있습니다.

챗GPT(ChatGPT)

에릭슨의 '지식의 구조'를 통해 복잡한 학습 내용을 체계적으로 분류하고 이해하는 데 도움을 받을 수 있다고 하는데, 과연 정말 그런가? 여기서 전제가 되는 것은 교수학습의 주체가 지식의 구조를 이해하고 있어야 한다는 것이다.

그런데 앞에 나온 지구 온난화에 대한 지식의 구조 예는 다소 빈약하므로 프롬프트를 보강해보자. 지식의 구조를 이해하기 위해 다양한 예시를 바탕으로 지식의 구조 원리를 이해해 나가야 한다. 지식의 구조를 파악하는 것이 어려운 과정이므로 연습을 통해 익숙해지도록 하자. 개인적으로는 개념이 무엇인지 파악하는 것이 어려웠기에 프롬프트에 개념을 최대한 다양하고 명확하게 제시해 달라고 추가해 보았다.

질문 에릭슨은 '지식의 구조'를 주제(Topics), 사실(Facts), 개념(Concepts), 일반화(Generalizations), 원리(Principles), 이론(Theorys)의 6가지로 나눠서 설명하고 있어.
'지구 온난화' [주제]에 대한 지식의 구조를 구체적인 예와 함께 제시해줘. 특히 개념을 최대한 다양하고 명확하게 제시해줘.

답변 **지구 온난화: 지식의 구조**
주제: 지구 온난화
사실:

- 지구 평균 기온은 지난 1세기 동안 약 1℃ 상승했습니다.
- 최근 30년 동안 지구 기온 상승 속도는 이전 어느 때보다 빠르게 진행되고 있습니다.
- 지구 온난화는 인간 활동, 특히 화석 연료 사용으로 인한 온실가스 배출 증가가 주요 원인입니다.
- 해수면 상승, 극심한 기상 현상 증가, 생태계 변화 등 지구 온난화는 이미 전 세계적으로 심각한 영향을 미치고 있습니다.

개념:

- **온실 효과:** 태양 에너지가 지구 표면을 따뜻하게 하고, 일부 에너지는 열 형태로 우주로 방출되지만, 온실가스는 이 열에너지의 일부를 가두어 지구 온도를 더욱 높이는 현상입니다.
- **온실가스:** 이산화탄소(CO_2), 메탄(CH_4), 아산화질소(N_2O), 불소화합물(SF_6), 퍼플루오로카본(PFCs), 염소플루오로카본(HFCs) 등 지구 대기 중에 존재하며 온실 효과를 일으키는 가스입니다.
- **기후변화:** 지구의 장기적인 기온과 일반적인 기후 패턴의 변화를 의미하며, 지구 온난화는 기후변화의 주요 원인 중 하나입니다.
- **전 세계적 온난화:** 지구 전체의 평균 기온 상승을 의미하며, 지역별 기온 상승률에 차이가 있을 수 있습니다.
- **지구 온난화의 영향:** 해수면 상승, 빙하 녹음, 극심한 기상 현상 증가, 생물 다양성 감소, 식량 및 물 부족, 해안 침식, 경제적 손실 등 광범위하고 심각한 영향을 미칩니다.
- **지구 온난화 완화:** 온실가스 배출량 감축을 통해 지구 온난화 속도를 늦추고 그 영향을 완화하는 것을 의미합니다.
- **지구 온난화 적응:** 이미 발생하고 있는 지구 온난화의 영향에 대비하고 적응하는 것을 의미합니다.

일반화:

- 지구 온난화는 인간 활동으로 인해 발생하는 복잡한 문제이며, 해결을 위해서는 국제적인 협력과 노력이 필요하다.
- 지구 온난화의 영향은 이미 전 세계적으로 나타나고 있으며, 앞으로 더욱 심각해질 것으로 예상된다.
- 지구 온난화 완화와 적응을 위해서는 개인, 기업, 정부 차원의 다각적인 노력이 필요하다.

원리:

- 지구 온난화는 온실가스가 지구 대기 중에 축적되면서 발생하는 물리적 현상이다.
- 온실가스 배출량 증가는 지구 온난화 속도를 가속화한다.
- 지구 온난화는 지구 시스템 전체에 영향을 미치는 복잡한 상호 작용을 일으킨다.

이론:

- 인간 중심 기후변화 이론: 인간 활동, 특히 화석 연료 사용으로 인한 온실가스 배출 증가가 지구 온난화의 주요 원인이라는 이론입니다.
- 자연 변동 이론: 지구 온난화는 과거에도 자연적인 원인으로 발생했으며, 현재 진행되고 있는 온난화도 자연적인 요인에 의한 것이라는 이론입니다.
- 피드백 루프 이론: 지구 온난화는 해수면 상승, 빙하 녹음 등을 통해 자체적으로 강화되는 피드백 루프를 만들어 더욱 심각한 문제가 될 수 있다는 이론입니다.

챗GPT(ChatGPT)

위 지식의 구조 예는 어디까지나 각각의 개념을 명확히 이해하기 위한 것이다. 실제로 수업에서는 학년에 따른 내용 요소가 다르기에 연관 개념도 다를 수밖에 없다. 그리고 개념기반 교육과정은 학생이 발견한 사실에 기반하여 귀납적 탐구 방식으로 진행하는 만큼 학생별로 같은 개념을 발견할 수도 있지만, 다른 개념을 발견할지도 모른다. 그렇게 발견한 두 개 이상의 개념을 연결하여 일반화하고, 원리와 이론의 방향으로 나아간다는 것을 기억하자.

지구 온난화, 약수와 배수, 식물의 한살이 등 주제를 간단히 입력하면 지식의 구조로 나눠서 설명해주는 Poe 챗봇[32]을 만들었으니, 이를 바탕으로 지식의 구조를 이해하는 데 도움이 되길 바란다.

▲ 지식의 구조 챗봇(Poe)[33]

---

[32] poe.com 매일 재충전 되는 포인트 내에서 무료로 활용이 가능함.
[33] joo.is/지식의구조

사용자 연령 조건을 충족하는 중고등학생이라면 직접 챗봇을 통해 지식의 구조를 이해하도록 기회를 주는 것도 추천한다.

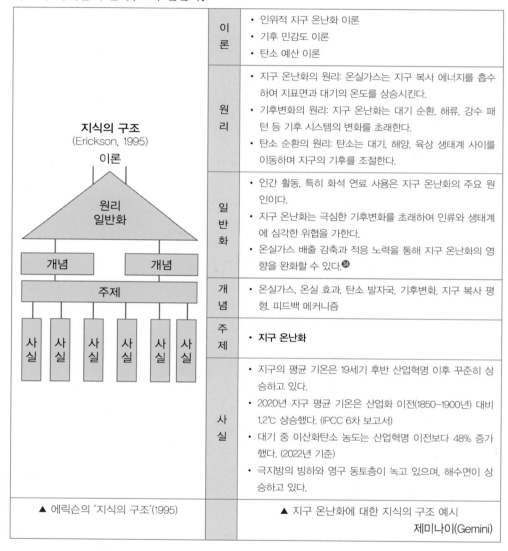

이론		• 인위적 지구 온난화 이론 • 기후 민감도 이론 • 탄소 예산 이론
원리		• 지구 온난화의 원리: 온실가스는 지구 복사 에너지를 흡수하여 지표면과 대기의 온도를 상승시킨다. • 기후변화의 원리: 지구 온난화는 대기 순환, 해류, 강수 패턴 등 기후 시스템의 변화를 초래한다. • 탄소 순환의 원리: 탄소는 대기, 해양, 육상 생태계 사이를 이동하며 지구의 기후를 조절한다.
일반화		• 인간 활동, 특히 화석 연료 사용은 지구 온난화의 주요 원인이다. • 지구 온난화는 극심한 기후변화를 초래하여 인류와 생태계에 심각한 위협을 가한다. • 온실가스 배출 감축과 적응 노력을 통해 지구 온난화의 영향을 완화할 수 있다.❸❹
개념		• 온실가스, 온실 효과, 탄소 발자국, 기후변화, 지구 복사 평형, 피드백 메커니즘
주제		• **지구 온난화**
사실		• 지구의 평균 기온은 19세기 후반 산업혁명 이후 꾸준히 상승하고 있다. • 2020년 지구 평균 기온은 산업화 이전(1850–1900년) 대비 1.2℃ 상승했다. (IPCC 6차 보고서) • 대기 중 이산화탄소 농도는 산업혁명 이전보다 48% 증가했다. (2022년 기준) • 극지방의 빙하와 영구 동토층이 녹고 있으며, 해수면이 상승하고 있다.
▲ 에릭슨의 '지식의 구조'(1995)		▲ 지구 온난화에 대한 지식의 구조 예시 제미나이(Gemini)

에릭슨의 '지식의 구조'를 보며 생각해 보자. '개념'의 사전적 의미를 살피며, '사실', '일반화'와 같은 낱말이 눈에 띈다고 했던 이유를 이해하겠는가?

---

❸❹ 일반화는 모든 상황에서 진리가 아닌 경우에는 '~할 수 있다. ~일 수 있다.'와 같이 표현하기도 함.

이전의 교육은 주제(Topics) 중심으로 수업이 진행되고, 주제와 관련된 여러 사실 (Facts)을 학습했다. 그리고 이를 외우고 평가하는 것으로 수업이 진행되었다. 전이되지 않는 지식의 구성요소인 사실(Facts)과 주제(Topics)에 머무는 경우가 많았다. 중고등 과정에서도 법칙과 같은 이론(Theorys)과 원리(Principles)를 바탕으로 관련된 개념 (Concepts)과 사실(Facts)을 학습했었다. 이렇게 주로 연역적으로, 추상적인 것에서 구체적인 것으로 학습이 진행되었다.

개념기반 교육과정에서는 사실과 주제의 귀납적 탐구를 통해 고차원적 사고(개념, 일반화, 원리, 이론)로 나아가는 귀납적 탐구학습을 강조한다. 그런데 여기에서 우리가 생각해 볼 부분이 있다. 학습 상황에서 귀납적 사고와 연역적 사고로 완전히 구분 지어 한쪽의 사고만 발생하지 않는다는 것이다.

2) 시너지를 내는 사고

'시너지를 내는 사고' 뿐 아니라 다음에 설명할 '과정의 구조'에 대해 대부분의 생성형 AI의 할루시네이션(hallucination)[35]이 심각하므로 AI에 온전히 의존하는 것은 위험하다. 반드시 문헌이나 전문적인 자료와 비교해 보면서 비판적으로 받아들여야 한다.

> ◆ **시너지를 내는 사고(Synergistic Thinking):** 사실적인 사고와 개념적인 사고 수준 간의 인지적 상호작용. 심층적이고 전이 가능한 이해로 이끌며 학습 동기를 향상시킨다.

▲ 개념기반 교육과정 용어 해설(린 에릭슨 · 로이스 래닝 · 레이첼 프렌치, 2019)

'시너지를 내는 사고'에 대해 제대로 된 답변을 받아보기 어려웠는데, 여러 번 도전 끝에 응답을 받아볼 수 있었다.

---

[35] AI 모델이 정확하지 않거나 사실이 아닌 조작된 정보를 생성하는 것을 의미함.

개념기반 교육과정에서 말하는 에릭슨의 [시너지를 내는 사고]에 대해 쉽게 설명해줘.

개념기반 교육과정에서의 에릭슨의 "시너지를 내는 사고" 쉽게 이해하기

🧠 **시너지를 내는 사고란?**

쉽게 말해, 우리 뇌 속의 다양한 생각들이 서로 힘을 합쳐 더 뛰어난 결과를 만들어내는 것을 말합니다. 마치 여러 악기가 함께 연주하여 더 풍성하고 아름다운 음악을 만들어내는 것과 비슷하다고 생각하면 됩니다.

☐ **뇌 속의 다양한 생각들?**

- **저차원적 사고:** 단순히 정보를 암기하고 문제 푸는 방법을 익히는 것 (예:구구단 외우기, 공식에 숫자 대입하기)
- **고차원적 사고:** 배운 내용을 바탕으로 새로운 아이디어를 떠올리고, 문제를 해결하는 능력 (예:구구단을 활용하여 물건값 계산하기, 공식의 원리를 이해하고 다른 문제에 적용하기)

✳ **시너지 효과는 어떻게?**

저차원적 사고와 고차원적 사고가 서로 도와 더 깊이 있게 이해하고, 창의적으로 문제를 해결하며, 배운 내용을 다른 상황에도 적용할 수 있게 됩니다.

☐ **예시를 들어볼까요?**

- **역사 수업:** 단순히 역사적 사건의 연도와 내용을 암기하는 것(저차원적 사고)에서 나아가, 그 사건의 원인과 결과를 분석하고 현재 사회에 미치는 영향을 생각해 보는 것(고차원적 사고)은 시너지를 내는 사고의 좋은 예입니다.
- **과학 수업:** 과학 실험 과정을 단순히 따라 하는 것(저차원적 사고)에 그치지 않고, 실험 결과를 분석하고 원리를 이해하여 새로운 실험을 설계하거나 일상생활에 적용하는 것(고차원적 사고)은 시너지를 내는 사고를 통해 과학적 탐구 능력을 키울 수 있는 방법입니다.

👤 **선생님의 역할은?**

개념기반 교육과정에서 선생님은 단순히 지식을 전달하는 사람이 아니라, 학생들이 시너지를 내는 사고를 할 수 있도록 돕는 안내자 역할을 합니다.

- **개념 중심 질문:** 단순 암기식 질문이 아닌, 생각을 자극하고 탐구를 유도하는 질문을 통해 학생들의 고차원적 사고를 이끌어냅니다.
- **다양한 활동:** 토론, 프로젝트, 실험 등 다양한 활동을 통해 학생들이 배운 내용을 다양한 방식으로 표현하고 적용해 볼 수 있도록 지원합니다.
- **피드백:** 학생들의 생각 과정을 격려하고, 더 깊이 생각할 수 있도록 돕는 피드백을 제공합니다.

시너지를 내는 사고는 단순히 학교 공부뿐만 아니라, 일상생활에서 문제를 해결하고 창의적인 아이디어를 떠올리는 데에도 큰 도움이 됩니다. 개념기반 교육과정을 통해 시너지를 내는 사고 능력을 키워 더욱 즐겁고 의미 있는 학습 경험을 만들어 보세요!

제미나이(Gemini)

질문 개념기반 교육과정에서 말하는 에릭슨의 [시너지를 내는 사고]에 대해 전문적으로 명확하게 설명해줘.

답변 **개념기반 교육과정에서의 에릭슨의 "시너지를 내는 사고": 전문가적 관점**

린 에릭슨(Lynn Erickson)은 개념기반 교육과정(Concept-Based Curriculum and Instruction)에서 "시너지를 내는 사고(Synergistic Thinking)"를 핵심 요소로 강조합니다. 이는 학습자의 인지 과정에서 발생하는 저차원적 사고와 고차원적 사고의 상호작용을 의미하며, 이를 통해 깊이 있는 이해와 지식의 전이를 촉진하는 것을 목표로 합니다.

1. 저차원적 사고와 고차원적 사고의 구분:
   * **저차원적 사고** (Lower-Order Thinking): 블룸의 분류(Bloom's Taxonomy)에서 지식, 이해, 적용 단계에 해당하며, 주로 정보 암기, 기본 개념 이해, 문제 해결 절차 숙달 등을 포함합니다.
   * **고차원적 사고** (Higher-Order Thinking): 블룸의 분류에서 분석, 평가, 창조 단계에 해당하며, 비판적 사고, 문제 해결, 창의적 사고, 메타인지 등을 포함합니다.

2. 시너지를 내는 사고의 과정:
   1. **사실적 지식 습득 (저차원적 사고):** 학습 내용의 기본적인 정보, 용어, 개념 등을 습득합니다.
   2. **개념적 렌즈 적용:** 학습 내용을 거시적인 관점에서 바라볼 수 있도록 핵심 개념 (Conceptual Lens)을 제시합니다. 이는 학습의 초점을 명확히 하고 깊이를 더해줍니다.
   3. **고차원적 사고 활용:** 습득한 사실적 지식을 바탕으로 비판적 분석, 평가, 새로운 아이디어 창출 등 고차원적 사고를 활용하여 개념적 이해를 심화시킵니다.
   4. **지식의 전이:** 습득한 개념적 이해를 다른 상황이나 맥락에 적용하고 확장하여 새로운 지식을 생성하거나 문제를 해결합니다.

3. 시너지를 내는 사고의 교육적 의의:
   * **깊이 있는 이해:** 단순 암기를 넘어 개념적 수준에서 학습 내용을 이해하고, 이를 다양한 상황에 적용할 수 있도록 돕습니다.

* **지식의 전이 촉진:** 학습한 내용을 다른 영역이나 실생활에 적용하고 확장하여 문제 해결 능력을 향상시킵니다.
* **학습 동기 유발:** 학습자 스스로 탐구하고 질문하며 적극적으로 참여하도록 유도하여 자기 주도 학습 능력을 키웁니다.

4. **교사의 역할:**
   개념기반 교육과정에서 교사는 시너지를 내는 사고를 촉진하기 위해 다음과 같은 역할을 수행합니다.
   * **개념적 렌즈 제시:** 학습 내용의 핵심 개념을 명확히 제시하고, 학습 목표와의 연관성을 강조합니다.
   * **고차원적 사고 촉진 질문:** 학습자의 비판적 사고, 창의적 사고, 메타인지를 자극하는 질문을 통해 깊이 있는 이해를 유도합니다.
   * **다양한 활동 및 평가:** 토론, 프로젝트, 실험 등 다양한 활동을 통해 학습 내용을 다양한 방식으로 탐구하고 표현할 기회를 제공하며, 형성 평가 및 총괄 평가를 통해 학습 과정과 결과를 지속적으로 피드백합니다.

결론:
에릭슨의 시너지를 내는 사고는 개념기반 교육과정의 핵심 원리로, 학습자의 저차원적 사고와 고차원적 사고의 상호작용을 통해 깊이 있는 이해와 지식의 전이를 촉진하는 것을 목표로 합니다. 이는 미래 사회가 요구하는 창의적 문제 해결 능력과 자기 주도 학습 능력을 함양하는 데 중요한 역할을 할 것입니다.

제미나이(Gemini)

'시너지를 내는 사고'는 할루시네이션이 심한 만큼, 챗봇을 만들어 놓고 활용하는 걸 추천한다. poe 챗봇에 글의 종류, 전쟁의 역사, 지구 온난화 등 주제를 입력하면 아래의 예시처럼 '시너지를 내는 사고'를 수업에서 어떻게 구현할 수 있을지 설명이 나오니 참고하기 바란다.

▲ 시너지를 내는 사고 챗봇(Poe)㊳

'시너지를 내는 사고'가 어떻게 이루어지는지 이해해 봅시다. 주제를 입력해 주세요.
예 글의 종류, 전쟁의 역사, 지구온난화 등

질문 지구 온난화

답변 좋습니다. "지구온난화"라는 주제를 통해 시너지를 내는 사고를 어떻게 구현할 수 있는지 구체적으로 설명해 드리겠습니다.

1. 사실적 지식 습득 (저차원적 사고)

먼저, 지구온난화에 대한 기본적인 정보를 습득해야 합니다. 여기서는 다음과 같은 사실적 지식을 포함할 수 있습니다:

- 지구온난화의 정의: 대기 중 온실가스 농도의 증가로 인해 지구 평균 기온이 상승하는 현상.
- 주요 원인: 이산화탄소(CO_2), 메탄(CH_4) 등의 온실가스 배출 증가.
- 주요 영향: 해수면 상승, 극단적 날씨 변화, 생태계 파괴 등.
- 관련 통계: 최근 몇 년간의 기온 변화 데이터, 온실가스 배출량 등.

2. 개념적 렌즈 적용 (고차원적 사고)

개념적 렌즈는 특정 주제를 더 깊이 이해하기 위해 사용하는 개념적 틀을 의미합니다. 이 단계에서는 지구온난화의 개념을 통해 일어나는 규칙성, 연관성, 그리고 깊이 있는 이해를 추구합니다. 여기서 사용할 수 있는 개념적 렌즈는 다음과 같습니다:

- **지속 가능성:** 지구온난화 문제를 지속 가능한 발전의 관점에서 분석합니다. 어떻게 하면 인간 활동이 환경에 미치는 영향을 최소화할 수 있을지 논의합니다.
- **윤리적 책임:** 지구온난화에 대한 개인과 집단의 윤리적 책임을 탐구합니다. 특히, 산업화된 국가와 개발도상국의 역할과 책임을 비교합니다.
- **경제적 요인:** 지구온난화가 경제에 미치는 영향과 이에 대한 대응 방안을 검토합니다. 예를 들어, 친환경 기술의 개발과 적용, 탄소 배출권 거래제도 등.

3. 고차원적 사고 촉진 질문

학생들의 비판적 사고와 창의적 사고를 자극하기 위해 다음과 같은 질문을 활용할 수 있습니다:

- 지구온난화의 주요 원인은 무엇이며, 이를 해결하기 위한 가장 효과적인 방법은 무엇일까요?
- 지구온난화 문제에 대해 국제 사회는 어떤 역할을 해야 할까요? 각국의 책임과 협력 방안은 무엇일까요?
- 개인이 지구온난화 문제 해결에 기여할 수 있는 방법에는 어떤 것이 있을까요?

4. 다양한 활동 및 평가

학생들의 깊이 있는 이해를 촉진하기 위해 다양한 학습 활동을 제안합니다:

- 토론: 지구온난화의 원인과 해결 방안, 윤리적 문제 등을 주제로 학생들 간의 토론을 유도합니다.
- 프로젝트: 지구온난화 문제에 대한 연구 프로젝트를 통해 학생들이 자료를 조사하고 발표하도록 합니다.
- 모의 국제회의: 기후 변화에 대한 국제 회의를 모의로 진행하여 각국의 입장을 대변하고 협력 방안을 찾는 활동을 합니다.

5. 지식의 전이 촉진

배운 내용을 다양한 상황에 적용할 수 있도록 합니다. 예를 들어, 지역사회의 환경 문제나 에너지 소비 문제에 지구온난화의 개념을 적용하여 더 깊이 이해할 수 있도록 합니다.

이와 같은 과정을 통해 학생들은 지구온난화라는 주제에 대해 단순한 정보 습득을 넘어서, 깊이 있고 전이 가능한 이해를 할 수 있게 됩니다. 이렇게 저차원적 사고와 고차원적 사고의 상호작용을 통해 시너지를 내는 사고가 실현될 수 있습니다.

포 챗봇(poe)

3) 개념적 렌즈

위 응답에서 개념기반 교육과정의 중요한 개념 중 하나인 개념적 렌즈에 대한 설명이 나온다.

◆ **개념적 렌즈(Conceptual Lens):** 학습 단원에서 학습자가 자신의 지적 능력을 쏟게 하는 매크로 개념. 개념적 렌즈는 학습의 방향에 집중시키고, 깊은 이해와 전이를 촉진할 수 있도록 저차원과 고차원 과정 간 지적인 시너지를 만든다.

▲ 개념기반 교육과정 용어 해설(린 에릭슨 · 로이스 래닝 · 레이첼 프렌치, 2019)

질문 개념기반 교육과정의 [개념적 렌즈]를 전문적으로 설명해줘.

답변 **개념기반 교육과정에서의 개념적 렌즈**

개념기반 교육과정에서 개념적 렌즈(Conceptual Lens)는 교육내용을 구성하고 학습 경험을 설계하는 데 사용되는 핵심 아이디어 또는 개념을 의미합니다. 렌즈라는 비유처럼, 특정 개념을 통해 교육내용을 바라보고 해석하며, 학습의 초점과 깊이를 더하는 역할을 합니다.

개념적 렌즈의 특징:

- **거시적 관점 제공:** 단순한 사실이나 기능 학습을 넘어, 학습 내용의 핵심 아이디어를 파악하고 전체적인 그림을 이해하도록 돕습니다.
- **학습의 초점 설정:** 학습 목표와 내용을 명확히 하고, 학습 활동을 설계하는 데 있어 일관성을 유지합니다.
- **깊이 있는 학습 유도:** 핵심 개념을 중심으로 관련된 다양한 정보를 연결하고 통합하여 심층적인 이해를 촉진합니다.
- **학습 전이 촉진:** 핵심 개념을 다른 상황이나 맥락에 적용하고 활용하는 능력을 향상시킵니다.
- **교육과정의 유연성 확보:** 다양한 학습 경험과 활동을 통해 학습자의 흥미와 참여를 유도합니다.

개념적 렌즈의 예시:

- **사회 교과:** '정의', '평등', '민주주의' 등의 개념을 통해 사회 현상을 분석하고 비판적으로 사고하는 능력을 기릅니다.
- **과학 교과:** '변화', '상호작용', '시스템' 등의 개념을 통해 자연 현상을 탐구하고 과학적 원리를 이해합니다.
- **국어 교과:** '소통', '표현', '공감' 등의 개념을 통해 문학 작품을 감상하고 자신의 생각과 느낌을 효과적으로 표현하는 능력을 함양합니다.

개념적 렌즈의 활용:

개념적 렌즈는 교육과정 개발, 교수학습 활동 설계, 평가 등 교육의 전반적인 과정에서 활용될 수 있습니다. 예를 들어, 교사는 개념적 렌즈를 기반으로 학습 목표를 설정하고, 관련된 학습 자료를 선정하며, 학습 활동을 구성하고 평가 도구를 개발할 수 있습니다.

개념적 렌즈의 중요성:

개념적 렌즈는 학습자 중심 교육과정을 구현하는 데 중요한 역할을 합니다. 학습자는 개념적 렌즈를 통해 학습 내용의 의미와 가치를 발견하고, 자신의 삶과 연결하여 능동적으로 학습에 참여할 수 있습니다. 또한, 개념적 렌즈는 교사가 교육과정을 체계적으로 구성하고 효과적인 교수학습 방법을 선택하는 데 도움을 줍니다.

결론:

개념기반 교육과정에서 개념적 렌즈는 학습의 핵심 아이디어를 제시하고 깊이 있는 학습을 유도하여 학습자의 의미 있는 학습 경험을 지원하는 중요한 요소입니다. 개념적 렌즈를 효과적으로 활용함으로써 학습자의 잠재력을 최대한 발휘하고 미래 사회에 필요한 역량을 함양할 수 있습니다.

제미나이(Gemini)

개념적 렌즈를 온전히 이해하는 건 쉽지 않다. 이 책의 'Ⅱ-3. 삶으로 전이하는 개념기반 음악 수업'에서는 개념적 렌즈와 관련된 에피소드가 나온다. 그 수업을 고민하는 동료 교사를 코칭할 당시, 필자가 지닌 개념적 렌즈는 '관계'였다. 그래서 '관계'에 중점을 둔 평가 문항을 제시해 주었다. 하지만 뒤늦게 본인의 개념적 렌즈가 '관계'가 아니었음을 깨닫게 되었던 시행착오를 살펴보면 개념적 렌즈의 특성을 이해할 수 있을 거란 생각이 든다.

개념적 렌즈를 이해하는 것이 쉽지 않은 만큼 챗봇을 통해 다양한 주제를 입력해 보면서 개념적 렌즈를 이해해 나가보자. 아울러 매크로 개념과 마이크로 개념도 이해해 보자.

▲ 개념적 렌즈 챗봇(Poe) ㉧

안내	개념적 렌즈를 탐구해 볼까요? 주제어를 입력해 주세요. 예 식물의 한살이, 독서, 인구밀도 등

질문	인구밀도

답변	주제어 "인구밀도"를 사용하여 수업을 설계할 때, 다양한 개념적 렌즈를 통해 접근할 수 있습니다. 여기서는 세 가지 개념적 렌즈를 선택하여 그 차이를 비교해보겠습니다: **시스템, 변화, 상호작용.** 이들 중 어떤 렌즈가 매크로 개념인지 마이크로 개념인지도 살펴보겠습니다. 1. 시스템 (Macro Concept) **정의:** 시스템은 여러 부분들이 상호작용하여 전체를 이루는 구조를 의미합니다. **수업 설계:** 인구밀도를 시스템의 관점에서 접근하면, 학생들은 도시, 국가, 또는 전 세계의 인구 분포와 그에 따른 사회적, 경제적 시스템을 이해하게 됩니다. 예를 들어, 특정 도시의 인구밀도가 교통, 주택, 공공 서비스 등에 어떤 영향을 미치는지를 분석합니다. 학생들은 데이터를 통해 시스템의 복잡성을 이해하고, 인구밀도가 어떻게 시스템 전체에 영향을 미치는지 파악하게 됩니다. **분석:** 시스템은 넓은 범위의 현상이나 원리를 다루므로 매크로 개념입니다. 2. 변화 (Macro Concept) **정의:** 변화는 시간에 따른 상태나 속성의 변동을 의미합니다. **수업 설계:** 인구밀도를 변화의 관점에서 접근하면, 학생들은 시간에 따른 인구 증가나 감소, 도시화의 진행 등을 연구하게 됩니다. 예를 들어, 산업혁명 이후 도시 인구밀도의 변화나 최근 몇십 년간의 이주 패턴 변화를 분석합니다.

㉧ joo.is/개념적렌즈

학생들은 이러한 변화를 통해 사회적, 경제적 변화가 인구밀도에 미치는 영향을 이해하게 됩니다.

분석: 변화 역시 넓은 범위의 현상이나 원리를 다루기 때문에 매크로 개념에 해당합니다

3. 상호작용 (Macro Concept)

정의: 상호작용은 다양한 요소들이 서로 영향을 주고받는 과정을 의미합니다.

수업 설계: 인구밀도를 상호작용의 관점에서 접근하면, 학생들은 인구밀도와 환경, 경제, 사회적 요소 간의 상호작용을 탐구하게 됩니다. 예를 들어, 높은 인구밀도가 환경 오염, 자원 소비, 경제 활동 등에 어떤 영향을 미치는지를 분석합니다. 학생들은 이러한 상호작용을 통해 문제 해결 능력을 향상시킬 수 있습니다.

분석: 상호작용은 다양한 요소들과의 관계를 다루므로 매크로 개념으로 분류됩니다

비교와 분석

- **시스템**렌즈를 사용할 때는 전체적인 구조와 그 구성 요소들 간의 관계를 중점적으로 학습하게 됩니다.
- **변화**렌즈는 시간의 흐름에 따른 변화를 중심으로 인과 관계를 분석하는 데 초점을 맞춥니다.
- **상호작용**렌즈는 다양한 요소들 간의 상호작용을 통해 인구밀도가 어떻게 영향을 주고받는지에 대해 학습하게 됩니다.

이처럼 매크로 개념을 중심으로 한 수업은 넓은 범위의 이해를 돕고, 학생들에게 복잡한 시스템적 사고와 문제 해결 능력을 배양하는 데 도움을 줍니다

포 챗봇(poe)

개념적 렌즈를 보다 명확히 이해하기 위해서는 매크로 개념과 마이크로 개념을 구분할 수 있어야 한다. 매크로 개념과 마이크로 개념에 대한 개념적 이해를 해야 매크로 개념 중에서 개념적 렌즈를 선택할 수 있고, 교과별 재구성 시, 마이크로 개념을 쉽게 도출할 수 있기 때문이다.

질문 개념기반 교육과정에서 말하는 매크로 개념과 마이크로 개념에 대해 전문적으로 설명해줘.

답변 개념기반 교육과정에서 매크로 개념(Macro Concepts)과 마이크로 개념(Micro Concepts)은 학습 내용을 구성하는 핵심 요소로서, 학습의 폭과 깊이를 결정하는 중요한 역할을 합니다.

1. 매크로 개념 (Macro Concepts)
- **정의:** 넓은 범위의 현상이나 원리를 포괄하는 상위 개념으로, 여러 학문 분야에 걸쳐 적용될 수 있는 추상적이고 포괄적인 개념입니다.

- **특징:**
  - **전이 가능성:** 다양한 맥락에서 적용 및 활용될 수 있습니다.
  - **학습 폭 확장:** 학습 내용 간의 연결성을 강화하고 통합적인 사고를 촉진합니다.
  - **고차원적 사고 능력 함양:** 비판적 사고, 문제 해결 능력, 창의적 사고 능력 등을 향상시키는 데 기여합니다.
- **예시:** 시스템, 변화, 패턴, 관계, 상호작용, 다양성, 균형 등

2. 마이크로 개념 (Micro Concepts)
- **정의:** 특정 학문 분야나 주제에 국한된 하위 개념으로, 구체적이고 세부적인 내용을 담고 있습니다.
- **특징:**
  - **깊이 있는 이해:** 특정 주제에 대한 상세한 지식과 정보를 제공합니다.
  - **전문성 함양:** 해당 분야에 대한 심층적인 학습과 이해를 가능하게 합니다.
  - **실제 문제 해결 능력 향상:** 특정 상황에 대한 구체적인 해결 방안을 모색하는 데 도움을 줍니다.
- **예시:** (과학) 세포, 광합성, (사회) 민주주의, 시장 경제, (수학) 함수, 확률 등

개념기반 교육과정에서 매크로 개념과 마이크로 개념의 활용

개념기반 교육과정은 매크로 개념을 중심으로 학습 내용을 구성하고, 마이크로 개념을 통해 깊이 있는 이해를 돕는 방식으로 진행됩니다. 이러한 접근 방식은 학습자들이 다음과 같은 능력을 함양하는 데 도움을 줍니다.

- **핵심 개념 파악:** 복잡한 정보를 체계적으로 이해하고 정리할 수 있습니다.
- **지식 간 연결 및 통합:** 다양한 분야의 지식을 융합하여 새로운 지식을 창출할 수 있습니다.
- **문제 해결 능력 향상:** 실생활 문제에 대한 창의적인 해결 방안을 모색할 수 있습니다.
- **자기 주도 학습 능력 향상:** 스스로 학습 목표를 설정하고 달성하는 과정을 통해 자기 주도 학습 능력을 키울 수 있습니다.

결론적으로, 개념기반 교육과정에서 매크로 개념과 마이크로 개념은 학습의 폭과 깊이를 확장하고, 학습자들의 고차원적 사고 능력과 문제 해결 능력을 향상시키는 데 중요한 역할을 합니다. 균형 잡힌 개념 학습을 통해 학습자들은 미래 사회에 필요한 핵심 역량을 갖춘 인재로 성장할 수 있을 것입니다.

제미나이(Gemini)

매크로 개념과 마이크로 개념의 예를 각각 20개씩 표로 제작해줘.

매크로 개념 (Macro Concepts)	마이크로 개념 (Micro Concepts)
시스템	세포, 원자, 분자
변화	광합성, 판 구조론, 진화론
패턴	DNA, 날씨 패턴, 행동 패턴
관계	인간관계, 함수, 사회적 관계
상호작용	약물 상호작용, 인간과 환경의 상호작용
다양성	생물 다양성, 문화 다양성
균형	생태계 균형, 사회적 균형
원인과 결과	지구 온난화의 원인과 결과
구조	건축 구조, 사회 구조, 언어 구조
기능	심장의 기능, 정부의 기능
형태	건축물의 형태, 동물의 형태
과정	의사 결정 과정, 학습 과정
주기	계절 주기, 경제 주기
규칙	교통 규칙, 사회 규칙
모델	원자 모델, 지구 모델
체계	분류 체계, 사회 체계
힘	중력, 전자기력
에너지	운동 에너지, 위치 에너지
정보	유전 정보, 시장 정보
가치	경제적 가치, 사회적 가치

제미나이(Gemini)

상대적으로 매크로 개념의 수는 많지 않다. 생성형 AI는 마이크로 개념으로 민주주의, 시장 경제, 삼각형, 원, 동사, 명사, 형용사, 부사, 상대성 이론, 양자 역학, 인공지능 등의 예를 더 제시해 주었다.

4) 과정의 구조

일반적으로 지식의 구조와 함께 이 과정의 구조를 설명하지만, 이 과정의 구조에 대한 정보가 많지 않기에 생성형 AI는 과정에 대한 정보를 제대로 주지 못한다. 그렇기에 책에 있는 내용을 바탕으로 정리하여 과정의 구조를 이해할 수 있는 챗봇을 만들었으니 이를 통해 과정의 구조를 이해하는 데 활용해 보기 바란다.

래닝(Lanning)의 '과정의 구조'는 **기능, 전략, 과정, 개념, 일반화, 원리**의 관계를 보여준다.

언어, 예체능 교과는 배우고 수행해야할 과정, 전략, 기능이 많다. 래닝은 '개념' 수준에 도달하게 되면, 그것을 단순히 하는 것을 넘어서 '왜 하는지'를 '이해'하게 된다고 말한다.

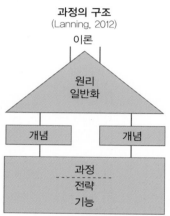

과정의 구조
(Lanning, 2012)

▲ 래닝의 '과정의 구조'(2012)

안내	안녕하세요. 과정의 구조를 분석해 주는 봇입니다. 과정(process)에 대한 정보를 입력해 주세요. **예** 글쓰기 과정, 독해 과정, 문제해결 과정, 과학 탐구 과정, 연구 과정, 음악 공연 과정, 운동 경기 과정, 구두 및 서면 의사소통 과정 등

▲ 과정의 구조 챗봇(Poe)[38]

질문	글쓰기 과정

답변 알겠습니다. '글쓰기 과정'에 대한 구조를 분석하여 제시해 드리겠습니다.

글쓰기 과정의 구조

[과정]
글쓰기 과정

[전략]
전략은 학습자가 자신의 학습 수행을 향상시키기 위해서 의식적으로 사용하는 방법들입니다. 예를 들어, 글쓰기에서 전략은 아이디어를 조직하고, 초안을 작성하며, 수정하고, 편집하는 등의 과정을 포함할 수 있습니다.

---

[38] joo.is/과정의구조

[기능]

기능은 특정한 작업을 수행하기 위한 구체적인 기술들입니다. 글쓰기 과정에서 기능은 문장 구조를 제대로 구성하는 능력, 맞춤법과 문법을 정확하게 사용하는 능력, 논리적으로 문단을 연결하는 능력 등을 포함합니다.

[개념]

개념은 한두 개의 단어로 표현되는 추상적 아이디어입니다. 예를 들어, 글쓰기 과정에서의 개념은 '서론', '본론', '결론', '논증', '설명' 등이 될 수 있습니다.

[일반화]

일반화는 여러 개념을 기반으로 도출된 일반적인 원칙이나 법칙입니다.

- 글쓰기는 생각을 문서화하여 다른 사람과 효과적으로 소통하는 방법이다.
- 글쓰기 과정은 다양한 전략과 기능을 사용하여 아이디어를 체계적으로 표현하고 전달하는 것을 포함한다.

[원리]

원리는 일반화된 진술이나 법칙으로, 특정 상황에서 일관되게 적용되는 규칙입니다.

- 효과적인 글쓰기는 명확하고 조직적인 구조를 갖추어야 한다.
- 글쓰기 과정에서 반복적인 수정과 편집은 글의 완성도를 높이는 핵심 요소이다.

이와 같이, 글쓰기 과정은 다양한 전략과 기능을 통해 개념을 조직하고 표현하며, 이를 통해 일반화와 원리를 도출할 수 있는 구조를 갖추고 있습니다.

포 챗봇(poe)

5) 개념기반 교육과정의 탐구를 마치며

개념기반 교육과정은 귀납적 원리에 기반한 탐구를 강조한다. 알게 된 사실(Facts)을 통해서 개념(Concepts), 일반화(Generalizations)의 방향으로 학생 나름의 이해를 구성해 나가도록 하는 것이다. 이 과정을 통해 학생들은 전이가 가능한 개념적 이해로 나아가며, 깊이 있게 이해하게 된다는 것이다. 물론 이 과정에서 사실적인 사고와 개념적인 사고 간의 상호작용이 일어나며, 연역적 사고와 귀납적 사고가 함께 일어나는 시너지를 내는 사고(Synergistic Thinking)가 발생한다. 이를 통해 깊이 있는 전이 가능한 이해로 이끌어 준다.

하지만 이를 위해서는 학생이 주체적으로 탐구해 나가는 주체성이 필요하고, 스스로 귀납적으로 추론해 나가며 연결해 나가야 하는 고차원적 사고력이 필요하다. 그리고 시간도 기존의 2배 이상 필요할 때가 많다. 이를 위해 핵심 아이디어를 기반으로 재구성은 필수다. 그리고 기초학력이 부족한 학생들은 이런 귀납적 탐구학습에 더 난감을 표한다.

그렇게 시행착오를 이어가는 과정에서 문일지십(聞一知十)이라는 사자성어가 문득 떠올랐다. 그런데 聞(들을 문)은 '듣다'의 의미뿐 아니라, '알다, 깨우치다'의 뜻도 있다. '하나를 깨우치면 열 가지를 알게 되는 것'이다. 사실(Facts)과 주제(Topics)가 아니라 개념(Concepts), 일반화(Generalizations), 원리(Principles), 이론(Theorys)를 명확히 깨우치게 되면 열 가지 이상을 알게 되는 것일지도 모른다.

그리고 2022 개정 교육과정이 문일지십(聞一知十)의 이상을 꿈꾸고 있음을 어렴풋이 느끼게 된다. 일부 똑똑한 학생을 중심으로 의미 있는 변화가 일어나는 것도 사실이다.

시작인 걸까? 한계인 걸까?

개념기반 교육과정을 파고들며 외쳤던 '2022 개정 교육과정은 망했어'라는 처음의 말을 정정한다.

'2022 개정 교육과정은 어렵지만 매우 효과적이다.'

필자의 머릿속에 개념지도가 생기고 이것들이 연결되어 일반화 문장이 되는 그 사고의 과정 자체가 매우 흥미롭다. 이는 학생들도 마찬가지였다. 개념어를 도출하고 이들을 연결하여 일반화 과정으로 나아가는 시행착오를 함께 겪고 있긴 하지만 질문하는 수준이 달라진 걸 학생들도 느끼고 있으며, 어렵지만 더 해보고 싶다고 말한다.

명확한 것은 교사의 개념기반 교육과정에 대한 개념적 이해를 바탕으로 한 교육이 유의미한 변화를 도출할 수 있다는 것이다.

II - 2

진정한 이해(전이)를 위한
백워드 설계와 평가

　학교는 일 년 내내 바쁜 곳이지만 특히 새 학년을 준비하는 2~3월이 가장 바쁜 시기이
다. 새로 시작하는 학년 교육과정과 평가 계획을 제출해야 하는데, 학교마다 제출일이 약
간씩 다르긴 하나 보통 3월 중순쯤이다. 동학년 선생님들과 협의하는 데 아무리 많은 시간
을 써도 만족할 만한 교육과정을 완성하기는 쉽지가 않다. 일반적으로 교육과정을 제출하
고 평가 계획을 제출하는데, 기한에 쫓겨 제출하기에 바빠 교육 활동 계획과 평가 계획이
연계성 없이 이원화되는 경우가 많다. 가끔은 고민할 시간이 부족해 평가하기 쉬운 부분을
평가 내용을 선정하기도 하고, 이전 학년도 평가 요소를 그대로 재사용하는 경우도 있다.
그래도 예전처럼 평가 계획에, 평가지까지 함께 제출하지 않아도 돼서 그나마 다행이다.

　3월, 본격적인 학사 일정이 시작되면 앞만 보고 달리는 경주마처럼 학교 업무를 내달린다.
그래도 교육과정에 교육 활동 계획은 나름 충실하게 계획했기에 진도 나가기는 어렵지 않다.
열심히 수업했으니 평가도 해야 하는데 오랜만에 평가 계획서를 보니, 내가 '왜 이 성취기준
을 골랐을까?', '나는 이 부분에 중점을 두고 지도하지 않았는데... 수업 내용과 평가 내용이
거리가 있네' 싶을 때가 있다. 이제 와서 바꿀 수도 없고 고민 없이 써서 냈던 평가 계획에 맞
춰 꾸역꾸역 평가지를 만들어 낸다. 부끄럽게도 나는 몇 년 전까지만 해도 이랬다.

　교육과정-수업-평가-기록의 일체화, 이른바 교-수-평-기 일체화는 결코 간단한 과
제가 아니다. 이는 교사들의 깊이 있는 노력을 요구하는 작업이다. 먼저, 교육과정에 대
한 깊이 있는 이해가 필수적이며, 이를 바탕으로 교육과정을 해석하는 통찰력과 문해력이
필요하다. 더욱이, 교사들은 교-수-평-기 일체화의 필요성을 스스로 자각하는 것이 중

요하다. 필자도 학년 부장으로서 교-수-평-기 일체화의 중요성을 절감한 바 있다. 이러한 필요성을 인지하고 관련 지식을 습득했다면, 다음 단계는 실제 실행을 위한 체계적이고 조직적인 노력이 필요하다. 평가와 수업이 이원화되는 문제를 해결하기 위해, 교-수-평-기 일체화의 효과적인 실행 방안으로 백워드 설계를 제안한다.

가. 백워드 교육과정과 개념기반 교육과정

백워드 교육과정은 2015 개정 교육과정에서 평가 설계 방법론으로 주로 제시되어 왔으며, 2022 개정 교육과정에서도 여전히 중요한 위치를 차지하고 있다. 이는 개념기반 교육과정을 기반으로 하는 2022 개정 교육과정이 백워드 설계와 밀접하게 연관되어 있기 때문이다. 백워드 교육과정과 개념기반 교육과정 모두 학습자의 이해, 즉 지식의 전이와 역량 함양을 목적으로 한다. 이러한 공통된 목적을 가지고 있기에 백워드 교육과정과 개념기반 교육과정의 설계 아이디어 및 과정, 방향은 긴밀하게 연결되어 있다.

백워드 설계에서의 '이해'는 학생들이 단순히 사실적 지식 및 기능을 습득하는 것을 넘어서, 이를 통해 개념을 도출하고 개념 간의 유의미한 추론을 통해 일반화된 이해를 형성하는 것을 목표로 한다. 또한, 백워드 설계에서는 학생들이 탐구를 시작하는 출발점으로 본질적 질문을 제시한다. 본질적 질문은 '빅 아이디어(Big Idea)'를 포함하며, 2022 개정 교육과정에서는 이를 '핵심 아이디어'라 표현하고 있다. 이러한 본질적 질문은 학생들의 삶과 연결되는, 학생들의 삶 속에서 중요하게 작용하는 질문을 포함한다. 이를 통해 학습 동기가 고취되고 지속적으로 유지되며, 학생들의 사고를 자극하여 탐구 활동에 몰입하고 적극적으로 참여하게 만든다.

백워드 설계에서는 수행과제 중심의 탐구 수업을 추구한다. 학생들은 과제를 수행하는 과정을 통해 '이해'에 도달하게 된다. 수행과제는 맥락에서 벗어난 단순한 반복 연습이 아닌, 비구조화되고 복잡한 문제의 형태로 제시된다. 학생들은 귀납적인 접근 방법을 통해 수행과제를 해결하면서 다양한 증거를 수집하고, 이를 통해 의미 있는 관계를 추론하여 '이해'를 형성하게 된다(강현석, 이지은, 유제순, 2022).

나. 백워드 교육과정이란?

1) 백워드의 의미

백워드 교육과정이 나온 배경은 기존 포워드(Forward) 방식인 타일러(Tyler)의 합리적 교육과정 개발 모형의 한계를 극복하고자 제안되었다. 합리적 교육과정 개발 모형에서는 교육목표를 정하고 목표 달성을 위한 학습경험을 선정, 조직한 후 최종 단계에서 평가를 설계한다. 이 방식은 구조적이고 체계적인 교수설계의 원형으로 사용되었지만, 학생들이 학습 목표에 성공적으로 도달하였는지에 대한 학습 증거를 확인할 수 있는 근거가 부족하다. 그리고 교사들이 단순히 교과서에 있는 내용을 그대로 전달하거나 재미와 흥미 위주의 활동 중심 수업을 하는 것과 같이 목적성이 결여되어 있으며, 교육 목표와 평가 간의 연계성이 부족하여 교육 내용과 교수-학습 방법의 선정이 목표 달성을 위해 체계적으로 이루어지지 않는 문제가 있었다.

백워드 교육과정 모델은 위긴즈와 맥타이(Wiggins&McTighe)의 저서(Understanding by Design, 2005)에 체계적으로 정리되어 있다. 학생들이 진정한 이해를 위해 백워드 설계 모형은 교육 목표를 먼저 설정하고 그에 맞는 평가 방법을 개발한 뒤 교육 내용과 교수-학습 방법을 선정하는 순서로 진행된다. 이를 통해 교육 목표 달성을 위한 체계적인 교육과정 설계가 가능해진다고 본다. 교육과정 전반에 걸쳐 일관성 있게 교육할 수 있고, 학생들의 교과 이해도 향상을 기대할 수 있다고 본다. 그래서 이 모델을 이해중심 교육과정, 거꾸로 설계하는 교육과정이라 부른다.

위긴즈와 맥타이는 기존 교육과정 개발 모형의 한계를 극복하고 교과의 진정한 이해를 증진시키며, 교육의 질적 향상을 도모하기 위해 백워드 교육과정 설계 모형을 제안했다. 이 접근 방식은 교육 목표, 평가, 교육 내용 및 방법 간의 긴밀한 연계성을 강조하며 교사들이 학생들의 학습 과정을 더 효과적으로 지도할 수 있도록 돕는다.

2) 백워드 교육과정의 목표: 영속적 이해

위긴즈와 맥타이는 기본적이고 중요한 아이디어, 개념, 원리의 이해인 영속적 이해에 도달하는 것을 목표로 한다. 영속적 이해를 질문의 형태로 전환 시킨 핵심 질문을 제시하여 학습자들의 탐구와 사고를 촉진하고 학습 내용을 안내한다. 그리고 단원에서 학습자들이 알아야 하는 사실과 개념인 지식, 수행 능력인 기능을 명확히 제시한다(이영호, 구덕희, 2015).

백워드 교육과정을 이해중심 교육과정이라고 부르는 이유도 학생들이 궁극적으로 도달해야 할 지점을 진정한 이해, 혹은 영속적 이해로 보기 때문이다. 이해했다는 것은 단순히 어떤 지식이나 원리를 깨닫는 것을 넘어 그것이 내 삶의 의미 있는 일부분으로 체화되었다는 것이다(이형빈, 김성수, 2024). 내 삶의 의미 있는 일부분이 되었다는 것은 배움으로 형성한 지식과 기능, 태도를 실제 활용할 수 있는 역량을 키웠다는 것과 지식의 전이가 일어났다는 것으로 볼 수 있다.

영역	정의
설명	사실, 사건, 행위에 대해 타당한 근거를 가지고 말할 수 있는 능력
해석	의미를 파악, 형성하고, 이야기를 구성하며 번역하는 능력
적용	지식을 다양한 상황이나 실제적인 맥락에서 효과적으로 사용하는 능력
관점	비판적인 시각으로 대상을 조망하고 통찰할 수 있는 능력
공감	타인의 입장에서 감정과 세계관을 수용하는 능력
자기지식	자신의 무지를 알고 자신의 사고와 행위를 반성할 수 있는 메타인지 능력

▲ 이해의 여섯 가지 영역

백워드 교육과정에서는 학생들이 진정한 이해에 도달하기 위해 끊임없이 빅 아이디어와 본질적 질문을 탐구하도록 하는 것이 중요하다고 본다. 빅 아이디어란 앞에서 언급하였듯이 단편적인 지식이나 단순 개념, 기능을 넘어 핵심적이면서 포괄적인 지식이다. 이러한 빅 아이디어는 학습자들이 학습 내용을 깊이 이해하고, 이를 다양한 상황에서 적용할 수 있도록 하는 지적 토대가 된다. 2022 개정 교육과정에서의 핵심 아이디어는 바로 이러한 빅 아이디어와 일맥상통한다. 학습자들이 단순한 암기나 표면적인 이해를 넘어서, 학습 내용을 통합적이고 심층적으로 이해하도록 돕기 위한 것이다.

> – 단편적인 지식을 넘어 학생들에게 오랫동안 남아 있어야 할 본질적이고 포괄적인 수준의 지식
>
> – 여러 가지 사실, 기능, 경험을 연결하고 조직하여 의미의 폭을 확장하는 지식
>
> – 학습자가 직관적으로 도달할 수 없기 때문에 심층적 학습을 필요로 하는 지식
>
> – 오랜 시간 동안 활용할 수 있고, 다른 상황에도 전이가 가능한 지식

▲ 빅 아이디어의 속성(강현석, 이지은, 유제순, 2022).

결론적으로 백워드 교육과정은 학생들이 학습한 내용을 진정으로 이해하고, 이를 실생활에 적용할 수 있는 능력을 기르는 데 중점을 둔다. 이는 교육의 질적 향상과 학생들의 학습 성과를 극대화하는 데 중요한 역할을 한다.

3) 백워드 교육과정의 평가

백워드 교육과정에서 빅 아이디어를 제대로 이해하고 활용할 수 있는지를 확인하려면 논술형 평가, 나아가 실제적인 삶의 맥락과 연계된 참평가(authentic assessment)를 실시해야 한다. 참평가란 삶의 맥락과 연결되는 실제적인 상황에서 학생들이 수행하는 평가를 의미한다. 학생들의 삶의 실제 상황과 유사한 상황을 설정하여 학생들이 배운 지식과 기능을 발휘하는 능력, 역량을 평가하는 것이다. 따라서 교사는 학생들이 능력을 제대로, 충분히 발휘할 수 있는 평가 상황을 설정하는 능력이 필요하다. 위긴즈와 맥타이는 백워드 설계에서 참평가를 실행하는 방법으로 GRASPS 모델을 제시하였다. GRASPS는 목표(Goal), 역할(Role), 청중(Audience), 상황(Situation), 수행(Performance), 기준(Standards)의 약자로, 이는 학생들이 구체적인 상황에서 특정한 청중을 대상으로 자신의 역할을 하도록 함으로써 교육과정 기준에 도달했음을 입증하도록 하는 수행평가 방법론이다.

교사는 GRASPS 모델을 적용하기 전에 교육과정을 면밀히 분석하여 학생들이 궁극적으로 도달해야 할 최종 목표인 빅 아이디어와 본질적 질문에 대한 깊은 이해와 고민이 필요하다. 또한, 학생들이 학습한 지식과 기능을 실제로 적용하고 그 과정에서 가치와 태도를 기를 수 있도록, 학생들의 삶의 맥락과 유사한 경험과 실천의 기회를 제공해야 한다. 이러한 접근은 학생들이 배운 내용을 실제로 적용하고, 이를 통해 진정한 이해를 도출할

수 있도록 하는 데 기여한다. 그러나 모든 수행과제가 반드시 GRASPS 모델로 개발될 필요는 없다. 수행과제의 성격에 따라 다양한 유형의 평가 방법을 통해 학생들의 이해와 역량을 종합적으로 평가하는 것이 중요하다. 따라서 수행과제 성격에 따라 다양한 유형의 평가로 증거로 보충되어야 한다.

다. 백워드 교육과정의 적용

백워드 설계에 대한 대략적인 이해를 마치고 교육과정에 적용해 보자. 백워드 교육과정의 설계 절차는 다음과 같다.

백워드 단계		일체화를 위한 절차
1	바라는 결과 확인 (목표 선정)	• 단원 및 성취기준 선정 • 빅 아이디어 선정: 핵심 기능 등을 연결할 수 있는 문장으로 선정. 단원과 연계된 성취기준 등을 종합하여 선정 • 핵심 질문, 영속적인 이해 선정 ＊ 핵심 질문: 이해에 이르게 하는 본질적 질문, 수행과제 선정의 근거 ＊ 영속적 이해: 학습자의 인지구조에 남아 있는 일반화된 개념 • 이해를 위한 지식(개념, 사실)과 기능 선정
2	수용 가능 증거 결정 (평가 계획)	• GRASPS를 준거로 수행과제 제작 • 이해의 확인을 위한 지식, 기능, 태도, 핵심 역량에 대한 평가 준거 설정
3	수업 내용 선정 및 조직	• 수행과제 달성을 위한 학습활동 선정 • 수행과제를 효율적으로 달성하기 위한 학습활동 조직 • WHERETO 원리에 의한 수업내용 선정, 조직
4	수업, 평가 및 피드백 실시	• 수행과제와 관련된 수업 및 평가 실시 • 평가 결과에 대한 수업 중 피드백 실시

▲ 백워드 설계에 의한 교육과정: 수업–평가 일체화 절차(유영식, 2020).

적용할 단원은 2015 개정 교육과정, 초등 5학년 1학기 사회 2단원 〈인권 존중과 정의로운 사회〉이다.

- 인권의 의미와 중요성 알기
- 옛 사람들이 인권 신장을 위해 노력한 점을 탐색하기
- 인권 보장이 필요한 사례를 탐구하여 인권의 중요성 인식하기
- 인권 보호를 실천하는 태도 기르기
- 인권 보장을 위한 헌법의 역할과 중요성을 이해하기
- 헌법에서 규정하는 기본권과 의무가 일상생활에 적용한 사례 조사하기
- 일상생활과 법의 관련성을 탐구하여 법의 의미와 역할을 파악하기
- 법을 준수하는 태도 기르기

▲ 〈인권 존중과 정의로운 사회〉 단원의 지도 내용

2015 개정 교육과정 성취기준	2022 개정 교육과정 성취기준
[6사02-01] 인권의 중요성을 인식하고 인권 신장을 위해 노력했던 옛 사람들의 활동을 탐구한다. [6사02-02] 생활 속에서 인권 보장이 필요한 사례를 탐구하여 인권 보호를 실천하는 태도를 기른다. [6사02-03] 인권 보장 측면에서 헌법의 의미와 역할을 탐구하고, 그 중요성을 설명한다. [6사02-04] 헌법에서 규정하는 기본권과 의무가 일상생활에 적용된 사례를 조사하고, 권리와 의무의 조화를 추구하는 자세를 기른다. [6사02-05] 우리 생활 속에서 법이 적용되는 다양한 사례를 제시하고, 법의 의미와 성격을 설명한다. [6사02-06] 법의 역할을 권리 보호와 질서 유지의 측면에서 설명하고, 법을 준수하는 태도를 기른다.	[6사03-01] 일상 사례에서 법의 의미와 역할을 이해하고, 헌법에 규정된 인권이 일상생활에서 구현되는 사례를 조사하여 인권 친화적 태도를 기른다. [6사03-02] 일상생활에서 인권이 침해되는 사례를 찾아 그 해결방안을 탐색하고, 인권을 보호하는 활동에 참여한다.

▲ 사회 3단원 성취기준 비교

2022 개정 교육과정에서는 단원 성취기준의 양이 대폭 축소되었다. 교육과정 내용을 적정화하여 학습의 질을 개선하고 학생들의 깊이 있는 학습을 유도하기 위한 움직임으로 해석할 수 있다. 또한 성취기준의 시작이 '일상생활에서'로 시작하는 것으로 보아 삶의 맥락에서 이해할 수 있도록 설계되었음을 시사한다. 두 교육과정의 해당 단원의 성취기준은 전체적으로

보면 차이가 있지만 적용해 보려는 소단원의 내용(밑줄 친 부분)은 내용상으로는 크게 차이가 없어 백워드 교육과정 설계의 적용은 2022 교육과정 성취기준에 맞춰 제시하겠다.

2022 사회과 교육과정 내 [법] 영역으로 핵심 아이디어 및 내용 요소는 다음 표와 같다.

핵심 아이디어	• 우리 사회에는 일상을 규율하는 다양한 법들이 있으며, 사람들은 재판을 통해 권리를 실현할 수 있다. • 인권 보장을 위해 헌법에 기본권을 규정하고, 국가와 시민은 기본권 보장을 위해 노력한다. • 헌법에 따라 우리나라의 국가기관은 국회, 대통령과 행정부, 법원과 헌법재판소 등으로 구성된다.		
범주		내용요소	
		초등학교	중학교
		3~4학년 / 5~6학년	1~3학년

범주		3~4학년	5~6학년	1~3학년
지식·이해	법과 생활	–	• 법의 적용 사례 • 법의 의미와 역할	• 법의 의미와 목적 • 다양한 법과 사회법의 필요성 • 재판의 의미와 종류, 공정한 재판
	인권과 기본권	–	• 인권의 의미 • 헌법상 인권의 내용 • 인권 침해 문제의 해결 • 인권 보호 활동 참여	• 인권과 기본권 • 기본권 제한, 기본권 침해 구제 • 근로자의 권리, 근로자의 권리 침해 대응
	헌법과 국가	–	• 국회 • 행정부 • 법원 • 권력 분립	• 우리나라 정부 형태, 대통령과 행정부의 역할 • 입법 과정과 국회의 역할 • 법원의 역할과 헌법재판소의 성격
과정·기능			• 법적 문제 관련 정보를 수집·분석하기 • 인권 침해 문제를 합리적으로 해결하기 • 권력 분립의 이유를 탐구하기	• 법과 관련된 자료를 수집하기 • 다양한 분쟁을 법적 관점에서 조망하기 • 법적 쟁점에 대한 자료 및 정보를 수집·분석하기 • 법적 쟁점에 대한 다양한 관점을 고려하면서 의사소통하기 • 법적 근거를 바탕으로 법적 쟁점에 대한 해결 방안을 모색하기 • 기존 법의 한계를 분석하고 대안을 마련하기
가치·태도			• 시민으로서의 준법 태도 • 권리와 책임의 조화 • 인권 친화적 태도 • 국가기관에 대한 비판적인 태도	• 민주주의와 법치주의의 기본 가치 내면화 • 법에 따른 권리의 행사와 의무의 수행 • 법체계와 절차에 대한 존중 • 법적 쟁점에 대한 다양한 관점의 존중 • 법을 개선하는 활동에 적극적으로 참여하려는 태도

▲ 2022 사회과 교육과정 내용 체계와 성취기준: (2) 법

라. AI를 활용한 백워드 교육과정 설계

1) 1단계: 바라는 결과 확인하기

1단계에서는 목표를 설정하는 단계로, 바라는 결과가 무엇인지를 명확히 정의한다. 이때의 목표는 단원 수준의 목표[39]이다. 성취기준을 검토하여 빅 아이디어를 선정[40]하고 바라는 이해가 무엇인지 결정하며, 본질적 질문을 도출한다.

1단계: 바라는 결과 확인하기	
빅 아이디어	
• 인권 보장을 위해 헌법에 기본권을 규정하고, 국가와 시민은 기본권 보장을 위해 노력한다.	
목표설정	
• [6사03-02] 일상생활에서 인권이 침해되는 사례를 찾아 그 해결방안을 탐색하고, 인권을 보호하는 활동에 참여한다.	
이해	**본질적 질문**
• 모든 인간은 차별 없이 기본적 권리와 자유를 누려야 한다. • 인권 보호 활동에 참여함으로써 인권 보호에 기여할 수 있다.	• 내가 속해 있는 사회에서 인권 침해 문제는 어떻게 해결할 수 있을까? • 개인이 인권 보호 활동에 참여하는 것이 중요한 이유는 무엇인가?
핵심 지식	**기능**
• 인권의 의미 • 인권 침해 사례와 해결방안 • 인권 보호 활동 참여 방법	• 인권 침해 사례 조사하기 • 인권 침해 사례 해결방안 제안하기 • 인권 보호를 위한 노력 조사하기

▲ 1단계: 바라는 결과 확인하기 템플릿 적용(사회)

2) 2단계: 수용 가능한 증거 결정하기

2단계는 학습 경험 계획 이전에 평가를 고려한다는 점에서 다른 설계 방법과 차별화되는 백워드 설계의 가장 핵심적인 단계이다. 이 단계에서는 GRASPS 요소를 활용하여 수행과제를 설계한다. 생성형 AI의 프롬프트에 성취기준, 핵심 아이디어, 내용 요소를 입력하여 GRASPS 모형을 적용한 수행과제를 도출하였다. 이 수행과제는 성취기준 내에 포함된 '인권 보호 활동에 참여한다'는 내용과 일치하여, 교육 현장에서 효과적으로 활용할 수 있는 과제로 판단된다. 생성형 AI로 받은 답변과 필자의 의도를 반영하여 2단계 템플릿을 완성하였다.

---

[39] 적용하는 부분은 소단원이므로 해당 소단원의 목표로 설정함.
[40] 적용 사례에서는 2022 개정 교육과정에서의 핵심 아이디어를 그대로 사용함.

| 질문 | 다음 내용을 GRASPS 모형에 적용해줘.

#입력내용

〈핵심 아이디어〉

• 인권 보장을 위해 헌법에 기본권을 규정하고, 국가와 시민은 기본권 보장을 위해 노력한다.

〈내용 요소–지식, 이해〉

• 인권의 의미

• 헌법상 인권의 내용

• 인권 침해 문제의 해결

• 인권 보호 활동 참여

〈내용 요소–과정, 기능〉

• 인권 침해 문제를 합리적으로 해결하기

〈내용 요소–가치, 태도〉

• 인권 친화적 태도

#요구사항

– 초등학교 5학년 사회 평가

– 삶의 맥락에서 자신의 능력을 발휘할 수 있는 내용으로 설계

– 학교 수업에서 가능한 평가 내용으로 설계

#출력문

초등 5학년 학생을 대상으로 위의 2022 개정 교육과정 내용을 평가를 할 수 있도록 GRASPS 모형의 내용을 생성해줘.

| 답변 | 네, 위의 교육과정 내용을 GRASPS 모형에 적용하면 다음과 같습니다.

G(Goal) – 학생들이 인권의 의미와 중요성을 이해하고, 실생활에서 인권을 보호하고 실천할 수 있는 방법을 제안한다.

R(Role) – 인권 보호 활동가

A(Audience) – 지역 사회 인권 단체

S(Situation) – 우리 지역에서 발생한 인권 침해 사례에 대해 조사하고, 해결방안을 제안하는 보고서 작성하기

P(Performance) –

1. 인권의 의미와 헌법상 보장된 기본권 내용 설명하기

2. 지역 사회 내 인권 침해 사례 조사하기

3. 인권 침해 사례에 대한 합리적인 해결방안 제안하기

4. 인권 보호를 위한 개인과 지역 사회의 역할 제시하기

지금까지의 과정을 통해 성취기준의 과정·기능 측면의 내용과 그에 따른 수행과제로 '인권 침해의 다양한 사례를 조사하고 해결방안 제안하는 보고서(발표자료)를 작성하기'를 결정하였다. 이 과제를 수행하면서 타 교과와의 통합 지도가 깊이 있는 이해를 가능하게 하고, 충분한 지도를 위한 시간 확보도 가능하다는 생각이 들었다. 이에 2022 개정 교육 과정의 국어과 성취기준을 검토한 결과, 새롭게 등장한 '매체' 영역이 적합하다고 판단했다. 매체 영역에서 발표자료 작성과 관련된 내용을 목표에 추가하고 사회 교과와 국어 교과의 통합 운영으로 1~3단계까지의 내용을 설계하였다.

1단계: 바라는 결과 확인하기

빅 아이디어
- 인권 보장을 위해 헌법에 기본권을 규정하고, 국가와 시민은 기본권 보장을 위해 노력한다.

목표설정
- [6사03–02] 일상생활에서 인권이 침해되는 사례를 찾아 그 해결방안을 탐색하고, 인권을 보호하는 활동에 참여한다.
- [6국06–03] 적합한 양식과 수용자의 반응을 고려하여 복합양식 매체 자료를 제작하고 공유한다.

이해	본질적 질문
• 모든 인간은 차별 없이 기본적 권리와 자유를 누려야 한다. • 인권 보호 활동에 참여함으로써 인권 보호에 기여할 수 있다. • 매체 자료를 적절히 제작하여 활용하면 수용자의 공감을 얻을 수 있다.	• 내가 속해 있는 사회에서, 인권 침해문제는 어떻게 해결할 수 있을까? • 개인이 인권 보호 활동에 참여하는 것은 왜 중요한가? • 목적을 달성하기 위해서는 어떤 양식을 활용해야 할까?
핵심 지식	**기능**
• 인권의 의미 • 인권 침해 사례와 해결방안 • 인권 보호 활동 참여 방법 • 복합양식 매체 자료 제작의 효과	• 인권 침해 사례 조사하기 • 인권 침해 사례 해결방안 제안하기 • 인권 보호를 위한 노력 조사하기 • 매체 자료 제작하기

▲ 1단계: 바라는 결과 확인하기 템플릿 수정(국어 추가)

앞에서 제시된 국어과 성취기준의 해설은 다음과 같다. 국어과의 '매체' 영역에서는 다양한 매체를 활용하여 정보를 효과적으로 전달하는 방법을 학습하도록 한다. 이를 통해 학생들은 보고서 및 발표자료 작성과 같은 실질적인 과제를 수행할 수 있는 능력을 기르게 된다. 해설 내용을 고려할 때 실제 수업에서는 교과 간 통합, 단원 간 통합으로 유기적인 연계 활동을 하고 충분한 활동 시간을 확보함으로써 깊이 있는 이해를 도모할 수 있을 것이다.

- [6국06-03] 이 성취기준은 매체 및 매체 자료의 양식과 수용자에게 끼칠 영향을 고려하여 복합양식 자료를 제작하는 능력을 기르기 위해 설정하였다. 의도나 주제를 드러내는 다양한 표현 양식을 이해하고 자신의 목적, 주제, 수용자 반응을 고려하여 이미지가 포함된 글, 카드뉴스, 발표 자료, 동영상 등의 복합양식 매체 자료를 제작한 다음 이를 공유하여 효과성을 점검한다.
- 복합양식 매체 자료의 제작은 쓰기 및 문법 영역의 성취기준과 연계하여 지도할 수 있다. 쓰기 영역에서는 문자를 중심으로 독자와 매체를 고려하여 글을 생산하는 과정([6국03-04])에 초점을 맞춘다면, 매체 영역에서는 문자와 더불어 그림, 사진, 이미지, 소리 등의 다양한 표현 양식을 통한 소통에 초점을 맞춘다. 각 양식의 표현 효과를 이해하고 적용하는 과정은 문법 영역에서 음성 언어 및 문자 언어의 특성을 이해하고 다양한 매체 자료에서 표현 효과를 평가하는 활동([6국04-01])과 유기적으로 연계될 수 있다(교육부, 2022).

2단계: 수용 가능한 증거 결정하기
수행과제 • 목표(Goal): 인권의 의미와 중요성을 이해하고, 실생활에서 인권을 보호하고 실천할 수 있는 방법을 제안한다. • 역할(Role): 인권 보호 활동가 • 대상(Audience): 지역 사회 인권 단체 • 상황(Situation): 우리 지역에서 발생한 인권 침해 사례에 대해 조사하고, 해결 방안을 제안하는 보고서(프레젠테이션) 작성하기 **수행(Performance)** 1. 인권의 의미와 필요성 이해하기 2. 지역 사회 내 인권 침해 사례 조사하기 3. 인권 침해 사례에 대한 합리적인 해결 방안 제안하기 4. 인권 보호를 위한 개인과 단체, 국가기관의 역할 제시하기 5. 발표를 위한 프레젠테이션 자료 제작하기 **기준(Standard)** 1. 인권의 개념과 필요성을 이해하고 설명할 수 있다. 2. 지역 사회 내 인권 침해 사례를 구체적으로 조사하고 분석할 수 있다. 3. 인권 침해 사례에 대한 합리적이고 실현 가능한 해결방안을 제안할 수 있다. 4. 인권 보호를 위한 개인과 단체, 국가기관의 역할을 적절히 제시할 수 있다. 5. 다양한 표현 양식을 적용하여 프레젠테이션 자료를 작성할 수 있다.

평가 항목	우수(A)	보통(B)	미흡(C)	매우 미흡(D)
인권의 개념과 필요성 이해	인권의 개념과 필요성을 정확히 이해함.	인권의 개념과 필요성을 이해함.	인권의 개념과 필요성을 부분적으로 이해함.	인권의 개념과 필요성을 이해하지 못함.
인권 침해 사례에 대한 해결방안 제안	지역 사회 내 인권 침해 사례에 대한 합리적이고 실현 가능한 해결방안(개인과 단체, 국가기관)을 구체적으로 제안함.	지역 사회 내 인권 침해 사례에 대한 해결방안을 제안함.	지역 사회 내 인권 침해 사례에 대한 해결방안을 부분적으로 제안함.	지역 사회 내 인권 침해 사례에 대한 해결방안을 제안하지 못함.
프레젠테이션 자료 제작	다양한 표현 양식을 목적에 맞게 활용하여 프레젠테이션 자료를 창의적이고 효과적으로 작성함.	다양한 표현 양식을 활용하여 프레젠테이션 자료를 작성함.	일부 표현 양식을 활용하여 프레젠테이션 자료를 작성함.	프레젠테이션 자료를 작성하지 못함.

평가 준거

다른 준거
• 퀴즈: 구체적인 사례를 통해 인권의 의미와 필요성 이해
• 자기평가 및 동료평가: 활동 참여도와 학습활동 과정에 대한 성찰
• 관찰: 모둠원의 수행과정 관찰(적극성, 의사소통 및 의사결정 과정)

▲ 2단계: 수용 가능한 증거 결정하기 템플릿 적용

위 템플릿에서의 평가 준거는 패들렛(Padlet)[41]의 AI 기능인 AI 레시피와 뤼튼(Wrtn)[42]을 활용하여 도출하였다. 제약조건으로는 '평가항목을 나누어 평가 준거를 제시할 것, 종결어미를 −함, −임, −음으로 끝낼 것, 객관적인 평가가 가능하도록 구체적으로 제시할 것'으로 입력하였다. 입력한 프롬프트 내용에 더 근접한 결과를 제공한 것은 패들렛 AI보다는 뤼튼의 답변이었고, 실제 평가 채점도 더 수월할 것으로 판단되어 뤼튼이 제시한 답변 내용을 수정하여 평가 준거를 완성하였다.

---

42 wrtn.ai

질문 아래 수행과제의 내용을 참고하여 평가 준거를 만들어서 표로 만들어줘.

#수행과제

– 목표(Goal): 인권의 의미와 중요성을 이해하고, 실생활에서 인권을 보호하고 실천할 수 있는 방법을 제안한다.

– 상황(Situation): 우리 지역에서 발생한 인권 침해 사례에 대해 조사하고, 해결방안을 제안하는 보고서(프레젠테이션) 작성하기

– 수행(Performance)

1. 인권의 의미와 필요성 이해하기

2. 지역 사회 내 인권 침해 사례 조사하기

3. 인권 침해 사례에 대한 합리적인 해결방안 제안하기

4. 인권 보호를 위한 개인과 단체, 국가기관의 역할 제시하기

5. 발표를 위한 프레젠테이션 자료 제작하기

– 기준(Standard)

1. 인권의 개념과 필요성을 이해하고 설명할 수 있다.

2. 지역 사회 내 인권 침해 사례를 구체적으로 조사하고 분석할 수 있다.

3. 인권 침해 사례에 대한 합리적이고 실현 가능한 해결방안을 제안할 수 있다.

4. 인권 보호를 위한 개인과 단체, 국가기관의 역할을 적절히 제시할 수 있다.

5. 다양한 표현 양식을 적용하여 프레젠테이션 자료를 작성할 수 있다.

#제약조건

1. 평가 항목을 나누어 제시할 것

2. 등급은 4등급으로 나누어 제시할 것

3. 표로 제시할 것

4. 문장의 어미는 –함, –임, –음으로 할 것

답변 아래와 같이 수행과제에 대한 평가 준거를 4등급으로 나누어 표로 제시하였습니다.

평가 항목	우수(A)	보통(B)	미흡(C)	매우 미흡(D)
인권의 개념과 필요성 이해	인권의 개념과 필요성을 정확히 이해하고 설명함.	인권의 개념과 필요성을 이해하고 설명함.	인권의 개념과 필요성을 부분적으로 이해하고 설명함.	인권의 개념과 필요성을 이해하지 못인권의 개념과 필요성을 이해하지 못하고 설명하지 못함.
지역 사회 내 인권 침해 사례 조사 및 분석	지역 사회 내 인권 침해 사례를 구체적으로 조사하고 심도 있게 분석함.	지역 사회 내 인권 침해 사례를 조사하고 분석함.	지역 사회 내 인권 침해 사례를 부분적으로 조사하고 분석함.	지역 사회 내 인권 침해 사례를 조사하고 분석하지 못함.
인권 침해 사례에 대한 해결방안 제안	인권 침해 사례에 대한 합리적이고 실현 가능한 해결방안을 구체적으로 제안함.	인권 침해 사례에 대한 해결방안을 제안함.	인권 침해 사례에 대한 해결방안을 부분적으로 제안함.	인권 침해 사례에 대한 해결방안을 제안하지 못함.
인권 보호를 위한 역할 제시	개인과 단체, 국가기관의 인권 보호를 위한 역할을 적절하고 구체적으로 제시함.	개인과 단체, 국가기관의 인권 보호를 위한 역할을 제시함.	개인과 단체, 국가기관의 인권 보호를 위한 역할을 부분적으로 제시함.	개인과 단체, 국가기관의 인권 보호를 위한 역할을 제시하지 못함.
프레젠테이션 자료 제작	다양한 표현 양식을 창의적으로 활용하여 프레젠테이션 자료를 체계적으로 작성함.	다양한 표현 양식을 활용하여 프레젠테이션 자료를 작성함.	일부 표현 양식을 활용하여 프레젠테이션 자료를 작성함.	프레젠테이션 자료를 작성하지 못함.

뤼튼(Wrtn)

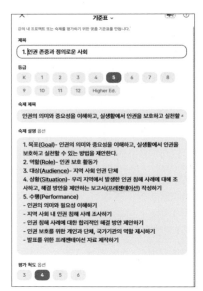

▲ 패들렛 AI의 루브릭 생성을 위한 프롬프트 입력

▲ 패들렛 AI가 생성한 평가 준거

이외에 인권의 의미와 필요성에 대한 기초적인 지식의 이해를 확인하기 위해 퀴즈를 활용하였다. 학생들이 자신의 학습 과정을 평가할 기회를 제공하기 위해 자기 평가와 동료 평가를 실시하여 평가의 증거 자료를 수집하고자 하였으며, 이러한 내용은 '다른 준거' 항목에 추가하였다.

3) 3단계: 교수 학습 경험 계획하기

3단계는 교수–학습 경험을 체계적으로 계획하는 단계이다. WHERETO 요소를 고려하여 교수–학습 경험의 계열을 결정한다. 단원 학습 계획, 교수 유형 및 방법을 구체화하고 차시별 학습 경험을 세심하게 계획한다. 이때 수행과제의 상황과 연계되는 수업 방법을 고려해야 하는 것이 중요하다.

요소	내용
W (where, why) 학습 목표	학생들이 단원의 궁극적인 목표와 방향이 무엇인지, 왜 그것을 배우는지 알 수 있도록 안내해야 한다.
H (hook) 동기 유발	단원에 대한 동기유발을 할 수 있는 내용이 필요하다
E1 (equip, enable) 경험 탐구	과제 수행에 필요한 지식과 경험, 도구, 노하우 등을 갖추게 해야 한다.
R (rethink) 재사고	핵심 아이디어들을 다시 생각해 보고 반성하고 재점검하게 해야 한다.
E2 (evaluate) 평가	스스로의 진보를 평가할 수 있는 기회를 제공한다. 학생들에게 과정과 자기 평가의 기회를 제공한다.
T (tailored) 개별화	학생 개개인의 강점, 재능, 흥미에 적합한 방식으로 다양화하여 수업 내용을 구성한다.
O (organize) 조직화	깊이 있는 이해를 최적할 수 있도록 조직한다.

▲ 교수–학습 경험 계획을 위한 WHERETO 요소(유영식, 2020; 강현석, 이지은, 유제순, 2022)

패들렛 AI 레시피의 수업 플랜 기능을 활용하여 학습활동을 설계해 보았다. 제공한 리소스에 활동에 대한 아이디어를 제공하거나 교사의 연구에 활용할 수 있는 자료들이 제법 있어 활용하였다.

▲ 패들렛 AI 레시피: 수업 플랜

  백워드 설계 방향 및 3단계 템플릿에 맞춰 실제 수업할 내용을 구체화한 내용은 다음과 같다. 이 내용에 맞춰 연구자료 및 교수-학습 자료 등으로 패들렛 게시판을 수정하여 수업 계획을 완성하였다.

3단계: 학습 경험 계획하기
교수-학습 경험(WHERETO)
1. 인권 침해 사례 뉴스 자료를 제시하여 우리나라에서 발생하는 여러 가지 문제에 관심가지기(H)
2. 인권의 개념, 역사, 발전과정 등에 대해 학습하기(E1)
3. 인권 개념에 대한 퀴즈 풀기(H, E2)
4. 본질적 질문 제시하기(H, W)
5. 수행과제와 루브릭을 제시하고 학생들에게 안내하기(W)
6. 수행과제 해결을 위한 계획 수립하기(E1)
7. 수행과제 해결에 필요한 자료 조사하기(E1, T)
8. 조사한 자료를 분석하여 인권 침해의 원인 생각하기(E1, T)
9. 인권 침해 문제 해결을 위한 정보 조사하고 대안 제시하기(E1, T)
10. 모둠 수행과제 결과 확인하고 수정하기(R)
11. 발표를 위한 프레젠테이션 자료 제작하기(E1)
12. 발표자료를 살펴보고 목적에 맞는 양식을 활용하여 자료를 제작하였는지 확인하고 수정하기(R)
13. 발표- 자기 평가 및 동료 평가하기(E2)
14. 교사는 본질적 질문에 답하는 방식으로 일반화 도출하기(E2, R)

▲ 3단계: 학습 경험 계획하기 템플릿 적용

4) 4단계: 수업, 평가 및 피드백

3단계에서 완성한 교수-학습 경험 계획에 따라 실제 수업 및 평가를 진행하였다. 학생들의 학습 결과물, 학생들에게 제시할 피드백, 추가 학습 자료 등을 패들렛 게시판에 누적하였다. 이 게시판을 활동 과정 내내 학생들과 공유하고, 학생들이 교사의 지도 및 피드백 내용을 언제든지 확인할 수 있도록 하여 과제 수행 중 방향성을 잃지 않고 과제를 하도록 도왔다. 학생들은 과제 활동을 하면서 '인권 침해 사례'라는 주제에 대해 조사한 자료를 자신과 친구들이 이해할 수 있는 어휘로 재구조화하여 글로 표현하는 능력이 상당히 부족했다. 또한 인권 침해 문제를 해결하기 위한 개인, 단체, 국가기관의 역할을 구별하는 것에 어려움을 겪었다. 이에 따라 교사는 학생들의 발표자료에 피드백을 제공하고, 인권 단체에 대한 추가 설명을 제공한 후 패들렛 게시판에도 게시하여 내용을 공유하였다.

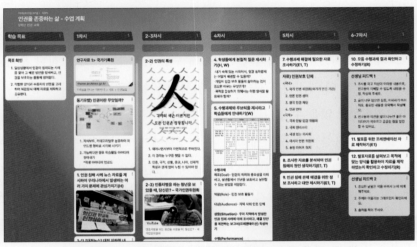

▲ 3단계: 학습 경험 계획하기 템플릿에 맞춰 수정한 패들렛 게시판

필자가 계획하고 수행한 모든 결과물이 게시된 패들렛 페이지를 볼 수 있는 QR코드이다. 백워드 교육과정이 실제로 어떻게 구현되었는지 확인할 수 있다.

▲ 3단계: 학습 경험 계획하기 템플릿에 맞춰 수정한 패들렛 게시판 QR[43]

마. 백워드 설계와 평가, 그리고 AI

백워드 설계의 이론을 연구해 보니 내용이 많고 깊이가 있어 전체 내용을 이해하기가 쉽지 않았다. 물론 연구했다고 말하는 지금도 이해가 어려운 부분이 있다. 하지만 백워드 설계의 3단계 템플릿으로 설계한 여러 수업 사례를 확인해 보니 이해에 도움이 되었다. 선생님들도 백워드 설계가 어렵다면 먼저 교육과정을 분석하여 핵심 아이디어와 성취기준을 확인하고 템플릿 작성 연습을 먼저 해보면 도움이 될 것이다. 그런데 템플릿을 작성해 보려고 하니 1단계의 〈이해〉와 〈본질적 질문〉에서부터 어찌해야 할지 막막할 수 있다. 하지만 이 부분은 개념기반 교육과정의 '일반화'와 '핵심 질문'에 대해 이해하고 있다면 비교적 쉽게 접근할 수 있다. 뒤이어 나오는 'II-3. 삶으로 전이하는 개념기반 음악 수업'을 읽어 보길 바란다.

평가 하나 잘하려고 하는데 1~3단계까지 거쳐야 하니 일이 더 늘어나는 느낌을 받을 수 있지만 그렇지 않다. 평가를 계획하며 동시에 수업 활동까지 설계를 하니 오히려 효율적인 방법이다. 또한 이 과정에서 교-수-평 일체화가 실현되니 평가와 수업이 이원화되는 불상사는 경험하지 않을 수 있다.

백워드 설계를 적용한 수업을 실제로 한 후 학생들에게 교사의 교수-학습 방법에 대한 평가를 구글 설문을 활용하여 받아보았다. 지난 사회 1단원은 강의식 수업으로 교사의 자세한 설명, 학생들의 질문, 탐구일기 정리, 수행평가지로 평가를 진행했다. 2단원은 백워드 설계를 적용하여 소단원의 학습목표 확인, 개념에 대한 교사의 설명, 평가기준 확인, 학생들의 과제 수행 및 발표(활동이면서 동시에 수행평가), 교사의 추가 설명으로 진행했다. 이 부분을 학생들에게 인지시키고 1단원과 2단원의 교수-학습 방법에 대한 평가 설문을 진행했다.

백워드 교육과정 설계로 학습 목표에 도달하는 데 효과적이었다고 말한 학생은 22명 중 21명(95.4%)이었다. 그렇게 답한 이유는 "활동을 시작할 때 학습 목표가 명확하게 제시되어 활동하는 데 도움이 되었다. 스스로 자료를 찾아보는 활동이 자신의 인권문제를 해결하는 방법에 대해 알게 되었다. 발표자료를 효과적으로 제작하는 방법에 대해 더 자세히 알게 되었다, 인권 문제에 대해 잘 몰랐는데 직접 자료를 찾아보며 세상에서 일어나는 인권 문제에 대해 자세히 알게 되었다, 인권 문제에 대한 관심이 생겼다" 등이 있었다.

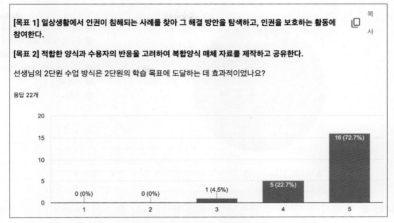

▲ 사회 교수–학습 방법에 대한 평가에 대한 설문 결과 1

또한 해당 단원의 수업 방식이 사회 학습에 대한 동기 부여, 자기 주도적 학습, 과제 해결에도 도움이 되었다고 평균 90% 이상의 학생이 효과적이다고 답하였다. 마지막으로 1, 2단원의 수업 방식 중 더 효과적인 학습 방법에 대한 생각을 묻는 문항에는 다음과 같은 결과가 나왔다. 백워드 설계 방식으로 수행과제를 해결하는 수업 방식이 효과적이라고 답한 학생의 비율은 54.5%로 나왔지만 두 가지 모두 효과적이다라고 답한 27.3%도 이번 수업 방식에 대해 효과적으로 생각하는 것으로 해석할 수 있다. 학생들의 답변을 분석해 보니 우리반 학생들은 사회 현상에 대해 깊이 있게 조사해 본 경험이 적어 이번 수행과제를 완성해 낸 것에 대한 성취감과 결과물에 대한 만족감을 얻은 학생들이 많아 2단원 수업 방식이 효과적이라고 답하였다. 1단원 수업 방식이 더 효과적이라고 답한 이유는 스스로 사회 현상을 조사해 보니 어려운 내용들이 많아 자료의 내용을 스스로 이해하는 데에는 어려움이 있어 활동 자체는 흥미롭지만, 교사의 자세하고 정확한 설명이 필요하다고 생각해서였다.

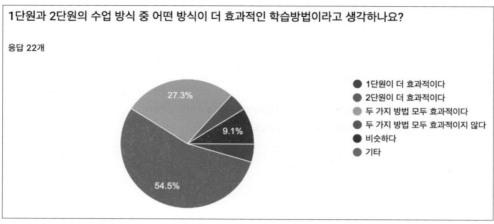

▲ 사회 교수—학습 방법에 대한 평가에 대한 설문 결과 2

　22명의 학생, 9차시 분량의 수업으로 교육과정 방식의 효과를 논하기에는 턱없이 적은 양의 데이터지만 교육과정 설계에 대한 새로운 도전으로 개인적으로는 유의미한 활동이었다. 그동안 평가가 어려워서 평가 설계에 소홀했다면, 또는 평가시간보다는 수업시간이 더 많으니 에너지 할애의 비중을 수업에 더 두었다면 이제는 변해야 할 때이다. 교사인 우리는 수업 전문가이다. 학생들의 평가는 가르친 교사만이 정확히 할 수 있다. 이제는 수업 전문가를 넘어서 평가 전문가가 되어야 할 때이다. 선생님들의 평가 설계에 대한 변화와 성장에 이 책의 방법과 사례가 도움을 주고, AI가 날개가 되어주길 바란다. 누구든 처음부터 잘할 수 없고 완벽할 수 없다. 어려워도 도전해보길 바란다.

Ⅱ-3

삶으로 전이하는
개념기반 음악 수업

음악에서 빠르기는 이탈리아어로 템포(Tempo)라고 하며, 음악을 구성하는 7가지 요소(리듬, 선율, 화성, 형식, 셈여림, 음색, 빠르기)에 해당한다. 빠르기는 학창 시절 음악 수업에서 꼭 배우는 중요한 개념이다. 라르고(Largo, 매우 느리게), 모데라토(Moderato, 보통 빠르게), 알레그로(Allegro, 빠르게), 프레스토(Presto, 매우 빠르게) 등의 빠르기말은 초·중·고 음악 교과서에 단골로 등장하지만, 음악 수업이 끝나면 잘 기억나지 않는 개념이기도 하다. 교사가 빠르기말을 순서대로 단순히 배열하며 설명하고, 학습지를 배부하여 학생들이 빈칸을 채우며 암기하는 수업이 일반적이다. 〈산토끼〉 등의 유명한 동요 선율에 빠르기말을 얹어서 부르기도 하는데, 배경음악이 생겼을 뿐 주입식으로 외우는 상황은 똑같다. 빠르기를 왜 배워야 하는지 목적의식을 명확하게 하는 음악 수업은 찾기 힘들다. 이렇게 빠르기를 맥락과 이유 없이 학습하면서, 빠르기의 개념은 음악 수업에서만 잠깐 머물 뿐이며 타 교과나 삶으로 연결되지 않는다.

만약 음악의 빠르기말을 제대로 이해한다면, 개념기반 교육과정에서 말하는 '전이(Transfer)'가 이루어지면서 실생활에서도 빠르기 개념을 적용할 수 있겠다는 기대가 생겼다. 전이는 학습의 결과가 다른 학습이나 생활에 영향을 미치는 현상으로, 개념기반 수업의 목표이기도 하다(이찬승, 2021). 지식과 기능으로 구성되어 주입식 암기로 점철되었던 2차원 교육과정에 개념·이해가 추가되었고, 비로소 지식·기능·이해라는 3차원 형태로 확장된 개념기반 교육과정이 탄생하게 되었다. 학생이 수업에서 개념을 이해한 정도는 전이가 얼마나 가능한지, 즉 해당 교과 이외에 다른 상황에서 개념을 적용할 수 있는지를 확인하며 파악할 수 있다. 필자는 이 점에 주목하며 음악의 빠르기 개념을 실생활과 타 교과에 전이시키는 수업을 진행하여 평가에 반영했다. 전이에 중점을 두는 수업을 해 본 적도, 받아본 적도 없어서 다채로운 시도를 하며 시행착오를 많이 겪었다. 이 과정에서 에듀테크를 적절히 활용하여, 전이에 대해 이해하는 속도를 높일 수 있었다.

가. 학생의 눈높이에서 빠르기와 관련된 일반화 문장 찾기

음악의 빠르기 개념을 삶으로 전이시키는 수업에 적용하려면 빠르기를 왜 배워야 하는지 교사부터 알아야 했고, 이를 위해 '핵심 아이디어'를 연구했다. 2022 개정 교육과정에서 등장하는 핵심 아이디어는 영역을 아우르면서 해당 영역의 학습을 통해 일반화할 수 있는 내용으로, 깊이 있는 학습을 가능하게 만든다(교육부, 2022). 교육과정 총론에 의하면 각 교과목의 핵심 아이디어를 중심으로 수업을 설계하고, 학습 내용을 실생활의 맥락에서 이해하고 적용하는 기회를 만들라고 한다. 주입식 암기로는 실생활과 연계되는 수업, 즉 전이를 이루기 어렵다. 교과를 뛰어넘는 포괄적인 개념이자, 수업을 끝냈을 때 학생들에게 최종적으로 남아야 할 핵심 아이디어부터 파악해야 개념 중심의 수업 설계가 가능하다.

연주	• 음악은 고유한 방식과 원리에 따라 인간의 느낌, 생각, 경험을 다양한 소리의 어울림으로 표현한 것이다. • 개인적 혹은 협력적 음악 연주는 인간의 감수성과 사회 · 문화적 배경에 따라 다양한 행위 과정으로 나타난다. • 인간은 생활 속에서 다양한 음악 매체와 표현 방법을 활용하여 함께 경험하며 소통한다.
감상	• 음악은 고유한 방식과 원리에 따라 다양한 속성을 청각적 형태로 구현한 것이다. • 음악적 수용과 반응은 인간의 감수성과 사회 · 문화적 배경에 따라 다양하게 나타난다. • 인간은 생활 속에서 다양한 음악 경험을 통해 미적 가치와 의미를 발견하고 공감한다.
창작	• 음악은 고유한 방식과 원리에 따라 인간의 무한한 상상과 가능성을 탐구하여 만들어낸 것이다. • 개인적 혹은 협력적 음악 창작은 인간의 감수성과 사회 · 문화적 배경에 따라 다양한 과정과 결과물로 나타난다. • 인간은 생활 속에서 다양한 매체와 방법을 활용하여 자기 주도적으로 음악을 구성하며 기여한다.

▲ 2022 개정 음악과 교육과정의 핵심 아이디어 9개(교육부, 2022).

그러나 2022 개정 교육과정에 나온 음악과의 핵심 아이디어는 문장이 심오하여 쉽게 이해하기 어렵다. 음악과의 핵심 아이디어는 연주·감상·창작 영역에서 각각 3개씩, 총 9개가 등장한다. 이 중에서 빠르기 수업에 적용할만한 핵심 아이디어가 무엇일지 고민했다. '음악은 고유한 방식과 원리에 따라 다양한 속성을 청각적 형태로 구현한 것이다.'가 제일 적합해 보였을 뿐, 정확하다고 확신하지 못할 정도로 핵심 아이디어라는 개념이 어려웠다. 다른 교사들도 2022 개정 교육과정으로 수업하면서 직면할 고충이라 생각한다. 2022 개정 교육과정에서 새로운 차원으로 수업을 설계하려면, 핵심 아이디어부터 교사들이 쉽게 이해해야 한다. 앞서 'Ⅱ-1. 개념기반 교육과정 생성형 AI로 풀어나가기' 장에서 설명한 대로 교육과정에 명시된 핵심 아이디어는 전 학년에 걸쳐 있고 수업의 큰 방향성을 위해 포괄적으로 서술되었다. 그러므로 교사와 학생 모두가 쉽게 이해할 수 있으면서, 학년과 수업 목표에 맞도록 문장을 다시 구성할 필요가 있었다. 이것이 개념기반 교육과정의 일반화(Generalizations) 문장이다.

개념기반 수업에서는 학생들이 배운 내용을 종합하여 개념 간의 관계를 찾고, 전이할 수 있는 개념적 아이디어인 '일반화'가 필요하다. 일반화는 2개 이상의 개념이 서로 어떤 관계인지를 동사를 포함하여 서술한다(조호제·김남준·김정숙 외, 2023). 이를 일반화 문장이라 한다. 일반화 문장은 '~한다.'의 명제로 표현하는데, 모든 상황에서 진리가 아닌 경우에는 '~할 수 있다.'의 형태로 쓰기도 한다.

일반화 문장은 핵심 아이디어의 본질을 유지하는 동시에, 단순하면서도 쉽게 이해할 수 있는 형태로 도출할 필요가 있었다. 수업 초반 KWL 전략[44]을 반영하여 '빠르기는 왜 필요하다고 생각하는가?'라는 주제로 구글 설문을 했다. 이 수업을 처음 하는 학급에는 음악의 빠르기에만 한정해서 질문했는데, 다른 학급에는 점차 범위를 넓혀 빠르기가 일상에서 존재하는 이유가 무엇인지 질문했다. 음악이든 일상이든, 학생들은 전반적으로 '상황과 감정에 따라 빠르기는 달라진다.'고 답했다.

---

[44] KWL 전략(Carr&Ogle, 1987)은 학생이 수업에서 이미 아는 것(What I Know), 알고 싶은 것(What I Want to Know), 알게 된 것(What I Learned)을 정리하며 스스로 학습 목표를 설정하도록 돕는다(최무연, 2020). 자세한 내용은 'Ⅳ-1. 학생 참여형 평가 실천 사례'에서 다룸.

> ### 빠르기는 왜 필요하다고 생각하나요?(음악, 일상 등)
>
> - 음악에서의 빠르기말은 단순히 템포만을 표현한 것이 아니라 그 음악의 분위기, 뉘앙스 등을 나타내는 중요한 요소라고 생각한다. 따라서 같은 곡이라도 빠르기에 따라 그 곡의 분위기가 완전히 달라질 수 있으므로 그 곡에 어울리는 빠르기가 필요하다고 생각한다.
> - 빠르기를 사용하면 대상을 더 확실히 표현할 수 있기 때문이다.
> - 사람마다 편하다고 느끼는 빠르기가 있을 수도 있고 감정에 비유하여 노래로 표현할 때 빠르기가 있는 것이 좋기 때문이다.
> - 표현을 더 잘 느끼기 위해서는 필요하다고 생각한다.
> - 살면서 다양한 일에 따라 급하면 빠르게 좀 여유롭게 사는게 필요하기 때문에 빠르기가 필요하다.
> - 대상에 따라 어울리는 빠르기가 다르기 때문이다.
> - 빠르기가 없다면 모든 음악이 같은 속도이기 때문에, 각 음악의 특징이나 전하려는 의도가 잘 전달되지 않을 수 있어서 빠르기가 필요하다.

▲ 설문 결과: 학생들이 답한 빠르기의 필요성

처음에 필자는 일반화 문장이 무엇인지 잘 몰랐다. 그래서 일종의 아이디어 공모처럼 학생들에게 질문했을 뿐인데, 의외의 성과를 얻었다. 학생들의 답변은 2개 이상의 개념(상황, 감정, 빠르기)을 찾아 그 관계(달라진다)를 진술한 일반화 문장이었다. 또한 설문에서 제시한 '빠르기는 왜 필요하다고 생각하는가?'라는 문장은 학생들이 일반화 문장을 추론하도록 도운 핵심 질문이었음을 훗날 깨달았다. 핵심 질문은 학생들이 탐구에 참여하도록 촉진하고, 전이를 가능하게 만들어 고차원적인 학습으로 안내하는 열린 질문이다(맥타이&위긴스, 2016).

설문 결과를 학생들과 함께 살펴보며, 우리 일상에서 나타나는 다양한 빠르기에 대해 이야기하고 노래로 표현했다. 예컨대 학교라는 물리적 공간에서 우리의 상황에 따라 달라지는 빠르기를 반영해서 〈학교 종〉을 노래했다. 지루한 수업 시간을 상상하며 느리게, 화장실이 급하거나 급식실로 달려갈 때를 상상하며 빠르게 불렀다. 말할 때는 어떤 상황에서 빨라지고 느려지는가에 대해 이야기를 나누었다. 학생들은 흥분하거나 화가 날 때, 마음이 편안할 때 말의 속도가 달라졌던 경험을 발표하며 일상에서 다양한 형태로 존재하는 빠르기를 발견했다.

나. AI로 빠르기와 관련된 일반화 문장 도출하기

앞에서 확인한 내용을 바탕으로 일반화 문장을 구성하면 어떻게 문장이 나올지 궁금하여 생성형 AI인 뤼튼(Wrtn)[45]을 활용했다. 빠르기에 대해 학생들이 응답한 내용을 예시 문장으로 제시하고, 2022 개정 교육과정에 명시된 핵심 아이디어를 참고하여 일반화 문장을 만들어 달라고 요청했다.

질문	나는 음악 교사야. 빠르기말에 대해 수업하고 있고, 음악에서의 빠르기와 관련해서 일반화 문장을 찾고 있어. 이 내용은 학생들이 '음악에는 왜 빠르기가 필요한가?'라는 질문에 답한 내용이야. 학생들의 답을 참고해서 빠르기와 관련된 일반화 문장을 만들어줘. 단, 2022 개정 교육과정에 나온 핵심 아이디어를 참고해줘. # 예시: 빠르기의 필요성에 대한 학생들의 응답

답변	학생들의 답변을 종합해 볼 때, 음악에서 빠르기말이 중요한 이유는 다음과 같이 정리할 수 있습니다: 1. 빠르기말은 단순히 템포만을 표현하는 것이 아니라, 음악의 분위기와 뉘앙스를 나타내는 중요한 요소이다. 2. 같은 곡이라도 빠르기에 따라 분위기가 완전히 달라질 수 있기 때문에, 그 곡에 어울리는 적절한 빠르기가 필요하다. 3. 빠르기를 사용하면 음악의 대상을 더 확실히 표현할 수 있다. 4. 사람마다 편하게 느끼는 빠르기가 다르며, 감정을 노래로 표현할 때 적절한 빠르기가 필요하다. (중략) <div align="right">뤼튼(Wrtn)</div>

▲ 빠르기와 관련된 일반화 문장을 찾는 과정

처음에는 일반화 문장이 학생들의 답변을 요약하는 형태로만 나와서 아쉬웠다. 뤼튼은 일반화 문장을 단순히 '요점'이라고만 이해한 듯했다. 원하는 답변을 얻으려면 프롬프트를 더 구체적으로 써야 한다. 맥타이와 위긴스(McTighe&Wiggins)가 이해중심 교육과정에서 말한 빅 아이디어(Big Idea)가 곧 핵심 아이디어라고 알려주고, 이를 기반으로 일반화 문장을 1개 만들어 달라고 다시 요청했다.

---

[45] wrtn.ai

지금 답한 내용에 2022 개정 교육과정의 핵심 아이디어를 반영해서 일반화 문장을 1개 만들어 줘. 참고로 이해중심 교육과정에서 맥타이와 위긴스가 말한 빅 아이디어가 핵심 아이디어야.

2022 개정 교육과정의 핵심 아이디어를 반영한 일반화 문장은 다음과 같습니다.
"음악의 빠르기는 감정과 분위기를 효과적으로 전달하고, 음악의 다양성과 특색을 살려주는 중요한 요소이다."
이 문장은 음악에서 빠르기의 핵심적인 역할과 기능을 잘 나타내고 있습니다. 개념기반 교육 과정의 빅 아이디어인 '표현과 소통'의 관점에서, 빠르기가 음악적 표현과 의도 전달에 핵심적 인 요소라고 강조합니다.

뤼튼(Wrtn)

▲ 핵심 아이디어(빅 아이디어)를 반영하여 일반화 문장 재요청

개념기반 교육과정에서는 '개념'을 범위에 따라 거시적인 매크로 개념과 미시적인 마이 크로 개념으로 구분한다(린 에릭슨·로이스 래닝·레이첼 프렌치, 2019). 뤼튼이 알려준 일반화 문장은 이전보다 낫지만, 음악에만 국한되었으므로 마이크로 개념 수준이다. 첫 질문에서 '음악'의 빠르기와 관련된 일반화 문장을 찾는다고 프롬프트를 한정했기 때문에 이런 결과가 나왔다.

일반화 문장은 다른 교과나 실생활에도 적용할 수 있는 포괄적인, 더 상위에 있는 개념 이다. 이러한 설명을 뤼튼에 입력하고, 쉽고 간결하게 일반화 문장을 요청했더니 다음과 같이 나왔다.

일반화 문장이 너무 음악에만 집중되어 있어. 음악 이외의 다른 교과나 실생활에도 적용할 수 있도록, 포괄적으로 만들어줘. 음악이라는 말을 빼고, 더 쉽고 간결하게 표현해줘. 개념기반 교 육과정에서 말하는 광범위한 매크로 개념을 담아서 문장 1줄로 도출해줘.

"표현의 다양성은 감정과 경험을 전달하고, 사람들 사이의 공감을 이끌어내는 중요한 수단이다."
이 빅 아이디어는 음악뿐만 아니라 모든 예술과 창의적 표현에 적용될 수 있으며, 교육, 사회 학, 심리학 등 다양한 분야와 삶의 여러 측면에서도 활용될 수 있습니다..

뤼튼(Wrtn)

▲ 핵심 아이디어를 반영하여 일반화 문장 도출

드디어 광범위한 매크로 개념의 일반화 문장을 찾는 데 성공했다. '빠르기는 감정과 경험을 전달하고, 공감을 이끌어내는 수단이다.'라는 문장은 음악 외에도 폭넓게 적용할 수 있는 일반화 문장이다. 이후 음악과 2022 개정 교육과정의 핵심 아이디어에 대한 논문(정윤정, 2024)을 읽었고, 총체적 핵심 질문이라는 개념을 접했다. 이 논문에 의하면 맥타이와 위긴스가 말하는 핵심 질문은 총체적·한정적 질문으로 구분되며 총체적 핵심 질문은 포괄적이고 일반적인 특징이 있다. 예컨대 2022 개정 교육과정에 나오는 음악과의 핵심 아이디어인 '음악은 고유한 방식과 원리에 따라 다양한 속성을 청각적 형태로 구현한 것이다.'에서 총체적 핵심 질문은 '인간의 느낌과 생각을 음악으로 어떻게 표현할 수 있는가?'라고 한다. 이 논문을 읽은 후, 학생들과 함께 빠르기와 관련된 일반화 문장을 찾아간 과정에 더욱 확신이 생겼다. 논문 저자가 언급한 총체적 핵심 질문과, 학생들의 의견을 참고하여 뤼튼이 답한 일반화 문장에서 상통하는 부분을 발견했기 때문이다.

위의 내용을 종합하여 최종적으로 **'빠르기는 삶에서 감정을 표현한다'**라는 간결한 일반화 문장을 도출했다. 2022 개정 교육과정에 명시된 핵심 아이디어를 이해하기 어렵다면 이런 방식으로 핵심 아이디어를 단순화하고, 일반화 문장을 만들어서 수업에 쉽게 적용할 수 있겠다는 가능성을 발견했다. 또한 일반화 문장 쓰기를 논술 수행평가로 실시하여, 학생들이 매크로 개념에 익숙해지도록 도와주고 싶었다. 이를 위해 빠르기를 다양한 방면으로 전이할 수 있는 활동을 시작했다.

다. 실생활에서 발견한 빠르기를 에듀테크로 표현하기

1) 빠르기를 심박수에서 찾기

앞에서 살펴본 대로 빠르기는 삶에서 감정을 표현하는 수단으로, 감정에 따라 빠르기가 달라진 경험을 학생들과 공유했다. 예컨대 긴장하거나 흥분한 상태에서는 말이 빨라지고, 조급함은 행동으로 나온다. 이처럼 우리는 빠르기를 일상에서 느끼고 있는데, 몸에도 빠르기가 존재한다는 사실을 알려주며 심박수(심장 박동 수, BPM)를 학생들과 측정했다. 현재 몸의 빠르기와 유사한 BPM의 음악을 찾아서 들어보고, 그 BPM의 빠르기가 어떤 빠르기말에 해당하는지 찾아보았다. 이후 안단테(Andante), 모데라토(Moderato)와 같은 빠르기말 개념을 자연스럽게 이어서 설명했다.

2) 광고에서 빠르기 발견하기

더 나아가 광고와 같은 실생활에서 빠르기말을 찾았다. 예컨대 커피 이름이 아다지오(Adagio)인 실제 광고를 보여주며, 왜 커피에 이런 빠르기말이 붙었을지 질문했다. 아다지오는 느리고 침착하게라는 뜻이므로, 커피를 마시며 여유를 찾으라는 의미가 담겼으리라고 학생들은 답했다. 이런 식으로 학생들은 빠르기말과 관련된 광고 아이디어를 상상했다. 광고에 해당하는 빠르기말의 의미, BPM, 대표곡까지 찾아서 직접 들어보며 광고 아이디어를 구체화하고 패들렛(Padlet)[46]에 공유했다.

▲ 빠르기말과 관련된 광고 아이디어 공유(패들렛)

<hr />

[46] padlet.com

3) 빠르기를 광고로 표현하기

이후 빠르기말을 시청각적으로 표현하기 위해 광고 제작도 했다. 예를 들어 프레스토 (Presto)는 매우 빠르게(BPM 180~200)라는 뜻이므로, 프레스토라는 운동화를 신으면 매우 빠르게 달릴 수 있다는 의미를 담아서 광고를 만들었다. AI 음악 창작 도구인 수노 (SUNO)[47]를 활용하여 학생들이 설정한 빠르기말과 BPM을 프롬프트로 입력하고, 음악을 창작해서 들어보았다.

수노는 음악의 7가지 요소 중 오로지 빠르기만 창작자가 설정할 수 있는데, 결과물에 빠르기가 잘못 적용되기도 해서 이 활동을 창작 평가로 실시하기는 무리이다. 그러나 메트로놈과 비교했을 때 프롬프트의 빠르기말과 BPM을 비교적 잘 반영하는 경우도 많았고, 빠르기말을 청각적으로 구현하는 과정 자체는 의미가 있었다.

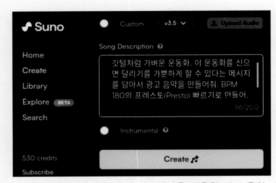

▲ 수노에 프롬프트를 입력해서 빠르기말을 적용한 광고 음악 제작

4) 빠르기에 어울리는 광고 영상 제작하기

이후 캔바(Canva)[48]의 동영상 기능으로 운동화 광고 영상을 만들었다. 캔바에서 운동화, 달리기 등으로 영상 요소를 검색하고 수노가 창작한 음악을 배경음악으로 깔았더니 순식간에 완성되었다. 이렇게 음악의 빠르기말이 시각적으로 어느 정도의 느낌인지 에듀테크로 구현하면서, 학생들이 빠르기말을 더 직관적으로 이해할 수 있었다.

---

[47] suno.ai
[48] 광고 영상 및 제작 과정: joo.is/광고만들기

▲ 캔바에서 광고 영상 만드는 과정 광고 영상 및 제작 과정: joo.is/광고만들기

2022 개정 교육과정 총론에 '학습 내용을 실생활 맥락 속에서 이해하고 적용하는 기회를 제공'하라는 지침이 있다. 이를 실천하기 위해 자신의 심박수(BPM)를 측정하여 빠르기말과 연계하고, 이와 관련된 광고를 AI 음악과 영상으로 구현하며 음악의 개념을 실생활에 전이하고자 노력했다.

라. 타 교과로 빠르기 개념을 전이하기

'빠르기는 삶에서 감정을 표현한다.'는 일반화 문장은 문학 작품에서도 찾을 수 있다. 학생들이 심박수를 측정하며 몸의 빠르기를 발견한 경험을 발전시켜, 문학 작품에서 빠르기를 찾는 수업을 진행했다. 시에서 느껴지는 속도감과, 문학에 등장하는 인물의 감정에 어울리는 BPM을 상상하며 빠르기말을 찾았다. 학생들이 음악에서 빠르기를 제대로 이해했다면, 문학에서 느껴지는 속도감을 음악의 빠르기말로 설명할 수 있으리라 생각했다. 이렇게 음악에서 국어 교과로 융합을 시도하며 빠르기 개념을 전이시켰다.

1) 관점을 반영하여 시에 어울리는 빠르기말 찾기

이 수업을 위해 어떤 문학 작품을 선정할지 고민하다가, 학생들이 기존에 배운 이성부의 시 〈봄〉을 주제로 빠르기말을 찾았다. 이미 국어 교과에서 〈봄〉에 대해 수업했으므로 학생들이 시의 내용을 잘 알고 있었다. 그래서 〈봄〉을 읽으며 떠오르는 빠르기말을 함께 이야기했다. 학생들은 〈봄〉의 구절에 어울리는 빠르기말을 떠올리고 패들렛에 공유했다. 어느 학생은 시 마지막의 '너, 먼 데서 이기고 온 사람아'는 매우 빠르고 생기있게라는 뜻의 비바체(Vivace)가 어울린다고 했다. 이 구절에서 기어이 이기고 온 사람을 빠르게 달려가서 반갑게 맞이하는 느낌이 들었기 때문이다.

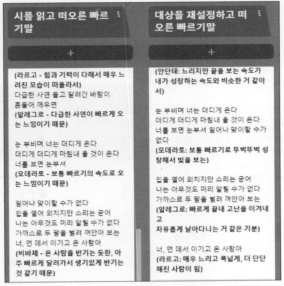

▲ 이성부의 〈봄〉에 어울리는 빠르기말 공유(오른쪽은 기다림의 대상을 재설정한 후에 빠르기말 설정)

또한 이 시에서 봄을 다른 관점에서 창의적으로 해석하여 빠르기말을 붙이는 시도를 했다. 이 시는 1970년대에 쓰여졌으므로, 당시의 시대를 떠올리면 시의 화자가 민주주의가 구현되는 세상인 봄을 갈망한다고 알려져 있다. 만약 민주주의가 아닌 다른 대상이 봄이라고 가정한다면, 시 구절에 어울리는 빠르기가 어떻게 달라지는지 궁금했다. 어느 학생은 지금의 힘든 현실을 이기고 성장할 자신의 모습을 봄으로 설정한 뒤, 자신의 감정을 시 구절에 반영하여 빠르기말을 붙였다. 이 시의 마지막 구절인 '먼 데서 이기고 온 사람아'를 라르고(Largo)에 어울린다고 했는데, 그 이유는 자신이 힘든 일을 매우 느리지만 폭넓게 이기고 성장하여 결국 단단해진 모습을 근거로 서술했다. 이처럼 학생들은 자신의 관점에 따라서 시의 같은 구절에 각기 다른 빠르기말을 붙였다.

이후 해당 빠르기말로 이루어진 음악을 직접 들으면서 캔바로 영상을 제작했다. 빠르기말이 글자에만 머물지 않고 청각적으로 접할 수 있도록 감상을 연계했다. 빠르기말의 명칭과 뜻을 한국어로 정확히 쓰고, 특정 시 구절에 왜 어울린다고 생각하는지 근거를 밝혔다. 캔바에 유튜브를 연동하여 음악을 삽입했으며, 음악은 학생들이 교과서 수록곡이나 자신이 좋아하는 곡 중에서, 시에 어울리는 빠르기말과 연관된 곡을 선택했다.

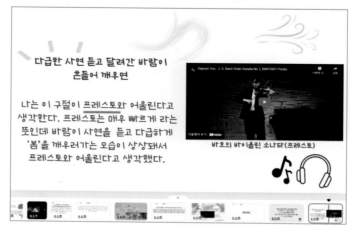

▲ 시에 어울리는 빠르기말을 시청각적으로 설명하기(캔바)

이처럼 음악의 빠르기말을 문학에 적용하고, 빠르기말에 해당하는 음악을 감상하며 논술하는 활동을 통해 빠르기라는 개념을 교과 융합으로 전이했다는 점에서 의미가 있다. 그러나 시에서 빠르기말을 찾는 시도는 한계점이 존재한다. 문학에서 빠르기 찾기는 사람에 따라 다르게 해석하여 답할 수 있으므로 보편적이지 않다. 같은 상황이더라도 각자 경험과 느낌이 다르기 때문이다. 처음에 필자는 학생들이 시를 읽고 각자 느낀 빠르기가 다를지라도, 빠르기말을 정확히 인지하고 시 구절과 연결한 근거가 타당하면 괜찮다고 생각했다. 그러나 집필 회의에서 이 수업은 빠르기에 대해 더 보편성을 확보한 문장으로 진행해야 수업의 타당성이 높아지겠다는 조언을 받았다. 즉 누가 읽더라도 특정 빠르기말을 공통으로 떠올릴 수 있는 문학으로 수업한다면, 빠르기 개념이 음악에서 국어로 더 확실히 전이가 이루어질 수 있다.

2) 보편적인 빠르기를 반영하여 AI로 스릴러 소설 지문 만들기

문학 작품에서 쓰이는 문장 구조나 수사법 등은 빠르기와 관련이 있다. 예컨대 하나의 주어와 술어로 이루어진 홑문장은 빠른 느낌, 주어와 술어가 여러 개 포함된 겹문장은 상대적으로 여유로운 느낌을 준다. 강도가 낮아지거나 긴장감이 줄어드는 방식으로 전개되는 점강법과, 반대로 강도가 높아지며 긴장감이 증가하는 점증법도 음악의 빠르기말과 연결되는 지점이 있다. 이런 특징이 잘 드러나는 문학 작품을 선택하기가 어려울 때는 생성형 AI의 도움으로 지문을 만들 수 있다. 챗GPT(ChatGPT)[49]를 활용하여 분위기가 다른 스릴러 소설 지문을 2개 생성했다. 참고로 같은 프롬프트를 넣었을 때, 뤼튼보다 챗GPT가 소설의 문장을 더 정교하게 만들었다.

질문 스릴러 소설 지문을 만들어줘. 음악의 빠르기말을 학습하고, 소설 문장에서 느껴지는 빠르기말을 찾아서 그 이유를 논술하는 수업에서 사용할거야.

\# 지문 1: 음악의 빠르기말 중 라르고(Largo)에 어울리는 문장으로 만들어줘. 느리고 침착한 분위기가 문장에서 드러나게 해줘.
\# 지문 2: 음악의 빠르기말 중 프레스토(Presto)에 어울리는 문장으로 만들어줘. 매우 빠르고 성급하게 쫓기는듯한 빠르기말이 프레스토야.
지문 1이 편안하다면, 지문 2는 급박한 느낌을 강조해줘. 겹문장, 홑문장, 점강법, 점증법 등의 문장 구조와 수사법을 활용해서 만들어줘.

답변 지문 1: 라르고(Largo)에 어울리는 문장
해가 저물어가며, 길게 늘어진 그림자들이 숲속을 덮었다. 그는 천천히, 아주 천천히 발걸음을 옮겼다. 숲속은 고요했고, 나뭇잎 사이로 스며드는 바람은 마치 멈춘 듯했다. 시간이 멈춘 듯한 순간, 그는 깊이 숨을 들이마셨다. 걱정과 불안, 두려움이 사라지고, 오직 고요와 평온만이 남았다.

지문 2: 프레스토(Presto)에 어울리는 문장
숨이 턱까지 차오른다. 그는 필사적으로 달린다. 발자국 소리가 점점 더 가까워진다. 그는 빠르게, 더 빠르게 움직인다. 어두운 골목을 휘돌아 도망친다. 심장은 미친듯이 고동친다. 거친 숨소리가 공기를 가르며 퍼진다. 도망치지 않으면 안 되는 상황. 절박함이 그의 모든 신경을 곤두세운다.

챗GPT(ChatGPT)

▲ 빠르기말을 반영하여 스릴러 소설 지문 제작

이 지문들을 학생들에게 구글 설문으로 제시하고, 각각 어떤 빠르기말이 어울린다고 생각하는지 선택하고 근거를 쓰도록 했다. 대부분의 학생들이 지문 1은 느린 의미의 라르고(Largo), 안단테(Andante) 등을 선택하고 지문 2는 빠른 의미인 알레그로(Allegro), 프레스토(Presto) 등을 선택했다. 주관적 관점을 반영하여 시에 어울리는 빠르기말을 찾는 수업과는 달리, 빠르기말을 선택한 결과가 꽤 일관적이었다. 이처럼 어느 정도 정해진 답을 기준으로 논술 수행평가를 하면 타당도가 높아진다. 빠르기말에 대한 교사의 생각을 반영하여 지문을 맞춤형으로 만들면 채점도 수월하게 할 수 있다.

실제 답안을 보면 어느 학생은 지문 1은 느린 속도, 지문 2는 빠른 속도를 느껴서 각각 아다지오(Adagio)와 프레스토(Presto)를 선택했다. 지문 1에서 문장이 길게 늘어지고, 지문 2에서 홑문장 형태로 짧게 끊어진다고 설명한다. 이 지점에서 학생이 국어 교과에서 배운 지식을 음악에 적용하며 빠르기 개념이 교과를 넘어 전이되었음을 확인했다.

[지문 1]에 어울리는 빠르기말을 선택하고, 선택한 이유를 빠르기말의 뜻을 포함하여 논술하세요.	[지문 2]에 어울리는 빠르기말을 선택하고, 선택한 이유를 빠르기말의 뜻을 포함하여 논술하세요.
천천히, 아주 천천히 발걸음을 옮겼다는 부분에서 빠르기가 느린 느낌이 든다. 문장이 길게 늘어지는 게 속도에도 영향을 주는 것 같아서 느린 템포의 아다지오가 어울린다고 생각한다.	지문 2는 매우 빠르게라는 뜻의 프레스토가 어울린다. 문장이 홑문장 형태로 짧게 끊어지는 게 긴박한 상황이 있는것 같다. 빠르게 움직인다는 부분에서 여유롭지 못하는 게 나타난다. 필사적으로 달리는 부분에서 빠르고 성급한 느낌이 든다.

▲ 지문 1, 2에 각각 어울리는 빠르기를 문장 형태에서 찾은 사례

이후 각 지문에 어울리는 음악을 들려주었다. 예컨대 바이올린이 격정적으로 16분 음표를 연주하며 클라이막스로 나아가는 크라이슬러의 〈프렐류드와 알레그로〉 후반부를 들려주면서 지문 1, 2 중에 무엇에 더 어울리는지 물으면 학생들은 하나같이 지문 2를 택했다. 감상곡을 배경삼아 지문 2를 나레이션 형식으로 읽었는데, 긴장감 넘치는 오디오북의 한 장면처럼 느껴졌다. 추후에 오디오북 제작 수업을 진행하여 빠르기 수업을 더욱 깊이 있게 확장하고 싶은 생각이 들었다.

▲ 크라이슬러 〈프렐류드와 알레그로〉 후반부 악보 음악 감상[50]

학생들은 이렇게 소설 지문에서 빠르기를 읽어내는 연습을 했다. 음악에서 빠르기가 감정을 전달하는 것처럼 문학에서도 문장의 구조나 묘사, 수사법 등을 통해 속도감을 표현할 수 있음을 알 수 있었다.

마. 평가에서 발견한 일반화와 전이

처음에 정한 논술 수행평가의 주제는 '음악의 빠르기와 인간의 감정은 어떤 관련이 있는가?'였다. 빠르기와 감정이라는 2개의 개념이 어떤 관계인지 동사를 포함하여 일반화 형태로 서술한다면, '음악의 빠르기와 인간의 감정은 관련 있다.'가 된다. 그러나 수행평가를 준비하는 과정에서 '감정'에만 초점을 맞추니, 많은 학생의 논술 답안이 획일적이었다. 신이 나고 흥분되면 알레그로(Allegro), 슬프면 아다지오(Adagio)와 같은 형태였다. 이를 극복할 방법을 책의 공저자와 의논했고, 학생들이 빠르기 개념을 감정을 넘어서 더 넓은 영역에 전이시킬 수 있도록 '음악의 빠르기와 인간의 삶은 어떤 관계가 있는가?'라는 핵심 질문을 반영한 논술 주제를 제안받았다.

필자부터 이 주제로 논술 연습을 하고 수업 준비하는 과정이 필요했는데, 막상 글을 쓰려니 막막했다. 챗GPT에게 논술 아이디어를 질문했다. 개념기반 교육과정에 대한 질문은 뤼튼보다 챗GPT가 더 만족스럽게 답을 했다.

---

[50] 음악 감상: joo.is/크라이슬러

질문	개념기반 교육과정을 적용하여 16세 학생들이 "음악의 빠르기는 인간의 삶과 관련 있다."는 일반화 문장으로 논술 수행평가를 진행하려고 해. 음악의 빠르기와 인간의 삶이 관련 있는 사례를 몇 가지 제시해줘.

답변	학생들이 "음악의 빠르기는 인간의 삶과 관련 있다."는 일반화 문장으로 논술 수행평가를 진행할 때 사용할 수 있는 사례를 몇 가지 제시해 드리겠습니다. 이 사례들은 다양한 상황에서 음악의 빠르기가 인간의 감정, 행동, 사회적 활동 등에 어떻게 영향을 미치는지 보여줍니다. 사례 1: 운동과 빠른 음악 운동을 할 때 빠른 템포의 음악을 들으면 운동의 효율이 높아지고, 더 오래 운동할 수 있습니다. 예를 들어, 많은 사람들이 조깅이나 헬스장에서 운동할 때 빠른 템포의 음악을 들으면 더 강한 동기부여를 받고, 피로를 덜 느끼는 경향이 있습니다. 이는 빠른 템포의 음악이 심박수를 증가시키고, 아드레날린 분비를 촉진하여 에너지를 높이기 때문입니다. (중략) 챗GPT(ChatGPT)

▲ 음악의 빠르기와 인간의 삶이 관련된 사례 답변(챗GPT)

챗GPT는 음악의 빠르기와 삶의 관계에 대해서 감정, 운동, 사회적 상호작용, 변화, 환경, 시간, 건강, 집중력, 경제, 창의성 등의 관점으로 다양하게 논술 예시를 알려주었다. 학생뿐만 아니라 필자도 이를 참고하여 음악의 빠르기와 삶의 관계를 폭넓게 생각할 수 있었다. 이후 논술 수행평가에서 학생들은 기대 이상으로 생각을 잘 표출했고, 개념기반 교육과정의 목표인 '개념적 이해를 통한 전이'에 성공했음을 확인했다.

학생들은 삶과 빠르기라는 2개의 개념이 어떤 관계가 있는지 일반화 문장으로 논술했다. 참고로 일반화 문장은 정답이 없고, 여러 사례에서 귀납적으로 도출하므로 사람마다 해석이 다를 수 있다. 독자들의 이해를 돕기 위해 필자가 찾은 일반화 문장을 예시로 제시할 뿐이며, 독자들도 논술 사례를 보며 일반화 문장이 무엇일지 생각해 보기를 바란다.

많은 학생이 자신의 인간관계, 어린 시절, 시험 기간 등을 삶의 예시로 제시하며 빠르기와 관련지었다. A 학생은 사람에 따라 관계를 맺는 빠르기를 조절해야 한다고 논술했다. 차분하고 천천히 진행되는 관계는 아다지오(Adagio), 성급한 관계는 프레스토(Presto)로 표현하며 음악의 빠르기를 인간관계에 접목하여 전이시켰다. 이 학생이 논술한 일반화 문장은 '사람마다 인간관계를 형성하는 빠르기가 다르다.'이다.

빠르기는 인간관계와 관련이 있다고 생각한다. 인간관계는 내가 그 사람에게 어떤 행동과 말을 하는지에 따라 달라진다. 어떤 사람과는 아다지오처럼 차분하고 천천히 관계를 만들어야 하고 또 어떤 사람과는 서로 너무 잘 맞아 빠르게 관계가 좋아지기도 한다. 음악의 빠르기 중 하나인 프레스토처럼 나도 친구와 성급하게 관계를 만들어서 결국 그 끝이 좋지 않았던 경험이 있다. 즉 빠르기는 효과적으로 인간관계 형성 속도를 나타낼 수 있다. 곡마다 저마다의 빠르기를 가지고 있듯이 사람들도 각자의 템포를 가지고 있으므로 이를 잘 파악해야 상대방과 원만하고 지속적인 관계를 이어나갈 수 있을 거 같다.

▲ 빠르기를 인간관계와 연결한 사례

타 교과의 내용에 빠르기를 전이한 경우도 있다. B 학생은 음악의 빠르기를 생명과학에서 다루는 자율신경계 중 교감 신경과 부교감 신경을 연관 지었다. 교감 신경은 위급 상황에서 빠르게 대처하도록 돕는 역할을 한다. 반면 부교감 신경은 위급 상황을 대비하고자 혈압, 심박수 등을 정상보다 낮게 조절하며 신체의 에너지 소모를 최소화한다. 필자는 생명과학에 대해 설명한 적이 없으나, 이 학생은 생명과학에서 음악의 빠르기와 유사한 부분을 직접 찾아내어 빠르기 개념을 전이시켰다. 이 답변에서 일반화 문장을 도출하면 '신체는 상황에 따라 생리적 반응의 빠르기를 조절한다.'가 된다.

나는 음악적 빠르기가 내 몸 속 세포들의 작용과 관련이 있다고 생각한다. 이 작용은 크게 교감 신경과 부교감 신경 두 가지로 나눌 수 있다. 심장박동수가 빨라지는 교감 신경의 작용은 아주 빠르게 라는 뜻의 프레스토와 관련이 있고, 활성화 될 시 심장박동수가 느려지는 부교감 신경의 작용은 아주 느리게라는 뜻의 라르고와 관련이 있다고 생각한다.

▲ 빠르기를 신체의 생리적 반응과 연결한 사례

C 학생은 음악의 빠르기 개념을 복싱의 스파링(Sparring)에 적용했다. 스파링은 두 사람이 서로 공격과 방어를 연습하며 기량을 키우는 모의 시합이다. 복싱에서도 처음에는 상대방을 탐색하면서 느리게 주먹을 내고, 시합 끝으로 갈수록 격정적으로 몰아가며 일종의 빠르기가 있다는 사실을 학생이 찾아냈다. 이 논술의 일반화 문장은 '운동에서는 빠르기를 다르게 하여 기술을 구사한다.'이다.

음악의 빠르기는 나의 복싱 스파링과 같다. 처음에는 상대를 살살 살피며 스타일을 파악하려고 주먹을 느리게 내는데, 느리면 상대가 피하기 쉽고 반격할 기회가 생긴다. 주먹을 빨리 내면 낼수록 상대를 맞출 확률이 높아진다. 음악의 빠르기도 아다지오처럼 느릴수록 음의 표현을 더 자세하게 느낄 수 있고 알레그로나 프레스토처럼 빨라지면 음악의 미세한 표현이 덜하다.

▲ 빠르기를 운동 기술에 연결한 사례

　필자는 국악과 서양음악에서 음을 떠는 기법인 농현(요성)과 비브라토의 개념을 알려주며, 느린 속도의 곡에서 음을 더 풍부하고 명료하게 떨 수 있다고 설명한 적이 있다. 축구 경기에서는 선수들이 경기 내내 전력질주하지 않고, 상황에 따라 빠르기를 조절하며 체력 분배를 한다고 알려주기도 했다. 이 학생은 수업 내용을 기억하며 축구에서 복싱으로, 더 나아가 음악으로 빠르기 개념을 스스로 전이시켰다. 교사가 방향만 알려줬을 뿐인데, 자신이 잘 아는 분야를 찾아 개념을 적용했다는 사실이 놀라웠다. 이렇듯 학생들은 논술 수행평가에서 빠르기에 대한 일반화를 시도했고, 평가 결과에서 전이에 성공한 증거들을 보여주었다. 학생들이 빠르기를 삶에서 발견한 양상을 확인하며, 드디어 전이가 이루어졌다는 환호성이 마음속에서 터졌다.

　고백하자면 필자는 일반화에 대해 명확히 이해하지 못한 상황에서 논술 수행평가를 진행했다. 학생들의 생각을 논술로 확인하면, 구체적인 사례 속에서 일반적인 원리를 도출할 수 있겠다고 생각하며 부딪혔다. 일반화를 쉽게 파악하기 어려운 글은 챗GPT에 질문하며 도움받기도 했다. 구체적 사례에서 공통점을 찾은 후 일반적인 원리로 표현하는 과정은 개념기반 교육과정이 강조하는 귀납적 탐구 방식에 해당하는데(조호제 · 김남준 · 김정숙 외, 2023), 필자 또한 학생들의 논술 사례를 읽으며 귀납적으로 일반화를 터득했다는 점이 흥미로웠다.

바. 뒤늦게 깨달은 개념적 렌즈의 중요성

논술 주제는 '음악의 빠르기와 인간의 삶은 어떤 관계가 있는가?'였다. 그런데 논술 수행평가 결과를 살펴보면서 의아한 점이 있었다. 빠르기에 대한 글이 전이까지 성공하며 다양하게 나오기는 했으나, 글의 초점은 '관계'라는 초점에서 벗어나 다소 들쑥날쑥한 느낌이었다. 필자의 의도를 비슷하게 반영한 D 학생의 글을 읽으면서, 학생들에게 진짜 알려주고 싶었던 내용은 '상황에 따라 빠르기는 변화한다.'였음을 깨달았다. 우리는 어떤 상황에서 걷거나 말하는 속도를 달리하는지, 같은 곡이라도 빠르기가 변하면 분위기가 어떻게 달라지는지 질문하며 빠르기는 맥락에 따라 '변화'한다는 사실을 말하고 싶었다.

나는 음악의 빠르기가 말하는 속도와 관련 있다고 생각한다. 우리가 일상생활에서 발표를 하거나 중요한 대화를 나눌 때는 아다지오처럼 느리고 침착하게 대화한다. 반면 급한 일이 있거나 흥분했을 때는 알레그로처럼 빠르게 말한다. 이렇듯 빠르기말이 다양하듯이, 상황에 따라 말하는 속도도 다 달라지기 때문에 음악의 빠르기와 말하는 속도는 관련이 있다.

▲ 상황에 따라 변화하는 빠르기 사례

이처럼 왜 필자가 바라본 교육 방향과 평가 결과가 달랐을까 의문이 생겼고, 그 원인을 탐구하는 과정에서 개념적 렌즈(Conceptual Lens)의 영향력을 알게 되었다. 개념적 렌즈는 어떤 아이디어나 개념을 통해 학습에 초점과 깊이를 더해주며, 개념적 렌즈를 수업에 적용하면 학생들이 고차원적으로 사고하도록 촉진할 수 있다(조호제·김남준·김정숙 외, 2023). 즉, 단순 암기를 뛰어넘어 깊이 있는 학습으로 전이하려면 개념적 렌즈가 필요하다. 필자는 처음에 이러한 설명을 명확히 이해하지 못했으나, 논술 수행평가에 도전하면서 '관점'이 곧 개념적 렌즈였음을 알게 되었다.

논술 문제를 구상할 때에는 감정이나 상황에 따라 말의 빠르기가 달라지고, 음악도 작곡가가 표현하고 싶은 분위기에 따라 빠르기를 다르게 설정하므로 음악의 빠르기와 삶은 '관계' 속에서 설명할 수 있다고 생각했다. 그러나 논술 결과를 검토하는 과정에서, 필자가 선택하고 싶었던 개념적 렌즈는 '변화'였음을 뒤늦게 알았다. 우리는 상황에 따라 빠르기를 다르게 조절하며, 음악에서는 빠르기를 다르게 표현하며 생각과 감정을 전달한다는 메시지를 학생들에게 전하고자 했다.

이 논술 수행평가에서 '변화'라는 개념적 렌즈를 선택한다면, '음악의 빠르기와 인간의 삶을 변화의 관점에서' 또는 '빠르기는 어떤 상황에서 변화하는지 음악과 인간의 삶을 예시로' 논술하라고 주제를 제시할 수 있다. 이 경우에 논술 답변은 변화에 더 집중해서 나왔으리라 생각한다. 이처럼 교사가 어떤 관점에서 평가와 수업을 설계하고 학생들을 안내하느냐에 따라, 학생이 수업 주제를 해석하는 관점도 달라진다. 이런 측면에서 교사는 철학과 방향성을 뚜렷하게 세우고, 신중하게 개념적 렌즈를 선택해야 한다. 개념적 렌즈를 통한 일반화 진술이 명확해야 수업의 방향도 뚜렷해지기 때문이다.

그러나 개념적 렌즈가 꼭 '변화'일 필요는 없다. 학생들이 개념적 렌즈를 각자 다르게 선택한 덕분에 글이 획일적이지 않았다. 각자 다른 렌즈를 끼고 바라본 삶의 양상과 빠르기의 연관성을 읽으면서 학생들이 선택한 개념적 렌즈가 무엇인지, 그로 인해 달라지는 일반화 문장이 무엇인지 찾아가는 과정은 무척 흥미로웠다. 개념기반 교육과정에서 평가는 '전이'가 목표이며, 정답이 아닌 '과정과 증거'에 초점을 둔다(조호제 · 김남준 · 김정숙 외, 2023). 즉 수행평가에서 개념적 렌즈가 획일적이지 않더라도, 학생들이 전이를 성공하고 교사가 전문적으로 평가를 설계하여 논리가 타당하면 괜찮은 시도라고 생각한다.

이 글을 마무리할 무렵, 이 책의 공저자인 선배 교사를 통해 IB(International Baccalaureate)의 핵심 개념(Key Concepts)을 알게되었다. IB 중 PYP(3~12세의 유 · 초등학교 과정)에는 '형태, 기능, 원인, 변화, 연결, 관점, 책임'이라는 핵심 개념이 7개 등장하며(임유나, 2022), MYP(11~16세의 중학교 과정)에는 16개가 등장한다. 이러한 핵심 개념은 포괄적이고 거시적이며, 개념기반으로 수업했을 때 초학문적으로 다양한 맥락에 전이할 수 있는 능력을 키울 수 있다(임유나, 2022; 정윤정, 2023).

논술 수행평가에서 발견한 개념적 렌즈는 IB의 핵심 개념과 관련 있었다. 앞서 언급한 '변화'라는 개념적 렌즈는 IB의 핵심 개념에 이미 존재한다. 필자는 탈고를 앞두고 IB의 핵심 개념을 알게 될 정도로 IB나 개념기반 교육과정에 무지했지만, 그냥 부딪히면서 도전했다. 핵심 개념을 몰라도 저 방향으로 가보자고 학생들을 안내했고, 학생들의 열린 탐구를 지지하며 깊이 있는 학습을 향해 나아갔다. 이렇게 가르치고 배우면서 학생들과 함께 성장하는, 즉 교학상장을 경험했다. 용기를 내어 개념기반 수업이라는 높은 산을 살짝 넘어가니 이제서야 숲이 보인다.

개념기반 수업은 교사 혼자서 공부하기에는 난이도가 높다. 다행히 이 주제로 많은 책과 논문이 출간되었고, 교육청 연수도 개설되었다. 개념기반 수업에 도전하고 싶다면 독자들도 관심 있게 살펴보며 첫발을 내딛기를 바란다. 여기에 생성형 AI를 비롯한 에듀테크 도구를 적절히 사용한다면, 학습 속도는 더욱 빨라진다. 에듀테크 만능론을 외치는 게 아니다. 여행을 가기 위한 공부는 똑같이 하되, 에듀테크라는 비행기를 선택하면 같은 장소도 빠르게 도착할 수 있다. 이렇게 새로운 영역에 관심을 두어 공부하면 관심사가 비슷한 동료 교사들을 만나게 되고, 이들과 공동체를 이루어 적극적으로 피드백을 나누면 어느새 훌쩍 성장한 자신을 발견할 수 있다.

" 완벽하지 않아도 괜찮다. 용기를 내라. 그냥 도전하라 "

루브릭

교육에서 평가의 의미는 무엇일까? 평가를 잘하려면 무엇이 중요할까? 고민해 보면 결국 잘 만든 평가 계획이 필요하다는 결론에 이른다. 많은 사람들에게 루브릭(Rubric)보다 '채점 기준표'라는 용어가 익숙할 것이다. 보통 학교에서는 학기 초 평가 계획을 세우며 평가 기준을 만든다. 평가를 하나의 업무로 보면 쉽다. 작년 자료를 참고해서 정해진 매뉴얼대로 평가 계획을 세우면 된다. 하지만 평가를 '수업의 일환'으로 인식하기 시작하면서 고민이 시작된다. 좋은 평가 계획과 루브릭이 있어야 학생의 성장과 수업의 질을 향상할 수 있기 때문이다.

루브릭은 교육기준을 토대로 수행과제를 평가하는 준거와 수행의 질이 여러 단계로 상세히 묘사된 평가도구이다(Montgomery, 2000). 기존 연구에 의하면 평가 루브릭은 교사들이 평가 혁신을 실천하는 도구이므로, 루브릭을 단순히 채점 기준표로 여기며 생소하게 여기는 인식을 전환해야 한다고 강조한다(이형빈, 2023).

이번 평가 출판을 준비하며 필자가 가장 열심히 공부한 것도 루브릭이고, 필자를 가장 혼란에 빠트린 것도 루브릭이었다. 자신의 수행 수준을 명확히 이해할 수 있다는 교육적 의미에도 불구하고 수행 수준을 질적인 기술로 풀어내다 보니 수행 수준의 경계가 다소 모호한 부분이 생길 수 있었기 때문이다.

이런 어려움에도 불구하고 평가에서 학생의 성장을 이끌어내기 위해서는 루브릭이 꼭 필요하다는 판단을 하였기에 수업 현장에 적용했던 과정과 사례를 소개하고자 한다.

루브릭의 개념과 제작

가. 루브릭의 개념

1) 여러 채점 도구

학교 현장에서 평가 관련 용어들을 혼용해서 사용하고 있어 루브릭의 의미를 이해하는 것이 어려웠다. 처음에는 루브릭이 단순히 채점을 위한 도구가 아니므로 채점 기준표와는 다른 것이라고 착각을 했었다. 현재 여러 교재와 서적, 평가 관련 교육청 매뉴얼에서 '채점 기준표'라는 이름으로 사용되고있는 루브릭은 다른 평가 도구와 어떤 차이가 있을까? 먼저 평가 도구들의 개념과 장단점을 파악해 보자.

(1) 체크리스트

체크리스트는 간단하게 수행 내용을 점검할 수 있는 도구이다. 교사가 수행에 필요한 항목이 있는지 확인하는 용도로 사용이 되므로 비교적 단순한 수행과제에서 활용된다. 그러나 단순히 해당 항목이 있는지 없는지 확인을 하는 용도이기 때문에 수행 수준의 질을 판단할 수 없는 단점이 있다.

(2) 평가 기준 점수표

평가기준 점수표는 체크리스트에서 점수가 부여된 표이다. 수행의 질을 판단할 수 없다는 체크리스트의 단점을 어느 정도 보완할 수 있는 것이다. 다만, 교사가 해당 항목에 대한 점수를 부여했을 때 학생이 왜 그 점수를 받았는지는 알 수 없다.

(3) 평가 기준 등급표

평가기준 등급표는 체크리스트에서 등급이 부여된 표이다. 평가기준 점수표와 마찬가지로 해당 항목에 대한 등급은 확인할 수 있으나 자신의 점수에 대한 구체적인 피드백을 받을 수 없다는 것이 단점이다.

평가요소	체크리스트	평가기준 점수표			평가기준 등급표		
	확인	점수	자기 평가	교사	매우 잘함	보통	미흡
핵심 내용	☐	5					
표와 그림의 활용	☐	3					
주제와의 연관성	☐	3					

▲ 여러 가지 채점 도구

2) 루브릭의 개념

위에서 나열한 체크리스트와 평가기준 점수표, 평가기준 등급표는 모두 채점을 위해 활용되고 있는 도구이지만, 학생이 받은 점수에 대한 구체적인 설명이 부족하다는 것이 공통점이다. 간단한 평가의 경우에는 특별히 문제가 되지는 않겠지만, 설명이 부족하다는 것은 결국 평가에 참여하는 교사와 학생 간의 소통이 단절되는 것이다. 이러한 문제를 해결할 수 있는 것이 바로 루브릭이다.

루브릭이란 학생들이 과제 수행을 통해 보여주기를 기대하는 평가기준에 대해 수행의 질을 수준에 따라 구체적인 언어로 기술한 것이다(김선, 2023). 위에서 나열한 일반적인 채점 도구들과는 다르게 수행 수준에 따라 언어로 제시하여 평가하기 때문에 학생들은 자신의 수행 수준을 명확히 이해할 수 있다는 것이 특징이다. 그러므로 루브릭 자체가 자기 평가를 통한 피드백이 된다.

또한, 루브릭은 개수 세기 방식으로 학생들의 수준을 구별하는 것이 아니기 때문에 일반적인 채점 기준표와도 다르다. 예를 들어 '주제에 맞는 글쓰기'에 대한 일반적인 채점 기준표와 루브릭을 제작한다면 다음 표와 같다.

	주제에 맞는 글쓰기
매우 잘함	글의 주제와 관련된 핵심 어휘를 5개 이상 사용하여 글을 풍부하게 쓴다.
잘함	글의 주제와 관련된 핵심 어휘를 3~4개 이상 사용하여 글을 쓴다.
보통	글의 주제와 관련된 핵심 어휘를 1~2개 사용하여 글을 쓴다.
노력 요함	글의 주제와 관련된 핵심 어휘를 사용하지 못한다.

▲ 일반적인 채점 기준표

	주제에 맞는 글쓰기
매우 잘함	글의 주제와 관련된 핵심 어휘를 정확하게 사용하여 글을 풍부하게 쓴다.
잘함	글의 주제와 관련된 핵심 어휘를 비교적 정확하게 사용하여 글을 쓴다.
보통	글의 주제와 관련된 핵심 어휘 사용이 다소 부정확하다.
노력 요함	글의 주제와 관련된 핵심 어휘 사용이 부적절하여 의미 전달이 명확하지 않다.

▲ 루브릭의 질적 기술

　　루브릭으로 채점한 경우와 그렇지 않은 경우 중 루브릭을 사용해 채점한 경우가 일관된 패턴으로 채점을 한다는 연구 결과가 있다(김정덕, 2009). 루브릭이 세부적인 설명을 제시하기 때문에 평가자들에게 공정하고 정확한 평가가 가능하게 되었다는 것이다. 이외에도 다양한 연구(윤미영, 2014; 이인영, 2010) 결과에서 학생들의 학습에 많은 도움이 된다는 루브릭의 제작 방법을 알아보자.

나. 루브릭의 제작

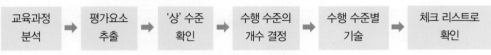

| 교육과정 분석 | → | 평가요소 추출 | → | '상' 수준 확인 | → | 수행 수준의 개수 결정 | → | 수행 수준별 기술 | → | 체크 리스트로 확인 |

▲ 루브릭의 제작 과정

1) 교육과정 분석과 평가 요소 추출

루브릭에서 가장 중요하게 생각하는 것이 바로 평가 요소이다. 평가 요소는 교육과정 성취기준 도달의 증거로, 학생들이 보여주기를 기대하는 핵심 내용을 구체적으로 기술한 평가 내용을 의미한다(경기도교육청, 2023b). 그래서 평가 요소를 찾기 위해서는 교육과정에서 성취기준과 평가 기준, 평가 준거(기준) 성취기준을 분석해야 한다.

성취기준	학생들이 교과를 통해 배워야 할 내용과 이를 통해 수업 후 할 수 있거나 할 수 있기를 기대하는 능력을 결합하여 나타낸 활동의 기준을 의미한다.
평가 기준	학생의 학습 정도를 판단하기 위해 각 성취기준에 도달한 정도를 상/중/하의 세 단계로 구분하고, 각 도달 정도에 속한 학생들이 무엇을 알고 있고, 무엇을 할 수 있는지를 기술한 것이다.
평가 준거 성취기준	교수·학습뿐만 아니라 평가 활동에서 판단의 기준이 될 수 있도록 학생들이 학습을 통해 성취해야 할 지식, 기능, 태도의 특성을 진술한 것으로, 교육과정 성취기준을 평가 상황에서 활용할 수 있도록 재구성한 것을 의미한다.

▲ 평가 용어

교육과정 성취기준		평가 기준
[9과13–03]끓는점 차를 이용한 증류의 방법을 이해하고, 우리 주변에서 사용되는 예를 찾아 설명할 수 있다.	상	끓는점 차를 이용하여 혼합물을 분리할 수 있으며, 이 방법이 일상생활에서 사용되는 예를 찾아 설명할 수 있다.
	중	끓는점 차를 이용한 증류의 방법에 대해 설명할 수 있다.
	하	끓는점 차를 이용하여 혼합물의 분리가 가능함을 말할 수 있다.

▲ 중학교 2학년 과학 성취기준[51]

성취기준과 평가 기준, 평가 준거(기준) 성취기준은 지식과 기능[52]으로 구성되어 있다. 즉, '배워야 할 것'과 '해야 할 것'으로 나뉘는 것이다. 제시된 중학교 2학년 과학의 성취기준을 분석하면 다음과 같이 구분할 수 있다.

---

[51] 빨간색: 지식 영역, 파란색: 기능 영역
[52] 2022 개정 교육과정에서는 지식·이해, 과정·기능, 가치·태도로 구분함.

지식(배워야 할 것)	기능(해야 할 것)
증류의 방법	이해하기
끓는점 차	혼합물 분리하기
사용되는 예	찾아 설명하기

▲ 성취기준 분석

기능 영역(해야 할 것)의 내용을 어떻게 가르치고 평가할 것인지에 따라 수업 방법이 결정된다. 예를 들어 '이해하기'는 해석, 요약, 추론, 분류, 비교, 설명 등이 있다.[53] 만약 교사가 '해석하기(Interpreting)'을 중요 요소로 판단한다면, 그래프나 자료, 데이터를 해석하는 수업과 평가가 되는 것이다. 또한, '설명하기'의 방식에서도 설명하는 글쓰기나 발표하기 등 개념을 설명할 수 있는 다양한 방법이 있다. 그러므로 지식과 기능 영역의 내용에 맞춰 평가 요소를 찾고, 수업과 평가를 설계한다.

평가 요소	증류의 방법 해석하기
	증류로 혼합물 분리하기
	증류의 활용 예시 설명하기(설명하는 글쓰기)

▲ 평가 요소

평가 요소를 세분화하여 더 추가할 수 있다. 그러나 평가 요소가 너무 많으면 평가 과정이 복잡해지기 때문에 가장 핵심적인 요소들을 중심으로 평가 요소를 설정하는 것이 중요하다.[54]

또한, 성취기준의 내용과 맞지 않는 '채색', '맞춤법', '깔끔함', '노력' 등을 평가 요소로 넣는 경우도 있다. 이런 경우 실제 평가해야 할 내용을 평가하지 않게 되는 문제가 있는 것이다. '채색'이나 '맞춤법'을 평가하고 싶다면, 미술이나 국어 교과와 융합하여 평가하는 것이 바람직하고, '노력'은 정의적 능력 평가 영역에서 별도로 다루는 것이 좋다.

---

[53] 블룸의 개정된 텍사노미(Bloom's Revised Taxonomy)
[54] 증류로 혼합물을 분리하는 과정에서 '그래프의 해석'이 필요하므로, 평가 요소를 '분리하기'로 통합함.

2) '상' 수준의 확인

루브릭은 평가 요소에 따라 달성하고자 하는 목표 수준을 언어로 작성한다. 수업과 평가의 목표를 설정한 후 가장 높은 수준을 기술하고, 단계적으로 하위 수준을 상세히 기술한다. 단, 학생들의 실제 역량을 고려하지 않고 지나치게 높은 수준의 목표를 설정하면, 적절한 평가가 어려워질 수 있다. 따라서 학생들의 현재 수준을 파악하고, 이에 맞는 실현 가능한 목표를 설정하는 것이 중요하다.

평가 요소	채점 기준	
	배점	세부 수행 특성
증류로 혼합물 분리하기	상	증류를 활용한 분리 방법에 대해 깊은 이해를 바탕으로 완벽하게 설명함.
증류의 활용 예시 설명하기	상	증류의 활용 예시를 다양하고 정확하게 설명함.

▲ 가장 높은 수준의 기술

또한, 수행 수준을 질적으로 기술할 때는 기존에 이용하던 '개수 세기' 방식의 평가 기준을 지양해야 한다. 주요 사항에 대한 요구 조건이나 개수를 세는 방식의 평가를 하다 보면 학생들은 점수를 얻기 위해 채점 기준을 따르게 된다. 이는 배움 중심의 수업과 평가가 아닌, 성적 중심의 수업과 평가로 이어질 수 있다.

단순히 개수를 활용하여 채점을 하는 것이 더 공정하고 객관적일 수 있어 보인다. 하지만 우리가 루브릭을 활용하는 본래 의도를 고려한다면, 질적인 평가에서도 객관성을 유지할 수 있는 방법을 모색해야 할 것이다.

3) 수행 수준의 개수 결정

다음으로 해야 할 일은 평가 요소별로 적절한 수행 수준의 개수를 정하는 것이다. 루브릭은 단순히 학생들의 결과물을 채점하기 위한 것이 아니라 학생의 성장을 돕기 위한 것이 목적이기 때문에 평가 요소에 따라 여러 단계로 자세히 기술할 필요가 있는지를 확인해야 한다. 또한, 평가 요소에 따라 중요도의 차이가 있을 수 있다. 중요도를 정확하게 구분하지 않으면, 수행 평가 결과가 학생의 실제 능력을 과대 또는 과소평가할 수 있다. 그래서 평가 요소에 따라 중요도를 결정하고, 중요도에 따라 수행 수준의 개수를 결정한다.

평가 요소	수행 수준의 개수
증류로 혼합물 분리하기(10점)	4단계
증류의 활용 예시 설명하기(5점)	3단계

▲ 수행 수준의 개수 결정

4) 수행 수준별 기술

수행 수준의 개수를 정하면, 하위 수준에 대해 기술을 한다. 이때 중요한 것은 각 수준별 기술 내용이 명확히 구분되어야 한다는 점이다. 또한, 학생들의 모든 과제에 대해 구분할 수 있어야 한다.

평가 요소	채점 기준	
	배점	세부 수행 특성
증류로 혼합물 분리하기 (10점)	10	증류를 활용한 분리 방법에 대해 깊은 이해를 바탕으로 완벽하게 설명함.
	8	증류를 활용한 분리 방법을 설명함.
	6	증류를 활용한 분리 방법에 대해 설명하였으나 일부 오류가 있음.
	4	증류를 활용한 분리 방법에 대해 설명하기 어려움.
증류의 활용 예시 설명하기 (5점)	5	증류의 활용 예시를 다양하고 정확하게 설명함.
	4	증류의 활용 예시를 설명하였으나 일부 오류가 있음.
	3	증류의 활용 예시를 설명하기 어려움.

▲ 하위 수준의 기술

이렇게 수행 수준별로 기술을 하면 수준의 경계가 애매하고 모호한 경우가 있다. 특히 수행 수준의 개수가 많을 경우, 각 수준 간의 구분이 명확하지 않을 수 있다. 그러나 평가의 편리성만을 위해 수행 수준의 개수를 무조건 줄이는 것은 바람직하지 않다. 루브릭의 핵심 목적은 학생들의 성장을 지원하는 것이기 때문이다. 바로 이런 이유로 필자는 수업과 평가에 루브릭의 도입을 망설였던 것이다. 교사와 학생 모두가 채점 기준에 대한 명확한 이해가 선행되지 않는다면, 애매모호한 기준으로 인해 평가 관련 민원이 발생할 수 있다.

루브릭의 한계를 극복하기 위해서는 학생들이 채점 기준에 대해 명확히 이해하고 있어야 한다. 따라서 학생들에게 예시 자료를 제작하여 설명하면 도움이 된다.

문항	이산화 탄소의 농도와 광합성량의 관계를 나타내시오.
일반적인 설명	이산화 탄소의 농도가 증가하면 광합성량이 증가하다가 일정해진다.
정확한 설명	광합성은 공기 중의 이산화 탄소와 뿌리에서 올라온 물을 원료로 빛을 이용하여 잎에서 양분을 만드는 과정이다. 이처럼 이산화 탄소는 광합성의 원료로 사용되기 때문에 이산화 탄소의 농도가 증가하면 광합성량도 증가하게 된다. 그래서 이산화 탄소의 양이 00이라면 광합성량도 0인 것이다. 그러나 광합성에 영향을 주는 온도나 빛의 세기 등 다른 조건이 같은 상태(변인통제가 된 상태)에서 실험을 해보면, 아래 그래프처럼 이산화 탄소의 농도가 증가할 때 광합성량이 증가하다가 일정해지는 것을 볼 수 있다.

▲ '일반적 설명'과 '정확한 설명'의 구분 예시 자료

물론, 한 번의 설명으로는 수행 수준별 기술 내용을 명확하게 구분하기 어렵다. 그래서 '일반적인 설명'과 '정확한 설명'의 예시 자료를 다양하게 제작하거나, 수업 시간에 배우는 여러 개념들을 활용하여 설명하는 글쓰기를 연습한다. 이전 학년도 학생들의 다양한 결과물들을 활용할 수 있다면, 학생들이 결과물을 직접 채점하는 방법도 좋다. 안내자료를 활용해서 수업 시간에 설명하고, 교사가 반복적으로 피드백하면서 학생들은 자연스럽게 '정확한 설명'에 대해 개념을 내재화하게 된다. 결과적으로 학생 스스로 '정확한 설명'을 이해하고 적용할 정도로 역량이 향상된다.

그리고 루브릭의 한계를 극복할 수 있는 또 다른 방법으로는 학생들과 루브릭을 함께 제작해 보는 것이다. 단순히 루브릭에 대한 토의를 하는 경우도 참여에 해당하지만, 평가 루브릭을 학생들과 함께 제작한다거나 일부 내용을 수정하는 등의 직접적인 참여는 학생이 자신을 학습과정의 중요한 이해당사자로 인식하게 만들 수 있다. 이러한 인식 개선은 결과적으로 과제에 대한 학생들의 참여도를 높이고, 동시에 창의력과 전문성을 높여주는 역할도 한다(최경애, 2019). 또한, 민주적 소통과 참여의 평가 문화를 조성한다는 것이 경

기도교육청 학업성적관리 시행 지침의 기본 방침이다(경기도교육청, 2024b). 이렇게 한다면 교사와 학생 모두가 성장하는 평가 문화가 만들어지게 될 것이다.

초등학교 5학년 국어 5단원 대화와 공감에서 동료평가 시, 이 단원의 목표를 잘 도달했는지 확인하는 방법에 대해 학생들에게 질문하였고, 학생은 각 모둠별로 토의 결과를 공유하였다. 그런데 과연 루브릭에서도 자주 등장하고, 평가 기준에도 자주 등장하여 논란의 소지가 되는 이 '알맞은'에 대해 어떻게 판단할 수 있을까? 학생들에게 대화와 공감을 할 때 '알맞은' 해결 방법과 '알맞은' 표정이 무엇이고, 이를 어떻게 평가할 것인지 말이다.

과연 '알맞은' 해결 방법을 제안하는 것이 무엇일까? 그리고 상대방의 말에 공감할 때 알맞은 표정과 행동을 했는지 확인은 어떻게 할 수 있을까? 이와 관련하여 학생들은 모둠별로 그 기준을 만들었다.

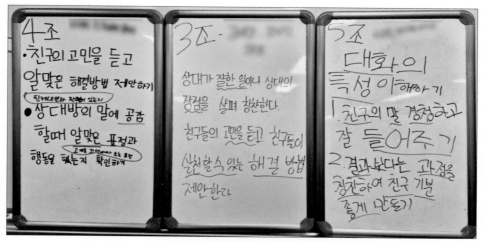

▲ 학생 루브릭 분석 사례

한 모둠은 '알맞은 해결 방법'이란, '친구의 고민과 관련이 있어야 한다'고 했고, 다른 모둠은 '친구들이 실천할 수 있는 해결방법'이라고 한다. 또, '공감할 때 알맞은 표정'이란, '고개를 끄덕이거나 웃는 표정'이라는 학생들만의 구체적인 평가 기준을 제시하였다. 이렇게 학생들이 직접 구체적인 채점 기준을 만들어 보도록 기회를 제공하면, 루브릭에 대한 이해도를 높이고 평가 과제를 수행할 수 있다.

5) 체크리스트 확인

내가 만든 루브릭에 대한 확신이 서지 않을 때가 있다. 루브릭은 단순히 평가를 위한 도구가 아니기 때문이다. 그래서 지금까지도 계속 시행착오를 겪고 있다. 이러한 경우 아래와 같은 체크리스트를 활용하여 루브릭을 점검해볼 수 있다. 이를 통해 루브릭의 적절성을 확인하고 지속적으로 개선하게 된다.

	루브릭 체크 요소	예	아니오
1	평가 요소는 적절하다.(성취기준에서 명시하는 학습의 성과가 나타나는가?)		
2	평가를 통해 습득해야 하는 지식과 수행에 필요한 실질적인 설명(기술)로 표현한다.		
3	수준 별 수행 수준이 연속적으로 기술되어 있으며, 수행 수준은 각각 구별이 가능하다.		
4	수행의 결과물을 제한하지 않는다.(ex. 2개~3개를 표현하시오.)		
5	개수를 세어 채점하지 않는다.(ex. 5개 이상: 10점, 3개~4개 : 8점)		
6	성취 기준 도달에 필요한 내용이다.(관련 없는 요소를 채점하지 않는다.) – 표지, 글자 크기, 그림, 필체, 시각자료 등		
7	학생들이 해야하는지 몰랐던 것을 채점하지 않는다.		

▲ 루브릭 체크리스트(수전 M. 브룩하트, 2022, 재구성)

6) 생성형 AI의 활용

생성형 AI인 챗GPT-4(ChatGPT-4)를 활용하면 놀라울 정도로 잘 만들어진 루브릭을 얻을 수 있다. 실제로 루브릭 제작 과정에서도 평가나 수업의 아이디어를 얻을 때 생성형 AI를 활용하면 많은 도움을 받을 수 있다. 루브릭의 제작 방법에 따라 다음과 같이 루브릭을 만들 수 있다.

다음에 제시된 문장들을 바탕으로 루브릭을 만들어줘.

\#루브릭 제작 주의 사항

*평가 요소를 기준으로 3단계(우수, 보통, 미흡)의 루브릭을 만들어줘.

*수행 수준별로 구분이 될 수 있도록 설명해줘.

*중요도에 따라 평가 요소별 점수는 다르게 해줘. 단, 평가 요소 점수의 합은 30점이야.

*중요도에 따라 단계를 3단계가 아닌 2단계로 줄이는 것도 가능해.

*표로 만들어줘.

\#평가 요소

*혼합물 분리하기

*증류의 활용 예시 설명하기

답변 알겠습니다. 제공된 주의 사항과 평가 요소를 바탕으로 루브릭을 작성하였습니다.

평가 요소	우수	보통	미흡
혼합물 분리하기 (20점)	끓는점 차를 이용하여 혼합물을 완벽하게 분리할 수 있다.	끓는점 차를 이용하여 혼합물을 부분적으로 분리할 수 있다.	끓는점 차를 이용하여 혼합물을 분리할 수 없다.
증류의 활용 예시 설명하기 (10점)	끓는점 차를 이용한 증류 방법이 일상생활에서 다양하게 사용되는 예를 상세하게 설명할 수 있다.	끓는점 차를 이용한 증류 방법이 일상생활에서 사용되는 예를 설명할 수 있다.	끓는점 차를 이용한 증류 방법이 일상생활에서 사용되는 예를 설명할 수 없다.

뤼튼(Wrtn)

하지만 루브릭에 대한 이해가 선행되어야 루브릭의 적절성을 판단할 수 있다. 학생들에게 생성형 AI를 활용하기 전에는 비판적 사고가 필요하다고 강조하는 것과 마찬가지로 루브릭을 제작 시에도 생성형 AI를 참고 자료로만 활용해야 한다.

Ⅲ-2

루브릭 활용

가. 수업과 평가를 위한 루브릭

루브릭은 교사뿐만 아니라, 학생들도 함께 활용하면 더욱 효과적이다. 루브릭은 학습 및 평가의 목표를 구체적으로 기술하고 있으므로 루브릭 그 자체가 학생들에게 피드백이 될 수 있다. 평가 과정에서 루브릭을 살펴보며 자신이 어느 단계에 있는지 확인하고 더 높은 단계로 발전하기 위해 스스로의 학습 과정을 수정하는 것이다.

초등학교 3학년 국어의 '중심 문장과 뒷받침 문장을 갖추어 주제에 맞는 문단 쓰기'를 평가하기 위해 다음과 같은 평가 계획을 세웠다.

성취기준	[4국03-01] 중심 문장과 뒷받침 문장을 갖추어 문단을 쓴다.
평가 방법	평가 방법
평가 내용	중심 문장과 뒷받침 문장을 갖추어 주제에 맞는 문단 쓰기

다음 루브릭은 학생들과 공유하기 위해 쉬운 용어로 바꾼 것이다.

평가 요소	매우 잘함	잘함	보통	노력 요함
글의 구조와 문단	글의 구조를 올바르게 이해하며 한 개 이상의 문단으로 글을 쓴다. 문단을 시작할 때 들여쓰기를 하고 문단이 끝나면 줄을 바꾼다.	문단의 배열 및 글의 흐름이 자연스럽다. 글의 구조를 이해하며 한 문단으로 글을 쓴다. 문단을 시작할 때 들여쓰기를 한다. 문단의 배열 및 글의 흐름이 자연스럽지 않다.	문단을 구분하여 글을 쓴다. 문단을 시작할 때 들여쓰기를 하지 않거나 구분이 어렵다.	글의 구조에 대한 이해가 부족하며 문단 구분 없이 글을 쓴다. 문단을 시작하거나 마칠 때의 규칙을 알지 못한다.
중심 문장과 뒷받침 문장	중심 문장과 뒷받침 문장의 관계를 올바르게 이해하고 한 문단에 하나의 중심 문장을 쓴다. 중심 문장에 어울리는 뒷받침 문장을 쓴다.	중심 문장과 뒷받침 문장의 관계를 올바르게 이해하고 한 문단에 하나의 중심 문장을 쓴다. 중심 문장에 어울리지 않거나 주제에 어긋나는 뒷받침 문장이 있다.	중심 문장과 뒷받침 문장을 구별할 수 있으나 문단에 필요한 중심 문장과 뒷받침 문장을 갖추어 쓰지 못한다. (내용이 부족하다.)	중심 문장과 뒷받침 문장을 이해하지 못하여 알맞게 글을 쓰지 못한다.
글의 주제 및 맥락	문단의 내용이 글의 주제와 맥락에 어울리게 쓴다. 글의 주제에 어울리는 제목을 붙인다.	문단의 내용이 글의 주제와 맥락에 어울리게 쓸 수 있으나 다소 어색한 부분이 있다. 글의 주제에 어울리는 제목을 붙인다.	글의 주제에 맞게 문장을 쓸 수 있으나 문단이나 글을 완성하는데 어려움이 있다.	글에 대한 이해가 부족하여 주제에 맞게 글을 쓰지 못한다.

▲ 문단 쓰기를 위한 평가 계획 및 루브릭

학생들은 글을 쓰는 과정에서 이 루브릭을 참고하여 자신의 글을 수정하고 더 좋은 글을 쓰기 위해 노력하는 등 성장하는 모습을 보였다. 문단에 하나의 중심 문장이 있는지, 중심 문장과 뒷받침 문장이 서로 어울리는지, 문단이 시작할 때 들여쓰기 하는지 등의 내용은 초등학생이 글쓰기에서 매우 어려워하고 자주 오류를 범하는 요소이다. 루브릭을 활용하면 이에 대해 교사가 일일이 수정해 주지 않아도 학생들은 대부분 자신의 오류를 발견할 수 있다.

다음의 표는 루브릭을 활용한 글쓰기 평가 후 학생에게 질문한 내용이다. 스스로 좋은 글을 쓸 수 있어 좋았다는 답변이 많았지만, 학생들이 루브릭을 처음 접해보니 어려운 점도 있었다는 것을 알 수 있다.

질문	학생 답변
루브릭을 활용하니까 어떤 점이 좋았나요?	– 스스로 고칠 부분을 찾을 수 있어서 좋은 글을 쓸 수 있었어요. – 어떤 글이 좋은 글인지 알 수 있어요. – 어떻게 글을 써야 '매우 잘함' 받을 수 있는지 알고 있으니까 안심이 됐어요.
루브릭을 활용하면서 어떤 점이 어려웠나요?	– 처음에는 루브릭을 보고 이해하는 게 어려웠어요. – 제가 어떤 단계인지 찾는 게 어려웠어요. – 글을 쓰며 루브릭도 확인해야 하니 할 일이 너무 많았어요.

▲ 루브릭 활용 글쓰기에 대한 학생 반응

루브릭을 처음 접하는 학생들은 다소 어려워할 수 있으므로 교사의 충분한 설명이 필요하다. 또한 스스로 자신의 수행 수준 단계를 찾지 못하는 학생의 경우, 교사가 학생의 수준에 맞는 피드백을 제공하는 것이 효과적이다.

또한, 평가 마무리 단계에서 학생들의 자기평가 및 동료평가를 통해 반성하는 활동을 할 때에도 루브릭을 활용하면 도움이 된다. 학생들에게 스스로 혹은 친구에 대해 평가하라고 하면 "잘했다.", "글을 잘 썼다.", "글씨가 예쁘다." 등 평가 내용과 직접적인 관련이 없는 피드백이 대부분이다. 이럴 때 루브릭을 활용하면 학생들이 평가 내용과 관련된 피드백을 주고받을 수 있다.

3학년 과학의 '배추흰나비의 한살이 관찰일지 쓰기'를 평가하기 위해 다음의 평가 계획을 세우고, 학생들과 공유하였다. 자세한 내용은 본 책의 "Ⅴ-3. 다했니? 다했어요" 부분을 읽으면 도움을 받을 수 있다.

성취기준	[4과10-02] 동물의 한살이 관찰 계획을 세우고, 동물을 기르면서 한살이를 관찰하며, 관찰한 내용을 글과 그림으로 표현할 수 있다.
평가 방법	'다했니? 다했어요'를 활용한 포트폴리오 평가
평가 내용	배추흰나비의 한살이(알-애벌레-번데기-나비)를 관찰하는 관찰일지 쓰기

평가 요소	매우 잘함	잘함	보통	노력 요함
관찰의 정확성	배추흰나비 한살이의 모든 단계(알-애벌레-번데기-어른벌레)를 관찰하고, 각 단계의 모습과 특징을 발견하여 정확하게 설명함.	배추흰나비 한살이의 대부분 단계를 관찰하고, 각 단계의 모습과 특징을 발견하여 설명함.	일부 단계만 정확하게 관찰하고, 몇 가지 특징만 발견하여 설명함.	각 단계에 대한 관찰이 부정확하거나, 설명이 부족함.
관찰 기록의 자세함	관찰 기록이 매우 자세하고, 배추흰나비의 특징 및 한살이 과정을 모두 담고 있음.	관찰 기록이 자세하지만 몇 가지 정보(색깔, 생김새, 길이, 특징)가 빠져 있음.	관찰 기록에 중요한 정보가 여러 개 빠져 있음.	관찰 기록이 매우 간단하고, 많은 정보가 빠져 있음.
정리 및 완성도	관찰 기록을 이해하기 쉽게 특징별로 잘 정리함. 글이나 그림으로 정보를 명확하게 나타냄.	대부분의 정보를 정돈해서 나타냈지만, 몇몇 부분이 조금 어수선함.	정보를 정돈하려고 노력했으나 이해하기 어려운 부분이 많음.	정보가 정돈되어 있지 않아 한눈에 보기 어려움.

▲ 관찰일지 평가를 위한 루브릭

평가 전 사전 활동으로 루브릭의 용어에 대해 분석해 보고, 교사가 제시한 예시 답변을 루브릭으로 평가하는 연습을 실시했다. 예를 들어 루브릭의 '정리 및 완성도'에서 '매우 잘함'을 받기 위해서는 관찰기록을 이해하기 쉽게 특징별로 잘 정리해야 하는데, 이때 '이해하기 쉽게' 정리하는 것은 무엇일지 학생들이 함께 이야기해 보았다.

질문	학생 분석 및 의견
관찰기록을 '이해하기 쉽게' 정리하기	– 한눈에 들어오게 표나 그래프로 정리하면 이해하기 쉽게 정리할 수 있을 것 같아요. – 길이나 색깔 등을 나누어서 각각 적어야 이해하기 쉬워요. – 대충 적는 것이 아니라 글씨를 예쁘게 써야해요.

▲ 루브릭에 대한 학생 분석 내용

앞에서 본 학생의 의견을 토대로 교사가 의견을 제시한다. 이 평가는 태블릿을 이용하므로, 학생이 글씨를 예쁘게 적었는지는 평가 요소에 포함하지 않았다. 따라서 한눈에 들어오기 좋게 표나 그래프로 정리하고, 길이나 색깔 등의 항목을 각각 나누어서 적으면 "이해하기 쉽게' 정리할 수 있음을 강조했다. 학생들이 루브릭을 처음 접하거나 루브릭을 활용하는 것을 어려워한다면 이런 사전 활동을 하면 도움이 된다.

학생들은 자신의 관찰일지를 다시 살펴보고 루브릭을 참고하여 수행 단계를 점검한다. 또 자기성찰을 통해 스스로 칭찬하고 반성하며 피드백한다. 이 과정에서 학생들은 자신의 수행을 객관적으로 바라보게 되고 자신의 성장을 위해 노력하려는 의지를 다지게 된다.

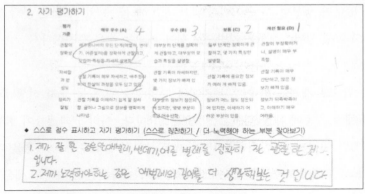

▲ 학생의 자기평가 사례

동료평가 시에도 루브릭을 제공하여 서로의 성장에 도움이 되는 피드백을 주고받도록 한다.

▲ 동료평가 사례

위에서 살펴본 사례와 같이 루브릭을 적극적으로 활용하면 학생의 성장에 도움이 된다. 처음에는 루브릭을 제작하고 활용하는 것이 어렵고 부담스럽다고 느끼는 교사가 많을 것이다. 필자 역시도 처음에는 '이걸 꼭 해야 돼?'라고 생각했다. 하지만 내 수업을 발전시키려는 의지만 있다면 생성형 AI로 어렵지 않게 시도해 볼 수 있다. 모든 부담을 교사 혼자 짊어지지 말고 학생 행위주체성을 기반으로 함께 해보는 것을 추천한다.

또한, 루브릭으로 채점을 한 이후 객관성과 투명성을 위해 동 교과 선생님과의 계속된 협의를 통해 채점 기준에 대한 검토가 반드시 필요하다. 이러한 과정들이 힘들고 시간도 많이 걸리겠지만 이렇게 계속 시행을 하다 보면 루브릭에서 수준별 기술을 더 정확하게 작성할 수 있고, 수행에 대한 채점을 더 명확하게 하는 자신만의 기준을 세울 수 있을 것이다.

나. 교사의 성장을 돕기 위한 루브릭

학생의 성장을 돕기 위한 루브릭 활용을 모색하던 어느날 갑자기 교사의 성장을 도울 수 있는 루브릭이 있으면 좋겠다는 생각이 들었다. 그래서 다음과 같은 프롬프트를 뤼튼의 GPT-4에 넣어 보았고, 다양한 교사의 성장을 도울 수 있는 루브릭을 만나볼 수 있었다.

> **질문** 2022 개정 교과 교육과정에서는 '깊이 있는 학습, 교과 간 연계와 통합, 삶과 연계한 학습, 학습 과정에 대한 성찰'을 개발의 지향점으로 삼고 있어. 이와 관련하여 교사들이 이를 잘 구현할 수 있도록 지원해주는 루브릭을 제작해줘.

> **답변** 2022 개정 교과 교육과정의 지향점을 반영한 교사 지원 루브릭을 아래와 같이 제안합니다. 이 루브릭은 교사들이 '깊이 있는 학습, 교과 간 연계와 통합, 삶과 연계한 학습, 학습 과정에 대한 성찰'을 학교 현장에서 잘 구현할 수 있도록 돕기 위해 설계되었습니다.

항목	평가지표	미흡	보통	우수
1. 깊이 있는 학습	– 학생들이 기본 개념을 넘어서서 복잡한 문제를 해결할 수 있는 능력을 배양함 – 학생들이 자기 주도적으로 학습할 수 있는 환경과 기회를 제공함 – 학습 과정에서 학생들의 비판적 사고와 창의적 사고를 촉진함	학생들이 주로 기본 개념의 이해에 그치고, 복잡한 문제 해결에 적극적으로 참여하지 않음	학생들이 기본 개념을 이해하고 간단한 문제 해결에 참여는 하지만, 복잡한 문제 해결에는 어려움을 겪음	학생들이 복잡한 문제 해결에 적극적으로 참여하며, 비판적이고 창의적인 사고를 통해 문제를 해결함
2. 교과 간 연계와 통합	– 다양한 교과의 내용을 통합하여 학습 목표를 설정함 – 학습 활동을 통해 여러 교과의 지식과 기술이 서로 연결되고 보완되도록 함 – 학습 과정에서 교과 간 연계성을 명확히 하여 학생들의 이해를 도움	교과 간 연계가 명확하지 않거나, 연계가 이루어지지 않음	교과 간 연계가 일부 이루어지나, 통합적인 학습 목표 설정이나 활동 구성이 부족함	다양한 교과의 내용을 효과적으로 통합하여 학습 목표를 설정하고, 학습 활동을 통해 교과 간 연계와 통합을 잘 구현함
3. 삶과 연계한 학습	– 학습 내용이 학생들의 일상생활이나 사회적 현안과 연결됨 – 학습 활동을 통해 학생들이 실생활 문제 해결에 적용할 수 있는 지식과 기술을 습득함 – 학생들이 학습한 내용을 자신의 삶에 적용하는 과정을 성찰하고 공유함	학습 내용과 학생들의 삶 사이에 연결 고리가 부족함	학습 내용이 일부 학생들의 삶과 연결되나, 실제 적용에 대한 구체적인 지도와 성찰이 부족함	학습 내용이 학생들의 일상 생활과 밀접하게 연결되며, 실생활 문제 해결을 위한 지식과 기술을 학생들이 적극적으로 습득하고, 적용 과정에서의 성찰을 잘 수행함
4. 학습 과정에 대한 성찰	– 학생들이 학습 과정에서 자신의 생각과 느낌을 성찰할 기회를 가짐 – 교사가 학생들의 성찰을 돕기 위한 다양한 활동과 방법을 제공함 – 학습 과정과 결과에 대한 성찰을 통해 학생들이 자신의 학습 방향을 조정하고 개선할 수 있도록 함	학생들이 학습 과정에 대해 성찰하는 기회가 부족하거나, 성찰 활동이 체계적으로 이루어지지 않음	학생들이 학습 과정에 대해 일부 성찰하지만, 성찰의 깊이나 범위가 제한적임	학생들이 학습 과정과 결과에 대해 깊이 있게 성찰하며, 이를 통해 자신의 학습 방향을 명확히 하고 개선하는 데 적극적임

뤼튼(Wrtn)

▲ 교사 성장을 위한 루브릭1

그리고 성장중심평가는 어떻게 구현할 수 있을지도 궁금하였기에 이렇게 물어보았다.

| 질문 | 교사의 수업이 성장중심평가(과정중심평가)가 되도록 지원하기 위한 루브릭을 제작해줘. |

평가 항목	초급	중급	고급
1. 평가의 다양성과 포괄성	주로 전통적인 시험과 퀴즈	다양한 평가 도구를 사용하나 일관성 부족	다양한 평가 도구를 유연하게 활용하며, 학습 스타일을 반영
2. 학습 과정의 중심성	최종 결과에 중점	학습 과정을 일부 인정하나, 결과 중심	학습 과정의 중요성 강조, 학생의 노력과 발전에 중점
3. 학습자 중심의 평가	학생 참여 제한적, 의견 반영 안됨	학생 참여 및 일부 의견 반영	학생들의 참여와 의견이 평가에 적극적으로 반영
4. 지속적인 피드백과 성장 지원	간헐적이고 일방적인 피드백	정기적인 피드백 제공, 개별 요구 부족	지속적이고 구체적인 피드백, 개별 성장 지원
5. 반성적 학습의 촉진	반성 거의 이루어지지 않음	일부 반성 촉진, 체계적이지 않음	지속적이고 체계적인 반성 촉진, 학생 스스로 평가 및 계획

답변

뤼튼(Wrtn)

▲ 교사 성장을 위한 루브릭2

위 루브릭을 보고 아마 대부분의 교사가 "뭐지? 내가 왜 초급이야?"라고 생각할지도 모르겠다. 하지만 이후에 이어지는 'Ⅳ. 성장중심평가 실천하기'를 읽으면 어느 정도 납득이 될 거라 생각한다. 생각보다 성장중심평가의 산은 높고 험난했으니 말이다.

그 외에도 아래와 같은 프롬프트를 넣어서 교사가 나아갈 방향을 참고해 보았고, 성찰의 시간을 가져보았다. 선생님들도 어느 방향으로 나아갈지 모를 때, AI로 생성한 루브릭을 참고하여 교육의 방향을 찾아나가면 좋겠다.

- 2022 개정 교육과정에서 교사가 깊이 있는 학습을 구현하도록 지원하기 위한 루브릭을 제작해줘.

- 교사의 수업이 개념기반 교육과정이 되도록 지원하기 위한 루브릭을 제작해줘.

- 초등학교 교사의 역량함양 교육 구현을 지원하기 위한 루브릭을 제작해줘.

- 중고등학교 교사의 역량함양 교육 구현을 지원하기 위한 루브릭을 제작해줘.

- AI 시대에 교사들이 지녀야 하는 역량을 바탕으로 교사들을 지원해 주기 위한 루브릭을 제작해줘.

- 초등학교 학생의 자기관리 역량, 심미적 감성역량, 협력적 소통 역량, 공동체 역량, 지식정보처리 역량, 창의적 사고 역량을 지원해 주기 위한 루브릭을 제작해줘.

- 초등학교 학생이 자기주도적인 사람, 창의적인 사람, 교양 있는 사람, 더불어 사는 사람이 될 수 있도록 도와줄 수 있는 루브릭을 제작해줘.

- 역량과 관련하여 학생의 역량 성장을 도울 수 있는 루브릭을 제시해줘.

▲ 추가 프롬프트

IV

성장중심평가
실천하기

교실에 들어서자 학생들의 활기찬 토론 소리가 들린다. 한쪽에서는 프로젝트 결과물을 발표하고, 다른 쪽에서는 동료평가를 진행 중이다. 교사는 개별 학생들과 대화하며 맞춤형 피드백을 제공한다. "이 부분에서 어떤 점을 더 고려해 볼 수 있을까?"라는 교사의 발문에 학생들의 눈이 반짝인다. 이는 단순한 지식 전달을 넘어 깊이 있는 이해와 전이를 끌어내기 위한 전략이다. 이러한 수업은 평가 계획에서 시작하여 교수·학습 활동으로 이어지는 역순 설계를 통해 구성되었다. 이것이 바로 성장중심평가가 실천되는 교실의 모습이다.

평가는 더 이상 두려움의 대상이 아니다. 오히려 학생들은 평가를 통해 자신의 강점을 발견하고, 부족한 부분을 개선할 기회를 얻는다. 이 장에서는 이러한 변화를 가능케 하는 성장중심평가의 실천 방안을 집중적으로 탐색한다.

☑ 성장중심평가란 무엇인가?

성장중심평가는 **학생의 성장과 발달을 돕는 과정중심평가**이다. 과거의 평가는 결과중심 평가로, 학생들을 줄 세우고 서열화하는 데 활용되었다. 이에 반해 성장중심평가는 학생 개개인의 성장과 발달에 초점을 맞추어 학습 과정을 지원하고, 맞춤형 피드백을 제공하여 학생의 자기주도적 학습을 촉진한다.

☑ 왜 성장중심평가인가?

미래 사회는 급변하는 환경에 적응하고 문제를 해결하는 능력을 요구한다. 이러한 역량을 함양하기 위해서는 학습 과정에서의 지속적인 피드백과 맞춤형 지원이 필수적이다. 성장중심평가는 **학생의 강점과 약점을 파악**하고, **개별 학습 계획을 수립**하여 **학습 효과를 극대화**하는 데 기여한다.

☑ 성장중심평가는 어떻게 실천하는가?

성장중심평가는 다양한 평가 방법을 활용하여 학생의 성장을 종합적으로 지원한다. 교과별 성취기준에 따라 **논술형 평가, 구술 평가, 토의·토론법, 실기, 실험·실습, 보고서, 프로젝트 학습** 등 다양한 평가 방식을 통해 학생의 역량을 다각도로 평가한다. 또한, **자기 평가 및 동료 평가**를 통해 학생 스스로 자신의 학습 과정을 성찰하고, 협력적 문제 해결 능력을 향상시킬 수 있도록 한다.

☑ 성장중심평가, 어떤 미래를 만들어가는가?

성장중심평가는 **학생의 자존감을 높이고, 학습 동기를 부여**하여 **긍정적인 학습 경험을 제공**한다. 또한, 교사와 학생 간의 신뢰 관계를 형성하고, 협력적인 학습 분위기를 조성하여 **학생의 자기효능감을 향상**시킨다. 이러한 경험은 학생들이 미래 사회의 주역으로 성장하는 데 밑거름이 된다.

☑ 성장중심평가와 AI 도우미

최근 급속도로 발전하고 있는 AI 기술은 성장중심평가를 더욱 효과적으로 실천하는 데 도움을 줄 수 있다. 예를 들어, AI 기반 학습 분석 도구는 학습자의 강점과 약점을 파악하고 맞춤형 피드백을 제공하며, AI 챗봇은 학습자의 질문에 즉각적으로 응답하고 학습을 지원할 수 있다. 또한, AI 기반 자동 채점 시스템은 교사의 업무 부담을 줄이고 평가의 효율성을 높일 수 있다.

결론적으로, 성장중심평가는 2022 개정 교육과정의 핵심 가치인 깊이 있는 학습을 실현하고 학생의 성장과 발달을 지원하는 중요한 평가 방식이다. 하지만 교사에게 이전보다 평가와 관련해 많은 부담을 부여하는 것도 사실이다. 교사의 평가 업무 부담을 경감 함에 있어 AI 기술의 적극적인 활용은 성장중심평가의 실효성을 높이고, 2022 개정 교육과정의 평가가 현장에 안착하는데 기여할 수 있을 것이다.

학생 참여형 평가 실천 사례

"이 수업은 평가를 어떻게 하셨어요?"

에듀테크를 활용한 음악 수업에 대해 강의하면, 수강하는 교사들에게 자주 듣는 질문이다. 수업 내용 개발에만 집중하며 학생들의 평가 방법에 크게 신경 쓰지 않았던 터라, 이 질문은 숙제처럼 들렸다. 그간 중학교 1학년 자유학년제를 담당하며 점수를 산출하는 평가에 구애받지 않고 '자유롭게' 학생 참여형 음악 수업을 했고, 전교생의 활동 내용을 생활기록부에 특기사항으로 적어주며 평가와 관련해서 소임을 다했다고 생각했다. 평가는 점수를 산출해서 학생에게 통보하는 과정이 전부라는 편견이 있었고, 음악은 평가의 부담이 덜한 과목이라고 스스로 합리화하며 수업을 재밌게 만들 방법만 연구했을 뿐이다.

'바늘 가는 데 실 간다.'는 속담에 수업과 평가를 비유하면 바늘이 수업, 실이 평가인 줄 알았다. 평가는 수업 이후에 따라오는 부수적인 정도로 생각했기에 수업은 어느 순간부터 정체기를 맞이했다. 이를 돌파하기 위해 수업의 근간인 교육과정과 평가를 연구하면서, 평가는 단순히 채점하고 점수를 부여하는 업무가 아님을 깨달았다. 평가는 학생이 배울 내용을 잘 배웠는지, 수업 전보다 얼마나 성장했는지 확인하는 과정이다. 또한 교사와 학생 모두 개선할 부분과 다음 수업을 준비할 때 도움이 되는 정보를 얻는 시간이다(수전 M. 브룩하트, 2022). 이렇게 평가에 대한 개념을 재정립하면서 수업 설계가 달라졌다. 바늘에 해당하는 평가 계획부터 세운 뒤 수업이라는 실이 따라가면서 비로소 학생의 성장을 돕는 수업을 디자인할 수 있었고, 깊이 있는 수업으로 나아가기 시작했다.

가장 큰 변화는 평가 계획을 세우는 과정에서 학생도 참여시킨 점이다. 2022 개정 교육과정은 학생 주도성을 강조한다. 주도성은 학생이 수업에 참여하여 결과물을 만드는 과정뿐만 아니라 수업 설계 및 평가에서도 드러날 수 있다. 2022 개정 교육과정의 총론에는 학생이 학습을 주도적으로 설계하고, 자신의 학습 과정과 결과를 스스로 평가하며 지속해서 성찰하고 개선할 수 있게 하라는 지침이 있다. 교사만의 영역이라 생각했던 수업 설계를 학생이 함께할 수 있다니, 한 번도 경험하지 못한 내용이라 참신하면서도 의문이 생겼다. 왠지 학생들이 어려워하고, 시간이 많이 소요되어 수업 시간을 낭비할까 봐 걱정이었다. 자기평가도 마찬가지다. 지금까지 학생들은 구글 설문을 활용하여 수업 종료 후 자기평가는 꾸준히 실행했으나, 학습 과정을 지속해서 성찰하고 개선하지는 않았다. 수업 진도를 다양하게 나가기에 급급하여 깊이 있는 성찰은 생각하지도 못했다. 평가의 개념을 잘 이해하지 못하여, 그저 점수를 산출하려고만 했기 때문이다.

이러한 과거를 극복하고자 음악 감상 및 논술 수행평가를 학생 참여형으로 진행하면서 평가의 판을 새롭게 짰다. 교사가 학기 초에 수행평가 항목을 정하고 통보하는 방식부터 개선했다. 수행평가 항목을 정하고 평가 요소를 찾는 과정부터 학생들이 참여했고, 실제 수행평가 직전과 평가 이후까지 학생이 스스로 학습 수준을 올릴 수 있게 수업을 설계했다. 이렇게 학생 참여형 평가를 진행하는 과정에서 에듀테크는 단 두 달 만에 교사가 빠르게 성장하도록 날개를 달아주었다.

가. 수업 전: 구글 설문으로 KWL을 반영한 평가 방향 설정하기

KWL 전략(Carr&Ogle, 1987)은 학생이 수업에서 이미 아는 것(What I Know), 알고 싶은 것(What I Want to Know), 알게 된 것(What I Learned)을 정리하며 스스로 학습 목표를 설정하도록 돕는다(최무연, 2020). 구글 설문을 활용하여 교사가 계획하고 있는 수행평가에 대해 알려주고, 학생들의 의견을 받았다. 아직 수업 전이므로 학생들은 K와 W에 대해서만 답했으며, 이 수업을 통해 얼마나 성장했는지 확인할 수 있는 평가 요소도 생각해 보았다. 수행평가는 감상곡에 해당하는 악기 음색과 편성을 선택하고, 이와 연계하여 논술하는 형태로 진행하고자 했다. 감상 수행평가에 등장한 곡 중에서 어떤 대상을 '광고'하는 배경음악으로 적합한 곡을 고르고, 이에 대해 음악적인 근거를 쓰는 수행평가를 생각했다. 이 과정에서 생성형 AI 뤼튼(Wrtn)[55] 으로 악기에 대한 정보와 논술 아이디어를 질문하고, 악기 관련 책과 백과사전을 활용하여 내용을 검증하는 활동을 계획했다.

▲ 설문 예시: 수행평가와 관련하여 K, W와 평가 요소에 대한 의견 쓰기

　수행평가에 대해 안내하고, 학생들의 의견을 받기까지 거의 2차시가 소요되었다. 교사도, 학생도 이런 경험이 처음인지라 생각하고 설문을 진행하기까지 시간이 오래 걸렸다. 그러나 학생들은 자신의 눈높이에 맞게 수행평가에 대한 의견을 주었고, 교사와 학생이 함께 검토하며 공개적으로 피드백을 주고받았다. 더 나아가 합당한 의견들은 수행평가 주제와 평가 요소를 보완할 때 참고했다. 예컨대 논술의 주제를 음악과 어울리는 '광고'로만 한정하지 않고 사물, 동물, 일상생활 등의 다양한 범위로 확장할 수 있었다. 또한 에듀테크 도구를 활용하여 음악에 대해 생각을 공유하거나, 음악과 관련된 자신만의 느낌을 최대한 논술에 반영하도록 지도하는 등 학생들의 의견을 토대로 수업 방향을 설정했다.

1. 감상 수행평가 계획에 대해 의견을 자유롭게 써 주세요.
• 논술평가에서 음색 말고 노래를 듣고 느껴지는 사물 또는 동물을 비유하여 설명했으면 좋겠다.
• 감상곡을 굳이 광고와 엮지 말고 일상생활이랑 엮으면 좋겠다.
• 창의적인 생각과 그에 대한 이유를 자유롭게 서술하는 점이 좋다.
2. 감상 수행평가에서 어떤 평가 요소를 넣으면 좋을까요?
• 그 대상과 음악이 누구나 들어도 연관성이 있는가?
• 자신만의 독창적인 표현이 들어갔는지
• 상황에 어울리는 음악, 악기를 찾는 능력
• 해당 노래의 특징에 알맞게 글을 썼는가?
4. 감상 수행평가를 준비하는 과정에서 배우고 싶은 내용을 써 주세요.
• 음악을 감상하는 방법, 같은 음악에 대해 다른 사람과 의견 나누기
• 아직 많이 알려지지 않은 숨겨진 음악
• 음악에 자신의 느낌을 대입해서 감상하는 방법을 더 배우고 싶다.
• 악기의 소리와 그 소리에 어울리는 분위기, 사용되는 음악

▲ 감상 수행평가에 대한 학생들의 설문 응답

이렇게까지 애를 써서 한 학기의 수행평가 계획을 세워야 하는지 의문이 들었으나, 학생들의 활동 소감을 확인하고 서로에게 의미 있는 경험임을 깨달았다. 교사가 수업과 평가의 방향성, 목적을 제시하고 왜 이러한 수업이 필요한지 학생들의 공감과 이해를 얻는 과정은 중요했다. 학생들이 이렇게 목적의식을 찾으면 학습에 주도적으로 참여하겠다는 기대가 생겼다.

이렇게 음악 평가 계획을 함께 고민하는 과정이 어땠는지 써 주세요.
• 선생님과 의논하며 수업하니 수행평가를 더 열심히 할 마음이 생겼다.
• 평가 계획을 함께 고민해 더 좋은 수행평가가 나올 것 같아 좋았다.
• 정해진 평가가 아니고 같이 정하는 평가라서 더 의미 있다.
• 성장에 대하여 다시 생각해 볼 수 있는 기회였다. 이런 수행평가가 더 많아졌으면 좋겠다.
• 이렇게 같이 정하는 수행평가가 정말 독특하고 좋다.
• 처음 해 보지만 학생들이 그저 수업에 끌려가지 않고 같이 계획을 세우는 것이 좋다.
• 고민이 많이 되긴 했지만 수행평가에 대해 깊이 생각해볼 수 있었다.

▲ 학생들이 평가 계획을 함께 고민한 소감

나. 수업 중: 자기 및 동료평가를 더하여 수행평가 준비하기

1) 패들렛과 뤼튼: 포트폴리오 제작

포트폴리오를 활용하면 학생들이 학습 과정과 결과를 스스로 평가하며 지속적으로 성찰할 수 있다. 패들렛(Padlet)[55]을 사용하여 수행평가와 관련된 내용들을 누적해서 올리고, 다른 학생들의 답안도 함께 보면서 보완하는 작업을 했다.

1단계	음색을 듣고 연상되는 느낌을 '스스로 생각해서' 쓰기
2단계	실제 악기의 특성을 인터넷으로 조사하고 논술 보완하기(뤼튼, 인터넷 악기 백과사전)
3단계	신뢰할 수 있는 자료(악기 도서, 악기 백과 사이트)를 찾아서 논술 보완하기

▲ 논술 수행평가를 준비하는 3단계

학생들은 논술 수행평가를 준비하는 과정에서 3단계에 걸쳐서 글의 내용을 보완했는데, 이 중 1~2단계의 결과물을 패들렛에 올려서 공유했다. 1단계는 관악기의 음색을 듣고 연상되는 느낌을 AI나 책을 참고하지 않고 스스로 생각해서 썼다. 2단계는 각 악기의 음색에서 왜 이러한 연상이 가능했는지, 실제 악기의 특성을 조사하여 근거를 찾도록 했다. 악기의 특성은 인터넷을 활용했는데 중학생 수준에 비해 어렵게 설명이 쓰여서 학생들의 수준에 맞게 정보를 검색할 수 있도록 생성형 AI인 뤼튼을 활용했다. 악기 재료, 연주법, 음역, 악기의 유래와 역사 등의 핵심 단어를 활용하여 뤼튼에 프롬프트를 입력하고 악기 논술에 참고할 정보를 도출했다. 3단계는 뒤에서 서술할 수업 중간 평가 이후에 진행했다. 각 단계에 대한 설명과 예시 자료는 교사가 패들렛에 제시했다.

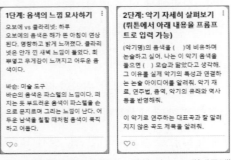

▲ 논술을 단계별로 보완하는 안내 자료 소개(패들렛)

패들렛에서 포트폴리오 형식으로 글을 모으니 학생들의 글을 교사뿐만 아니라 학생들도 쉽게 파악할 수 있었다. 학생은 패들렛에 올라온 다른 글과 비교하면서 본인의 글에 보완점을 스스로 찾아 수정하고, 교사는 패들렛의 글을 살펴보며 학생을 지도했다. 예를 들어 학생이 쓴 글에서 사실과 다른 부분을 발견하면 어떤 근거 자료를 찾아서 수정해 보라고 말하거나, 뤼튼에 질문을 어떻게 해야 하는지 모르는 학생이 있으면 질문 요령을 알려주었다. 또한 같은 악기의 학생들을 한 모둠으로 편성하여 악기의 재료, 구조, 연주법, 음역, 역사 등을 주제로 모둠원들이 나누어 조사하고 패들렛에 공유하도록 했다. 이렇게 함께 조사한 자료는 논술 수행평가에서 본인의 글을 보강할 때 활용했다.

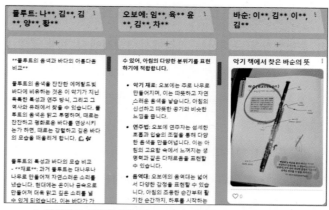

▲ 악기별로 모둠을 편성하고, 각자 조사한 자료 공유(패들렛)

2) 뤼튼과 구글 설문: 수행평가 내용과 성장 여부를 스스로 평가하기

수행평가를 2주 정도 앞둔 상황에서 이 수업에 대한 평가를 진행했다. 평가 결과를 통해 교사와 학생은 다음 수업을 준비할 때 도움 되는 정보를 얻을 수 있으므로, 학생들이 수행평가에서 실제 점수를 얻기까지 마지막으로 보완할 점을 스스로 찾게 하고 싶었다. 또한 교사가 수행평가를 실시하기 전에 학생의 취약한 점과 도움이 필요한 부분을 찾고, 이를 개선할 수 있도록 수업의 방향도 재설정하고자 했다.

구글 설문에 논술 수행평가 답안을 적으라고 한 뒤, 평가 요소를 다음과 같이 표로 제시했다. 수행평가의 주제와 평가 요소를 입력하고, 평가 세부사항을 포함해서 표로 정리하라는 프롬프트를 활용했다.

음악 논술 수행평가를 실시할 예정이야. 특정 악기의 음색과 어울리는 특정 대상을 선택하고, 왜 어울리는지 논리적으로 근거를 밝히는 수행평가야. 평가 요소는 근거의 구체성(정확성), 상상력, 논리성, 분량 충족(300자)이야. 평가 요소의 세부 사항을 포함해서 표로 정리해줘. 문장 끝은 '～함.'의 형태로 바꾸고, 16세 학생도 이해하기 쉽게 써 줘.

평가 요소	세부사항
근거의 구체성 (정확성)	학생이 제시한 근거가 악기의 음색과 선택한 대상 사이의 관계를 명확하고 정확하게 설명하는지 평가함. 근거는 신뢰할 수 있는 정보에 기반해야 함.
상상력	학생이 악기의 음색과 어울리는 대상 사이에 독창적이고 창의적인 연결고리를 찾아냈는지 평가함. 새롭고 독특한 비교를 사용하는 것이 바람직함.
논리성	학생의 논증이 논리적으로 일관되며 제시된 근거가 합리적인 결론으로 이어지는지 평가함. 논술은 명확한 논리 구조를 따라야 함.
분량 충족(300자)	학생의 논술이 최소 300자 이상인지 확인함. 분량이 주제를 충분히 표현하기 적합한지 평가함.

뤼튼(Wrtn)

▲ 뤼튼에 논술 수행평가 요소 및 세부 사항을 요청

학생들이 설문에서 평가 요소를 확인한 후, 스스로 부족한 점을 찾도록 안내했다. 대다수는 '잘 모르겠다.', '고칠 점이 없다.' 등의 의견을 썼으나 평가 요소를 면밀하게 반영하여 글을 수정하는 학생들도 더러 있었다. 예컨대 어느 학생은 목관악기인 플루트 음색에서 토끼가 뛰는 모습이 연상된다고 했다. 평가 요소를 확인한 이후에는 C4에서 F7까지 3옥타브 반에 이르는 플루트의 음역까지 구체적으로 찾았고, 플루트가 고음역을 소리 낼 수 있으므로 토끼가 높이 뛰는 모습과 유사하다고 내용을 보강했다. 음역에 등장하는 음이름까지 찾는 상황이 다소 지엽적으로 느껴졌으나, 스스로 악기 정보를 찾아서 보완하는 과정에 큰 의미를 두었다.

1. 처음에 썼던 글을 위의 기준으로 채점했을 때, 어떤 점이 부족했나요?	2. 부족한 점을 보완하여 다시 논술을 수정해서 제출하세요.
음역을 구체적으로 작성하지 않은 점	플루트는 토끼와 비슷하다고 생각한다. 왜냐하면 플루트의 음역은 C4 (피아노 기준 가온 도) ～ F7 (가온 도에서 3 옥타브 위의 파) 까지이다. 이렇게 높은 음역대가 토끼가 깡총 깡총 높이 뛰는 느낌이기 때문이다. 그리고 밝은 흰색 토끼가 생각나는데 플루트의 음색도 밝고 명랑해 토끼의 생김새와도 비슷하다고 생각한다. 또한 토끼는 나무의 그늘에서 휴식을 취하듯이 플루트도 과거엔 은, 금이 아니라 나무로 만들었기 때문에 비슷하다고 생각한다.

▲ 학생이 평가 요소를 통해 스스로 논술을 점검하고 보강한 예시

학생들이 자신의 글에서 부족한 점이 무엇인지 잘 모르겠다는 표현은 악기에 대한 지식이 부족하여 무엇을 수정할지 모르는 상황으로 해석할 수도 있다. 학생의 지식수준에 비해 어려운 질문을 던졌다는 생각이 들기도 했다. 그래도 학생들의 반응을 확인한 이후, 학생들이 악기에 대한 지식을 더 많이 접할 수 있도록 뤼튼으로 얻은 논술 정보의 진위를 판별하는 수업을 추가할 수 있었다.

이를 위해 논술을 보완하는 3단계 활동을 구글 설문으로 시행했다. 실제 악기 책을 교실에 비치하여 학생들이 뤼튼의 답변과 비교하며 악기 정보에 대해 진위를 검증하도록 했다. 또한 누구나 참여하여 집단지성으로 완성하는 검색 포털 사이트의 백과사전이 아닌, 음악 전공자들이 학회 차원에서 집필한 악기 백과 사이트[57]에서만 근거 자료를 찾도록 안내하여 공신력을 더했다. 학생들은 믿을 수 있는 자료를 보며 내용을 검증하고 무엇을 새롭게 배웠는지 글을 썼으며, 근거 자료를 사진 촬영하여 구글 설문에 제출했다. 이렇게 모은 설문을 학생들과 함께 보면서 이야기를 나누고, 각자 논술 수행평가에 쓸 내용을 보강했다. 이렇듯 논술 수행평가를 더 깊이 있게 준비할 수 있고, 평가 요소를 확인하고 스스로 보완점을 찾아가는 과정은 메타인지(Metacognition)가 발달하기에 도움이 된다. 메타인지는 자신이 무엇을 알고 모르는지를 스스로 판단할 수 있는 능력이다. 메타인지가 작동하면 자신을 거울 보듯이 모니터링하고, 이를 기반으로 학습 방향을 설정하며 능동적으로 학습에 참여할 수 있다(리사 손, 2019).

AI 답변과 백과사전, 책의 내용을 비교했을 때 일치하지 않거나 새롭게 배운 내용을 쓰세요	백과사전과 책으로 검증하는 활동에서 배운 점을 요약해서 쓰세요.
AI는 피콜로의 음역대가 플루트의 두 배라고 했지만 백과사전에서는 한 옥타브가 높다고 나와 있었다.	AI를 믿고 있었는데 백과사전으로 다시 찾아보니 달랐다. 그래서 AI를 너무 믿지 말아야겠다.
오보에의 제작과정을 AI는 말해주지 않았지만 악기 백과사전에는 나와 있었다.	오케스트라 악기들을 조율할 때 오보에의 라(A음)을 기준으로 모든 악기들이 조율한다. 왜냐하면 오보에가 겹리드를 사용해 음이 거의 변하지 않고 음색이 선명하기 때문이다.
내용은 전체적으로 일치하나 AI는 너무 광범위하고 두루뭉술하다.	믿을 수 있는 자료로 검증하고 검토를 계속해서 정확한 정보를 얻는 것이 매우 중요하다고 생각이 되었다.

▲ 뤼튼(생성형 AI)의 답변과 책의 내용을 비교한 결과 제출

[57] joo.is/악기백과사전

또한 지금까지 진행된 수업이 학생들을 얼마나 성장시켰는지 확인하고 싶었다. 만약 성장한 정도가 예상보다 낮게 측정된다면, 수행평가까지 남은 2주 동안 부족한 부분을 채워줄 수 있도록 수업을 개선하려고 했다. 이를 위해 처음에는 구글 설문을 활용하여 객관식 평가 설문을 만들고자 했으나, 루브릭을 어떻게 생성해야 하는지 난감했다. 수업에서의 성장은 어떤 평가 요소로 확인할 수 있는지 스스로 확신이 없었다. 그래서 뤼튼에 질문을 거듭하여 루브릭을 만들어갔다. 지금까지 시행한 수업 내용을 설명하고, 학생들이 도움받은 정도를 5단계로 설정하여 설문을 제작하고 싶다고 프롬프트를 입력했다. 참고로 뤼튼에서 GPT-4 모드를 선택했을 때, 더 만족스러운 답변이 나왔다.

> **질문**　음악 시간에 학생들에게 설문할건데, 매우 도움됨부터 전혀 도움 안됨까지 5가지 항목 중에서 학생들이 체크할거야. 아래 내용을 참고해서 5단계 루브릭을 만들어줘: 음악을 감상하고 악기의 음색, 악기 편성을 배우는 수업이었어. 감상 이후에는 특정 악기의 음색에 대한 느낌을 찾고 글로 쓰는 논술 수업도 했어. 이 과정에서 악기의 재료, 구조, 연주법, 역사, 음역을 학생들이 직접 조사했어. 이 수업을 통해서 악기의 음색과 악기 편성을 확실히 이해하게 되었는지 알수 있도록 설문하려 해.

> **답변**　음악 수업의 효과성에 대한 설문을 위한 5단계 루브릭을 아래와 같이 제안합니다. 이 설문은 학생들이 악기의 음색과 악기 편성에 대한 이해도를 얼마나 향상시켰는지 평가하는 데 도움이 될 것입니다.
>
> 1. 매우 도움됨
> - 악기의 음색과 악기 편성에 대해 깊이 있게 이해하였습니다.
> - 특정 악기의 음색에 대한 느낌을 정확히 찾아내고 글로 표현하는 데 어려움이 없었습니다.
> - 악기의 재료, 구조, 연주법, 역사, 음역대에 대한 조사를 통해 악기에 대한 포괄적인 지식을 습득하였습니다.
> - 수업 내용이 악기에 대한 이해도를 크게 높이는 데 기여했습니다. (중략)
>
> 　　　　　　　　　　　　　　　　　　　　　　　　　　　　　　뤼튼(Wrtn)

▲ 뤼튼에서 평가 루브릭 요청

　　아쉽게도 첫 답변은 만족스럽게 나오지 않았다. 이번에는 '2022 개정 교육과정 내용도 반영하고, 문장 마지막은 ~함. 형태로 끝나게 해서 표를 만들어'라는 프롬프트를 추가했다. 뤼튼은 2022 개정 교육과정이 중시하는 자기 주도적 학습 능력, 창의적 문제 해결 능력 등을 평가 요소에 반영하여 다음과 같이 루브릭 표를 완성했다.

평가 항목	매우 도움됨	도움됨	보통	별로 도움 안됨	전혀 도움 안됨
악기의 음색 이해	악기의 음색을 매우 잘 이해함.	악기의 음색을 잘 이해함.	악기의 음색을 어느 정도 이해함.	악기의 음색 이해에 별 도움이 되지 않음.	악기의 음색 이해에 전혀 도움이 되지 않음.
악기 편성 이해	악기 편성을 매우 잘 이해함.	악기 편성을 잘 이해함.	악기 편성을 어느 정도 이해함.	악기 편성 이해에 별 도움이 되지 않음.	악기 편성 이해에 도움이 되지 않음.
표현 능력	특정 악기의 음색에 대한 느낌을 매우 잘 표현함.	특정 악기의 음색에 대한 느낌을 잘 표현함.	특정 악기의 음색에 대한 느낌을 어느 정도 표현함.	표현 능력 향상에 별로 도움이 되지 않음.	표현 능력 향상에 전혀 도움이 되지 않음.
악기에 대한 조사와 이해	악기의 재료, 구조, 연주법, 역사, 음역에 대해 매우 광범위하게 조사하고 이해함.	악기의 재료, 구조, 연주법, 역사, 음역에 대해 잘 조사하고 이해함.	악기의 재료, 구조, 연주법, 역사, 음역에 대해 어느 정도 조사하고 이해함.	악기에 대한 조사와 이해에 별로 도움이 되지 않음.	악기에 대한 조사와 이해에 전혀 도움이 되지 않음.
창의적 사고와 문제 해결	수업에서 창의적 사고와 문제 해결 능력이 매우 향상됨.	수업에서 창의적 사고와 문제 해결 능력이 향상됨.	수업에서 창의적 사고와 문제 해결 능력이 어느 정도 향상됨.	창의적 사고와 문제 해결 능력 향상에 별로 도움이 되지 않음.	창의적 사고와 문제 해결 능력 향상에 전혀 도움이 되지 않음.

▲ 뤼튼이 완성한 음악 수업 평가 루브릭 5단계

이 루브릭을 구글 설문에 삽입하고, 학생들이 직접 확인하며 자기평가를 객관식 및 주관식으로 진행했다. 주관식은 자기평가에서 항목을 선택한 이유를 비롯하여, 앞으로 남은 시간에 수업이 어떻게 발전하면 좋겠는지 아이디어를 제출하는 방식이었다.

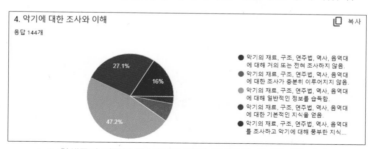

▲ 학생들이 뤼튼이 완성한 루브릭을 참고하여 자기평가한 결과

루브릭 중 '악기에 대한 조사와 이해' 항목에서 기억에 남는 답변은 악기 조사 과정에서 뤼튼과 실제 악기 책을 교차 검증하는 과정에 대한 평가이다. 원하는 정보를 검색하는 능력, 진짜 정보를 판별하는 능력이 향상했다고 스스로 평가한 응답이 눈에 띄었다. 2022 개정 교육과정은

모든 학생이 언어·수리·디지털 기초소양이라는 학습의 기초를 다지도록 구성되었다. 이 중에서 디지털 기초소양은 정보를 수집하고 분석하며, 비판적으로 이해하고 평가하는 능력이다(교육부, 2021). 생성형 AI의 답변을 검토하는 활동은 애초에 디지털 기초소양 교육을 염두하고 진행하지는 않았으나, 학생은 설문을 통해 교사가 인식하지 못했던 의미를 찾아주었다.

> '악기에 대한 조사와 이해' 루브릭에서 평가 항목을 선택한 이유를 알려주세요(긍정적, 부정적인 점).
> - 반복 학습을 통해서 악기의 음색이 귀에 들어오기 시작했기 때문이다.
> - 선정한 악기에 대해 지루하지 않게 스스로 찾아보니까 더 정보를 쉽고 재밌게 알아볼 수 있었다.
> - 검색 능력과 진짜 정보를 판별해내는 능력, 악기를 비유하고 글로 표현하는 활동으로 나의 능력을 키우는 느낌을 받았다. 전보다 성장하니 뿌듯하기도 해서 긍정적으로 답했다.
> - 실제 책으로 조사하고 뤼튼과 비교하며 교차검증이 되어 정보의 비판적 시각을 키우기 좋았다.
> - AI는 어렵기도 하고 그냥 싫다. 뭐라고 질문할지 모르겠다.
> - AI를 이용하는 것은 조금 어렵다.
> - 머리에 안 박히는 느낌.

▲ 학생들이 루브릭 평가 항목을 선택한 이유(구글 설문)

반면, 뤼튼을 활용하여 질문하는 과정이 어렵고 악기 음색이 강렬하게 머릿속에 박히지 않는 수업이라고 솔직하게 평한 학생도 있다. 이러한 답변도 소중하다. 수업은 이해를 잘하는 학생을 기준으로 진행할 경우, 소외감을 느끼는 학생도 생긴다. 중간 평가를 하지 않았다면 교사는 앞만 보고 질주했을 텐데, 어려움을 호소하는 일부 학생들의 상황을 파악한 덕분에 수업의 방향을 재설정할 수 있었다. 수행평가를 실시하기 전까지 음색을 깊이 있게 이해할 수 있도록 감상 비중을 늘리고, 뤼튼을 활용하는 수업은 줄이게 되었다. 이 수업의 가장 큰 목적은 악기 음색과 악기 편성을 구별하기인데, AI를 활용하면서 수업의 균형이 음악 감상보다 AI 학습과 악기 조사 쪽으로 많이 기울어졌다. 학생이 이를 감지하여 설문으로 알려준 상황이다.

이 경험을 바탕으로 생성형 AI를 활용한 수업을 할 때는 학생들이 질문을 더 편하게 할 수 있도록 프롬프트 입력 방법을 쉽게 설명하거나, 질문 예시를 많이 제공했다. 질문하기 어려운 학생이 있다면, 질문을 어떻게 하고 있는지 들여다보고 개별적으로 질문하는 요령을 알려주고 싶었다. 이를 보조할 수 있는 방법을 찾다가 생성형 AI 챗봇을 접하게 되었다.

3) 미조우: 챗봇으로 논술 수행평가 피드백하기

기존에 논술 수행평가를 채점할 때면 아쉬움을 종종 느꼈다. 학생이 논술 연습을 하는 과정에서 교사가 피드백을 주고, 학생이 이를 참고하여 자신의 글을 개선할 기회가 있었다면 평가 결과가 더 좋아지겠다고 생각했다. 그러나 약 2백여 명의 전교생이 제출한 논술 결과물을 교사 혼자 피드백하기에는 현실적으로 역부족이다. 학생이 논술 연습을 하면서 궁금한 점이 생겼을 때 교사가 언제든 적극적으로 도와주기도 힘들다. 그러나 생성형 AI가 등장하면서 이런 고충이 조금씩 해소되고 있다.

생성형 AI 챗봇 제작 도구인 미조우(Mizou)⁵⁹를 활용하여 평가와 관련된 프롬프트를 입력하고, 논술 내용을 피드백하는 챗봇을 제작하여 학생들에게 공유했다. 미조우는 교사가 만든 루브릭을 입력할 수 있고, 학생이 어떤 질문을 했는지 점검이 가능하다는 점이 특징이다. 챗봇 설정에서 프롬프트는 논술 결과물을 A~C 등급으로 평가하는 요소와 세부 내용을 포함하되, 학생에게 등급은 공개하지 말라고 입력했다. 이 챗봇은 학생에게 수행평가 등급을 미리 통보하는 목적이 아니라, 학생이 논술 요령을 터득하여 수행평가 준비를 잘하도록 도와주기 위해서 제작했기 때문이다. 또한 생성형 AI는 오류를 종종 일으켜서, 학생에게 잘못된 등급을 알려줄 수 있으므로 섣불리 등급을 공개하지 않는 게 좋다고 판단했다.

질문	너는 음악 교사야. 학생들은 실제 논술 시험을 보기 전에, 자신이 연습한 논술 문장을 너에게 알려 줄거야. 실제 논술 시험에서는 A, B, C등급으로 나누는데 너는 학생이 입력한 논술 문장을 보면서 아래 루브릭을 보고 학생을 도와줘.

답변	1. A, B, C라는 구체적 등급은 안내하지 말아줘. 2. 학생의 글에서 어떤 점을 보완하면 좋을지 친절하게 설명해줘. 근거가 부족하면 어떤 식으로 근거를 찾아보라고 알려주거나, 잘 쓴 글을 예시로 알려줘. 학생들은 논술을 잘 쓰기 위해서 계속 너에게 질문할 거야. 그때마다 보완책을 알려주되 했던 말은 반복하지 마. 새로운 보완책을 알려줘.

3. 논술 수행평가 분량은 공백 포함해서 최대 300자야. 분량이 부족하면 몇 자를 더 쓰라고 알려주고, 글자 수가 너무 많으면 줄이라고 알려줘. 너가 알려주는 글자 수는 실제와 다른 경우가 많아. 구체적인 숫자는 알려주지 말고 2줄 정도 더 써보라는 식으로 말해볼래?

4. 답변 마지막에는 '이 내용에 대해 궁금한 사항을 다시 물어보세요.'라고 말해줘.

5. 루브릭 3등급(A, B, C) 중
A등급:
평가 요소 1. 악기와 연상되는 대상 선정 및 이유 제시: 선택한 악기와 연상되는 대상 간의 연결고리를 창의적이고 명확하게 제시함. 선정 이유를 악기의 독특한 특성을 근거로 논리적이고 설득력 있게 설명함. (중략)

미조우(Mizou)

▲ 미조우 챗봇 프롬프트 예시[59]

교사가 만든 논술 피드백 챗봇에 학생이 접속하면, 학생은 논술 수행평가 내용을 챗봇에 입력하고 보완할 사항에 대해 답변받는다. 이에 대해 질문이 생기면, 챗봇에 계속 물어보도록 유도했다.

나는 클라리넷을 크고 부드러운 붓과 비슷하다고 생각해. 그 이유는 클라리넷의 음색이 웅장하면서 큰 소리가 나고 부드럽게 소리를 이어나가서 부드러운 붓의 결을 생각했어.

홍** 학생의 논술 작성 아이디어는 매우 창의적이고 흥미로워요. 클라리넷과 부드러운 붓을 연결짓는 방식은 독창적입니다. 하지만, 좀 더 설득력을 높이기 위해 클라리넷의 음색과 부드러운 붓이 생성하는 느낌 간의 연결고리를 더 자세히 설명하는 것이 좋겠어요. 예를 들어, 클라리넷이 내는 특정한 음의 질감이나, 연주 때 발생하는 다양한 음색의 변화 등을 묘사해 봐도 좋을 것 같아요. 이를 통해 문장의 이해도를 높이고, 논리적 순서와 명확성을 개선할 수 있습니다. 또한, 조금 더 글의 분량을 늘려서, 악기의 특성과 부드러운 붓과의 관계를 더 깊이 있게 탐구해 보세요. 여기에 더해, 클라리넷을 선택한 독특한 이유나 개인적인 경험을 추가하는 것도 글에 풍부함을 더할 수 있습니다.

이 내용에 대해 궁금한 사항을 다시 물어보세요.

▲ 미조우 챗봇이 학생의 논술 내용에 피드백한 사례

이 학생은 클라리넷의 음색에서 부드러운 붓이 연상된다고 글을 썼는데, 음악적 근거가 명확하지 않았다. 챗봇은 이 점을 지적하며 음색의 변화 등을 묘사하라고 조언했다. 학생이 클라리넷을 어떻게 연주하면 음색이 변화하는지 다시 질문했더니 호흡의 강약 조절과 입 모양을 바꾸는 앙부셰(Embouchuer) 등으로 음색 변화가 가능하다고 챗봇이 답했다.

[59] 미조우 사이트의 메뉴 중 My Chatbots - Build a Chatbot - Custome - AI Instructions에 입력함.

클라리넷을 어떻게 연주하면 음색이 변화해?

클라리넷은 연주 방식에 따라 다양한 음색의 변화를 보여줄 수 있어요. 여러분이 이를 글에 포함시킬 때, 클라리넷의 음색 변화에 대해 구체적으로 언급하는 것이 좋습니다. 예를 들면:

1. **호흡의 강약**: 연주자가 호흡을 조절함에 따라, 같은 음이라도 부드럽고 섬세하게 들릴 수 있고, 또 강하고 선명하게 들릴 수 있습니다. 부드러운 호흡은 마치 섬세하게 캔버스에 색을 입히는 붓질처럼, 클라리넷의 음색을 부드럽게 만들죠.

2. **엠버서(입 모양)의 변화**: 연주자가 입과 입술의 모양을 바꾸는 것으로, 음색의 질감을 조절할 수 있습니다. 부드러운 엠버서는 음색을 더욱 따뜻하고 포근하게 만들며, 이는 마치 부드러운 붓이 종이 위를 스치는 느낌과 비슷할 수 있어요.

3. **지판의 사용**: 지판을 다르게 누르거나, 특정 지판 조합을 사용함으로써, 클라리넷의 음색을 섬세하게 변화시킬 수 있습니다. 이는 마치 붓을 다양한 각도로 조작하여 다양한 느낌의 선을 생성하는 것과 유사합니다.

논술에서는 이와 같은 클라리넷의 연주 기법을 부드러운 붓과의 관계로 연결 지어 설명해 보세요. 이러한 구체적인 예시는 여러분의 글을 더 풍부하고 설득력 있는 내용으로 만들어 줄 것입니다.

이 내용에 대해 궁금한 사항을 다시 물어보세요.

▲ 미조우가 클라리넷의 연주 방식을 설명한 사례

학생이 이를 보완하여 논술 문장을 보강하니, 챗봇은 예전보다 더 명확하게 글을 썼다고 칭찬하는 동시에 어휘를 다양하게 쓰라고 조언했다. 이 글에 어떤 어휘가 어울리는지 추천해달라고 질문하니 다음과 같이 예시를 알려 주었다. 챗봇은 악기에 대한 정보뿐만 아니라 문법적인 피드백도 제공했다.

다양한 어휘를 추천해줘.

홍** 학생, 글을 더욱 풍부하게 만들어줄 다양한 어휘를 제시해 보겠습니다. 클라리넷과 부드러운 붓의 비교를 더욱 생생하게 표현하기 위한 어휘 선택이에요.

- 음색 변화를 설명할 때 사용할 수 있는 어휘: **"부드러운"**, **"따뜻한"**, **"선명한"**, **"풍부한"**, **"투명한"**, **"미묘한"**, **"감미로운"**
- 음악적 표현을 묘사할 때 쓸 수 있는 어휘: **"조화로운"**, **"동적인"**, **"심오한"**, **"영롱한"**, **"매혹적인"**
- 연주 방식과 관련된 어휘: **"세심한"**, **"기교적인"**, **"정교한"**, **"우아한"**, **"역동적인"**

▲ 미조우가 논술에 활용할 어휘를 다양하게 추천한 사례

교사는 학생과 챗봇이 피드백을 주고받는 과정을 교사용 화면에서 지켜볼 수 있으며, 챗봇 활용을 종료한 이후 교사가 설정한 논술 등급이 자동 부여되는 화면을 참고할 수 있다. 생성형 AI는 오답도 자주 말하므로, 논술 등급을 실제 성적에 반영하지는 못했다. 챗

봇 사용 시간도 설정하면 학생이 몇 분 동안 활동했는지, 과제를 언제 제출했는지도 확인할 수 있다. 교사는 학생의 질문 내용을 점검하며 수업에서 어떤 점을 보완할지 수업 계획을 세우고, 질문이 더디거나 대화에 발전이 없는 학생을 파악하여 개별적으로 도우면 된다. 이처럼 AI는 학생을 개별화, 맞춤형으로 지원할 때 유용하다.

	B	10 minutes	3 months ago	Timed Out	•••
	C	9 minutes	3 months ago	Exited	•••
	F	10 minutes	a month ago	Timed Out	•••
	-	-	-	Active	•••
	A	10 minutes	3 months ago	Exited	•••

▲ 교사용 화면에서 논술 등급, 활동 시간, 제출 기한, 활동 여부 확인

학생은 주어진 과제의 지시사항을 따르지 않았으며, 논술 과제에 참여하지 않았습니다. 대화에서 학생은 클라리넷을 특정 대상에 비유하는 주제를 선택했지만, 그 이유를 음악적 특징을 근거로 하여 설명하는 데 필요한 논리적인 근거나 구체적인 내용을 제시하지 않았습니다. 대신, 학생은 단순히 클라리넷을 음식에 비유해달라고 요청했을 뿐, 자신의 생각이나 분석을 전혀 제시하지 않았습니다. 이는 평가 기준에 따라 충분한 논리성, 음악적 특징의 설명, 또는 적절한 분량의 설명이 없는 것으로 간주됩니다.

▲ 미조우가 F등급을 받은 학생의 글에 의견 제공

다. 수업 후: 평가 실시 및 추수지도하기

2022 개정 교육과정에서는 평가도 맞춤형, 개별화를 지향한다. 2022 개정 교육과정의 평가 지침에는 학생 '개개인의' 교육 목표 도달 정도를 확인하여 부족한 부분을 보충하고, 다양한 '지능정보기술'을 활용하여 맞춤형 평가를 활성화하라는 내용이 있다. 지금까지는 기술의 한계와 업무 부담으로 인해 개별화 수업도 어려웠으나, 이제는 디지털 기기가 교실에 보급되고 생성형 AI가 유행하면서 개별화 수업을 넘어 평가까지 혁신을 이룰 수 있겠다는 기대가 생겼다. 이를 위해 구글 설문의 퀴즈 과제를 활용하여 수행평가를 시행하고, 평가 종료와 동시에 학생 개개인의 학습 수준을 파악하여 맞춤형 보충학습으로 연계하는 시도를 했다.

1) 구글 설문: 평가 후 빠른 피드백 및 보충학습 연계하기

학생들은 수업 시간에 배운 관악기 감상곡을 듣고, 어느 악기로 연주하는지 객관식 답안을 구글 설문의 퀴즈 과제에서 선택했다. 모든 학생이 수행평가를 마치면, 교사는 퀴즈 과제의 설정 창에서 점수 등록을 클릭하여 점수 공개를 한다.

☑ 점수		점수 등록
이메일	점수/30	점수 등록됨
25███@hmj.or.kr	16	6월 5일 오후 1:57
22███@hmj.or.kr	30	6월 5일 오후 1:57
22███@hmj.or.kr	30	6월 5일 오후 1:57
22███@hmj.or.kr	28	6월 5일 오후 1:57

▲ 설문 설정의 점수 항목 ('점수 등록'을 클릭하면 점수가 이메일로 전송)

학생은 즉시 이메일에서 자신의 점수뿐만 아니라 정답과 오답 해설까지 확인하고, 해설은 글 이외에 영상과 사이트를 링크 형태로도 제공할 수 있다. 점수 공개 직후에 수행평가에서 들었던 악기 음원을 영상 형태로 다시 감상하면서, 문제를 복기하는 과정이 의미가 있었다. 종이 평가에서는 교사가 채점하고 결과를 학생에게 알려주기까지 시간이 많이 소요되는데, 크롬북으로 실시한 퀴즈 과제에서는 학생들이 왜 그 답안을 선택했는지 기억이 증발하기 전에 스스로 성찰하게 된다.

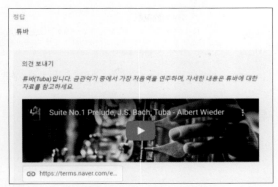

▲ 이메일로 평가 결과 전송(정답 해설을 글, 영상, 링크로 제공)

더 나아가 학생이 직접 평가 결과를 분석하고, 문제점을 보완하기 위해 자신에게 필요한 활동을 바로 연계할 수 있는 점이 획기적이었다. 학생은 감상 수행평가 점수를 확인하자마자 '스스로 악기에 대해 탐구하기'라는 주제로 보충학습을 시작했다. 목관악기 중 오보에와 클라리넷의 음색을 헷갈린 학생은 두 악기의 음색이 어떤 점에서 다른지 스스로 자료를 조사하여 정리했다. 금관악기인 튜바의 음색이 궁금했던 학생은 튜바에 사용되는 마우스피스가 무엇인지 이미지로 확인하고, 튜바로 연주하는 영상을 감상하며 음색을 탐색했다. 이 활동은 구글 문서와 캔바(Canva)[60]에서 진행했으며, 다른 학생들의 결과물을 함께 보면서 악기에 대한 관점을 다양하게 확장할 수 있었다.

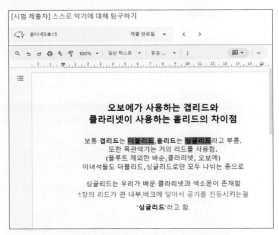

▲ 평가와 연계하여 보충학습(구글 문서)

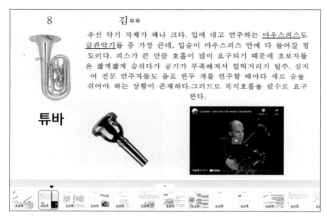

▲ 평가와 연계하여 보충학습(캔바)

　교사 입장으로는 평가 종료와 동시에 자동 채점이 되고 결과 통보까지 한 번에 이루어져서 편할 뿐만 아니라, 평가 데이터가 자동으로 축적 및 통계까지 이어져 다음 수업을 계획하는 과정이 빠르고 쉬워졌다. 교사는 오답이 많은 문항을 바로 파악하여 학생들이 취약한 점을 보완하는 수업을 진행하고, 지난 수업에 대해 성찰하며 다음에는 어떤 점을 강조해서 수업할지 연구하도록 도움이 된다.

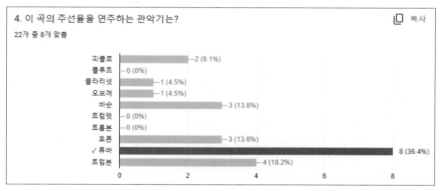

▲ 문항 정답 및 오답률이 집계된 구글 설문의 응답 탭

　앞의 그래프는 감상 수행평가에서 오답률이 높았던 금관악기 중 튜바에 대한 객관식 문항이다. 여러 학생이 튜바와 트롬본, 호른, 바순 음색을 혼동했다. 이 결과를 토대로 헷갈리는 악기를 중점적으로 탐구하되, 음색을 더 확실히 구별하도록 감상 비중을 높이는 수

업을 계획할 수 있었다. 퀴즈 과제가 평가 데이터를 자동으로 분석한 덕분에 현재 학습자수준을 파악하여 맞춤형으로 도와주는 수업이 가능했다.

2022 개정 교육과정 총론의 교수·학습 지침에 '학생 개개인의 학습 상황을 확인하여 학생의 학습 결손을 예방하도록 노력하며, 학습 결손이 발생하는 경우 보충학습 기회를 제공'하라는 내용이 있다. 이러한 개별화 학습은 일찌감치 중요성이 대두되었으나, 교사 혼자서 학생들 평가 결과를 검토하고 이에 걸맞은 보충학습을 맞춤형으로 제공하기가 상당히 부담되었다. 이제는 학생이 스스로 결과를 분석하여 학습 과정을 성찰하고, 주도적으로 보충학습을 진행할 정도로 교육 환경이 많이 발전했다. 에듀테크를 학생과 교사에게 도움이 되는 방향으로 적절히 활용하여 혁신적인 수업, 평가 환경을 조성할 때가 되었다.

2) 구글 설문과 캔바: 수업 목표 달성 확인 및 추수지도하기

수행평가를 퀴즈 과제로 제출한 학생은 이 수업에 대한 평가 설문을 작성했다. 앞에서 설명한 KWL 전략 중 L에 해당하는 '알게 된 것(What I Learned)'을 파악하기 위해서이다. 수업 후 평가는 학생과 교사 모두에게 의미가 있다. 학생은 감상 및 논술 수행평가를 준비하는 과정에서 과거보다 얼마나 성장했는지 확인하고, 학습 주도자의 측면에서 수업을 더 발전시켜 설계할 수 있는 아이디어를 생각할 수 있다. 교사는 평가 결과를 보며 지금까지의 수업이 학생을 얼마나 효과적으로 성장시켰는지, 만약 효과가 작았다면 어떻게 수업을 개선할지 연구하게 된다.

(1) 관점을 반영하여 설문 문항 만들기

설문 문항은 학생의 성장을 어떤 '관점'에서 확인하고 싶은지 명확하게 반영하여 제작해야 한다. 처음에 교사는 설문에서 '이 수업은 목관악기, 금관악기의 특징을 배우는 데 얼마나 도움이 되었나요?'라고 질문했다. 평소 설문하던 대로 단순하게, 이 수업이 학생들에게 얼마나 도움이 되었는지를 측정하고 싶었지만 아쉬움이 묻어나는 질문이었다. 왜 그런지 이유를 찾다가 공저자인 선배 교사가 설문의 목적이 무엇인지 더 명확히 드러나는 문장을 제안했다.

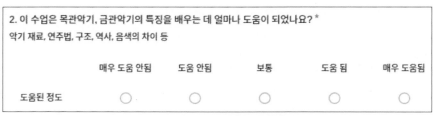

▲ 설문하는 관점이 명확하지 않은 문항

예를 들어 수업에 적용했던 여러 교수법이 관악기의 특징을 배우는 데 도움을 주었는지가 궁금하다면, '이 수업은 목관악기, 금관악기의 특징을 이해하는 데 효과적이었나요?'라고 질문할 수 있다. 수업에서 학생이 성취 목표에 도달한 정도를 확인하는 경우, '이 수업을 통해 목관악기, 금관악기의 특징을 이해할 수 있었나요?'라고 묻는 것이다. 반면에 교사가 처음에 썼던 질문은 교수법의 효과와 학생의 성취도 중에서 무엇을 알고 싶었던 것인지 설문 문항에서 뚜렷하게 드러나지 않았고, 이 상태로 설문했다가는 결과가 모호할 상황이었다. 교사는 학생의 성취 정도가 궁금했으므로, 문항을 수정하여 다음과 같이 설문했다.

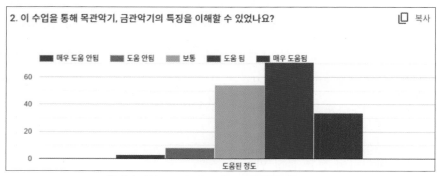

▲ 학생의 성취 목표를 확인하는 관점을 담아 제작한 문항

또한 설문의 마지막에 주관식 문항을 넣으면서, 학생들에게 건의 사항을 받고 싶었다. 2022 개정 교육과정에서 강조되는 학생 주도형 수업을 고려하여 학생이 수업을 설계한다면, 어떤 수준과 방식으로 이 수업을 재구성할지 궁금했다. 교사가 왜 이런 수업을 했는지 수업 의도와 목적을 분명하게 밝히고, 이 수업을 비평하고 건의하도록 안내했다.

▲ 학생이 수업을 비평하고 건의 사항을 제출하는 주관식 설문 문항

이렇게 설문 문항을 진지하게 고민하며 제작한 적이 처음이다. 수업 마지막 차시에 단순하게 만족도를 평가하는 수준으로, 구색을 갖추기 위해 수업 후에 설문한 적이 많다. 이제는 평가 결과가 학생과 교사의 성장을 도모한다는 사실을 알기 때문에, 신중하게 탐구하며 설문 문항을 구성한다. 탐구의 사전적 의미는 '파고들어 깊이 연구하는 것'으로, 2022 개정 교육과정이 추구하는 '깊이 있는 학습'이라는 표현과 맞닿는다. 교육과정 분석과 수업 설계 및 진행까지, 심지어 사소해 보였던 설문 문항을 만드는 절차도 탐구가 뒷받침되어야 비로소 깊이 있는 학습으로 나아가겠다는 깨달음이 생겼다.

(2) 평가 결과를 반영하여 추수지도에 깊이 더하기

학생들은 '악기 음색의 특징을 구별하기'라는 목적에 걸맞게 진행되었는지 비평하고, 수업을 발전시킬 방법에 대해 짧지만 명료하게 글을 썼다. 학생들이 수업에 수동적으로 앉아만 있었다면 불가능한 일이며, 주도적으로 수업에 참여했다는 증거처럼 느껴져서 기특했다. 또한 지금까지 속으로만 생각하고 있던 내용을 더 늦기 전에 설문으로 끄집어낼 수 있어서 다행이었다. 이를 참고하여 평가 후 활동을 다양하게 이어갔다.

- 음악을 통해서 그림을 그리고 싶다.
- 다른 반이 어떻게 했는지 또는 선배들이 어떻게 했는지 예시를 보여주면 글을 쓸 때 도움이 될 것 같다.
- 악기를 듣고 보는 것 뿐만 아니라 직접 경험해보거나 더 자세히 볼 수 있으면 좋겠다. 예를 들어 악기에 대해 정보를 얻을 수 있는 영화를 보며 실생활에서 어떤 점이 불편한지, 이런 악기는 저 악기와 비슷한 점이 있는지 영화로 보면 기억에 남을 것 같다.

▲ 학생이 수업을 비평하고 건의 사항을 제안한 설문 답변

설문에서 실제 악기 소리를 들어보고 싶다는 의견이 꽤 많았다. 교사는 수도권 외곽의 소도시에서 근무하는데, 이 지역은 실제 악기 공연을 접하기 어렵다. 오케스트라 공연을 가 본 학생이 많지 않을 정도라서, 악기 음색에 대해 깊이 있는 학습을 하려면 실물 악기를 보는 경험이 중요했다. 이를 위해 집에 묵혀두었던 바이올린을 가져와서 교과서 수록곡을 연주하고, 다음 수업에서 다룰 셈여림과 빠르기의 개념을 바이올린으로 들려주며 실음으로 체험하게 했다. 학생들이 활에 송진을 직접 발라보게 하고, 줄을 튕겨보도록 했다. 교실에 드럼 세트도 설치하여 쉬는 시간에 마음껏 연주하도록 했다. 학교에 앙상블 공연단체를 초대할 수 있도록 예산을 확보해야겠다는 계획을 세웠고, 인근 소도시의 악기 도서관을 소개하여 실제 악기를 만져볼 수 있는 경로를 소개했다.

음악을 통해서 그림을 그리고 싶다는 의견에 대해서는 논술 내용을 생성형 미술 AI로 표현하는 활동으로 연계했다. 논술에서 자신이 선택한 악기와 관련하여 악기의 구조, 악기 음색에서 떠오른 이미지 등을 캔바의 매직 미디어(Magic Media)에 프롬프트를 입력하고 그림을 생성했다. 예컨대 피콜로는 목관악기 중 가장 고음역을 담당하는데, 피콜로 음색이 구름을 날아다니는 참새처럼 느껴진다는 학생은 논술 내용을 프롬프트로 입력하여 그림을 만들었다. 피콜로는 AI가 틀리게 그려서 실제 악기 사진을 합성하고, 피콜로의 고음역과 작은 크기를 그림에서 반영하기 위해 피콜로를 높이, 작게 배치했다. 단순히 악기를 정확히 그리거나, 악기와 관련된 느낌을 그리는 차원을 넘어서 악기의 음역, 구조, 음색을 복합적으로 반영하여 음악 감상을 깊이 있게 다루고자 했다.

▲ 악기의 음역, 구조, 음색, 느낌 등을 반영하여 이미지 표현(캔바)

그 외의 의견들은 참고하여 다음 수행평가를 계획할 때 반영했다. 이처럼 학생들의 건의 사항과 질문을 피드백 형식으로 연계하여 의미 있게 추수지도를 했다. 사후지도라고도 하는 추수지도(Followup service)는 상담에서 내담자의 문제가 해결된 이후에도 지속해서 관찰하여 적응을 잘하도록 도와주는 방법이다. 평가에서는 평가 종료 이후 학생의 학습 성취도를 계속 점검하고 지원하는 교육 활동이다(서울대학교 교육연구소, 1995). 2022 개정 교육과정 총론에서 '학생 평가 결과를 활용하여 수업의 질을 지속적으로 개선'하고, '학교는 평가 결과에 대한 적절한 정보를 제공하고 추수지도를 실시'라는 지침은 이렇게 에듀테크를 활용하여 쉽고 빠르게 실천할 수 있었다.

(3) 평가의 혁신은 교사 공동체와 함께 이루기

지금까지 살펴본 수업 과정은 평가의 혁신을 꿈꾸는 연구회 집필진들과 의논하며 이루어냈다. 예컨대 교사는 목관, 금관악기를 학생들이 헷갈리지 않고 음색과 음역을 깊이 있게 이해하려면 수업을 어떻게 개선해야 하는지 책의 집필 모임에서 고민을 털어놓았다. 공저자인 선배 교사가 코칭하며 어려움을 극복할 방법을 함께 찾았다. 음악을 많이 들으면서 악기의 음역과 구조를 그림으로 표현하면 직관적으로 이해할 수 있을 거라며, 앞에서 소개한 생성형 AI로 악기 그리기 방법을 제안했다. 교사는 이를 듣고 학생들에게 지급할 헤드폰부터 구해서, 음악을 각자 들을 수 있는 환경을 조성했다. 음악을 들으며 생성형 AI로 악기 그림을 그리는 활동을 하고, 음색과 음역을 시청각적으로 잘 구별할 수 있도록 도왔다. 더 나아가 AI가 그린 악기와 실제 악기 사진을 비교하고 보완하는 활동, 악기 음색을 소개하는 뮤직비디오 제작하기 등의 활동으로 확장할 수 있었다. 이렇듯 아이디어를 혼자서 찾기에는 한계가 있지만, 누군가와 함께 이야기하면 어느 순간 생각이 확장된다.

교사가 수업에 대해 고민할 때, 귀 기울여 들어주며 해결 방법을 함께 찾는 경우가 흔치 않다. 학교는 바쁜 업무로 인해 다들 각자도생하는 곳이다. 마음이 통하는 것은 물론이고, 수업에 대한 관심사와 결이 맞아서 함께 탐구하는 동료를 찾기란 더욱 어렵다. 이런 까닭에 교사들은 늘 하던 대로 수업한다. 혁신을 꿈꾸다가 난관에 부딪히면 물어볼 사람이 없는데, 굳이 힘든 길을 헤쳐 나갈 필요가 없기 때문이다.

2022 개정 교육과정 총론 중 설계의 원칙에서는 학습 공동체 문화를 강조한다. 같은 학년 및 교과별 모임과 현장 연구, 자체 연수 등을 진행하여 교육 활동을 개선하라고 한다. 같은 학교에서 학습 공동체를 발전적으로 진행할 수 있다면 행운이겠지만, 비슷한 연구 주제로 연구하는 다른 학교의 교사들을 만나서 공동체 연구를 하는 방법도 있다. 수업 발전을 위해 노력하는 누군가와 함께한다면, 그곳이 공동체다. 회원들과 유의미한 정보를 주고받고, 수업의 문제점을 발견하여 개선점을 찾아가는 과정은 서로에게 마중물이 된다. 모두가 학습 공동체에 몰입하여 활동하면 어느 순간 함께 성장한다. 필자도 교사 연구회가 있었기에 새로운 차원의 수업을 상상했고, 학습자 맞춤형 교육과정 체제 구축이라는 프로젝트에 도전했다. 독자들도 혼자가 아닌 학습 공동체를 통해 수업과 평가의 혁신을 꿈꾸고, 체험하기를 바란다.

데이터 기반 평가 실천 사례

성장중심평가란, 학습의 과정과 결과에 대한 피드백을 통해 학생의 성장과 발달을 돕는 평가로서 학생의 배움과 교사의 가르침을 지속적으로 성찰하고 개선하여 모두의 성장을 지원하는 평가이다(경기도교육청, 2022).

그런데 '모두'의 성장을 돕는 게 현실적으로 가능한가?

▲ 성장 중심평가의 특성(경기도교육청, 2022)

처음 '성장중심평가를 어떻게 구현할 수 있을까?'란 고민을 하며 자주 들여다보았던 도표이다. 이를 체크리스트로 정리하고, 각각의 요소를 점검하며 실행해보자.

▲ 성장 중심평가의 특성(경기도교육청, 2022)을 정리한 체크리스트

이렇게 모두의 성장을 지원하기 위해서는 학생 개별 성취도 파악과 더불어 학급 전체 성취도에 대한 데이터 또한 필요하다. 이 두 데이터를 어떻게 하면 쉽게 수집하여 학생의 성장을 지원하는 데 활용할 수 있을까? 구글 설문의 퀴즈 과제를 활용하여 모든 학생이 목표에 도달하도록 지원했던 수업을 공유해 본다.

국어(5학년) 5. 글쓴이의 주장

[6국04-03] 낱말이 상황에 따라 다양하게 해석됨을 탐구한다.

(1~2차시) 상황에 따라 여러 가지로 해석되는 낱말 알기

(3~4차시) 글을 읽고 상황에 따라 여러 가지로 해석되는 낱말의 뜻 파악하기

▲ 동형어와 다의어의 개념 학습 단원 정보

초등 5학년에서는 동형어와 다의어를 학습하는데, 많은 학생이 이 개념을 매우 어려워한다. 한 낱말이 여러 가지 뜻을 가진 경우의 낱말을 '다의어'라 하고, 형태는 같지만 뜻이 서로 다른 낱말을 '동형어'라 한다. 동형어에 대한 개념이 없으니 사전의 맨 앞에 있는 낱말의 뜻만 살펴보거나, 여러 뜻이 있는 다의어에서 문맥에 맞는 뜻을 찾지 못한다. 처음이 내용을 가르칠 때, 필자 또한 한참을 들여다본 끝에 이해했던 기억이 있다. 그리고 해마다 많은 학생이 이 개념을 매우 어려워하였고, 성취도가 매우 낮았다.

이를 개선하고자 학생의 성장을 지원하도록 학생 성취도에 대한 데이터 수집 계획을 강화하고, 성장중심평가의 특성을 고려하며 수업을 진행했다.

가. 실시간으로 학생 성취도 파악하기

: (1~2차시) 상황에 따라 여러 가지로 해석되는 낱말 알기

학생들이 동형어와 다의어의 개념을 교사의 설명으로 이해하도록 돕는 시간은 10분이면 충분하다. 하지만 과연 학생들이 이 개념을 진지하게 생각하며 들었을지, 명확히 이해했을지 의문이다. 학생의 성장을 지원하기 위해서는 학습자의 현 상태를 진단하고 분석하는 과정이 필요하다.

1) 평가를 위해 구글 설문의 퀴즈 과제 설정하기

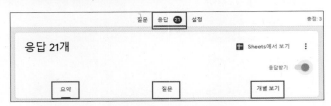

▲ 구글 설문 [응답] 탭 구성

구글 설문에서는 [응답] 탭에서 실시간으로 응답수를 확인할 수 있으며, 하위 [요약] 탭에서 전체 결과에 대한 통계 그래프, 자주 놓치는 질문, 학생별 점수, 문항별 결과 그래프와 응답을 확인할 수 있다. [질문] 탭에서는 질문별로 학생의 응답을 한눈에 파악할 수 있다. [개별 보기]에서는 학생이 제출한 설문 응답을 개별로 확인할 수 있다. 상단의 [Sheets에서 보기]를 클릭하며 구글 시트에서 결과를 확인할 수 있으며, 이를 활용하여 데이터를 효과적으로 누적 관리하면 된다.

[설정] 탭에서 퀴즈로 만들 때, [퀴즈로 만들기] 활성화 후, [직접 검토 후 공개]를 선택해야 미리 시험을 완료한 학생에 의해 정답 유출 및 혼란을 예방할 수 있으며, [응답 횟수 1회로 제한]을 꼭 활성화해야 한다.

▲ [직접 검토 후 공개]로 설정하기

▲ [설정] 탭 중, 응답에 대한 부분 설정하기

　모든 학생의 평가가 완료되면, [응답] 탭의 [점수] 항목에서 [점수 등록] 아이콘을 클릭하여 학생에게 개별 이메일로 결과를 발송한다. 학생은 이메일에서 점수뿐만 아니라, [보기]를 눌러 채점 결과와 교사의 피드백을 확인할 수 있다.

▲ [점수 등록] 클릭하여 결과 전체 발송하기

2) 구글 설문 퀴즈 과제로 성장을 지원하는 평가하기

1차 형성평가 결과를 확인하니, 30%의 학생만 개념을 명확히 이해했다.

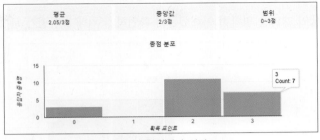

▲ 1차 형성평가 결과

여기에서 교사가 다시 개념 설명을 해줄 수도 있지만, 이보다 학생들이 대화를 통해 개념을 이해할 기회를 주는 것이 더 좋다.

> ☑ 협력 중심의 평가(학생의 참여와 협력을 중시하는)

5분 뒤에 2차 평가가 있음을 예고하고, 교사는 서둘러 2차 문항을 제작한다. 그 시간에 학생들은 문항의 답이 무엇인지, 왜 그게 답인지를 서로 이야기 나누며 동형어와 다의어의 개념에 조금 더 다가간다. 학생들은 2차 평가가 예고되어 있기에 활발하게 질문하고 답하며 이해하기 위해 노력한다. 2차 평가가 동기이자 목적이 되는 것이다.

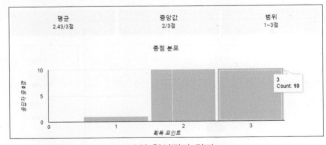

▲ 2차 형성평가 결과

2차 평가 결과가 1차 평가 결과보다 나아지긴 했지만, 여전히 50%의 학생만 개념을 명확히 이해하고 있다. 교사는 성취도가 향상되었음을 칭찬하며, 아직 절반의 학생이 동형어와 다의어의 개념을 명확히 이해하지 못했기에 추가 시간과 도움이 필요함을 안내한다.

다시 모둠별로 2차 평가 문항에 대한 분석을 통해 협력적 주체성을 발휘할 기회를 준다. 이때, 교사는 학생이 개념을 명확히 이해했는지 확인하기 위해 3차 평가 문항을 준비한다.

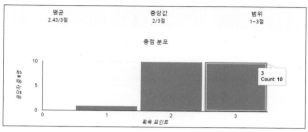

▲ 3차 형성평가 결과

2차와 3차 평가 결과를 살펴보면 그래프가 일치하지만, 학생이 성장하지 않았다고 단정할 수 없다. 교사가 3차 평가에서 개념을 명확히 이해했는지 파악하고자 조금 더 어렵게 출제했기 때문이다.

▲ 개념을 확인하는 평가 문항(1~4차시 공통 문항)

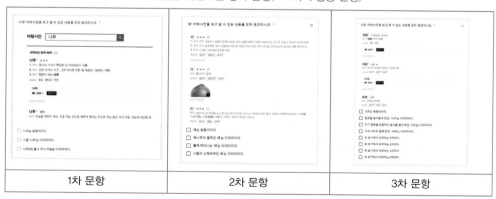

| 1차 문항 | 2차 문항 | 3차 문항 |

▲ 1~3차 내용과 난이도를 조정하여 출제한 형성평가 문항

앞에서 설명했듯이 2, 3차 점수 분포 인원이 같더라도, 구글 시트에서 개별 학생의 데이터를 분석해 보면 개별 결과는 서로 다르다.

번호	1차 평가	2차 평가	3차 평가
1	3 / 3	2 / 3	3 / 3
2	2 / 3	3 / 3	3 / 3
3	3 / 3	3 / 3	2 / 3
4	2 / 3	1 / 3	2 / 3
5	0 / 3	3 / 3	2 / 3
7	0 / 3	2 / 3	2 / 3
8	3 / 3	2 / 3	2 / 3
9	2 / 3	3 / 3	3 / 3
10	2 / 3	3 / 3	3 / 3
11	2 / 3	3 / 3	3 / 3
12	2 / 3	2 / 3	2 / 3
13	3 / 3	3 / 3	2 / 3
14	2 / 3	2 / 3	1 / 3
15	3 / 3	2 / 3	2 / 3
16	3 / 3	3 / 3	3 / 3
17	2 / 3	3 / 3	3 / 3
18	2 / 3	2 / 3	2 / 3
19	2 / 3	2 / 3	2 / 3
20	3 / 3	3 / 3	3 / 3
21	0 / 3	2 / 3	3 / 3
22	2 / 3	2 / 3	3 / 3

▲ 1~3차 형성평가 결과 분석

학생들은 어려워진 3차 평가 문항에 대해 모둠별로 문항 분석을 하며 동형어와 다의어의 개념을 더욱 명확히 이해해 나간다. 이때, 교사는 학생이 3차례에 걸친 형성평가의 개인별 성취도를 분석하고, 최종 성취도를 확인하기 위한 총괄평가를 준비하여 실시한다.

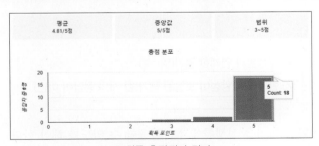

▲ 최종 총괄평가 결과

☑ 과정중심의 평가(수업=평가)
☑ 수업의 흐름 속에 이루어지는 평가(지속적인 피드백)

번호	1차 평가	2차 평가	3차 평가	총괄평가
1	3 / 3	2 / 3	3 / 3	5 / 5
2	2 / 3	3 / 3	3 / 3	5 / 5
3	3 / 3	3 / 3	2 / 3	5 / 5
4	2 / 3	1 / 3	2 / 3	5 / 5
5	0 / 3	3 / 3	2 / 3	3 / 5
7	0 / 3	2 / 3	2 / 3	4 / 5
8	3 / 3	2 / 3	2 / 3	5 / 5
9	2 / 3	3 / 3	3 / 3	5 / 5
10	2 / 3	3 / 3	3 / 3	5 / 5
11	2 / 3	3 / 3	3 / 3	5 / 5
12	2 / 3	2 / 3	2 / 3	5 / 5
13	3 / 3	3 / 3	2 / 3	5 / 5
14	2 / 3	2 / 3	1 / 3	4 / 5
15	3 / 3	2 / 3	2 / 3	5 / 5
16	3 / 3	3 / 3	3 / 3	5 / 5
17	2 / 3	3 / 3	3 / 3	5 / 5
18	2 / 3	2 / 3	2 / 3	5 / 5
19	2 / 3	2 / 3	2 / 3	5 / 5
20	3 / 3	3 / 3	3 / 3	5 / 5
21	0 / 3	2 / 3	3 / 3	5 / 5
22	2 / 3	2 / 3	3 / 3	5 / 5

▲ 평가 결과 분석_구글 시트 조건부 서식

이렇게 상황에 따라 여러 가지로 해석되는 낱말 알기(2차시) 수업이 끝났다. 총괄평가에서 문제를 틀린 학생은 교사가 보충 지도를 하며 수업을 마무리한다.

평가 결과를 보면 '모두의 성장을 지원하는 평가'가 잘 구현되었다는 생각이 든다. 하지만 이게 끝이 아니다. 성장중심평가의 매우 중요한 두 요소를 아직 충족하지 못했다. 1~2차시의 활동은 실생활과 연계한 평가가 아니었으며, 반응의 다양성이 보장된 평가가 아니었다.

☑ 실생활과 연계한 평가(앎=삶)
☑ 반응의 다양성이 보장된 평가(한 개의 정답이 아닌)

알게 된 동형어와 다의어를 실생활에서도 활용할 수 있도록 해야 한다.

나. 데이터 공유와 피드백으로 학생의 성장 지원하기

: 글을 읽고 상황에 따라 여러 가지로 해석되는 낱말의 뜻 파악하기(3~4차시)

실생활과 연계한 평가를 하려면 도구 선정도 매우 중요하다. 이젠 종이 사전으로 낱말을 찾아보는 사람은 거의 없으며, 대부분 온라인 사전을 활용한다. 그렇다면 앎이 삶으로 전이될 수 있도록 이를 고려한 도구 선택과 방법이 필요하다.

학생이 실생활에서도 스마트폰을 활용하여 궁금한 낱말을 찾아볼 수 있도록 네이버 어학사전 사용법을 지도한다. 그리고 학생이 현재 읽고 있는 책의 낱말 중, 찾아보고 싶은 낱말을 조사하여 구글 설문으로 제출하게 한다. 이렇게 모인 낱말들은 개인의 낱말 사전이면서 학급 전체의 낱말 사전이 된다.

▲ 낱말 사전 설문 문항

1~2차시에는 교사가 출제한 구글 설문의 평가 문항을 통해 학습을 진행했다. 이 과정을 통해 동형어와 다의어에 대한 개념적 이해를 바탕으로 자신이 읽는 글 속 낱말의 뜻도 파악하게 되었을까? 개념에 대한 이해를 바탕으로 한 전이는 또 다른 영역이므로 학생의 삶 속에서 이를 연습하도록 해야 한다. 그렇게 학생의 삶과 연계된 또 다른 평가가 시작된다.

☑ 실생활과 연계한 평가(앎=삶)
☑ 반응의 다양성이 보장된 평가(한 개의 정답이 아닌)

교사는 설문 결과를 구글 시트로 변경하고, 결과를 학생들이 모두 확인할 수 있도록 공유한다. 이때, 교사는 구글 시트의 일부분을 학생이 편집하지 못하도록 범위를 보호하여, 평가 데이터가 훼손되지 않도록 주의한다. 학생들은 구글 설문으로 친구들이 찾은 낱말과 의미, 낱말에 대한 분석, 책 제목과 쪽수에 대한 데이터를 확인할 수 있다.

E	F	G	H	I	J
낱말	낱말 뜻	위 낱말에 대한 분석	책 제목, 페이지, 줄 수<예> 봉주르 뚜르, 20쪽, 5)	이상 제보 체크	수정 제출
모두	1. 명사 일정한 수효나 양을 기준으로 하여 빠짐이나 넘침이 없는 전체. 2. 부사 일정한 수효나 양을 빠짐없이 다.	동형어	봉주르 뚜르 78쪽 4줄	✓	다의어
모두	1.명사 일정한 수효나 양을 기준으로 하여 빠짐이나 넘침이 없는 전체. 2.부사 일정한 수효나 양을 빠짐없이 다.	동형어, 다의어	봉주르 뚜르, 78쪽 4줄	✓	다의어 뚜르에서 나타내는 것은 1번 같습니다.
반환점	명사 체육 경보나 마라톤 경기에서, 선수들이 돌아오는 점을 표시한 표지.	둘 다 아님	봉주르 뚜르 66쪽 14번째 줄	☐	
수표	1. 현찰 대신 쓸 수 있는 증서 2. 비유적 중 1번	동형어, 다의어	봉주르, 뚜르, 97쪽, 6번째줄	☐	
모퉁이	1.명사 구부러지거나 꺾여져 돌아간 자리.	다의어	봉주르 뚜르 91쪽 10번째 줄	✓	1.명사 구부러지거나 꺾여져 돌아간 자리. 2.명사 변두리나 구석진 곳. 3.명사 일정한 범위의 어느 부분. 중 1번

▲ 범위가 보호된 열과 학생 편집 영역을 구분하여 활동하기: 구글 시트

학생들은 서로 제출한 낱말 사전의 데이터를 보면서 점검이 필요한 낱말은 체크박스로 표시한다. 본인이 제출한 결과를 스스로 성찰하여 문제점을 파악했을 때, 직접 체크박스에 표시하고 [수정 제출] 열에 정답을 적는다. 다른 학생이 먼저 문제점을 발견하면 체크박스를 표시하여 점검하도록 알려주고, 또 틀리면 직접 가서 도움을 주도록 하였다.

그렇게 4차시의 수업이 모두 끝났으나, 여전히 동형어와 다의어의 개념적 이해를 바탕으로 글의 맥락에서 낱말의 뜻을 찾아내지 못하는 학생들이 있었다. 그래서 독서 프로젝트에서 이 활동을 추가하여, 한 달 정도 이어 진행하였다.

☑ 과정중심의 평가(수업=평가)
☑ 수업의 흐름 속에 이루어지는 평가(지속적인 피드백)
☑ 실생활과 연계한 평가(앎=삶)
☑ 반응의 다양성이 보장된 평가(한 개의 정답이 아닌)
☑ 협력 중심의 평가(학생의 참여와 협력을 중시하는)
☑ 발달 중심의 평가(잠재력과 가능성을 중시하는)

▲ 성장 중심평가의 특성(경기도교육청, 2022)

이렇게 데이터 기반의 성장중심평가를 구현하고자 했던 필자의 사례를 마무리한다. 글 초반에 언급했던 질문,

'그런데 모두의 성장을 돕는 게 현실적으로 가능한가?'

이 글을 읽는 선생님들도 도전해 보고, 스스로 답을 내려보면 좋겠다.

사회정서학습(SEL), 정의적 영역 평가 실천 사례

필자가 학부 시절 흥미롭게 읽었던 책이 한 권 있다. 한 경제학자의 블로그에서 추천을 받아 읽었던 '무엇이 이 나라 학생들을 똑똑하게 만드는가'라는 제목으로 2013년도에 출판된 이 책은 국제학업성취도평가 PISA(Program for International Student Assessment)에서 높은 성취도를 보인 미국, 한국, 폴란드, 핀란드 등 각 나라의 교육을 미국의 기자가 비교한 책이다. 이 책에서 한국의 교육은 '압력밥솥'에 비유되었다. '높은 압력'과 온도로 '단기간'에 모락모락 김을 내는 따끈한 밥이 나오는 압력밥솥으로 우리 교육의 현실을 비유한 것인데 이는 마냥 긍정적인 비유는 아니었다. 이러한 비유가 어울릴 정도로 당시 우리나라의 교육은 많은 시간과 비용을 들여 높은 성취도를 얻는 것이 온 국민에게 당연하게 여겨졌고, 전 세계와 견주어 이런 성취도를 얻었다는 사실에 나름의 자부심을 가지고 있던 분위기였다. 우리는 수월성 교육, 성적 만능주의 등이 만연한 시대를 지나왔으며, 교사들 또한 이런 분위기에서 살아남은 자들임을 부정할 수 없다.

이러한 줄 세우기 경쟁에 대한 반성과 함께, 그동안 우리나라에서는 학습자의 전인적 발달을 위해 인성교육진흥법(2015)을 제정하고 도입하는 등 다방면에서 인성교육의 확산을 위해 힘써왔다. 그러나 기존의 도덕적 덕성을 함양하기 위해 가르쳐왔던 인성교육에서는 결과적으로 도덕적 덕목을 지식 차원에서 가르쳤으며, 그것을 실행하는 능력은 부족하다는 문제가 지적되었다. 이를 극복하기 위해 도덕적 덕목과 더불어 구체적인 사회생활의 맥락 속에서 활용 가능한 사회적 기술들(Social skills)을 함께 가르쳐야 한다는 필요성과 함께 사회정서학습이 등장하였다. 이 글에서는 사회정서학습, 사회성, 정의적 영역, 가치·태도 등의 용어를 한 맥락 속에서 다루고자 한다.

빠르게 변화하는 사회 속 4차 산업혁명과 인공지능의 발달로 학교라는 공간과 교사라는 직업의 필요성에 대해 의문을 제기했던 것도 잠시였다. 코로나는 교사와 학부모, 학생 모두 '학교'라는 공간의 필요성을 더욱 절실히 깨닫게 한 전환점이었다. 학생들은 단순히 지식을 쌓기 위해 학교에 오는 것이 아니었다. 학교에서 겪는 모든 일들이 학생들에게는 몸으로 부딪치며 겪는 배움이었다. 진정한 사회성을 체득하는 공간으로서 학교의 위상을 재확인하였다.

이제는 학교가 학생(학습자)이 가지고 있는 가치와 태도에 주목할 때이다. 변화하는 미래 사회의 교육과정에서 중요한 것은 지식 전달이 아니라 평생 학습자로서의 태도와 마음가짐이다. 학습자가 변화에 대한 열정을 가지고 학습에 임하는 태도를 기르는 환경을 조성해야 한다는 점이다.

코로나로 인한 사회적 변화와 디지털 전환의 가속화로 교실 현장에서는 태블릿 pc 및 크롬북 등의 도구가 널리 보급되었고, 이로 인해 다양한 수업 방식과 에듀테크 도구 도입을 고민하는 등 큰 변화의 물결을 맞이하였다. 에듀테크 도구가 사회정서적으로 부정적 영향을 끼친다는 연구 결과도 있지만, 에듀테크 도구를 활용하여 학생 사회정서적 성장 지원의 데이터로 활용할 수도 있다. 지금부터 정의적 영역의 중요성을 살펴보고 성장중심 평가로 키우는 사회정서역량, 교실 안에서의 감정을 이해하는 평가에 대한 이야기를 시작하겠다.

가. 에듀테크로 도움받는 정의적 영역 성장중심평가

1) 2022 개정 교육과정에서 살펴보는 정의적 영역의 중요성

2022 개정 교육과정의 주요 배경 중에는 '사회의 복잡성과 다양성이 확대되고 사회적 문제를 해결하기 위한 협력의 필요성이 증가함에 따라 상호 존중과 공동체 의식을 함양하는 것이 더욱 중요해지고 있다.'고 말한다.

2022 개정 교육과정에서 '추구하는 인간상'에서도 정의적 영역의 중요성을 찾을 수 있다. 자기주도적이며, 진취적인 태도, 공동체 의식을 바탕으로 다양성을 이해하고, 서로 존중하며, 배려와 나눔, 협력을 실천하는 더불어 사는 사람이라는 키워드에서 나타난다.

가. 전인적 성장을 바탕으로 자아정체성을 확립하고 자신의 진로와 삶을 스스로 개척하는 자기주도적인 사람

라. 공동체 의식을 바탕으로 다양성을 이해하고 서로 존중하며 세계와 소통하는 민주시민으로서 배려와 나눔, 협력을 실천하는 더불어 사는 사람

▲ 2022 개정 교육과정(추구하는 인간상)

또한 추구하는 인간상을 구현하기 위해 교과 교육과 창의적 체험활동을 포함한 학교 교육 전 과정을 통해 중점적으로 기르고자 하는 핵심역량은 다음과 같으며 여기서도 학습자의 가치와 태도를 중시함을 알 수 있다.

가. 자아정체성과 자신감을 가지고 자신의 삶과 진로를 스스로 설계하며 이에 필요한 기초 능력과 자질을 갖추어 자기주도적으로 살아갈 수 있는 자기관리 역량

라. 인간에 대한 공감적 이해와 문화적 감수성을 바탕으로 삶의 의미와 가치를 성찰하고 향유하는 심미적 감성 역량

마. 다른 사람의 관점을 존중하고 경청하는 가운데 자신의 생각과 감정을 효과적으로 표현하며 상호협력적인 관계에서 공동의 목적을 구현하는 협력적 소통 역량

바. 지역·국가·세계 공동체의 구성원에게 요구되는 개방적·포용적 가치와 태도로 지속 가능한 인류 공동체 발전에 적극적이고 책임감 있게 참여하는 공동체 역량

▲ 2022 개정 교육과정(핵심역량)

2022 개정 교육과정에서 나타나는 것처럼, 학생 개개인의 성장과 발전을 중시하고, 미래 사회에 필요한 유연하고 창의적인 사고를 가진, 바른 인성과 민주시민으로서의 자질을 가진 인재를 양성하는 건 매우 중요하다.

교사는 이제는 지식의 전달자에 그치지 않고, 학생들의 개별적인 성장을 지원하고, 정의적 영역을 포함한 전인적 교육을 실현하기 위한 멘토의 역할을 해야 한다. 이를 위해서는 교사 자신도 교육 현장에서의 새로운 변화에 유연하게 대응할 수 있는 능력이 필요하다. 그렇지만 학생들에게 칭찬 및 포용, 토닥임 등을 통한 정서 지원을 하기가 쉽지 않은 현실에서 이런 방향성을 설정하는 구체적인 방법은 어떤 것들이 있을까 고민하게 되지만 어렵기만 하다.

성장중심평가는 학생들의 개별적인 성장과 발전을 중심으로 평가가 이루어져야 한다는 교육적 접근에서 시작된다. 진정한 성장중심평가는 학생들이 단순히 지식을 암기하는 것을 넘어서서 자신의 학습 과정을 이해하고, 자기 주도적으로 학습할 수 있는 능력을 키울 수 있도록 도와야 한다. 따라서 성장중심평가는 단편적으로 학습을 평가하는 것이 아니라, 학생들의 기본적인 능력과 태도를 고려해야 한다는 점에서 '정의적 영역(가치·태도)'과도 연결된다. 이를 위해 '가치.태도' 또는 '정의적 영역'의 중요성을 인식하고, 이에 기반한 평가와 교육 방법을 적극적으로 모색해야 한다. 교사가 이를 인식하고 설계한 사회정서학습 정의적 영역 평가는 어떻게 설계할 수 있을까? 에듀테크 기술을 활용하면 '정의적 영역'에 대한 성장중심평가에 해답을 찾을 수 있다.

2) 정의적 역량, 그중에서 '사회정서학습'의 필요성

(1) 사회정서역량

1994년 미국에서 시작되어 전 세계 여러 나라에 확산된 사회정서학습(Social andEmotional Learning, SEL)은 학교 교육과정 내에서 사회적, 정서적 기술을 함양하는 것을 목표로 하는 교육 방법이다. "사회·정서적 문해력"이라고도 한다. 사회정서학습은 자신과 타인의 정서를 이해하고 관리하며 목표를 설정하고 목표추구 과정을 점검하며 긍정적 인간관계를 이루고 책임있는 의사결정을 내리는 것에 관련된 지식, 태도, 기술을 배우고 실천하는 과정이다(신현숙, 2018).

사회정서학습은 신경과학과 뇌 생리학적 해석을 바탕으로 하고 있다. 신경과학, 뇌 생리학 분야에서 신체, 감정, 인지에 대한 뇌 신경회로 메커니즘에 관한 연구들이 이루어지고 있는데, 이들 연구에 의하면 정서와 감정은 단순히 마음을 느끼는 것에 끝나지 않고 사고와 의사 결정을 내리는 데 영향을 미친다(Lehrer, 2010; 이승현·이승호, 2019 재인용).

이처럼 정서와 감정을 다루는 역량을 기르는 것은 중요하다. 이러한 사회정서역량 향상은 학생들의 학교 적응, 사회성 발달, 학업 성취도 향상, 폭력성 감소 등의 긍정적인 결과로 이어지는 것으로 나타나고 있다.

(2) 자기평가를 통한 성찰과 성장

정의적 영역의 평가 방법으로 자기평가를 다루고자 한다. 자기평가에서 '체크리스트', '포트폴리오(성찰 일기)' 등을 활용하여 학생들이 스스로의 사회정서역량을 되돌아볼 수 있다. 이 과정에서 스스로에 대해 생각해보며 메타인지(Metacognition)가 발휘된다. 메타인지는 자신의 인지적 활동에 대한 지식과 조절을 의미하는 것으로 내가 무엇을 알고 모르는지를 아는 것에서부터 자신이 모르는 부분을 보완하기 위한 계획과 그 계획의 실행 과정을 평가하는 것에 이르는 전반을 의미한다. 김경일(2011)은 메타인지 능력이 뛰어난 사람은 자신의 사고 과정 전반에 대한 이해와 평가를 할 수 있으므로 어떤 것을 수행하거나 배우는 과정에서 어떠한 구체적 활동과 능력이 필요한지를 알고, 이에 기초해서 효과적인 전략을 선택하여 적절히 사용할 수 있다고 말한다. 최근에는 이 메타인지를 인지적 측면에서 정의적 영역까지 확대하여 보고 있다. 이러한 성찰을 통해 학생들은 스스로 사회정서역량을 측정할 수 있다.

사회정서역량을 측정하기 위한 설문 제작을 위해서는 교사가 학생들에게 성찰을 위한 체크리스트 제작의 필요성과 목적을 공유하며 제안할 수 있다.

3) 교실에 도입된 '사회정서학습'

(1) 사회정서학습 속 사회정서역량

사회정서학습을 좀 더 구체적으로 들어가 보면 크게 다섯 가지의 사회정서역량의 증진을 목표로 한다.

사회정서학습의 영역인 사회정서역량으로는 자기 인식(self-awareness), 자기 관리(self-management), 사회적 인식(social awareness), 관계기술(relationship skills), 책임 있는 의사결정(responsible decision-making)이 있다(Merrell&Gueldner, 2010; Weissberg&Cascarino, 2013; 신현숙, 2018 재인용).

사회정서역량	핵심역량 정의
	핵심역량에 관련된 기술
자기 인식 (self-awareness)	자신의 감정을 인식하고 그것이 행동에 어떤 영향을 미치는지 알아차리는 능력
	• 자신과 타인의 감정을 분류하고 인식하기 • 자신의 감정 유발 요인 파악하기 • 정확하게 자신의 장점과 한계를 인식하기 • 자신의 필요성과 가치를 파악하기
자기 관리 (self-management)	다양한 상황에서 자신이 주체가 되어 자신의 생각, 감정 및 행동을 조절하는 능력. 또한 목표를 설정하고 그 방향으로 노력하는 능력
	• 계획을 수립하고 목표를 향해 노력하기 • 충동, 공격성 및 자기파괴적 행동과 같은 감정 조절하기 • 개인 및 대인적 스트레스 관리하기 • 피드백을 건설적으로 활용하기 • 긍정적 동기부여, 희망 및 낙관주의를 나타내기 • 필요할 때 도움을 요청하거나 자기를 위해 대변하기
사회적 인식 (social awareness)	자신이 자란 배경이나 문화와 다른 다양한 배경의 사람의 입장을 이해하고 공감하며 윤리적인 방식으로 가정, 학교 및 커뮤니티 내에서 행동하는 능력
	• 타인이 어떻게 느끼는지 판단하기 위해 사회적 단서(언어적, 신체적) 인식하기 • 타인의 감정과 반응을 예측하고 평가하기 • 타인을 존중하기(예: 주의 깊게 정확하게 듣기) • 다양성을 인정하기(개인과 그룹 간의 유사점과 차이점을 인식하기) • 가족, 학교 및 지역 사회의 자원을 파악하고 활용하기

	다양한 배경의 사람들과 건강한 관계를 구축하고 유지하는 능력
관계 관리 (relationship management)	• 친구를 사귀는 능력을 나타내기 • 관계에서 감정을 관리하고 표현하며, 다양한 시각을 존중하기 • 필요할 때 도움을 줄 수 있는 관계를 유지하기 • 대인 갈등을 예방하고, 발생하면 관리하고 해결하기 • 부적절한 사회적 압박에 저항하기
책임 있는 의사결정 (responsible decision- making)	학생들이 윤리적이고 포괄적인 관점에서 선택을 내리며, 그 결정의 결과에 대해 책임을 질 수 있는 능력
	• 학교에서 내린 결정을 확인하기 • 결정을 내릴 때 발생하는 문제를 확인하고 대안을 마련하기 • 자기반성 및 자기평가 능력을 갖추기 • 도덕적, 개인적 및 윤리적 기준에 따라 결정하기 • 개인, 학교 및 지역사회에 영향을 미치는 책임 있는 결정 내리기 • 공정하게 협상하기

▲ SEL 핵심역량과 관련된 기술(Nicholas Yoder, 2014; 이찬승, 2023 재인용)

개인(자기 인식, 자기 관리), 타인(사회적 인식, 관계 관리), 의사결정능력(책임있는 의사결정)과 관련된 이 사회정서역량은 살펴보면 이 모든 것이 살아가는 데 정말 꼭 필요하며 학생들에게 길러주고 싶은 역량임을 알 수 있다.

또한 이 사회정서역량들은 앞서 다루었던 2022 개정 교육과정의 추구하는 인간상, 추구하는 인간상을 구현하기 위해 중점적으로 기르고자 하는 핵심역량이 떠오르며 많은 부분이 흡사함을 알 수 있다. 특히 핵심역량 중 '자기관리 역량', '심미적 감성 역량', '협력적 소통 역량', '공동체 역량' 등과 연결된다. 따라서 사회정서학습을 실행하는 것은 2022 개정 교육과정과 맥을 같이한다고 볼 수 있다.

(2) 교실 속에서 사회정서역량 체크리스트 만들기

학생들에게 사회정서역량에 대해 위의 표를 가지고 자세히 설명하였다. 이 사회정서역량이 높으면 어떤 점이 좋을지에 관해서도 이야기를 나누니 '학교 다니기 좋을 것 같다.'는 평가가 나왔다. 사회정서학습을 하는 방법은 크게 2가지가 있다. 사회정서역량 자체를 배우는 방법과 교과 수업 안에서 연계하는 것이다. 이 중 사회정서역량 자체를 배우는 방법은 사회정서역량 자체에 대해 학생들의 인식과 이해도를 높이기에 의미가 있다.

이러한 사회정서역량을 측정할 수 있는 설문 문항을 만들어보자고 제안한 후에 5가지 사회정서역량에 대해 각 모둠에서 한 개씩 맡아서 한 모둠 당 한 역량에 대해 5개~10개의 질문을 만들어보라고 하였다. 협업을 위해 사용한 에듀테크 도구는 구글 설문이며 교사는 학생들이 만든 각 항목의 설문을 모아 하나의 사회정서역량 체크리스트 설문지를 완성하였다.

기존 국가기초학력지원센터 사이트 '꾸꾸'에도 사회정서역량을 평가할 수 있는 간이 검사지[61]가 존재한다. 그러나 이 검사지는 3~6학년 수준으로 총 20문항, 역량별 검사 문항은 4개로 구성되어있어 6학년 수준에서 자세히 각 역량을 측정하기에는 다소 아쉬웠다. 따라서 체크리스트 문항을 만들기 어려워하는 학생들에게 이 간이 검사지[61]의 문항을 예시로 제시하여 이해를 돕는 식으로 학습의 보조 자료로써 활용하였다.

학생들이 협력적으로 상의하여 만든 각 사회정서역량 측정 문항은 다음과 같다.

| 지금부터 **사회정서역량**을 평가하기 위한 체크리스트를 실시합니다.
각 질문에 자세히 생각하고 대답해 주세요.
1(전혀 그렇지 않다), 2(그렇지 않다), 3(보통이다), 4(그렇다), 5(매우 그렇다) | | | | | |
문항	1	2	3	4	5
자신의 감정을 분석할 수 있다.					
자신의 장점을 설명할 수 있다.					
해낼 수 있다는 자신감을 가지고 있다.					
자신의 장점과 한계를 명확하게 인식할 수 있다.					
타인의 감정을 분류하고 인식할 수 있나요?					
기분을 말이나 표정으로 표현할 수 있다.					
자신의 감정이 일어난 이유(원인)를 말로 설명할 수 있다.					

(좌측 병합셀: 자기 인식)

[61] bit.ly/SEL3-6

	문항	1	2	3	4	5
자기 관리	필요할 때 도움을 요청할 수 있나요?					
	끝내지 못한 숙제가 있으면 쉬는 시간 또는 점심시간에 마저 할 건가요?					
	스트레스를 풀 수 있는 자신만의 방법이 있나요?					
	계획을 세우면 끝날 때까지 끈기를 가지고 노력하나요?					
	타인의 의견을 수용할 수 있나요?					

	문항	1	2	3	4	5
사회적 인식	친구가 아파서 조퇴했을 때, 친구에게 안부를 묻는가?					
	친구에게 슬픈 일이 생겼을 때 공감해줄 수 있나?					
	개학 첫날 모르는 친구에게 먼저 말을 거는가?					
	주어진 학급 물품으로 원하는 것을 만들 수 있는가?					
	쉬는 시간에 친구들과 어울리며 잘 지내는가?					
	나와 다른 성격을 가진 친구들을 이해할 수 있는가?					

	문항	1	2	3	4	5
관계 관리	다양한 친구들과 두루두루 잘 어울릴 수 있다.					
	처음 보는 친구들과 인사를 할 수 있다.					
	친구의 말에 공감하며 갈등을 예방할 수 있다.					
	한 번 사귄 친구를 1년 이상 유지할 수 있다.					
	친해지고 싶은 친구에게 서슴지 않고 말을 걸 수 있다.					
	친구들에게 나의 감정을 확실히 표현할 수 있다.					
	친구들과 놀 때 어려움을 느끼지 않는다.					
	친구들에게 나의 고민을 털어놓을 수 있다.					

	문항	1	2	3	4	5
책임 있는 의사 결정	자기가 잘못을 했을 때 반성을 많이 합니까?					
	화가 날 때 내가 화를 내면 어떤 일이 일어날지 알고 있습니까?					
	학교에서 필요한 준비물을 잘 준비합니까?					
	포트폴리오 수행평가 과제를 밀리지 않고 이행했나요?					
	친구가 놀릴 때 하지 말라고 '대화'할 수 있습니까?					
	타인과 협상할 때, 윤리적으로 공정하게 행동합니까?					
	자기가 잘못한 점을 말로 표현할 수 있습니까?					

▲ 학생들이 만든 사회정서역량 체크리스트 평가

학생들의 말로 풀어낸 설문 문항에서 학생들의 사회정서역량에 대한 이해도를 알 수 있었으며, 완성된 설문지로 직접 자기평가를 하게 함으로써 자기 주도성이 발휘된 수업을 할 수 있었다. 전반적인 수업 분위기 또한 자기 자신에 대한 역량을 알 수 있다는 것에서 '흥미롭다'라는 인식이었다.

(3) 사회정서학습 체크리스트 제작 활동의 교육적 효과

체크리스트 만들기 활동을 끝내고 난 뒤 학생들의 소감을 받아보았다.

> ▶ 사회정서역량에 이렇게 많은 종류가 있는지 알게 되었다. 특히 우리 모둠이 조사했던 '책임 있는 의사결정'이 가장 인상 깊었다. 이 중에서 나는 '공정하게 협상하기', '현재 선택이 미래에 어떤 영향을 미치는지에 대해 생각하기'가 부족한 것 같다. 또 자기인식에서 '자신과 타인의 감정을 분류하고 인식하기' 또한 어렵다. 이 또한 보완하고 갈고 닦아야 할 점인 것 같다. 앞으로도 내가 부족한 점을 이해하고 행동해야겠다.

> ▶ 계획 실천이 작심삼일이 되지 않고 계획을 수행하는 방법을 알 수 있었으면 좋겠다. 그리고 사회 정서 역량이라는 말을 아예 들어보지 못하고 오늘 처음 들어봤는데 덕분에 사회정서 역량을 알게 되어서 좋았다. 그리고 내가 생각한 것보다 더 많은 나의 태도를 바로 고치며 남을 도우며 살아가겠다는 생각이 들었다. 이번 기회에 설문지도 직접 만들고 다른 모둠 친구들이 만든 설문 조사를 할 수 있어서 좋았다. 앞으로도, 앞으로는 이 사회 역량을 지키기 위해 노력할 것이다. 친구들을 공감하고, 배려하고 존중하고 나에게는 나 자신을 관리하며 생활을 살아나가야겠다는 생각이 들었다. 그리고 교과서 없이 수업하니 좋았다.

> ▶ 사회정서역량을 배우면서 내가 다른 사람과 갈등이 일어나면 풀려고 하지 않았음을 깨달았고 다른 사람과 갈등이 발생했을 때 내가 갈등이 발생한 사람과 멀어지려고 했음을 깨달았다. 사회정서역량을 배우면서 반성을 많이 했고 관계관리가 다른 사람과 관련된 주제였는데 내가 관리관계가 약한 사람이구나를 깨달았고 앞으로는 다른 사람과 갈등이 일어났을 때 갈등을 풀려고 노력하는 자신이 되어야겠다고 다짐했다. 그리고 사회정서역량을 배우면서 앞으로도 다른 사람에게 배려하는 사람이 되어야겠다고 생각했다. 더 잘 알고 싶은 내용은 관계 관리이다. 왜냐하면 나는 다른 사람과 갈등이 많이 발생하기 때문이다.

> ▶ 사회정서역량 평가에서 나는 자기관리, 자기인식, 사회적인식, 관계관리, 책임있는 의사결정이라는 항목들과 그 의미를 알게 되었다. 자기관리에서 나는 나의 감정을 조절하기 위해 노력할 것이고 자기관리에서는 나의 숙제를 미루지 않고 성실히 할 것이다. 사회적 인식에서 타인의 감정과 반응을 알고 관계관리에서 친구들과 사귀는 능력을 올릴 것이다. 나의 발전을 위해 현명하고 타당한 협상을 하는 책임있는 의사결정을 할 것이다. 나는 이 영역들에서 친구들과 더 친해지고 더 많은 친구들을 사귀기 위해 관계관리에 관해 잘 알아보고 싶다. 앞으로 나는 사회정서역량 평가를 한 토대로 멋진 나를 만들어나갈 것이다.

▶ 사회정서역량이 뭔지 알았고 그중에서는 사회적인식에 대해 좀 더 알고 싶다. 사회적 인식은 타인에 대한 내용인데 내가 좀 더 타인을 배려하고 존중해야 한다고 생각했기 때문이다. 다음은 자기 관리이다. 자기 관리 중 계획을 수립하고 목표를 향해 노력하기가 있는데 평소 계획을 잘 세우지도 않고 세운다고 해도 며칠하다가 말기 때문이다. 그리고 자신의 감정 분류하고 인식하기 이다. 내가 평소 나의 감정중 화나거나 슬픈 감정을 모두 짜증난다고 말한다. 그렇기 때문에 좀 더 자세히 나의 감정을 알고 인식하고 싶기 때문이다.

▶ 사회정서역량 자기평가를 실시하며 나의 평소 생활모습에 대해 더욱 알게 되었고 몇 년 뒤 이 사회정서역량 자기평가를 해서 솔직하게 100점이 나올 수 있도록 노력하고 싶다. 사회정서역량이라는 것은 들어보기만 했을 뿐, 하나하나 배우고 자세히 뜯어본 적은 처음인데 이번 교육을 통해서 자세히 알게 되었다. 특히 우리 모둠이 맡은 '책임 있는 의사결정'과 '관계 관리'를 배우고 원만한 친구 관계를 유지하고 친구 사이가 더욱 돈독해질 수 있게 될 것 같다. 그리고 내 선택에 대한 책임을 가지고 화가 날 때 내가 순간 '버럭' 한다면 어떤 일이 일어날지 생각해보는 계기가 될 것 같다. 이렇게 꾸준히 실천한다면 내년에 이 평가를 했을 때 솔직하게 100점이 나올 것 같다. 꼭 100점이 아니더라도 생활의 질이 높아지고 가족, 친구, 선생님과의 관계에 영향을 미쳐 서로서로 행복한 생활이 될 것 같다. 내가 사회성이 조금 부족하다는 것은 알고 있었지만 그것을 고치기에는 어려움이 있을 것 같았지만, 이번 '관계 인식' 교육을 통해 나에게 부족한 점을 보완하고 실천하는 계기가 될 것 같다. 이 사회정서역량 교육은 나에게 굉장히 많은 도움이 된 것 같다.

▶ 오늘 사회정서역량을 배우고 자기평가를 실시하였습니다. 그중에서 제가 가장 관심이 있었던 내용은 '자기 관리'였습니다. '자기 관리' 중에서도 스트레스를 관리하는 것과, 감정을 조절하는 것이 관심이 있었습니다. 평소에 스트레스와 감정을 조절하는 것을 알고 싶었습니다. 더 잘 알고 싶은 내용은 '관계관리'입니다. 왜냐하면 학교에서 생활할 때 중요한 영역이기 때문입니다. 이 중에서는 갈등을 해결하고, 감정을 관리, 표현하며, 다양한 시각을 존중하는 것이 더 알고 싶었습니다. 사회정서역량을 공부하고 나서 사회정서역량의 영역과 종류에 대해 알게 되었습니다. 이번에 평가 항목에 대해 더 깊게 생각할 수 있는 기회가 되어서 재미있고 새로웠습니다.

▲ **체크리스트** 평가 참여 후 학생들의 소감

이 학생들의 소감을 종합하여 알 수 있는 교육적인 효과는 다음과 같다.

❶ **자기 인식 및 자기 관리 향상:** 학생들은 자신의 감정을 인식하고 분류하는 능력, 스트레스와 감정을 조절하는 방법 등 자기 관리 능력이 부족하다는 것을 인지하게 되었다. 이를 통해 자기 인식의 중요성을 깨닫고, 이를 개선하기 위한 노력을 다짐했다.

❷ **사회적 인식 및 관계 관리 개선:** 학생들은 타인의 감정과 반응을 이해하고, 친구들과의 관계를 더 잘 관리하고자 하는 욕구를 갖게 되었다. 특히 갈등 해결과 배려하는 태도를 갖추려는 노력이 엿보인다.

❸ **책임 있는 의사결정 인식:** 학생들은 책임 있는 의사결정의 중요성을 배우고, 자신의 선택이 미래에 어떠한 영향을 미칠지 생각하는 법을 깨달았다. 이는 장기적으로 학생들이 더 성숙한 결정을 내리는 데 도움이 될 것이다.

❹ **교육적 동기 부여 및 자기 주도성 강화:** 체크리스트 활동을 통해 학생들은 자신들이 부족한 점을 파악하고 이를 개선하려는 동기를 얻었다. 또한, 자신의 학습과 성장을 스스로 주도하려는 의지를 알 수 있다.

❺ **사회정서역량에 대한 인식 확대:** 많은 학생들이 사회정서역량의 개념을 처음 접하거나, 기존에 알고 있던 것보다 더 깊이 이해하게 되었다. 이러한 인식의 확대는 학생들이 자신과 타인을 더 잘 이해하고, 학교 생활 및 사회적 상호작용에서 더 긍정적인 결과를 가져올 수 있도록 도울 것이다.

학생들에게는 체크리스트를 만드는 것만으로도 의미가 있던 수업으로 나타났다. 5가지 영역의 역량이 있다는 것을 알았으며, 내가 부족한 역량을 돌아보고 더 나아가 이 역량을 키우려면 어떤 노력을 해야 하는지를 스스로 성찰하게 되었다.

이 체크리스트를 사회정서학습을 키우기 위한 프로그램을 실시한 이후 다시 하였을 때 나오는 결과와 모둠 활동 등 프로젝트 학습을 시행한 후에 조사 결과의 전후를 살펴보면 유의미한 결과가 나올 것으로 기대한다. 사회정서학습을 위한 프로그램은 교사 커뮤니티 사이트를 검색하면 이와 관련된 다양한 자료들이 탑재되어 있으니 그중에서 적절한 자료를 활용하는 것을 추천한다. 사회정서역량에 대해 알아보고 스스로 평가하는 이 시간은 학생들의 정의적 영역에 대해 성찰할 수 있는 매우 효과적인 시간이었다.

필자와 함께 학생들이 작성한 체크리스트 문항을 살펴볼 수 있는 QR코드이다.^❸ 참고하여 교실에서 활용해 보길 바란다.

▲ 학생들이 설계한 체크리스트 설문 문항 QR코드(사본 다운로드, 구글 로그인 필요)

(4) 성찰 보고서를 통해 함양하는 사회정서역량 평가

자기 자신을 점검해보는 성찰의 시간을 가졌으면, 이제는 결과를 활용할 차례이다. 다음 계획은 무엇을 세워야 할까?

다시 성찰해보는 역량 개발 사이클[63]을 돌려본다. 가치와 태도 부분을 학습자가 성찰을 통해 파악한다. 교사는 그다음 어떻게 성장할지 예측하고, 행동하는 역량 개발 사이클을 구조화한다(지미정, 2023 재구성). 학생 스스로 목적의식을 가지고 나아갈 수 있도록 방향성을 제시하여 물꼬를 터보는 것이다. 바로 이 지점이 고차원적인 사고의 학습 부분으로 넘어가는 부분이다. 학생들의 **행위 주체성(student agency)**이 발휘된다. 학생들이 삶의 모든 영역에서 적극적으로 참여하면서 보다 나은 방향으로 영향을 미치려는 책임 의식, 학생들이 혁신적이고 책임감 있으며 의식적인 사람이 되는 데 필요한 태도이다.

이-	자기인식 총점	자기관리 총점	사회적 인식 총점	관계 관리 총점	책임있는 의사결정 총점
권	62.9	60.0	46.7	57.3	65.7
김	74.3	68.0	73.3	70.7	77.1
김	85.7	84.0	96.7	93.3	88.6
김	71.4	76.0	70.0	73.3	71.4
김	97.1	96.0	90.0	86.7	91.4
김	74.3	72.0	80.0	69.3	85.7
김	80.0	92.0	70.0	70.7	80.0
김	85.7	88.0	93.3	89.3	97.1
김	71.4	76.0	36.7	66.7	77.1

▲ 학생들이 스스로 평가한 자신의 사회정서역량

앞서 설문 조사 결과에 응답한 자기평가 체크리스트 결과를 교사가 각 항목당 백분율로 점수화하여 환산한다[64]. 학생들에게 점수화한 사회정서역량을 알려준다. 이때에는 이 점수가 결코 절대적인 것이 아니며, 학생들이 스스로 설문을 만들었기에 유동적이고 변화 가능성이 큰 것임을 안내한다.

도덕과에서는 이 결과를 활용할 수 있는 평가 단원이 많이 있다. 6학년의 경우에는 다음의 두 단원이 대표적인 1학기 평가 단원인데, 그중에서 3단원 '나를 돌아보는 생활'과 연결 지어 성장중심평가를 설계해본다.

---

[63] 역량 개발 사이클이란, OECD 교육 2030 학습 나침반에서 '예측-행동-성찰'의 반복되는 사이클을 말함.
[64] 구글 시트의 함수를 이용하였는데(예를 들어 10문항이라면 5점 만점에 50점이니 항목의 총점을 구한 뒤 2를 곱한다) 이것이 어렵다면 항목당 본인이 응답한 총점을 알려주거나 본인이 직접 항목의 점수를 더하도록 해도 됨.

※평가기준 3단계(잘함/보통/노력요함)						
교과	시기	성취기준	단원명	평가영역	평가요소	평가방법
도덕	3월 4주	[6도01-02] 자주적인 삶을 위해 자신을 이해하고 존중하며 자주적인 삶의 의미와 중요성을 깨닫고 실천방법을 익힌다.	1. 내 삶의 주인은 바로 나	자신과의 관계	자신의 장점을 설명하고 존중하며, 자주적인 삶을 위한 실천계획을 세우고 실천하기	자기평가, 서술형
	5월	[6도04-02] 올바르게 산다는 것의 의미와 중요성을 알고, 자기반성과 마음 다스리기를 통해 올바르게 살아가기 위한 능력과 실천 의지를 기른다.	3. 나를 돌아보는 생활	자연·초월과의 관계	도덕적 성찰의 의미와 중요성을 알고 실천 계획을 세워 실천하기	자기평가, 서술형

▲ 초등학교 6학년 평가계획 1학기 도덕의 예시

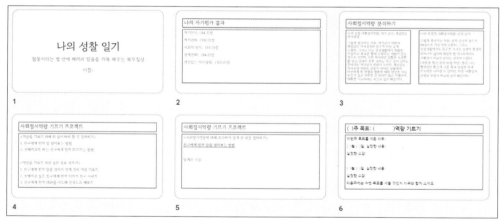

▲ 도덕과와 연계한 성찰 일기 쓰기 예시(구글 슬라이드)

이때 사용한 도구는 구글 슬라이드이다. 필자의 학교는 크롬북 기반의 구글 워크스페이스 환경이 구축되어 있다. 따라서 에듀테크 도구로 가장 잘 쓰고 있는 도구를 선정하였지만, 각자의 교실 환경에 맞는 도구를 활용할 것을 추천한다.

❶ 나의 자기평가 결과를 알고, 강점과 약점 분석하기

학생들은 개별적으로 자신의 점수를 듣고 이를 보고서에 기록한다. 학생들은 자신의 점수를 알고 나의 사회정서역량의 강점과 약점을 나름대로 분석하여 입력하는 성찰 활동을 한다.

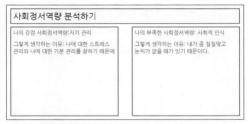

| ▲ 나의 자기평가 결과 입력 예시 | ▲ 나의 강점과 약점 분석 입력 예시 |

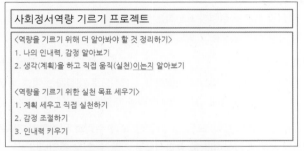

▲ 사회정서역량을 기르기 위한 학생의 계획 세우기 예시

❷ 사회정서역량을 기르기 위한 계획 세우고 실천하기

다음으로 나의 약점을 보강하기 위한 계획을 세운다. 설문 조사에서 점수를 낮게 주었던 문항을 다시 읽어보고 이를 바탕으로 어떤 점을 더 보충해야 할지 조사하도록 한다. 학생 스스로 인터넷 검색을 통해 알게 된 내용을 정리하도록 하는 것도 좋다. 이때에는 퍼플렉시티(Perplexity)⑮와 같은 검색 기반의 전 연령 사용 가능 검색 기반 AI를 이용하여 검색해보는 것을 추천한다. 교사는 이때 학생들이 검색할 수 있는 프롬프트 예시를 제공한다. 잘 만든 프롬프트를 넣으면 학생들이 원하는 결과를 가져다준다.

> "초등학생들이 사회정서역량 중 (사회적 인식)을 기르는 구체적인 방법을 초등학생 수준에서 알려줘."
> "초등학생들이 사회정서역량 중 (관계 관리)를 기르기 위해 (친구와 잘 대화하는 방법)을 초등학생 수준에서 알려줘."

▲ 교사가 안내한 [프롬프트] 예시

⑮ perplexity.ai

초등학생들이 사회정서역량 중 사회적 인식을 기르는 방법을 초등학생 수준에서 알려줘.

답변 초등학생들이 사회적 인식 역량을 기르기 위해서는 다음과 같은 방법들을 활용할 수 있습니다.

타인 관점 이해하기
– 문학작품이나 이야기 속 등장인물의 감정과 행동을 이해하고 공감해보기
– 역할극을 통해 다른 사람의 입장에서 생각해보기

존중과 포용 배우기
– 다양형 존중 교육을 통해 개인차와 문화적 차이를 인정하고 존중하는 태도 기르기
– 협동학습 활동을 통해 서로 다른 의견을 경청하고 존중하는 자세 익히기

의사소통 능력 기르기
– 자신의 감정과 생각을 적절히 표현하는 연습하기
– 상대방의 말을 주의깊게 듣고 피드백하는 활동하기

#갈등 해결 능력 기르기
– 갈등 상황에서 상대방의 입장을 이해하고 건설적으로 해결하는 방법 배우기
– 또래 중재 프로그램을 통해 실제 갈등 상황을 해결해보기

이러한 활동들을 국어, 사회, 도덕 등 다양한 교과 수업과 연계하여 지속적으로 실천한다면, 초등학생들의 사회적 인식 역량을 효과적으로 기를 수 있을 것입니다.

퍼플렉시티(Perplexity)

사회정서역량(자기인식) 기르기 프로젝트

〈사회정서역량에 대해 조사하며 알게 된 내용 정리하기〉

자신이 자신의 장점과 한계를 인식할 수 있는 방법- 알게된 점: 내가 나의 장점을 잘 몰랐으나 이 계기로 사회정서역량을 알게 되어 이 방법을 해봐야겠다는 생각이 들었다. 이렇게 간단한 방법이 있는 줄 알았고 실천해봐야겠다.

자기 성찰하기
- 매일 일기를 쓰며 자신의 행동과 생각을 돌아보기
- 잘했던 점과 부족했던 점을 생각해보기
- 자신이 좋아하고 잘하는 활동은 무엇인지 파악하기
- 어려워하거나 힘들어하는 활동은 무엇인지 파악하기[2]

▲ 사회정서역량을 기르기 위한 학생의 조사 결과 예시

검색 결과 중에서 학생들이 비판적으로 판단하여 자료를 작성하도록 지도한다. 모든 내용을 붙여넣기 하지 않고 그중에서 내가 필요한 것만 골라 쓰며 이때 학생들의 메타인지는 다시 한번 발휘된다.

(1)주 목표: (관계 관리)역량 기르기

이번주 목표를 세운 이유: 가장 부족했던 역량을 길러 친구 관계를 긍정적으로 향상시키기 위해서이다. 관계 관리는 나한테 가장 부족한 역량이기도 하므로 사회정서역량을 기르는 동시에 좋은 친구가 생길 수 있기 때문이다.

(6)월 (3)일 실천한 내용: 공감과 반응하기

실천한 소감: 친구와 대화를 할 때 적절한 공감과 반응을 보이니 평소보다 대화를 원활하게 진행할 수 있었던 것 같은 느낌이 들었다.

(6)월 (5)일 실천한 내용: 칭찬하기

실천한 소감: 친구와 대화할 때에 간단한 칭찬 등을 주고 받으니 대화가 훨씬 즐거워진 기분이다.

다음주에는 어떤 목표를 세울 것인지 이유와 함께 쓰세요.

목표: 다음주에도 똑같이 관계 관리 역량을 기를 것이다.

이유: 나는 관계 관리 역량을 길러 사회성을 기르고 친구도 많이 사귀고 싶기 때문이다.

▲ 사회정서역량을 기르기 위한 실천표 예시(1)

(1)주 목표: (관계 관리)역량 기르기

이번주 목표를 세운 이유: 가장 부족했던 역량을 길러 친구 관계를 긍정적으로 향상시키기 위해서이다. 관계 관리는 나한테 가장 부족한 역량이기도 하므로 사회정서역량을 기르는 동시에 좋은 친구가 생길 수 있기 때문이다.

(6)월 (3)일 실천한 내용: 공감과 반응하기

실천한 소감: 친구와 대화를 할 때 적절한 공감과 반응을 보이니 평소보다 대화를 원활하게 진행할 수 있었던 것 같은 느낌이 들었다.

(6)월 (5)일 실천한 내용: 칭찬하기

실천한 소감: 친구와 대화할 때에 간단한 칭찬 등을 주고 받으니 대화가 훨씬 즐거워진 기분이다.

다음주에는 어떤 목표를 세울 것인지 이유와 함께 쓰세요.

목표: 다음주에도 똑같이 관계 관리 역량을 기를 것이다.

이유: 나는 관계 관리 역량을 길러 사회성을 기르고 친구도 많이 사귀고 싶기 때문이다.

▲ 사회정서역량을 기르기 위한 실천표 예시(2)

그런 다음, 일정 기간을 걸쳐 조사한 사회정서역량을 실천한 내용을 적도록 한다. 왜 이번 주 목표를 특정 역량을 기르기로 정한 것인지 이유를 쓰고(예측), 이를 실천한 다음 (행동), 다음 주의 목표를 정하라(성찰)는 지시문을 따르며 학생들은 자연스럽게 예측–행 동–성찰로 이어지는 역량 개발 사이클의 과정을 통해 사회정서역량을 함양할 수 있다. 이 러한 경험들이 모여 성장중심평가의 포트폴리오가 된다. 필자는 4주 과정의 성찰 일기를 진행하여 이를 모아 도덕과 수행평가로 실시하였다.

프로젝트를 마치며 나에게 쓰는 편지

프로젝트를 마치면서 처음에는 수행평가로 시작했지만 하면서 점점 더 자기 관리역량이 느는것 같아 뿌듯했어. 그렇지만 원래 미루면서 살아오다가 4주만에 자기관리 역량을 완벽하게 키울 수는 없었던 것 같아. 그래도 시작보다 더 늘어서 좀 더 노력하면 언젠가는 많이 기를 수 있지 않을까 생각해. 내용을 보면 '필사를 미루지 않았다' '목표를 세우고 달성했다' 이런거 뿐이지만 나는 이것만으로도 정말 많이 발전한 것 같아. 그렇지만 이게 끝이 아닐거야 좀 더 노력해서 자기관리를 더 늘었으면 좋겠어. 4주동안 열심히 했고 나도 그만큼 결과를 봤어. 비록 짧은 4주였지만 정말 뿌듯해. 몇 번 반복하는 것 같지만 진짜로 좀 더 노력해 이런게 없어도 스스로 목표를 세우고 실천하고 해야할 일 했으면 좋겠어. 이제 그게 나의 일인 것 같아. 그리고 자기관리 뿐만아니라 다른 것도 노력해서 키워야겠어.

▲ 4주 간의 성찰 일기를 마치며 소감문 예시(1)

▲ 4주 간의 성찰 일기를 마치며 소감문 예시(2)

4) 신뢰도와 타당도를 입증할 수 있는 성장중심평가

이처럼 교사는 사회정서학습 학생들의 데이터를 에듀테크 도구를 활용하여 효과적이고 장기적으로 관리하고, 학생들의 삶에 긍정적인 변화를 이끌어낼 수 있다. 교사는 학생들의 데이터를 파악하여 학생들이 목표를 찾고 나아가는 것을 관찰하고 도울 수 있다. 이때 에듀테크 도구는 학생들의 성장에 대한 유의미한 데이터를 기록하는 편리한 도구가 되며 이를 바탕으로 교사는 피드백을 개별화하는 것이 수월해진다. 또한 누적된 데이터를 바탕으로 내리는 평가는 높은 신뢰성과 객관적인 타당성을 확보할 수 있다. 이를 통해 학생들이 스스로 삶을 변화시키기 위한 선택을 하고 행동으로 옮기는 과정을 활성화할 수 있으며, 이는 학생들의 학습 성취도와 흥미도 향상으로 이어진다.

전 세계 수많은 학교를 대상으로 양질의 사회정서학습 프로그램을 공급하고 있으며 컨설팅을 하는 '학업, 사회·정서적 학습 협력'(Collaborative for Academic, Social, and Emotional Learning: 이하 CASEL)단체에서는 학생의 행위 주체성(student agency)을 강조하면서 **학생들이 사는 맥락과 환경이 그들의 학문적, 사회·정서적 발달에서 분리될 수 없음**을 인정하고 있다. 사회정서학습을 도입하여 사회정서역량의 발달을 위해 설계된 성장중심평가는 학생들의 사회성을 비롯한 전인적 발달을 도울 것이다.

나. 학생 교우관계 진단 설문지 : 사회정서역량 및 수업 개선에 도움 얻기

이번에는 사회정서학습과 비슷하지만 조금은 다른 이야기를 해보고자 한다. 마찬가지로 학생들의 사회성 발달과 연결되는 이야기이다. 여기서 말하는 '평가'는 국어사전에 나오는 '사물의 가치나 수준 따위를 평함. 또는 그 가치나 수준.'이라는 뜻에 맞게 과목에 대한 성취도를 '측정'하는 것이 아니라 학생들의 또래에 대한 '평(評)'을 말한다. 교사는 교우관계 설문지를 통해 학급살이에서 나타나는 학생들의 동료평가를 살펴보고 교사 교육과정⑥을 설계하여 성장을 이끌 수 있다.

1) 교우 관계의 중요성

학급 내의 안정적인 친구 관계에서 얻어지는 정서적 지지, 대인 간 기술, 인정 등은 학교생활을 해나가는 데 있어서 청소년이 대처해 가는 능력을 발달시키고 촉진해 준다고 한다(Ladd&Kochenderfer, 1996). 그러나 친구 관계를 부정적으로 기술한 아동은 다양한 형태의 학교 부적응, 예를 들면, 높은 수준의 학교 외로움과 회피, 낮은 수준의 학교 선호와 참여, 일탈행동 등의 모습을 나타낸다(Deborah 외, 2000). 즉, 긍정적인 교우관계를 가진 청소년일수록 협동적이고 친사회적인 상호작용에 적극적으로 참여하고 학교 규칙을 잘 지키며, 학습 동기가 높기 때문에 높은 학업성취와 학교생활에 성공적인 적응을 한다고 볼 수 있다(오미섭, 2013 재인용).

2) 정성평가와 정량평가로 이루어지는 동료평가

여기서 제안하는 교우관계 설문지(동료평가)는 정성평가와 정량평가로 이루어지며, 이는 학생들 사이의 상호작용과 관계를 분석하는 데 유용하다. 이러한 평가는 학생들의 사회적 상호작용, 협업 능력, 그리고 교우관계 내에서의 역할과 영향력을 평가하는 데 사용된다. 이를 통해 교사는 학생들이 서로를 어떻게 인식하고 있는지 이해할 수 있으며, 이

---

⑥ 유영식(2023)에 따르면 교사 교육과정은 학문적 용어가 아니라 현장에서 만들어지고 강조되는 용어임. 각 시도교육청의 교사 교육과정 정의는 진술 용어와 표현에는 차이가 있지만 종합해보면 "국가·지역·학교 교육과정의 기반 위에 학생과 교사의 철학을 담아낸 실천 중심 교육과정"이라고 정리할 수 있다고 말함.

정보를 바탕으로 학급 내 사회적 분위기를 개선하고 협업 및 의사소통 능력을 강화하기 위한 교육적 개입을 설계할 수 있다. 특히 고학년 학생들의 경우, 선생님 앞에서와 친구들 사이에서의 다른 모습을 파악하거나 교우관계의 변화를 알아내는 데 도움이 된다.

과거에는 학생들의 동료평가를 주로 종이를 통해 수행했으나, 현재는 다양한 에듀테크 도구를 활용할 수 있게 되었다. 구글 설문지와 같은 도구를 이용한 교우관계 조사는 학생들 사이의 관계를 한눈에 분석하고 각 학생의 의사소통 및 협력적 문제 해결 능력을 평가하는 데 유용한 자료가 된다.

앞서 다루었던 사회정서학습의 성찰 일기 작성 전후로 교우관계 평가 설문을 실시하는 것도 좋은 방법이다. 교우관계 조사 결과는 성찰 일기와 함께 분석될 때, 4주간의 성찰 일기가 단지 자기평가에 그치지 않을 수 있는데 도움을 준다. 교우관계 설문 결과는 학습자의 사회정서역량 발달에 있어 실질적인 변화를 객관적으로 보여주는 참고 자료로 활용될 수 있다.

(1) 정성평가 질문으로 설문지 시작하기

정성평가 질문과 정량평가 점수제를 병행하는 이유 중 하나는 학생들 사이에서 이 설문지가 단순히 각자를 점수로 평가하는 것이 아니라 성장하는 데 서로 도움을 주기 위해 실시한다는 것을 인식시키기 위해서다. 자칫 학생들 사이에서 '너에게 점수를 낮게 줄 것이다.'와 같은 서로를 존중하지 않는 분위기로 갈 수 있으므로 유의해야 한다.

따라서 설문지의 서문에는 다음과 같이 밝히며 5~6개의 정성평가 문항을 작성하도록 한다.

> 우리는 자기평가를 통해 나의 사회정서역량이 어느 정도 수준인지를 알고 어느 부분을 더 노력해서 길러야 하는지 알게 되었습니다. 또한 우리는 누구나 안전하고 평화로운 학교 생활을 할 권리가 있습니다. 옳지 않은 것에 대해 용기 있게 말하고, 옳지 않은 행동을 하는 친구가 스스로 돌아보고 자신의 역량을 성장할 수 있도록 함께 도와야 해요. 나의 솔직한 마음을 표현할 줄 알고, 다른 사람의 솔직한 마음에 경청하는 학급이 되길 바랍니다.

▲ 설문지 서문 예시(1)

각 문항의 예시는 다음과 같으며 교사 커뮤니티 사이트에서 학급살이 설문으로 검색하면 나오는 다양한 설문지를 참고하였다.

- 이번 달에 친구들을 차별하지 않고 친절한 말과 행동으로 잘 대해 주며 존중하고 있는 친구
- 지난 달과 비교해 말과 행동을 표현하는 것이 좋아졌다고 생각하는 친구
- 아직도 다른 친구에게 예의 없거나 존중하지 않는 말 등을 해서 다른 친구에게 상처를 주거나 폭력적인 말과 행동으로 다른 친구들을 힘들게 하는 친구 (그 친구에게 따뜻하게 조언하는 말을 써주세요)
- 우리 반에 도움이 필요하다고 생각하는 친구 (그 친구에게 응원하는 말을 써주세요)

▲ 설문지 서문 예시(2)

이러한 질문은 다양한 방면에서 학생들이 한 달 간의 학급살이에 대해 돌아보고 서로에 대해 성장하는 답변을 하게 만든다.

---

1. 이번 달에 친구들을 차별하지 않고 친절한 말과 행동으로 잘 대해 주며 존중하고 있는 친구는 *
누구인가요? 자세히 작성해 봅시다.

장문형 텍스트

---

2. 지난 달과 비교해 말과 행동을 표현하는 것이 좋아졌다고 생각하는 친구는 누구인가요? 자세 *
하게 써 주면 그 친구가 더 잘 할 수 있으니 어떻게 좋아졌는지 자세히 써 주세요.

장문형 텍스트

▲ 정성평가 설문지 실제 모습

(2) 정량평가로 친구에 대한 마음 표현하기

다음의 정량평가 설문지는 필자의 신규 시절 선배 교사로부터 안내받아 그동안 종이로 통계를 내던 것을 필자가 에듀테크 도구인 구글 설문지를 활용하여 쉽게 활용할 수 있도록 변형한 것이다. 종이에 조사하여 교사가 일일이 통계를 내던 방식을 구글 설문지로 진행하니 시간이 단축되고, 통계를 내는 방식도 구글 시트의 함수를 활용한 총합, 평균, 순위 내기 등 손쉽게 다각화하여 접근할 수 있었다. 다음 장에서 자세히 설명하도록 하겠다.

(3) 구글 설문지를 이용한 5점 척도 정량평가 만들기

❶ 설문지 만들고 학생들과 문항에 답하기

▲ 객관식 그리드를 활용한 구글 설문지 제작   ▲ 학생들이 보게 되는 설문지의 모습

설문지를 만드는 방식은 간단하다. 구글 설문지에 들어가 나의 이름을 쓰라는 문항과, 친구들을 평가해달라는 문항을 만들면 된다. 객관식 그리드를 이용하여 문항을 만드는 것이 친구 이름을 일일이 넣어 만드는 것보다 더 간편하다. 또한 마지막에 '각 행에 응답 필요'에 체크해주면 학생들이 친구 평가를 누락하여 제출하는 것을 예방할 수 있다.

학생들에게 자신에게는 '5점'을 부여하고, 친구들에 대해 평가를 하도록 한다. '정말 친한 친구는 5점, 이 친구랑은 전혀 친해지고 싶지 않다는 1점을 매긴다. 3점은 보통이고, 4점은 절친한 사이는 아니지만, 보통보다는 호감이 있는 친구에게, 2점은 3점보다는 낮지만 그렇지만 1점보다는 높은 점수를 주고 싶은 친구에게 점수를 부여하도록 한다.'라고 교사가 설명하면 학생들은 고민하며 진지하게 설문에 임하게 된다.

1점	2점	3점	4점	5점
전혀 친해지고 싶지 않다	보통보다 낮지만 전혀 친해지고 싶지 않은 정도는 아님	보통	보통보다 호감	절친한 사이

▲ 교우관계 조사 정량평가 설문지 점수 배점 기준표

학급의 모든 학생에게 이 설문지를 실시하도록 한다. 초등학교 6학년을 기준으로 정성평가와 정량 평가를 모두 시행하는 데에 시간이 아주 오래 걸리지는 않았다. (크롬북을 쓰는 학급, 구글 설문지에 익숙하다는 전제하에 약 20분 소요됨) 교사는 설문지 결과를 'Sheet에서 보기' 기능을 활용해 한눈에 통계 낼 수 있다.

❷ 설문지 통계 내기

▲ 설문지 통계를 내기 위해 'Sheets에서 보기'를 선택하기

'Sheets에서 보기'를 선택하면 구글 설문지가 구글 시트로 넘어가며, 구글 시트에서 '조건부서식'을 이용하면 결괏값을 한눈에 볼 수 있다. 이를 통해 반에서 교우관계가 원만한 아이와 교우관계에 어려움을 겪는 아이를 파악할 수 있으며, 아이들이 교우관계에 대해 얼마나 개방적인 태도를 보이는지도 알 수 있다.

이 설문지 통계의 가장 강력한 장점은 구글 시트를 통해 드러난다.

	C	D	E	F	G	H	I	J	K	L	M
1	나의 이름을 쓰세요	학생 1	학생 2	학생 3	학생 4	학생 5	학생 6	학생 7	학생 8	학생 9	학생 10
2	학생 1	5	1	3	2	5	1	4	5	1	5
3	학생 2	3	5	4	3	4	3	4	4	3	4
4	학생 3	4	4	5	4	5	2	5	4	5	3
5	학생 4	4	3	3	5	4	2	3	5	2	5
6	학생 5	4	4	4	4	5	3	3	4	3	4
7	학생 6	3	3	2	3	4	5	2	3	2	3
8	학생 7	3	3	5	3	5	1	5	1	5	1
9	학생 8	5	2	2	5	3	2	1	5	3	5
10	학생 9	2	3	4	3	4	2	4	3	5	3
11	학생 10	2	1	1	5	3	1	1	5	1	5

▲ 구글 시트로 통계를 낸 결과

맨 처음 구글 시트로 넘어가면 다음과 같이 다소 정신없는 표의 모습을 보여준다. 여기에 교사가 '조건부 서식'과 구글 함수를 이용하여 데이터를 가공하면 점수를 분석하기가 좀 더 쉬워진다. 정성평가와 정량평가가 모두 담긴 교우관계 설문지는 '사본 만들기' 기능을 사용하여 확인 할 수 있다. 한 달에 한 번씩 조사하길 추천한다.

▲ 교우관계 조사 설문지 문항 QR코드[67](사본 다운로드, 구글 로그인 필요)

조건부 서식 및 SUM 함수(총합 구하기), AVERAGE 함수(평균 구하기), RANK 함수(순위 구하기)에 대한 자세한 설명은 유튜브 동영상으로 확인할 수 있다.

▲ 설문지 실시 후 시각화 설명 영상 모음 QR코드[68]

	C	D	E	F	G	H	I	J	K	L	M
1	나의 이름을 쓰세요	학생 1	학생 2	학생 3	학생 4	학생 5	학생 6	학생 7	학생 8	학생 9	학생 10
2	학생 1	5	1	3	2	5	1	4	5	1	5
3	학생 2	3	5	4	3	4	3	4	4	3	4
4	학생 3	4	4	5	4	5	2	5	4	5	3
5	학생 4	4	3	3	5	4	2	3	5	2	5
6	학생 5	4	4	4	4	5	3	3	4	3	4
7	학생 6	3	3	2	3	4	5	2	3	2	3
8	학생 7	3	3	5	3	5	1	5	1	5	1
9	학생 8	5	2	2	5	3	2	1	5	3	5
10	학생 9	2	3	4	3	4	2	4	3	5	3
11	학생 10	2	1	1	5	3	1	1	5	1	5

▲ 조건부 서식 결과 같은 점수끼리 색상이 구분된 모습

67 bit.ly/friendview
68 bit.ly/visual-friend

▶ **조건부 서식을 통한 색상 정렬하여 주고받은 점수 시각화하기**

다음의 표는 구글 설문지를 엑셀로 나타내고 조건부서식을 활용하여 설문 결과를 정리한 모습이다. 색상 스케일을 이용하면 5점을 준 학생과 1점을 준 학생의 점수가 다른 색깔로 분류되어 파악하기가 쉽다. 가로줄은 학생이 다른 학생들에게 부여한 점수이며, 세로줄은 학생이 다른 학생들에게 부여받은 점수이다. 편의상 이를 각각 교우관계 개방성 점수, 교우관계 선호도 점수라 칭하겠다.

	C	D ▾	E	F	G	H	I	J	K	L	M
1	나의 이름을 쓰세요	학생 1	학생 2	학생 3	학생 4	학생 5	학생 6	학생 7	학생 8	학생 9	학생 10
2	학생 1	5	1	3	2	5	1	4	5	1	5

▲ 학생 1이 다른 학생들에게 '준' 점수(교우관계 개방성 점수)

▶ **교우관계 개방성**

학생들의 마음이 다른 학생들에게 어느 정도 열려있는지를 파악할 수 있다. 학생 1의 가로줄을 보면, 본인에게는 5점을 주라고 하였으니 학생 1 스스로에게는 5점을 준 것을 확인할 수 있고, 학생 2에게는 1점, 학생 3에게는 3점, 학생 4에게는 2점 등 다른 학생들에게 준 점수를 확인할 수 있다. 학생들이 '준' 점수를 보면서 많은 학생들에게 두루 마음이 열린 학생, 성별에 따라 점수를 주는 경향을 가진 학생, 친한 소수에게만 마음을 여는 학생 등 학생의 다양한 개방성 정도를 알게 된다.

▶ **교우관계 선호도**

점수가 높을수록 학생들 사이에서 인기가 좋다고 볼 수 있다. 흥미로운 사실은 여러 학급의 설문 조사를 분석한 결과 대체로 학급 임원을 하는 학생들이 받는 점수가 높은 경향이 있었다.

학생 2의 세로줄을 살피면, 본인에게 5점을 받은 것을 비롯하여 학생 2은 학생 1에게 3점을 주었고, 학생 3은

	C	D ▾
1	나의 이름을 쓰세요	학생 1
2	학생 1	5
3	학생 2	3
4	학생 3	4
5	학생 4	4
6	학생 5	4
7	학생 6	3
8	학생 7	3
9	학생 8	5
10	학생 9	2
11	학생 10	2

▲ 학생 1이 다른 학생들에게 '받은' 점수 (교우관계 선호도 점수)

학생 1에게 4점, 학생 10은 학생 1에게 2점을 준 것을 확인할 수 있다.

이처럼 가로줄과 세로줄을 통해 한눈에 이 학생이 다른 학생들에게 준 점수와 다른 학생들이 이 학생에게 준 점수를 파악할 수 있는 것이다.

▶ 구글 함수로 통계 내기

앞서 설명한 방법까지만 따라와도 학생들이 서로 주고받은 점수를 알 수 있어 학생들의 선호도를 파악하는 데에는 충분하다. 그렇지만, 이 데이터를 함수를 이용해 통계를 낸다면 더욱 심층적인 분석이 가능해진다.

SUM 함수를 사용하면, 다음과 같은 표를 도출할 수 있다.

	나의 이름을 쓰세요	학생 1	학생 2	학생 3	학생 4	학생 5	학생 6	학생 7	학생 8	학생 9	학생 10		교우관계 개방성 총합
2	학생 1	5	1	3	2	5	1	4	5	1	5		32
3	학생 2	3	5	4	3	4	3	4	4	3	4		37
4	학생 3	4	4	5	4	5	2	5	4	5	3		41
5	학생 4	4	3	3	5	4	2	3	5	2	5		36
6	학생 5	4	4	4	4	5	3	3	4	3	4		38
7	학생 6	3	3	2	3	4	5	2	3	2	3		30
8	학생 7	3	3	5	3	5	1	5	1	5	1		32
9	학생 8	5	2	2	5	3	2	1	5	3	5		33
10	학생 9	2	3	4	3	4	2	4	3	5	3		33
11	학생 10	2	1	1	5	3	1	1	5	1	5		25
12													
13	교우관계 선호도 총합	35	29	33	37	42	22	32	39	30	38		

▲ SUM 함수를 사용하여 교우관계 선호도와 개방성 총합을 낸 모습

▶ 그 밖의 주목할 지표

서로 사이가 좋지 않은 학생 또는 서로 높은 점수를 준 학생들의 파악이 가능하다. 예를 들면, 학생 7은 학생 8에게 1점(J9셀)을 받았으며, 학생 8도 학생 7에게 1점(K8셀)을 받았다. 이들은 실제로도 모둠 활동을 하면 갈등을 일으키거나 활동 중 어려움을 겪을 가능성이 크다. 이 정도만 파악을 해도 교사가 모둠 활동이나 프로젝트 활동을 꾸릴 때 학생들 사이의 관계를 고려하기 충분하다.

3) 설문지 활용하기

(1) 매달 설문 후 변화 추이를 분석하여 상담 자료로 활용하기

교사가 달마다 변화의 추이를 보고 학생의 사회성 상담 자료로 활용할 수 있다(모든 설문 결과는 학생들에게 비밀을 지켜야 한다). 교우관계에 어려움을 겪는 학생이 있다면, 그 학생에게 특히 호감을 느끼는 학생과 같은 모둠을 편성하여 사회성 회복을 도모할 수 있다. 필자의 경우에는 소극적인 태도로 교우관계에 어려움을 겪어 교사의 개입이 필요한 학생이 있었다. 그 학생에게 개방적인 태도를 보인 학생을 한 모둠에 편성하였고, 그 결과

바로 다음 달 조사에서 함께 지낸 모둠원들에게 전반적인 호감도가 상승하여 전체 호감도가 상승한 경우가 있었다.

또는 반에서 특히 호감도가 낮은 학생이 있다면 그 학생을 관찰하며 말과 행동을 파악하고 필요한 사회정서역량을 함양할 수 있는 수업을 설계할 수도 있을 것이다. 그리고 가급적 꾸준히 이 설문지를 하여 호감도가 높거나 낮은 학생의 변화 추이를 관찰하는 것도 관계 파악에 도움이 된다.

또한 교우관계에 자신감이 없는 학생에게 교사가 '너는 평균보다 높은 점수를 받았으니 좀 더 자신감을 가지고 생활해도 좋다.'는 메시지를 전달할 수도 있다. 조사 결과를 바탕으로 한 말이므로 교사의 말에 학생은 높은 신뢰를 보일 것이다.

(2) 교사 교육과정에 반영하기

다소 투박하고 단순한 설문 조사지만 **교사가 이 설문 조사 결과에 의미를 부여하고 수업을 설계한다면** 위의 표에서 볼 수 있듯 **가장 강력한 '삶과 연계되는 수업'을 계획할 수 있다.** 초등교사의 전문성은 이때 발휘된다. 학생의 특성을 고려한 수업의 설계와 적용은 학생들이 자신들이 생활하는 삶과 가장 밀접하게 닿아있는 부분이 되고 그 자체가 학생들에게 실질적인 학습 동기를 부여하며, 이는 궁극적으로 학생들의 사회정서역량 함양에도 긍정적인 영향을 미친다.

정성평가 결과에서 매달 이름이 거론되었던 학생들의 행동을 더욱 유심히 관찰하며 집중하여 지도할 수 있다. '별명을 불러 불편하다, 모둠 활동에 협조하지 않아 힘들다, 유튜브에서 쓰는 단어를 사용하는데 그 표현이 다소 거칠다, 친구들의 의견을 잘 들어줘서 고맙다.' 등의 의견이 나온다면 이에 대해 학생들과 이야기하여 규칙을 새롭게 만들거나, 칭찬하고 격려하는 자리를 만드는 등 교실에서의 존중과 배려하는 분위기 조성에도 도움을 받을 수 있다.

설문 조사 정량 평가 결과에는 여러 학생의 유형이 등장하는데 대표적인 특징을 보이는 학생과 이를 반영한 교사의 교육과정 설계는 다음과 같다.

학생의 특징	교육과정 설계	
학업성취도가 높지만 다른 아이들에 대한 개방성이 낮은 학생	예시	공부를 잘하는 학생들이 공부를 잘하지 못하는 다른 학생들에 대해 낮은 호감도를 보이는 경우.
	교육의 필요성	교사는 사람의 가치는 성적뿐만 아니라 다양한 측면에서 나타나며 모든 사람은 존재 자체로 소중하다는 인권 및 가치 교육을 도입할 필요가 있음.
	구체적인 처방	다중지능 이론 등을 도입하여 모든 사람에게 각자 잘하는 영역이 존재함을 알려주면, 학생들이 올바른 자아관을 확립하는 데 도움을 줌.
성별에 따라 낮은 개방성을 보이는 학생	예시	자신과 다른 성별을 낯설게 생각하는 경우가 있으며, 이는 가족 간 성역할 구분이 뚜렷하거나 다른 원인이 있을 수 있음.
	교육의 필요성	다양성 존중 교육을 설계하고, 교사가 적극적인 개입을 해야 함.
	구체적인 처방	남녀 학생들이 대립하는 경우, 교사가 개입하여 그러한 분위기를 차단하고, 성별의 생물학적 차이와 그 이유에 대해 함께 이야기해볼 수 있음.
특정 성별에게 낮은 호감도를 받은 학생	예시	자신을 자주 '예쁘다', '잘생겼다.'라고 표현하며 자신감을 내비치는 학생의 경우, 다른 학생들로부터 부정적인 평가를 받았을 가능성이 있음.
	구체적인 처방	학생과의 면담을 통해 행동의 결과에 관해 이야기할 필요가 있음.
유독 특정 학생에게 박한/ 후한 평가를 보이는 경우	예시	질문을 과도하게 많이 하거나 적절하지 않은 시기에 질문하여 수업을 방해하는 학생에 대해 박한 평가를 함.
	교육의 필요성	박한 평가를 하는 이유가 대외적인 요소나 내면적인 부분일 수 있으며, 대외적인 요소라면 그것을 주제로 확장된 수업을 설계할 수 있음.
	구체적인 처방	질문을 과도하게 많이 하거나 적절하지 않은 시기에 질문하는 자기 행동을 되돌아보고 수업 중 질문을 하는 적절한 방법과 시기에 대해 생각해볼 수 있는 토론 수업을 준비할 수 있음.

▲ 설문조사 결과에서 나타난 학생의 유형과 이를 반영한 교사의 교육과정 설계

이처럼 설문 조사에서 나타난 특성을 고려하여 학생들의 역량을 길러주는 수업을 계획한다면 삶과 연결된 수업이 될 것이며 이는 학생들의 적극적인 수업 참여와 역량 개발을 이끌 수 있을 것이다.

(3) 프로젝트 학습 평가와 모둠 구성에 반영하기

앞서 계획한 사회정서역량 개발 프로젝트 활동을 할 때 이 설문지를 활용한다면 실제 사회정서역량이 변화한 아이들에 대한 객관적인 동료평가 결과를 확인할 수 있다. 프로젝트 학습 자기평가 결과의 신뢰도를 검증하는 지표로서도 활용할 수 있다. 또는 성장중심평가 중 동료평가에서 유독 후하거나 박한 점수를 주고받는 학생들이 있다면 이 학생들의 관계가 동료평가에 영향을 미치지 않았나 고려해볼 수도 있는 객관적인 데이터가 된다.

또한 모둠 구성을 조정할 때 도움을 준다. 학생 개개인이 다른 학생들에게 받는 평가를 한눈에 파악할 수 있으니 모둠을 구성할 때 이를 고려한 조정이 가능해진다.

실제 이 설문지는 대다수의 동료 선생님들께 좋은 평가를 받았고, 잘 활용되고 있다. 간단하기에 교실 현장에서 활용하기에 용이하다. 간단한 설문이어서 교실 현장에서 활용하기에 용이할 것이다.

본 글에서는 정의적 영역 성장중심평가와 그 중요성에 대해 살펴보았다. 특히, 2022 개정 교육과정에서 강조하는 사회정서학습의 필요성과 교실에서의 에듀테크를 활용한 적용 방법에 대해 논의하였다. 교우관계 평가 설문지를 통한 학생들의 사회정서역량 발달 평가 및 성장을 위한 수업 설계 방법도 제시하였다.

이러한 정의적 영역 평가는 교육과정에서 핵심적인 역할을 한다. 학생들의 감정과 사회성 발달에 기여하고, 교사 자신의 성장을 촉진하는 것은 물론, 교육의 질을 높이고 교사와 학생 양쪽에 더 나은 학습 환경을 제공함으로써, 정서적 및 인지적 발달을 동시에 촉진한다. 이는 단지 학문적 성취를 넘어서, 인간으로서의 전반적인 성장과 발달의 기반을 마련하는 것이다.

따라서 이런 교육적 접근 방식을 적극적으로 도입하고 실행하는 것은 지금의 교육 환경에서 필수적이다. 교사와 학생이 함께 성장하고 발전하는 기회를 제공함으로써, 우리는 더욱 풍부하고 의미 있는 교육 경험을 창출할 수 있을 것이다. 지금이야말로 디지털 시대에 발맞춘 교사의 새로운 역할이 필요한 때이다.

V

평가와 피드백을
지원하는 플랫폼

구글 클래스룸(Google Classroom)[69]

가. 에듀테크 왕초보 교사의 고민

왕초보 교사는 새 학기마다 항상 하는 고민이 있다. '올해 수행평가는 뭘 하지? , 새로 만들기 귀찮은데 작년 평가 기준을 그대로 제출할까? 아니야 그래도 몇 년 동안 같은 것으로 했으니 올해는 한번 새롭게 만들어 봐야지. 올해부터는 수업 시간에 학생들을 위해서 피드백을 많이 주고 싶은데... 옆 반 선생님은 디지털 기기를 잘 다루던데 올해부터 나도 수업 시간에 본격적으로 사용해 볼까? 올해는 반드시 성장중심평가를 실시해 볼 거야.'

하지만 이러한 새로운 각오와 다짐도 잠시, 학교정보 공시 기간이 다가오고 평가 담당 선생님의 평가 기준안 제출 압박이 오게 되면 시간에 쫓기어 결국 작년에 만든 내용에서 약간의 수정 작업만 거쳐서 부랴부랴 제출하곤 한다. 거기에 바쁜 학사일정이 진행되면서 업무, 생활지도, 수업 진도에 쫓기다 보니 디지털 기기를 활용한 수업 연구, 성장중심평가는 고사하고 올해만큼은 수업 시간에 학생 개개인에게 제대로 된 피드백을 해 봐야겠다는 마음도 사라진 지 오래다. '역시 올해도 힘들 것 같다. 그냥 하던 대로 해야 할 것 같다.'

코로나19 이후 학교에는 많은 디지털 기기가 보급되었고 에듀테크를 활용한 수업 방법이 새로운 수업의 트렌드로 자리 잡고 있는 요즘, 이제는 디지털 기기에 익숙한 학습자들을 대상으로 기존에 해 왔던 아날로그적인 평가 방법을 계속 고수할 수도 없는 상황이다. 에듀테크를 활용하여 간편하면서도 스마트하게 평가를 실시하고 학생들에게는 적절한 피

---

[69] classroom.google.com

드백을 제공하여 학생의 성장을 돕는 수업을 하고 싶다는 생각은 대한민국 교사라면 누구나 한 번쯤은 해 보았을 법한 고민일 것이다.

그렇다고 제대로 알지 못하는 에듀테크를 무작정 사용해 보자니 그 부담감이 크고 선뜻 해 볼 용기도 나지 않는다. 수많은 에듀테크 도구 중 무엇부터 배워야 할지 막막해하는 선생님들께 학습과 평가, 그리고 피드백까지 한 번에 끝낼 수 있는 구글 클래스룸을 추천한다.

나. 구글 클래스룸으로 한 번에 끝내는 성장을 지원하는 평가와 피드백

1) 1단계 : 구글 클래스룸 개설하기

구글 클래스룸은 구글 계정(지메일)만 있으면 누구나 손쉽게 개설할 수 있다. 구글 클래스룸의 가장 큰 장점은 과제와 자료를 학습자에게 간편하게 제공할 수 있으며 피드백과 평가, 그리고 관리가 용이하다는 점이다. 무엇보다도 종이 학습지를 사용하지 않으니 자원 절약에도 도움이 된다. 그뿐만 아니라 점점 늘어나고 있는 이주배경학생(다문화학생)[70]의 수업 참여를 위한 새로운 대안이기도 하다.

최근에는 구글 클래스룸을 활용하여 수업을 운영하시는 선생님들이 점점 늘어나고 있다. 필자는 선생님들이 한 학기에 한 번 정도라도 구글 클래스룸을 활용하여 다양한 학생 활동(프로젝트 학습, 모둠별 활동, 캠페인 활동 등)과 수행평가에 사용해 보는 것을 추천하고 싶다. 구글 클래스룸의 몇 가지 기능만 익힌다면 학생의 성장을 지원하는 학습과 평가, 그리고 피드백을 쉽고 스마트하게 실시할 수 있다.

그럼, 이제 본격적으로 구글 클래스룸을 개설해 보자. 먼저 교사는 구글 클래스룸을 개설(수업 만들기)하여 학생들을 수업에 초대(수업 참여하기)한다. 학생들은 교사가 제공한 수업 코드를 입력하여 바로 클래스룸에 참여할 수 있다. 이때 학교에서는 사전에 학생 구글 계정을 일괄 생성하여 학생들에게 제공한다. 그러면 더욱 원활한 에듀테크 활용 수업을 진행할 수 있다.

---

[70] 이주배경학생에 대한 자세한 내용은 'Ⅰ-3. 학생 맞춤형 교육을 위한 노력' 참조.

▲ 교사가 개설한 구글 클래스룸   ▲ 학생의 구글 클래스룸 참여하기

2) 2단계 : 구글 클래스룸 내 수행평가 채점 기준표 만들기

구글 클래스룸을 활용하여 수행평가를 실시할 계획을 갖고 있다면 먼저 교육과정 성취 기준과 평가 기준을 분석한 후 평가계에 제출할 수행평가 세부 기준(평가 기준)을 만든다. 이때 구글 클래스룸에서 채점을 진행하는 것을 염두에 두고 교과별 수행평가 세부 기준의 채점요소, 채점 기준을 구글 클래스룸의 채점 기준표와 동일하게 만들어야 한다.

▲ 중3 역사 평가 기준안(학교정보 공시용)   ▲ 구글 클래스룸 채점 기준표

이 과정에서 생성형 AI❼의 도움을 받아 세부적인 채점 기준표를 만들어 보는 것을 추천한다. 프롬프트에 구체적이고 상세한 내용을 제시하면 상당히 만족스러운 답변이 제공된다. 교사가 원하는 내용이 추출될 때까지 프롬프트 작업을 반복한다.

질문 아래의 2015 개정 교육과정을 기반으로 중학교 3학년 역사 수행평가 기준표를 표로 만들려고 해.

교육과정 성취기준 : [9역08-01]삼국 통일의 과정과 의미를 동아시아의 관점에서 분석하고, 발해 성립의 역사적 의의를 파악한다.

평가기준

상 : 삼국 통일의 과정과 의미를 자료를 활용하여 동아시아 국제 정세 속에서 분석하고, 발해 성립의 역사적 의의를 사례를 제시하여 설명할 수 있다.

중 : 삼국 통일의 과정과 의미를 동아시아 국제 정세 속에서 이해하고, 발해 성립의 역사적 의의를 설명할 수 있다.

하 : 삼국 통일과 발해의 성립 과정을 말할 수 있다.

수행평가 주제는 '신라의 삼국 통일 과정을 역사 웹툰으로 제작하기'이고, 투닝(Tooning)이라는 에듀테크 도구를 사용하려고 해.

채점 기준표의 채점 기준은 상단(가로)에 우수, 보통, 향상 필요로 구성할 거고 좌측(세로)에는 채점(평가)요소 4가지 정도로 만들려고 해.

배점은 우수가 25점, 보통은 15점, 향상 필요는 10점으로 설정해 줘.

답변 ** 중학교 3학년 역사 수행평가 기준표는 다음과 같습니다.

평가요소	우수(25점)	보통(15점)	향상 필요(10점)
나당 연합군 결성 과정 이해하기	나당 연합군 결성 과정을 상세히 설명하고, 그 의미를 동아시아 국제 정세 속에서 분석할 수 있다.	나당 연합군 결성 과정을 간단히 표현하였다.	나당 연합군 결성 과정을 표현하지 못하였다.
고구려와 백제의 멸망 원인 분석하기	고구려와 백제의 멸망 원인을 자료를 활용하여 상세히 분석할 수 있다.	고구려와 백제의 멸망 원인을 한 가지만 표현하였다.	고구려와 백제의 멸망 원인을 제시하지 않았다.

---

❼ 뤼튼(wrtn.ai)

평가요소	우수(25점)	보통(15점)	향상 필요(10점)
나당 전쟁의 승리 요인 분석하기	나당 전쟁의 승리 요인을 자료를 활용하여 상세히 분석할 수 있다.	나당 전쟁의 승리 요인을 간단히 표현하였다.	나당 전쟁의 승리 요인을 표현하지 못하였다.
신라의 삼국 통일에 대한 자신의 의견 제시하기	신라의 삼국 통일에 대한 자신의 의견을 구체적인 근거와 함께 제시할 수 있다.	신라의 삼국 통일에 대한 자신의 의견을 간단히 제시하였다.	신라의 삼국 통리에 대한 자신의 의견을 제시하지 않았다.

서술형 평가 문항 예시 :
신라의 삼국 통일 과정에서 나당 동맹의 역할과 그 의의에 대해 설명하시오.

뤼튼(Wrtn)

수행평가에 사용할 채점 기준표를 만들었다면 이제 구글 클래스룸에서 채점 기준표를 설정할 차례이다. 구글 클래스룸에서 과제를 생성한 후 [기준표 만들기]를 클릭한다. 이때 수행평가에 대한 세부 설명(평가 기준, 평가 요소, 수행평가 마감일 등)을 안내하면 좋다. 필요에 따라서 교사는 마감(제출) 기한을 설정할 수도 있다.

▲ 구글 클래스룸 기준표 만들기 화면

기준 제목에 평가(채점)요소를 입력하고 점수에는 배점을 입력한다. 등급 제목에는 평가(채점)기준을 입력하고 설명에 평가(채점) 세부 항목(내용)을 입력하면 된다. 가로로 등급을 추가하고 세로로 기준을 추가하여 기준표를 완성하면 된다.

▲ 구글 클래스룸 채점 기준표 만들기 과정

　실제 구글 클래스룸에서 채점 기준표를 만들어 보면 어려운 작업은 아니라는 생각이 들 것이다. 한번 기준표를 만들어 놓으면 [기준표 다시 사용] 기능을 활용하여 기준표를 쉽게 불러올 수 있는 장점이 있다. 교과 담당 교사가 여러 반을 대상으로 수행평가를 실시할 때 상당히 유용한 기능이다.

▲ 구글 클래스룸 [기준표 다시 사용] 기능

3) 3단계 : 교실 수업에서 구글 클래스룸으로 수행평가 실시하기

　여기까지 진행했다면 성장을 지원하는 평가의 준비가 절반 이상 끝난 것이나 다름없다. 다음 사례는 구글 클래스룸으로 수행평가를 실시하여 학습자에게 적절한 피드백을 제공하고 간편하고 정확하게 채점까지 완료하는 일련의 과정을 담은 수업 모형이다. 중학교 2, 3학년 역사 수업을 수행평가로 진행하였고 비록 완벽하지는 않지만 디지털 기기를 활용하여 교사가 수업과 평가, 피드백을 어렵지 않게 활용할 수 있다는 것을 보여주고자 한다.

에듀테크를 활용한 수행평가를 실시할 때 해당 디지털 기기에 대한 이해와 에듀테크 도구에 대한 설명이 선행되어야 한다. 1시간 정도를 시간을 할애하여 이에 대한 충분한 안내후 수행평가를 실시하는 것을 추천한다.

필자는 '역사 웹툰 만들기 수행평가'를 실시하기 위해서 '투닝(Tooning)☺'이라는 에듀테크 도구를 선정하였다. '투닝'의 기본적인 기능과 웹툰의 제작 요소 등을 학생들에게 설명한 다음 본격적으로 수행평가를 실시하였다. 수행평가는 수업 중에 실시하며 학습자들의 성취 수준과 디지털 역량 등을 고려하여 2~4차시 내에서 이루어질 수 있도록 평가 계획을 설계한다.

디지털 기기와 에듀테크 도구의 대한 설명이 끝났다면 이제부터 본격적으로 구글 클래스룸을 활용한 수행평가를 실시할 차례이다. 교사는 학생들이 수행평가를 실시하기 전 채점 기준표의 내용을 충분히 숙지할 수 있도록 반복적으로 안내한다. 수행평가 과제 제출후 제시된 채점 기준표에 따라서 채점이 이루어지기 때문에 학생들은 채점요소를 수시로 확인하면서 과제를 수행한다.

▲ 학생들이 디지털 기기(크롬북)로 과제를 수행하는 모습

교사가 학생들에게 적절한 피드백을 제공하기 위해서는 과제 링크를 미리 받아야 한다. 교사는 교실을 돌아다니면서 학생들에게 직접적으로 피드백(구두 설명)을 제공할 수도 있고 학생의 과제 진행 상황을 보면서 구글 클래스룸을 통해서 실시간으로 피드백(댓글)을 제공할 수도 있다. 또는 학생이 생성형 AI의 도움을 받아 스스로 문제를 해결해 나갈 수도 있다. 학생들은 과제를 수행하는 도중 교사가 제공한 피드백을 수시로 확인하면서 본인의 과제를 수행한다.

▲ 교사의 직접적인 구두 피드백

▲ 구글 클래스룸을 통한 실시간 피드백

학생들의 성장을 지원하는 피드백을 제공하긴 했으나 막상 학생의 배움과 성장을 지원하는 효과적인 피드백을 제공하는 것이 그리 쉬운 일이 아니었다. 본의 아니게 학습 목표와 관련된 내용적인 측면보다는 시각적(디자인적)인 부분에 치우치는 경우도 있었고, 단순히 '잘했어요.'와 같은 평가적 피드백을 주로 제공하는 오류도 범하고 있다는 사실을 발견하였다. 이뿐만 아니라 과제 수행에 어려움을 겪는 학생과 그 반대로 우수한 학생에게 과연 교사로서 적절한 피드백을 제공하고 있는 것인지에 대해 스스로 의문이 들기도 하였다.

다음은 교사의 자기 성찰과 평가를 바탕으로 학생에게 효과적인 피드백을 제공하지 못한 사례이다.

▲ 학습 목표와 관련된 내용보다 시각적인 부분에 치중한 피드백 사례

▲ 구체적이지 못한 단순 평가적 피드백 사례

위의 사례에서 교사가 학생에게 제공한 피드백이 과제 수행에 어느 정도 도움이 되는 측면도 있었지만, 학생의 배움과 성장을 지원하는 진정한 의미의 피드백은 아니었다고 스스로 반성하게 되었다. 이러한 반성을 통해서 2·3차시 수행평가가 진행될 때에는 학생이 학습 목표에 도달하는 데 도움이 될 수 있도록 보다 구체적이고 명확한 조언적 피드백을 제공하려고 노력하였다. 다음은 조금 더 발전된 피드백 사례이다.

▲ 교사의 조언적 피드백 사례

▲ 교사의 구체적 피드백 사례

교사의 적극적인 피드백의 제공으로 학생의 수행 과제가 보다 발전된 모습을 보였다. 채점 기준표의 채점(평가) 기준을 충족하면서 학생이 단계적으로 학습 목표에 도달할 수 있도록 지속적이고 구체적으로 피드백을 제공하려고 노력하였다. 3차시 과제 수행이 진행되는 동안 한 학생당 최소 3회 이상의 성의 있는 피드백을 주고자 하였다. 한 학년(3학급)에 80명 정도 되는 학생들에게 여러 번의 피드백은 제공하는 것은 생각보다 손이 많이 가고 결코 쉬운 일은 아니었다. 하지만 교사의 이러한 노력의 결과 대다수 학생들이 과제 수행에서 처음보다 훨씬 발전적인 모습을 보였다.

물론, 교사의 피드백에 적극적으로 반응하고 과제를 수정하는 학생들이 있었는가 하면 여러 차례 피드백을 제공했음에도 큰 변화를 보이지 않았던 학생들도 있었다. 특히, 학업성취 수준이 높고 수행 과제를 원활하게 수행하는 학생들에게 구체적이고 사고의 확장을 돕는 수준 높은 피드백을 제공했을 때 교사의 피드백 정보를 활용하여 학생 스스로 개선점을 찾아가는 모습이 인상적이었다. 적절한 피드백의 중요성을 새삼 느끼게 되는 부분이기도 하였다.

학생의 성장을 지원하는 효과적인 피드백을 제공할 수 있도록 교사는 전문성을 갖추기 위해서 지속적인 연구와 노력이 필요하다는 것을 느꼈다.

『학생의 배움과 성장을 지원하는 과정 중심 피드백』(김선, 반재천, 2020)이라는 책에서 효과적인 피드백 방법을 다음과 같이 제시하고 있으니 참고하면 많은 도움이 될 것이다.

---

1. 평가적 피드백보다 조언적 피드백을 제공한다
2. 조언적 피드백을 제공할 때 세 가지 유형의 프롬프트를 활용한다.
3. 학생에게 피드백을 사용할 시기를 제공한다.
4. 피드백의 내용은 학생이 이해할 수 있도록 구체적이고 명확하게 제공한다.
5. 피드백은 가능한 1인칭과 3인칭으로 한다.
6. 피드백은 학생을 존중하고 지원하는 어조를 사용한다.
7. 두세 가지의 잘된 점과 한 가지의 개선점을 제안한다.
8. 피드백은 시의적절(時宜適切)하게 제공한다.
9. 피드백의 양과 횟수는 피드백을 받는 사람이 이해하고 활용할 수 있는 정도로 한다.

▲ 효과적인 피드백 방법

---

4) 4단계 : 구글 클래스룸으로 스마트하게 수행평가 채점하기

이제 3차시의 수행평가가 끝났고 학생들은 과제를 제출하였다. 교사는 수행평가가 끝난 직후 구글 클래스룸의 수업과제에서 [제출함] 또는 [과제 검토]를 클릭하여 본격적으로 채점을 시작한다.

예전 같았으면 교실에서 학생들에게 종이 학습지(활동지)를 나눠주고 수업 종이 치면 걷은 다음 일정 기간 보관하고 있다가 교무실에서 빨간펜을 꺼내 채점하였을 것이다. 2개 학년 6개 학급을 담당하고 있으니 아마도 곧바로 채점하는 것은 엄두도 못 내지 않았을까? 분명 최대한 미루고 미루다가 성적 마감이 다가올 때쯤 그제야 꺼내서 부랴부랴 채점했던 기억이 새록새록 떠오른다.

하지만 이제는 상황이 다르다. 나는 지금 구글 클래스룸으로 수행평가를 실시하고 있는 스마트한 교사가 아니던가?

▲ 구글 클래스룸에서 채점이 이루어지는 과정 1

수행평가를 실시하기 전에 구글 클래스룸의 채점 기준표를 사전에 작성해 놓았기 때문에 교사는 학생의 수행 과제를 보면서 기준표를 클릭하기만 하면 된다. 교사가 채점 기준표를 클릭하면 기준표에 파랗게 표시가 되면서 자동으로 수행평가 점수가 계산된다. 이때 수행 과제에 대한 총평을 남겨주고 학생에게 과제를 [돌려주기] 하면 모든 작업이 끝난다. 25명 정도의 한 학급을 채점하는 데 10분이면 족하다. 앞서 수행평가 도중 학생들에게 피드백을 제공할 때는 힘들었지만 그 노력을 한꺼번에 보상받는 기분이다.

▲ 구글 클래스룸에서 채점이 이루어지는 과정 2

이렇게 교사는 한 학급의 채점을 빠르고 손쉽게 끝낼 수 있으며 학생들의 점수를 구글 클래스룸에서 체계적으로 관리할 수 있다. 이제 더 이상 수행 과제물을 교무실 책상과 캐

비닛에 산더미처럼 쌓아두지 않아도 된다. 교사가 수행 과제물을 분실할 위험성도 사라졌고 간혹 학생이 과제물을 제출하지 않았음에도 본인은 제출했다고 억지를 부리는 일도 이제는 있을 수 없는 일이다.

▲ 구글 클래스룸에서 채점이 끝난 화면

5) 5단계 : 구글 클래스룸에서 학생 본인 점수 확인하기

다음은 학생들이 구글 클래스룸에서 자신의 점수를 확인하는 방법이다. 구글 클래스룸에서 [수업과제] – [안내보기]를 클릭하여 자신의 점수를 확인할 수 있다. 이뿐만 아니라 학생은 자신이 수행평가 영역에서 어떤 부분이 미흡한지, 어떤 부분을 정확하게 수행했는지를 채점 기준표를 통해서 스스로 확인할 수도 있다.

▲ 학생이 구글 클래스룸에서 점수를 확인하는 과정

▲ 학생이 구글 클래스룸에서 본인의 점수를 확인한 화면

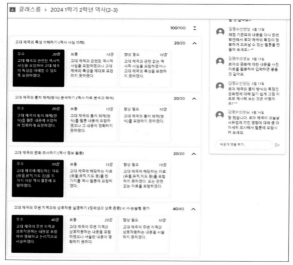

▲ 학생이 구글 클래스룸에서 채점 기준표의 영역을 확인한 화면

　중·고등학교에서 수행평가가 끝난 후에 학생의 수행 결과(점수)를 곧바로 안내하지 못하는 경우가 많다. 교사의 과중한 학교 행정 업무, 학생과 학부모 상담, 고입(대입) 진학 지도, 그리고 교과 교사 혼자서 여러 반을, 다수의 학생을 담당해야 하는 학교의 실정이다 보니 수행평가에 대한 채점이 즉각적으로 이루어지지 못하는 경우가 대부분이다. 간혹 수행평가 결과물을 교사의 부주의로 분실하여 학교가 큰 어려움에 부닥치는 사례도 종종 있다고 한다.

　이러한 교사와 학교의 열악한 상황으로 인해서 많은 학생들은 본인의 수행 과제의 결과를 일정 시간이 경과 되고 나서야 안내받는 경우가 많다.

과연 과제를 수행하는 과정에서 '학생들이 교사로부터 제대로 된 피드백을 제공받을 수 있었을까?'라는 의문이 든다. 그뿐만 아니라 수행평가 결과에 대한 안내가 즉각적으로 제공되지 않고 나중에 이루어지다 보니 학생은 본인이 받은 점수에 불만을 갖고 이의를 제기하는 상황이 일어날 수도 있다.

하지만 구글 클래스룸에서는 교사의 채점 과정이 간편하고 신속하게 이루어지기 때문에 수행평가가 종료되고 학생에게 수행평가 결과를 빠른 시간 내에 안내할 수 있다. 과제 수행 과정에서 학생은 교사로부터 충분한 피드백을 제공받았고 구글 클래스룸의 채점 기준표에 의해서 공정한 채점이 이루어졌기 때문에 교사와 학생이 평가 결과를 두고 서로 얼굴을 붉히게 될 일은 거의 없을 것이다. 구글 클래스룸이야말로 교사와 학생 모두를 만족시킬 수 있는 평가 도구라고 생각한다.

다. 성장을 지원하는 평가와 피드백에 대한 교사의 성찰

3차시에 걸쳐서 역사 수행평가를 실시하였고 학생의 과제 수행에 도움이 될 수 있는 피드백을 제공하였다. 구글 클래스룸에서 간편하고 정확하게 채점을 하고 학생은 자신의 점수를 바로 확인할 수 있었다. 이에 디지털 기기를 활용한 수행평가가 학생들에게 어떠한 영향을 미쳤고 학생의 성장을 지원하는 데 얼마나 도움이 되었는지를 성찰하기 위해서 몇 가지 문항을 제작하여 구글 설문을 실시하였다.

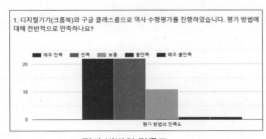

▲ 평가 방법의 만족도

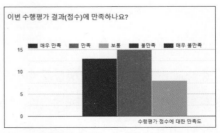

▲ 수행평가 점수에 대한 만족도

먼저 디지털 기기와 구글 클래스룸으로 실시한 평가 방법에 대해 전반적으로 만족을 나타내는 응답이 많았다. 학생들이 디지털 기기와 에듀테크 도구를 활용한 수행평가에 대체로 큰 어려움이 없다는 반응이었고 자료를 검색하고 활용하는데 편리하였으며 피드백을 받을 수 있어서 좋았다는 의견이 많이 나왔다. 어렸을 적부터 디지털 기기 사용에 익숙한 요즘 학생들에게 적합한 수행평가 방법이라고 생각한다.

그다음 수행평가 결과(점수)에 대한 학생들의 만족도 결과이다. 무엇보다도 본인의 점수에 만족하지 못한다는 답변이 없어서 놀랐다. 이러한 결과가 나온 이유는 '3차시에 걸쳐 학생들에게 최대한 피드백을 많이 주고자 노력하였고 수행평가 결과를 학생들에게 바로 안내했기 때문이 아닐까?' 하는 생각이 든다. 또한, 구글 클래스룸의 채점 기준표에 의해서 채점이 이루어졌기 때문에 본인이 받은 점수에 특별히 이의를 제기하는 학생도 없었다. 평가와 성적 처리가 민감한 고등학교에서 활용하면 좋을 것으로 생각된다.

투닝(Tooning)으로 역사 보고서(역사 웹툰 만들기) 수행평가를 실시하였습니다. 이 수행평가를 통해서 어떠한 부분이 학생의 성장을 지원하는데 도움이 되었다고 생각하나요? (구체적으로 입력해 주세요.)
응답 27개

스스로 자료를 찾고 웹툰을 만드는 부분에서 도움이 되었습니다

크롬북에서 여러 가지 기능으로 투닝에서 쓰는 방법이 도움이 되었다

웹툰을 통해 만화를 이용하여 역사의 내용을 보다 쉽고 간략하게 담아낼 수 있으면서 웹툰을 만들면서 다시 한번 전 단원들의 내용을 복습 할 수 있었기 때문에 유익했음.

배운내용을 웹툰으로 만들면서 배웠던 내용도 더 복습 할 수 있게 되는데 도움이 되었다.

선생님의 피드백을 통해 도움이 되었다.

페르시아 제국에 대해 배웠음에도 불구하고 페르시아 제국에 대해 잘 몰랐었는 데 이번 투닝으로 역사 웹툰을 만들 때 한번 더 페르시아 제국에 대해 좀 더 구체적으로 알 수 있는 기회여서 그 점이 나에게 도움이 됐다. 역사 포트폴리오를 할 때마다 내가 머릿속에서 정리를 해서 역사 포트폴리오를 작성할 때 요약을 어떻게 해야할지 잘 감이 안 왔었는데 이번 투닝 활동을 통해 예전보다 좀 더 잘 요약할 수 있게 되어 앞으로 수행평가 비중이 큰 역사 포트폴리오를 좀 더 잘 작성할 수 있을 것 같다.

투닝으로 역사시간에 배운 것을 요약해서 웹툰으로 만들어가지고 역사시간에 배운내용을 한눈에 볼수있어서 웹툰을 만들면서 역사도 같이 공부할 수 있게 된것같다

▲ 에듀테크 도구를 활용한 역사 수행평가 학생 만족도 결과

중학교 2학년, 3학년 학생들을 대상으로 '투닝'이라는 에듀테크 도구를 활용하여 '역사 웹툰 만들기' 수행평가를 진행하였다. 기존의 딱딱하고 정형화된 보고서 형태의 수행 과제물이 아니라 요즘 학생들에게 친숙한 웹툰이라는 소재로 그동안 배운 내용을 스스로 복습하고 정리하면서 학생들은 저마다 개성과 창의성을 발휘될 수 있었다고 생각한다.

교사는 학생들의 디지털 기초 소양 능력을 함양시키기 위해서 적절한 에듀테크 도구를 선정할 수 있어야 한다. 배우는데 어렵지 않으면서도 교육적으로 활용도가 높은 에듀테크 도구들은 지식샘터[73]에서 어렵지 않게 배울 수 있으니 현직 교사라면 이곳에서 본인의 에듀테크 역량을 키워나가길 추천한다.

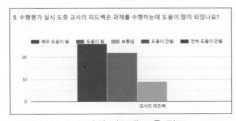

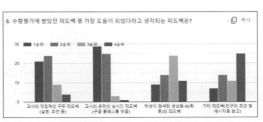

▲ 교사의 피드백 도움 정도　　　　　　　▲ 가장 도움이 된 피드백의 종류

이번 학생의 성장을 지원하는 학습과 평가 부분에서 가장 중점을 둔 부분이 바로 교사의 '피드백 제공'이었다. 설문 결과에서 볼 수 있듯이 교사의 피드백으로 과제 수행에 도움을 많이 받았다는 응답이 많았으며, 특히 교사의 실시간 피드백을 학생들이 가장 선호하는 것으로 나타났다.

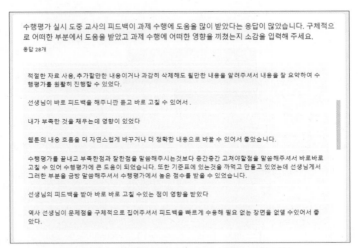

▲ 교사의 피드백이 학생의 과제 수행에 끼친 영향

[73] 지식샘터는 선생님들이 가진 에듀테크 역량을 '실시간 화상강좌', '질의 응답' 등을 통해 자유롭게 공유하는 쌍방향 온라인 지식 공유 서비스임. educator.edunet.net

학습자의 측면에서 교사의 직접적인 구두 피드백도 도움이 되지만 그것은 일회성이고 피드백을 받고 나서의 기억이 오래 남지 않아서 교사의 온라인 실시간 피드백을 더 선호하는 것으로 나타났다. 교사의 온라인 실시간 피드백은 그 기록이 남기 때문에 시간이 지나고 나서도 교사의 피드백을 보면서 과제 수행에 참고할 수 있는 것으로 분석되었다. 대체로 교사의 피드백 제공에 대해 학생들의 긍정적인 답변이 많았으며 과제 수행에 많은 도움이 되었다는 응답이 주를 이루었다.

학생의 성장을 지원하는 학습과 평가를 진행하는 과정에서 피드백을 성의껏 제공해 주려고 노력하였는데 아마도 이 부분이 학생들에게 크게 작용한 것은 아닌가 하는 생각이 들었다. 또 한편으로는 '기존의 우리나라의 교육 환경에서 학생들은 교사로부터 제대로 된 피드백을 받아본 적이 있었을까?' 그동안 결과 중심 평가보다는 과정 중심 평가, 성장 중심 평가가 중요하다고 외치면서도 '정작 학생들에게 피드백을 제공하기 위해서 어떠한 노력을 하였는가?' 스스로 성찰하게 되는 계기가 되었다.

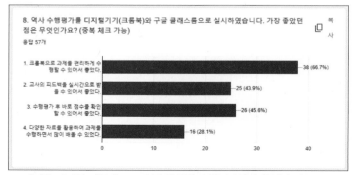

▲ 디지털 기기와 에듀테크 도구를 활용한 수행평가에서 학생의 만족도 부분

디지털 기기와 에듀테크 도구를 통한 수행평가에서 학생들은 과제를 편리하게 수행할 수 있었다는 점에서 만족도가 가장 높았으며, 수행평가가 끝난 후에 바로 점수를 확인할 수 있었다는 점, 교사로부터 피드백을 받을 수 있었다는 점에 높은 응답을 나타냈다.

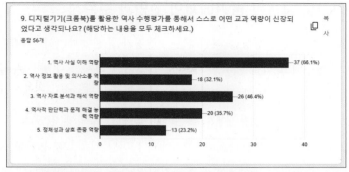

▲ 디지털 기기를 활용한 역사 수행평가에서 신장 된 교과 역량 분석

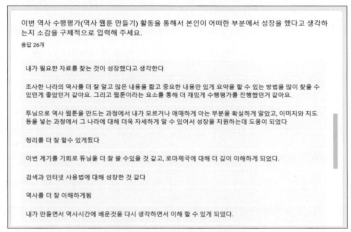

▲ 역사 수행평가를 끝낸 학생들의 소감

또한, 이러한 수행평가를 통해서 역사 사실을 이해하고 역사 자료를 분석하고 해석하는 역량이 신장되어 그동안 수업 시간에 배운 내용을 학생 스스로 더 잘 이해할 수 있었다는 것을 이번 설문을 통해 알 수 있었다. 디지털 기기와 에듀테크를 적절히 활용하면 2022 개정 교육과정에서 강조하는 있는 자기 주도적 학습 능력을 충분히 함양시킬 수 있다는 자신감이 생겼다.

라. 디지털 기기를 활용한 평가에서의 고민과 보완점

3차시에 걸쳐서 학습자의 성장을 지원하는 수행평가를 진행하면서 디지털 역량이 상당히 뛰어났음에도 불구하고 학습 목표와 주제에서 벗어난 과제를 수행하는 일부 학생들이 있었다. 수행평가라는 것이 명확한 채점 기준을 갖고 평가가 이루어지는 것이기 때문에 안타깝게도 이런 학생들은 수행평가에서 낮은 점수를 받을 수밖에 없었다.

하지만 2022 개정 교육과정에서는 교수학습에서 디지털 기초소양 능력도 중요하게 생각하기 때문에 과제를 수행하는 과정에서 높은 디지털 역량을 보였던 학생들은 대신 교사가 수업 중 관찰한 내용을 학생생활기록부 〈과목별 세부능력 특기사항〉에 적어주기로 하였다.

교과의 성취기준과 내용 요소를 정확하게 이해하고 이에 따른 학습목표에 맞는 과제를 수행하는 것이 중요하지만 교사는 학생들의 디지털 역량을 살리면서 학습 목표와 주제에 부합하는 과제를 정확하게 수행할 수 있도록 학습자의 특성을 고려하여 과제를 설계하고 적극적으로 피드백을 제공해야 한다.

수행평가를 개인 과제로 설계하였기 때문에 동료와의 상호작용이 빠진 것도 아쉬운 부분이었다. 다른 친구의 수행 과제를 그대로 모방하거나 베끼게 되면 공정한 평가가 이루어질 수 없다고 생각했기 때문이다. 그래서 이 부분을 보완하기 위해서 수행평가 제출이 끝나고 난 후 띵커벨 보드[74]에 자신의 수행 과제(역사 웹툰 만들기)의 링크를 공유하여 학생 간 상호 평가가 이루어질 수 있도록 하였다.

▲ 띵커벨 보드에 각반 수행 결과물을 공유(학생 간 상호 평가)

마. 평가와 피드백을 끝낸 에듀테크 왕초보 교사의 소감

그동안 생각만 하고 미뤄왔던 디지털 기기를 활용한 평가와 피드백을 구글 클래스룸과 '투닝'이라는 에듀테크 도구를 활용하여 3차시에 걸쳐서 실시해 보았다. 여기에 생성형 AI까지 활용해 보았으니 나름대로 최근에 배운 에듀테크 지식들을 모두 적용해 본 셈이다.

물론 본교는 200명 남짓의 소규모 학교에 반마다 충전 보관함이 있고, 전교생 1인 1디지털 기기(크롬북) 환경을 갖추고 있다. 그뿐만 아니라 학기 초에 전교생 구글 계정을 일괄 생성하여 모든 학생이 손쉽게 본인의 계정으로 에듀테크 도구에 로그인할 수 있다는 장점이 있었기에 이번 성장을 지원하는 평가와 피드백이 가능한 일이었는지도 모르겠다.

학교마다 에듀테크 환경과 학생 수준, 교사의 디지털 활용 능력 수준이 다르기 때문에 '이 방법이 절대적으로 옳고 정답이다'라고 할 수는 없다. 하지만 이번 성장을 지원하는 평가와 피드백을 실시하면서 느낀 점은 그것이 직접적인 피드백이든 간접적인 피드백이든, 또는 전문적이고 세련된 피드백이든, 그렇지 못하고 투박하고 단순한 피드백이든 간에 교사가 학습자에게 피드백을 제공하는 것이 학습자에게는 유의미한 경험이라는 사실을 새삼 깨닫게 되었다. 교사가 피드백을 제공하는 행위 자체가 '어쩌면 학생에 대한 관심과 열정의 또 다른 교육적 표현이지 않았을까?' 하는 생각도 하게 되었다.

작년에 실시했던 수행평가 과정과 결과를 이번과 비교해 보니 교사인 나 자신도 학생들만큼이나 많이 성장한 느낌이다. 비록 부족하고 아쉬운 점도 많았지만, 작년보다 훨씬 나아졌으니, 앞으로 에듀테크를 활용한 왕초보 교사의 새로운 도전은 계속될 것이다.

구글 클래스룸 연습 세트(Practice Sets)

성장중심평가란 학습 과정과 결과에 대한 피드백을 통해 학생의 성장과 발달을 돕는 평가이다(경기도교육청, 2023). 성장중심평가의 개념과 정의는 명확하게 명시되어 있지만 그것을 해석하고 적용하는 것은 교사이므로 다의적으로 해석되고 적용된다. 개개인의 교사가 중요하다고 생각하는 것에 초점을 맞추고 평가의 방향을 정하고 설계하며, 그에 따른 피드백과 기록도 달라진다.

성장중심평가에서 가장 중요하게 다뤄져야 하는 것은 학생들의 학습과정을 더 자주, 더 면밀하게 바라보고 평가하며 피드백하는 것이다. 학기 초 평가계획서에 제출한 평가와 피드백, 기록에 멈추어서는 안된다. 학생들의 전반적인 학습과정에 대해 살펴보고 피드백하여 학생의 성장에 도움을 주는 것이 성장중심평가이다.

이런 측면에서 평가를 바라본다면 형성평가가 더 의미 있을 수 있다. 단원의 핵심질문을 정하고 평가 목표를 정했다면, 형성평가에 대한 설계와 함께 매 차시 수업 설계를 한다. 이와 같은 과정에서 형성평가는 학생들의 학습을 위한 평가로, 진단평가로 활용될 수 있고 때로는 총괄평가의 역할도 할 수 있다.

가. 교육과정 분석

이번 장에서는 수학과 학습에서의 성장중심평가 사례를 다뤄보고자 한다. 교실 수업에서 특히나 성장중심평가가 필요한 수업은 수학이 아닐까 생각한다. 이전 차시, 이전 학년 학습의 결손은 현재 학습에 매우 크게 영향을 줄 뿐만 아니라 학생들의 성취 수준 차도 크고 그로 인해서 정의적인 부분에도 영향을 미치기 때문에, 매시간 교사의 피드백이 절실히 필요한 과목이다.

필자가 소개할 수업 사례는 초등 5학년 1학기 〈3. 규칙과 대응〉이다. 2022 개정 교육과정의 내용 체계 및 성취기준, 핵심 아이디어 등은 다음과 같다. 주요 내용은 대응 관계를 탐구하고 기호를 사용하여 식으로 표현하고 설명하는 것이다.

변화와 관계

핵심 아이디어	• 변화하는 현상에 반복적인 요소로 들어있는 규칙은 수나 식으로 표현될 수 있으며, 규칙을 탐구하는 것은 수학적으로 추측하고 일반화하는 데 기반이 된다. • 동치 관계, 대응 관계, 비례 관계 등은 여러 현상에 들어있는 대상들 사이의 다양한 관계를 기술하고 복잡한 문제를 해결하는 데 유용하게 활용된다. • 수와 그 계산은 문자와 식을 사용하여 일반화되며, 특정한 관계를 만족시키는 미지의 값은 방정식과 부등식을 해결하는 적절한 절차를 거쳐 구해진다. • 한 양이 변함에 따라 다른 양이 하나씩 정해지는 두 양 사이의 대응 관계를 나타내는 함수와 그 그래프는 변화하는 현상 속의 다양한 관계를 수학적으로 표현한다.				

구분	내용요소				
	초등학교			중학교	
범주	1~2학년	3~4학년	5~6학년	1~3학년	
지식 · 이해	• 규칙	• 규칙 • 동치 관계	• 대응 관계 • 비와 비율 • 비례식과 비례배분	• 문자의 사용과 식 • 일차방정식 • 좌표평면과 그래프	• 식의 계산 • 일차부등식 • 연립일차방정식 • 일차함수와 그 그래프 • 일차함수와 일차방정식의 관계	• 다항식의 곱셈과 인수분해 • 이차방정식 • 이차함수와 그 그래프

과정 · 기능	• 물체, 무늬, 수, 계산식의 배열에서 규칙을 탐구하기 • 규칙을 찾아 여러 가지 방법으로 표현하기 • 두 양의 관계를 탐구하고, 등호를 사용하여 나타내기 • 대응 관계를 탐구하고, □, △ 등을 사용하여 식으로 나타내고 설명하기 • 두 양의 관계를 비나 비율로 나타내기 • 비율을 분수, 소수, 백분율로 나타내기 • 비율을 실생활 및 타 교과와 연결하여 문제해결하기 • 비례식을 풀고, 주어진 양을 비례배분하기	• 식의 값과 함숫값 구하기 • 다항식의 연산 원리에 따라 계산하기 • 식을 간단히 하기 • 등식의 성질과 부등식의 성질 설명하기 • 방정식과 부등식 풀기 • 방정식, 부등식, 함수와 관련된 문제해결하기 • 상황이나 관계를 표, 식, 그래프로 나타내기 • 주어진 그래프 해석하기 • 일차함수의 그래프와 이차함수의 그래프의 성질 설명하기 • 일차함수의 그래프와 미지수가 2개인 일차방정식의 해 사이의 관계 설명하기
가치 · 태도	• 규칙, 동치 관계 탐구에 대한 흥미 • 대응 관계, 비 표현의 편리함 인식 • 비와 비율의 유용성 인식 • 변화와 관계 관련 문제해결에서 비판적으로 사고하는 태도	• 문자의 유용성 인식 • 순서쌍과 좌표, 그래프 등 수학적 표현의 유용성과 편리함 인식 • 방정식, 부등식, 함수의 필요성 인식 • 실생활, 사회 및 자연 현상과 관련된 문제를 수학적 모델링을 통해 해결하려는 도전적인 태도 • 체계적으로 사고하여 합리적으로 의사 결정하는 태도 • 타당한 근거에 따라 논리적으로 설명하는 태도
성취기준	**1** 대응 관계 [6수02–01] 한 양이 변할 때 다른 양이 그에 종속하여 변하는 대응 관계를 나타낸 표에서 규칙을 찾아 설명하고, □, △ 등을 사용하여 식으로 나타낼 수 있다.	

▲ 2022 개정 수학과 교육과정 내용 체계와 성취기준: (2) 변화와 관계

수학 익힘책에 제시된 문제는 이전보다 수준이 다양하고 서술형 문항의 수도 늘었지만, 학습의 수학적 사고능력을 길러주기에는 난이도가 현저히 낮고 문항의 유형도 너무 단순하다. 우리 반 학생들은 수학 익힘책을 풀고 그 결과를 보며 '나는 해당 학습의 목표를 달성했다, 나는 다 풀 수 있다, 잘할 수 있다'라고 생각하는 학생들이 상당히 많았다. 따라서 학생들이 자신의 수준을 인지하고 학생들의 수학적 사고능력을 향상시키기 위하여 수학 익힘책의 문제 풀이 대신 수학익힘책의 수준보다 난이도가 있는 문항으로 연습과제를 제작하였으며 특히 과정–기능 영역에 비중을 두어 과제를 생성하였다. 과제 부여는 구글 클래스룸으로, 문항 출제는 구글 클래스룸(Google Classroom)의 기능인 [리소스]–[새 연

습 세트]를 활용한다. 이 기능은 구글 워크스페이스 포 에듀케이션의 유료 버전(Teaching and Learning Upgrade, Education Plus)에서 사용할 수 있는 기능이다.

공동작업하기	Education Fundamentals[1]	Education Standard	Teaching and Learning Upgrade	Education Plus
	시작하기	가격 문의하기	가격 문의하기	가격 문의하기
클래스룸 어디서나 진행 상황 평가하기	✓	✓	✓	✓
• 연습 세트	—	—	✓	✓
• 타사 애플리케이션 부가기능	—	—	✓	✓
• 원본성 보고서	수업당 보고서 5개	수업당 보고서 5개	제한 없는 동급생 간 비교	제한 없는 동급생 간 비교
• 평가 기간	—	—	✓	✓
• 평가 기준	—	—	✓	✓
• 성적 내보내기	—	—	✓	✓

▲ Google Workspace for Education – 클래스룸 버전별 기능 비교[75]

나. 구글 클래스룸-리소스-새 연습 세트로 문항 출제하기

▲ 구글 클래스룸 – 리소스 – 연습 세트 만들기 화면

[75] edu.google.com/intl/ALL_kr/workspace-for-education/editions/compare-editions/

연습 세트에서 문항을 출제할 때 유용한 기능은 다음과 같다.

- **[기술] 검색:** 문항과 관련된 핵심개념(예를 들면 대응관계, 곱셈, 두 자리 수 나눗셈 등)를 입력하면 AI가 해당 문제와 관련된 동영상을 추천해 준다. 교사는 추천받은 동영상을 추가하면 학생들은 문제는 푸는 동안 동영상을 힌트로 제공받을 수 있다.
- **힌트 및 유튜브 동영상 제공:** 만약 기술 검색에서 영상이 자동 추천되지 않을 경우에는 교사가 직접 학생에게 제공할 텍스트 힌트를 입력하거나 유튜브 동영상을 검색하여 리소스로 제공할 수 있다.
- **자동 채점:** 구글 설문의 퀴즈 과제처럼 자동 채점이 가능하다. 하지만 정답으로 입력한 것과 내용이 정확히 일치해야 정답으로 채점한다. 따라서 객관식이나 단답형 문항일 경우에만 자동 채점 기능의 도움을 받을 수 있다. 수학은 숫자로 답을 입력하는 경우가 많기 때문에 자동 채점 기능을 충분히 활용할 수 있다.
- PDF 파일의 문제를 영역 지정하여 한 번에 여러 문제를 출제할 수 있다.
- 결과 대시보드로 결과 학생별, 문항별 데이터를 얻을 수 있다.
- 손글씨 작성이 가능하며, 풀이 과정을 입력할 수 있다.
- 수식 입력이 가능하다.

▲ [연습 세트] 기능의 장점

▲ 기술 검색

▲ 리소스 추가

구글 연습 세트의 [기술] 검색 기능과 관련하여 한국어 데이터 학습을 계속적으로 진행하고 있다. 따라서 [기술] 검색창에 한국어로 수학 개념을 입력했을 때 AI가 추천하는 동영상이 만족스럽지 않을 수도 있다. 하지만 해당 기능은 교육과정 내용에 맞춰 계속 업그레이드된다고 하니 기대할만한 기능임에는 틀림없다.

1) 학생의 출발점 진단– 대시보드의 학생 데이터 확인

3단원 규칙과 대응은 4학년 규칙 찾기 단원과 연결된다. 수 배열, 도형의 배열에서 규칙을 찾을 수 있는지 진단하기 위해 진단 문제를 다음과 같이 출제했다.

▲ 과제 검토 대시보드

위 그림은 학생들이 과제를 제출하고 난 후 교사가 확인할 수 있는 대시보드이다. 3개의 문항을 제시했고, 오답률이 높은 문항과 오답률이 높은 학생의 통계를 보여준다. 또한 아랫부분에서는 각 학생이 문항별 응답 결과를 보여준다. 초록색이 진할수록 정답을 빨리 맞혔다는 의미이다.

문항 번호를 클릭하면 첫 번째 학생부터 마지막 학생까지 각 문항에 입력한 답과 몇 번의 문제 풀이를 시도했는지 확인할 수 있다. 학생 계정을 클릭하면 각각의 문제에 입력한 답안과 시도 횟수를 확인할 수 있으며, 개별 피드백을 제공할 수 있다.

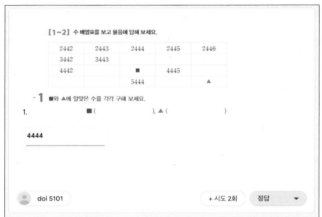

▲ 문항 선택 시 보이는 학생의 답안과 교사의 비공개 댓글 피드백

　사실 이 진단평가 출제에는 큰 오류가 있다. 연습 세트의 기능에 대한 이해가 깊지 않기도 했고, 여러 가지를 테스트하고 싶어 일반적인 유형의 문항들을 출제해 보았다. 장문형으로 답해야 하는 문항이 있어 아이들이 정확히 입력해도 오답으로 채점되었고, 그림으로 그려야 하는 문항도 있어 오답으로 채점되었다. 따라서 이런 경우 교사는 학생들의 오답을 일일이 확인하여 정답으로 변경하여 채점 결과를 수정해야 했다.

▲ 자동 채점이 어려운 문항 유형 예시

2) 연습 세트로 차시별 확인 문제 출제

진단평가에서의 시행착오를 바탕으로 차시별 확인 문제는 실수 없이 제공할 수 있었다. 단답형 문항의 답안은 숫자로만 입력하고, 문장형 문항의 답은 선택형 문항으로 출제하여 자동 채점이 정확히 이루어질 수 있도록 출제하였다.

▲ 확인 문제 채점 결과(1차)

확인 문제 채점 결과, 대시보드를 보면 모든 학생이 정답을 맞혔으나 여러 번 시도 끝에 정답을 찾은 아이들이 있었다. 대시보드에서는 정답 표시의 초록색이 연하게 표시되며 시도 횟수가 2회 이상이면 연한 초록색으로 표시된다.

통계에서 제시한 '많은 문제를 끈기 있게 여러 번 시도한 학생'은 2회 이상 시도한 문제가 여러 문제일 경우의 학생이 표시된다. 즉 많은 문제를 여러 번 틀렸다는 의미이므로 여기에 해당하는 학생에게는 반드시 보충 지도가 필요하다. 그리하여 해당 학생들에게는 방과후 보충지도 후 추가 10문제(2차 확인 문제)를 과제로 제시하였다. 특히 '많은 학생이 여러 번 시도한 4번 문제'와 비슷한 유형으로 추가 지도를 하였으며, 'doi5119' 학생은 집중적으로 개별 지도를 하여 해당 차시의 내용의 이해를 도왔다.

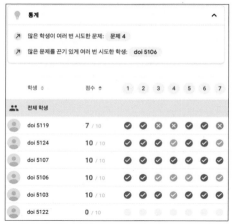

▲ 확인 문제 채점 결과(2차)

3) 추가 학습을 위한 학생 맞춤형 문항 제작

이 과정에서 학생들에게 피드백을 제공하는 첫 번째 피드백 방법은 비공개 댓글로 개별 피드백을 제공하는 것이다. 학생 개개인에게 맞춤형 피드백을 정성적으로 제공할 수 있으며 피드백 예문을 저장하면 수고로움을 조금은 덜 수 있다. 선생님의 개별 피드백을 입력하고 학생에게 과제를 되돌려주면 학생들은 과제와 피드백을 자신의 이해 수준을 파악하고 다음 학습을 계획할 수 있다.

두 번째 피드백 방법은 학생들의 수준별로 추가 문제를 제시하고 그 평가 결과를 대시보드에서 확인하는 것이다. 학생들이 어려워하는 문항과 오답을 여러 번 입력한 학생에 대한 데이터를 확인하여 보충 지도를 하고 추가 문제를 제공하는 것이다. 교사의 입장에서 개별 보충 지도에 대한 부담이 되는 경우가 있다. 예를 들면 개별 지도가 필요한 학생의 인원이 할애할 수 있는 시간에 비해 많을 경우나 보충 지도를 해야 하는 문항의 유형이 학생마다 제각각일 경우 등이다. 이럴 때는 연습 세트에서 제공할 수 있는 리소스를 최대한 활용한다. 리소스에 보충 설명을 위한 동영상과 선생님의 설명을 더욱 체계적으로 제시하면 된다.

다. 직관적 대시보드와 맞춤형 제작 도구로의 활용

"학생들의 학습 데이터 분석에 따른 개별 맞춤형 피드백을 제공해야 한다."

특히 수학과에서는 이전 차시 내용이 후속 차시 학습에 주는 영향이 크기 때문에 학생들의 이해정도를 교사가 수시로 직접 확인해야 한다. 학생들이 수학 익힘책을 풀고 답지를 보며 개별적으로 채점하는 경우를 더러 본다. 이 채점은 단순히 정답률 또는 오답 유형만 확인할 뿐 개별 맞춤형 피드백 측면에서 본다면 학생들에게 교육적으로 전혀 도움이 되지 못한다. 그렇다면 교사가 매시간 수학 익힘책을 채점할 것인가? 매시간 채점하기는 힘드니까 단원 정리학습 때에만 채점하고 확인할 것인가?

구글 클래스룸의 연습 세트는 AI 코스웨어와 달리 문항 출제에 교사의 고민과 수고가 요구되지만, 개념 이해와 문제 풀이에 필요한 리소스를 선별하여 제공할 수 있다. 또한 어떤 문제 유형에 취약한지 어떤 학생이 목표 도달에 어려움을 겪는지 한눈에 파악하고, 학생들의 학습 데이터를 누적할 수 있다. 무엇보다도 교사에게 보이는 대시보드는 여느 AI 코스웨어보다 직관적으로 데이터를 제공한다. 특히 학생들이 많이 틀리는 문항을 제시해 주는 기능은 단연 최고다. 예산 확보의 어려움으로 AI 코스웨어 사용은 꿈도 못 꾸는 교실에서는 구글 클래스룸의 연습 세트가 그 대안이 될 수 있다.

다했니? 다했어요

성장중심평가는 학생의 학습과 성장을 중심으로 이루어지며 지속적인 평가와 피드백을 통해 학생의 성장이 반복되는 구조이다. 우리나라 교육 현장에서는 교사 1명이 20~30명의 학생을 대하고 있기 때문에 순시하며 1:1로 피드백을 주는 것은 시간적, 공간적 한계가 있다. 이에 대한 대안으로 태블릿 PC나 크롬북과 같은 스마트 기기를 이용하여 편리하게 쌍방향 소통을 하고, 성장중심평가에 활용할 수 있다.

평범한 초등 교사의 입장에서 스마트 기기를 이용할 때 가장 큰 고민은 접근성이다. 영어를 모르는 아이들이 매번 사이트에 접속하고 영어로 된 아이디와 패스워드로 로그인하기는 매우 어렵다. 로그인만 하는데도 수업 시간 절반이 흘러가 버리는 일도 비일비재하다. 아직 디지털 기기를 잘 다루지 못하는 초등학교 3학년 학생들과 수업하면서, 간단하게 상호작용하고 개별화된 피드백을 제공할 수 있는 도구를 고민하며 수업과 평가를 구상하였다.

가. 피드백으로 성장하는 포트폴리오 평가

포트폴리오 평가는 학생들의 학습 과정과 성장을 다면적으로 이해하고 평가하기 위한 방법이다. 전통적인 시험과 달리, 학생들이 일정 기간 동안 수행한 다양한 활동과 작업물을 모아 평가하므로 학생들이 그동안 어떻게 학습하고 성장했는지에 대해 평가할 수 있다. 또한 학생 입장에서는 평가 기간 동안 교사의 피드백을 통해 자신의 성장을 점검하고 발전할 수 있다는 장점이 있다.

하티와 팀펄리(Hattie&Timperley, 2007)는 피드백을 '학생의 현재와 목표 사이의 불일치를 줄이기 위해 교사에 의해 제공되는 정보'라고 정의했다. 효과적인 피드백은 학생들에게 필요한 정보를 제공하여 학생들이 학습 과정에서 어떠한 위치에 있는지 알려주고, 현재 위치와 목표 사이의 격차를 줄여주며, 다음에는 무엇을 해야 하는지를 이해할 수 있게 한다(김도균·이다영·김수진 외, 2018).

진정한 의미에서 피드백은 충고나 칭찬, 지시와는 차이가 있으며, 학생이 목표에 이르고자 할 때 필요한 정보를 서술적으로 제공해야 한다.[76]

▲ 효과적인 피드백 핵심 특징 7가지[77]

[76] 21erick.org/column/5251/
[77] 21erick.org/column/5251/

나. '다했니? 다했어요'를 활용한 포트폴리오 평가

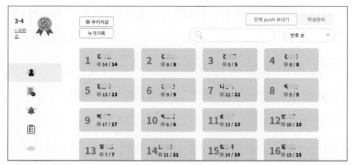

▲ 다했니? – 교사용 화면

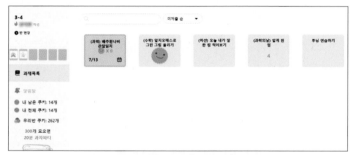

▲ 다했어요 – 학생용 화면

'다했니? 다했어요'는 교사-학생이 1:1 연결구조로 소통할 수 있는 에듀테크 도구이다. 교사는 '다했니(웹)'를 학생은 '다했어요(웹, 앱)'를 사용해서 편리하게 교수학습 과정을 평가하고 기록할 수 있다.

학생의 스마트 기기에 '다했어요' 어플을 설치하고 교사의 초대 코드를 처음 한 번 입력하면 자동으로 로그인이 가능하다. 또한 학생용 인터페이스가 단순하여 초등 저학년도 사용이 가능하다.

'다했니? 다했어요'를 이용하면 학생의 과제와 피드백을 모아볼 수 있어 포트폴리오 평가에 적합하다. 또 하나의 편리한 점은 누적된 평가 결과 및 피드백을 바탕으로 AI가 평가 리포트를 작성해주는 AI 쫑알이 기능[78]을 이용할 수 있다.

---

[78] AI 쫑알이는 유료 기능임.

1) 포트폴리오 평가 계획하기

3학년 과학의 '배추흰나비의 한살이를 관찰하는 관찰일지 쓰기'를 평가하기 위해 다음과 같이 포트폴리오 평가를 계획하였다.

성취기준	[4과 10-02] 동물의 한살이 관찰 계획을 세우고, 동물을 기르면서 한살이를 관찰하며, 관찰한 내용을 글과 그림으로 표현할 수 있다.
평가 방법	'다했니? 다했어요'를 활용한 포트폴리오 평가
평가 내용	배추흰나비의 한살이(알-애벌레-번데기-나비)를 관찰하는 관찰일지 쓰기
평가 시기	4~5월 (2주간 평가)

성취기준에 따른 평가 기준(루브릭)은 다음과 같다. 이 표는 학생들과 사전에 공유하여 평가의 목표를 구체적으로 제시하였다.

평가 요소	매우 잘함	잘함	보통	노력 요함
관찰의 정확성	배추흰나비 한살이의 모든 단계(알-애벌레-번데기-어른벌레)를 관찰하고, 각 단계의 모습과 특징을 발견하여 정확하게 설명함.	배추흰나비 한살이의 대부분 단계를 관찰하고, 각 단계의 모습과 특징을 발견하여 설명함.	두 단계만 정확하게 관찰하고, 몇 가지 특징만 발견하여 설명함.	각 단계에 대한 관찰이 부정확하거나, 설명이 부족함.
관찰 기록의 자세함	관찰 기록이 매우 자세하고, 배추흰나비의 특징 및 한살이 과정을 모두 담고 있음.	관찰 기록이 자세하지만 몇 가지 정보(색깔, 생김새, 길이, 특징)가 빠져 있음.	관찰 기록에 중요한 정보가 여러 개 빠져 있음.	관찰 기록이 매우 간단하고, 많은 정보가 빠져 있음.
정리 및 완성도	관찰 기록을 이해하기 쉽게 특징별로 잘 정리함. 글이나 그림으로 정보를 명확하게 나타냄.	대부분의 정보를 정돈해서 나타냈지만, 몇몇 부분이 조금 어수선함.	정보를 정돈하려고 노력했으나 이해하기 어려운 부분이 많음.	정보가 정돈되어 있지 않아 한눈에 보기 어려움.

2) 평가 과정 및 피드백

학생들에게 평가 내용 및 루브릭을 공유한 후 '다했니?'의 반복 과제 기능을 이용해 2주 동안 학생이 작성할 관찰일지를 제작했다.

▲ 반복 과제 생성　　　　　　　　　▲ 교사가 부여한 과제 내용

반복 과제로 설정한 후 평가 기간을 선택하고 과제 내용을 입력한다. 반복 과제를 이용하면 교사가 매일 과제를 내주지 않아도 학생들이 하루에 하나씩 과제를 작성할 수 있다.

학생들은 매일 아침 등교해서 배추흰나비를 관찰하고 태블릿으로 관찰일지를 작성한다. 학생들이 직접 사진을 촬영하여 과제와 함께 업로드할 수 있으나 방충망을 자주 열면 애벌레가 죽는 경우가 있어 교사가 대표로 사진을 촬영해서 업로드했다.

학생들이 과제를 제출하면 교사는 '다했니'에 접속하여 실시간으로 확인한다. 이때 학생들이 목표를 구체화하고 성장할 수 있도록 예시, 질문, 설명, 평가 기준 제시 등의 피드백을 제공한다. 태블릿 이용에 어려움이 있는 학생은 또래의 도움을 받도록 지도한다.

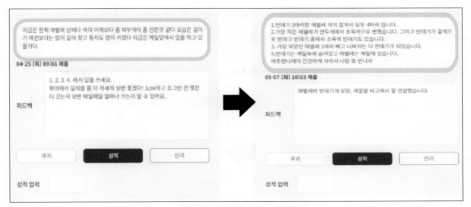

▲ 학생A의 피드백 전후 답안 비교

학생A의 첫 관찰 일지를 보면 항목을 구분하지 않고 써서 내용이 눈에 들어오지 않는다. 또한 과제에 제시된 내용을 모두 담고 있지 않으며 색깔과 길이를 설명할 때 모호한 표현을 사용한다. 이에 대한 설명을 PC로 입력하여 간편하게 피드백하였다. 또한 이 학생은 태블릿으로 과제를 입력하는 것을 어려워하는 듯 보여 직접 가서 도와주었다.

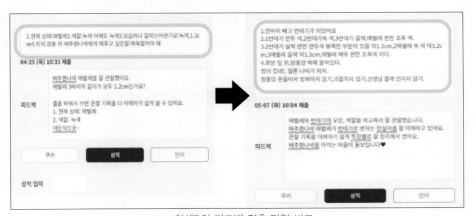

▲ 학생B의 피드백 전후 답안 비교

학생B는 첫 관찰 일지도 항목별로 구분을 하고 어느 정도 자세히 관찰하였다. 하지만 줄을 바꾸지 않아 한눈에 보기 어렵고 세 마리의 애벌레가 있는데 한 마리만을 관찰하였다. 애벌레가 허물을 여러 차례 벗으며 길이가 길어지는 과정을 관찰하며 생명의 연속성을 이해하도록 하기 위해 각각의 애벌레를 관찰할 수 있도록 질문으로 피드백하였다.

학생마다 가지고 있는 배경지식이나 역량 등 출발점이 다르기 때문에 학생A는 어떻게 해야 하는지 직접 설명해 주었지만 학생B는 스스로 발견할 수 있도록 질문을 던졌다.

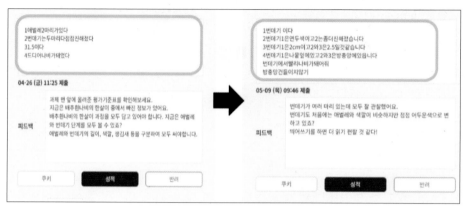

▲ 학생C의 피드백 전후 답안 비교

학생C의 첫 답안을 살펴보면 번데기와 애벌레를 모두 관찰하지 않아 정보가 많이 빠져 있다. 학생이 평가 기준표를 다시 확인하여 성장할 수 있도록 피드백하였다.

제시한 학생 세 명뿐만 아니라 대부분의 학생(22명 중 20명)이 첫 답변과 마지막 답변을 비교하면 이전보다 관찰 내용을 자세하고 정확하게 썼음을 확인했다. 또한 관찰일지를 읽기 쉽게 정리하는 능력도 향상되었다.

만약 학생이 종이로 관찰일지를 적어서 제출했다면 교사가 매일 검사하기 힘들 뿐만 아니라 즉각적이고 개별화된 피드백을 주기는 어려웠을 것이다. 학생의 과제를 PC로 확인하니 쉬는 시간 틈틈이 피드백을 줄 수 있고 복사·붙여넣기한 내용을 수정하여 간편하게 입력할 수 있다.

3) 평가 결과 정리 및 입력

학생이 2주간 관찰일지 작성을 완료하면 동료 평가, 자기평가로 얼마나 성장했는지 성찰하는 시간을 갖는다. 교사는 '다했니'를 통해 학생의 성장을 관찰하고 루브릭에 따라 채점하여 평가 결과를 나이스에 입력한다.

(1) 성장 보고서 작성 – 동료평가 및 자기평가

학생의 포트폴리오에 대해 평가하는 것은 결국 교사이지만, 성장중심평가에서는 결과 그 자체보다 학생이 성장한 점에 주목하므로 자기평가 및 동료평가가 중요하다.

학생들은 동료평가 및 자기평가를 통해 자신이 알게 된 점, 느낀 점 등을 생각해보고 자신의 성장을 점검하고 반성한다. 자신의 성장을 되돌아보며 앞으로의 학습을 스스로 계획하고 방향을 설정할 수 있다.

▲ 다했어요-학생 포트폴리오 메인 화면

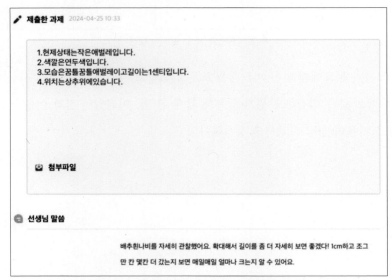

▲ 다했어요-학생 포트폴리오 화면(날짜별)

학생 태블릿으로 '다했어요' 과제에 접속하면 날짜별로 포트폴리오를 확인할 수 있다. 학생들은 각자의 자리에 이 화면을 띄워놓고 교실을 돌아다니며 서로 동료평가를 실시한다. 서로의 과제를 날짜별로 확인하며 친구가 성장한 점을 확인하고 칭찬할 점 및 개선할 점 등을 피드백한다. 이때 학생들 역시 평가기준을 참고하여 피드백하였다.

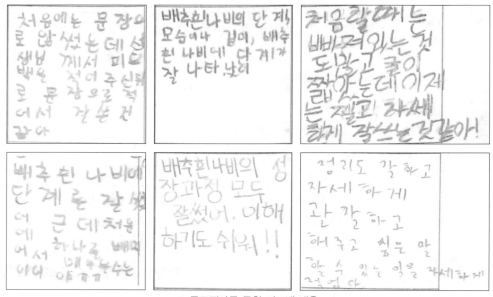

▲ 동료평가를 통한 피드백 내용

학생은 교사와 동료에게 받은 피드백을 모두 확인하고 자기평가를 한다. 자신의 과제를 살펴보며 수행 수준을 점검하고 평가를 통해 알게 된 점, 어려웠던 점과 이를 극복하기 위한 노력 등을 떠올려 성장 보고서를 작성한다.

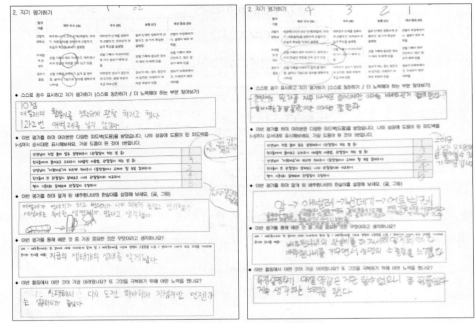

▲ 학생A와 학생B의 자기평가 내용

이때 학생에게 도움이 된 피드백은 무엇인지 묻는 문항을 포함시켜 학생 입장에서 어떤 도움이 필요한지 분석하였다.

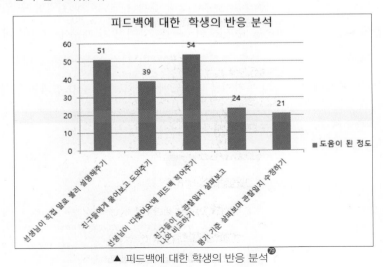

▲ 피드백에 대한 학생의 반응 분석[79]

---

[79] 학생에게 도움이 된 정도를 1~3점의 척도로 평가한 후 합한 점수 그래프임. (n=22)

피드백 종류	가장 도움이 된다고 고른 이유(학생 답변)
선생님이 직접 불러 말로 설명해주기	• 선생님의 도움을 받아야 더 정확히 알 수 있다. • 내가 모르는 것을 선생님이 자세히 설명해주신 것이 도움이 되었다. • 모르는 것을 질문할 수 있다.
선생님이 "다했어요"에 피드백 적어주기	• 고쳐야 할 점을 알아야 다음에 더 좋은 글을 쓸 수 있다. • 피드백을 보고 점점 고쳐나가서 마지막에는 처음보다 관찰일지를 잘 썼다. • 피드백을 보고 다음부터 더 열심히 해야겠다는 마음이 들었다.

▲ 가장 도움이 되는 피드백과 이유에 대한 학생 답변

위의 내용을 살펴보면 학생들은 주로 교사에게 받는 피드백이 도움이 된다고 응답했다. 또한 교사가 직접 불러 말로 설명하는 것과 '다했어요'에 텍스트로 피드백을 입력하는 것이 거의 비슷하게 도움이 된다고 응답했다. '다했니? 다했어요'를 이용하면 교사가 편리하게 피드백하면서도 학생들은 자세하고 개별화된 피드백을 얻을 수 있다.

교사는 학생의 선호도 및 필요한 도움에 대해 이해하고 다음 수업 및 평가에 반영할 수 있다. 이처럼 성장중심평가는 학생의 성장과 더불어 교사의 성장도 촉진시킨다.

(2) 최종 결과 정리 및 나이스 입력

'다했니? 다했어요'를 이용하면 포트폴리오 평과 결과를 편리하게 입력할 수 있다. 수기로 작성한 관찰일지는 분실 및 파손될 수 있으며 누적된 양이 많기 때문에 보관이 어렵다. 반면 '다했니'를 이용하면 편리하게 과제를 조회할 수 있으며 사진 등은 원본 그대로 다운로드가 가능하다. '다했니' 상에서 교사의 누가기록과 피드백을 참고하여 평가 결과를 입력한다.

▲ 우리반 리포트 - 누가기록

또 한가지 편리한 기능은 'AI 쫑알이'이다. 'AI 쫑알이'는 누가기록, 피드백, 상세 기록을 바탕으로 AI가 평가 리포트를 작성해주는 기능이다.

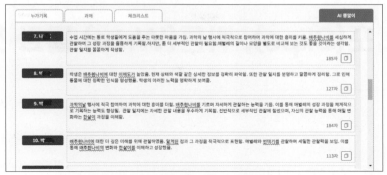

▲ 우리반 리포트 - AI 쫑알이

이 기능을 이용하면 교사의 피드백과 학생에 대한 기록을 바탕으로 객관적인 내용을 입력하는 동시에 나이스 평가 입력에 대한 교사의 부담을 경감할 수 있다. 물론 AI가 생성해준 내용을 그대로 쓰기엔 무리가 있지만 교사가 평가한 내용을 바탕으로 수정하여 활용 가능하다. 평가 시기와 나이스 입력 시기가 일치하지 않거나 수기로 관찰 기록하는 것의 불편함 등 학교 현장의 여러 어려운 상황을 고려하면 충분히 활용 가치가 있다.

성장중심평가에서 가장 중요한 것 중 하나는 지속적인 피드백이다. 수업 시간에 교사 한 명이 모든 학생에게 일일이 구두로 피드백하는 것은 어렵다. 성장중심평가를 처음 시도하는 교사라면 '다했니? 다했어요'를 통해 개별 학생에게 즉각적인 피드백을 주는 방법을 고려해도 좋을 것이다.

클리포(Clipo), 뤼튼(Wrtn) 툴과 챗봇

가. 학습 결과에 관한 평가

수업과 평가 계획은 모든 교사들의 고민거리다. 이런 고민을 쉽게 해결해 보고자 필자는 평소 학생들이 관심을 두고 흥미로워하는 수업과 평가 방법만을 생각했었다. 이런 생각으로 운영한 수업 방법과 평가는 과학 과목에 관심 없던 학생들에게 학습 흥미를 높이는 데는 도움이 되었겠지만, '반드시 알아야 할 내용을 수업하고 평가하고 있는가?', '수업과 평가 과정에서 학생들의 성장을 지원하고 확인하고 있는가? 라는 질문에는 자신 없어지는 것이 사실이다.

대부분의 학교는 학기가 시작되기 전에 교과별 교수학습 및 평가 운영계획을 수립한다. 그리고 수행평가의 구체적인 평가 방법과 채점 기준표 등을 사전에 안내한다. 하지만 필자는 그동안 평가 관련 정보를 해당 단원의 수업 시작 전이 아닌, 수행평가 실시 직전에 제공하는 경우가 많았다. 이로 인해 학생들은 해당 수업과 수행평가 과정에서 어떤 내용을 배워야 하고, 어떤 기준으로 평가가 진행되는지 잘 모른 채 수업에 참여하게 되었던 것이다. 수업과 평가가 별개의 과정으로 진행되어 결국 학습이 종료된 이후 학습의 성과에 대하여 평가를 내리는 학습 결과에 관한 평가(Assessment of learning)를 실시했던 것이다.

▲ 학습 결과에 관한 평가

나. 성장중심평가

성장중심평가와 루브릭에 대해 연구를 하면서 수업이 곧 평가이고, 평가가 곧 학습이자 수업이라는 것을 알게 되었다. 그래서 수업 설계 단계부터 학생들의 성장을 위한 기준들을 파악하고 다양한 수업 방법과 지속적인 피드백을 제공할 수 있는 에듀테크 도구들을 활용하여 수업과 평가의 과정을 다음과 같이 설계할 수 있었다.

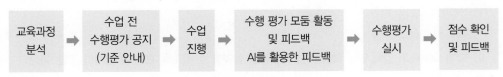

▲ 성장중심평가

1) 교육과정 분석

NCIC 국가교육과정정보센터[30]의 자료를 살펴보면 우리나라에서 실시하고 있는 교육과정에 대한 정보를 얻을 수 있다.

▲ 국가교육과정 정보센터

학기 초 교과목의 성취기준을 분석하여 각 성취기준별 평가 요소와 평가 방법을 선정한다.[31] 그렇게 평가 계획을 마련하는 과정에서 교육과정의 재구성도 논의하게 된다. 중학교

---

[30] ncic.re.kr
[31] 자세한 평가 요소와 평가 방법에 대한 안내는 본서 'Ⅲ. 루브릭'을 참고 바람.

에서는 자유학기제를 비롯하여 학교 자율시간[32] 등 교육과정을 재구성할 수 있는 기회가 많다. 이를 통해 학교와 교사는 학생들의 요구와 특성에 맞는 맞춤형 교육과정을 개발하고 운영할 수 있다. 이에 학생들의 흥미와 이해도를 높이고 융합적 사고와 문제해결력을 함양할 수 있도록 융합수업을 계획하기도 한다. 융합수업의 중요성은 2022 개정 교육과정에서 교육과정 구성의 중점 사항이며 추구하는 핵심역량에도 드러난다.

Ⅰ. 교육과정 구성의 방향

1. 교육과정 구성의 중점

  마. 교과 교육에서 깊이 있는 학습을 통해 역량을 함양할 수 있도록 **교과 간 연계와 통합**, 학생의 삶과 연계된 학습, 학습에 대한 성찰 등을 강화한다.

2. 추구하는 인간상과 핵심역량

  다. 폭넓은 기초 지식을 바탕으로 다양한 전문 분야의 지식, 기술, 경험을 **융합적으로 활용**하여 새로운 것을 창출하는 창의적 사고 역량

▲ 2022 개정 교육과정 총론

융합수업을 계획하기 위해 여러 교과 선생님과 협력하여 과목별 성취기준과 교과서를 참고하여 주제를 정하고 교수학습 프로그램을 개발하였다.

이번에 선택한 주제는 '지구 온난화'이다. 교육에서 생태적 전환에 대한 논의는 2018년 OECD가 제안한 'The future of education and skills Education 2030'에서 일부 언급되기 시작(장연우, 2023)하였고, 2022 개정 교육과정에서도 '기후 생태 환경의 변화'를 교육과정 구성의 중점 사항으로 두고 있다. 이는 학교 현장에서 이러한 주제를 다루는 융합수업의 필요성이 높아지고 있음을 보여준다. 교육과정과 국제사회적 관심사인 '지구 온난화'에 대한 융합 수업은 다음과 같이 계획하여 실시한다.

---

[32] 2015 개정 교육과정에서는 학교 자율과정임.

과목	성취기준	활동내용	에듀테크 도구	평가계획
국어	[9국01-07] 여러 사람 앞에서 말할 때 부딪히는 어려움에 효과적으로 대처한다. [9국01-06] 청중의 관심과 요구를 고려하여 말한다.	지구 온난화 관련 자료 발표하기	패들렛	자기평가 동료평가 관찰평가
	[9국03-03] 관찰, 조사, 실험의 절차와 결과가 드러나게 글을 쓴다.	한반도의 지구 온난화 조사 보고서 쓰기	구글 클래스룸, 구글 문서	보고서 작성하기 수행평가
	[9국01-05] 토론에서 타당한 근거를 들어 논박한다.	논제 '자동차는 전기 자동차로 대체되어야 한다.'에 대해 디베이트 하기	패들렛	토론하기 자기평가 동료평가 관찰평가
		논제 '태양 복사 관리는 기후위기를 막는 최선의 방안이다.'에 대해 디베이트 하기		
과학	[9과18-01] 기권의 층상 구조를 이해하고, 온실 효과와 지구 온난화를 복사 평형의 관점으로 설명할 수 있다.	온실 효과와 지구 온난화의 개념 설명 및 관계를 설명하는 글쓰기	구글 문서, 클리포, 뤼튼	동료평가 자기평가 수행평가
영어	[9영03-04]일상생활이나 친숙한 일반적 주제의 글을 읽고 줄거리, 주제, 요지를 파악할 수 있다. [9영03-08]일상생활이나 친숙한 일반적 주제의 글을 읽고 일이나 사건의 원인과 결과를 추론할 수 있다.	지구 온난화에 관련된 개념을 사전 조사 후 관련 어휘 학습 및 지문 읽기	구글 클래스룸, 구글 슬라이드,	자기평가 동료평가
	[9영04-02] 일상생활에 관한 자신의 의견이나 감정을 표현하는 문장을 쓸 수 있다.	지구 온난화에 대한 앞으로의 방안에 대한 글쓰기	구글 클래스룸	자기평가 수행평가
	[9영04-03]일상생활에 관한 그림, 사진, 또는 도표 등을 설명하는 문장을 쓸 수 있다.	지구 온난화 책 만들기	북크리에이터	동료평가
도덕				
사회		(중략)		
미술				

▲ 융합수업 계획

이렇게 하나의 주제로 다양한 교과가 참여하는 융합 프로젝트 수업은 타 교과의 내용이 배경지식으로 작용하기 때문에 학생들에게 중복된 내용 설명을 피할 수 있다(김선희, 2019). 무엇보다도 별개로 운영되는 수업에서 벗어나 여러 선생님이 학생의 성장을 위해 함께 소통한다는 것이 가장 큰 장점이다.

2) 수업 전 수행평가 공지(기준 안내)

수업이 진행되기 전에 학생들에게 해당 단원의 성취기준과 수행평가 영역, 수행평가 방법, 그리고 채점 기준표(루브릭)를 미리 안내한다. 기본적으로 학생 및 학부모를 위한 가정통신문과 함께 학교 정보공시를 통해 주요 내용이 안내되지만, 이러한 정보들이 공개되고 있다는 사실을 정확하게 인지하지 못하는 경우가 있다. 또한 정보공시에서 세부적인 채점 기준을 모두 공개하기 어려운 경우에는 채점 기준에 포함된 평가 요소만 공개하므로, 세부 사항을 학생들에게 별도로 안내하는 것은 반드시 필요하다.

제공된 기준을 토대로 학생들은 이번 단원에서 무엇을 학습하고 성취하는지를, 교사는 무엇을 가르치고 어떻게 평가해야 하는지를 알게 된다. 이번에는 수행평가를 계획하며 채점 기준표(루브릭)와 수업 진행의 흐름도를 함께 제공해 보았다.

5. 채점 기준표(루브릭)

평가영역	과학 논술: 지구 온난화 현상 설명하기		영역 만점	10점
평가요소	채점요소	배점	채점기준	
지구 온난화 현상과 온실 효과 설명하기	지구 온난화 현상과 온실 효과의 개념을 정확하게 알고 지구 복사 평형의 관점으로 설명할 수 있는가?	10	지구 온난화 현상과 온실 효과를 지구 복사 평형의 관점에서 깊은 이해를 바탕으로 이유나 예시, 데이터 등을 활용하여 정확하게 설명함.	
			지구 온난화 현상과 온실 효과를 지구 복사 평형의 관점에서 깊은 이해를 바탕으로 이유나 예시, 데이터 등을 활용하여 설명하였으나 일부 오류가 있음.	
		8	지구 온난화 현상과 온실 효과를 지구 복사 평형의 관점에서 단순히 기본적인 설명을 하였음.	
			지구 온난화 현상과 온실 효과를 지구 복사 평형의 관점에서 이유나 예시, 데이터 등을 활용하여 설명하였으나 오류가 많거나 이해하기 어려운 설명임.	
		6	지구 온난화 현상과 온실 효과에 대한 설명에 오류가 있음.	
		4	지구 온난화 현상과 온실 효과에 대해 설명하기 어려움.	
		2	백지 / 미참여	

6. 수업 진행의 흐름도

관련 내용 이론 수업 실시 → 수행평가 문항으로 개인 연습 (자기 평가) → 수행평가 문항으로 모둠 활동 (동료평가 및 피드백) → 생성형AI를 활용한 피드백 (개인별) → 수행평가 실시 → 점수 확인 및 피드백

▲ 학생 안내자료

학생들에게 안내해야 할 자료는 종이로 된 안내지 대신 패들렛(Padlet)[83]이나 클래스 보드[84]등의 디지털 플랫폼을 통해 배부한다. 안내해야 할 정보의 양이 많을 때나 관련된 정보를 빠짐없이 전달해야 할 때 효율적이다. 간혹 수행평가에 대한 설명을 영상으로 제작하여 안내하는 경우도 디지털 플랫폼을 통해 안내하면 쉽고 빠르게 안내할 수 있다.

▲ 클래스 보드 안내자료

필자가 수행평가의 기준을 안내할 때 가장 중요하게 생각한 것은 채점 기준표(루브릭)이다. 학생의 수행을 수준별로 기술한 기준에 따라 평가하고, 학생의 결과물에 대한 피드백과 함께 나아갈 방향을 안내하는 루브릭의 교육적 이점에 관심을 두고 이를 활용하게되었다. 루브릭은 학생의 성장을 도울 수 있기에 성장중심평가에 필수적이라고 생각한다.

그러나 루브릭은 학생의 수행 수준을 제시하여 평가하기 때문에 일반적으로 사용하는채점 기준표와는 조금 다른 형태를 보인다. 따라서 수행 수준에 대한 구분을 확실하게 할수 있도록 안내자료를 제작하여 배부하였다.[85]

---

[83] padlet.com
[84] clboard.co.kr
[85] 자세한 평가 요소와 평가 방법에 대한 안내는 본서 'Ⅲ. 루브릭'을 참고 바람.

3) 수업 진행

(1) 토의·토론 수업

대부분 수업에서 토의·토론 방식을 활용한다. 학생들 간의 상호작용을 토대로 학습 의욕을 고취시키기 위해서이다. 학생들이 토의·토론 수업 주제를 함께 찾고, 이를 바탕으로 분류, 분석, 종합, 평가, 응용, 합성 등을 하며 서로 의견을 주고받으며, 대안을 모색하거나 설득, 논박하는 과정을 거쳐 합의에 도달하게 하는 것이다(이상우, 2011). 이에 필자는 수업 중 특정 주제에 대한 학습이나 문제의 해결, 그리고 지식의 공유를 위해 토의·토론을 활용한다. 학생들에게 토의·토론을 할 수 있는 주제를 제시하면, 학생들은 각자 생각을 정리한 이후 모둠활동으로 토의·토론 하며 자신의 생각을 구체화하거나 문제를 해결한다. 교사는 학생들이 모둠활동 하는 모습을 보며 학습자의 상태를 점검하고 문제 해결을 위한 도움 자료가 무엇일지 생각한다. 결국 학습 목표 도달을 위한 상호작용이 교실 현장에서 이루어지는 것이며, 수업의 주체는 교사가 아니라 학생이 되는 것이다. 개념 형성을 돕기 위한 질문으로 시작한 수업이 이를 해결하기 위한 열띤 토론으로 이어져 그 효과를 실감했던 경험이 아직도 생생하다. 필요에 따라 강의식과 토의·토론식을 혼용하는 수업 계획이 학생들의 성장을 위해 큰 도움이 될 것이다.

▲ 토의·토론 수업 모습

(2) 독서교육

모둠활동 수업이나 융합수업과 함께 학생들에게 지적 호기심을 확장할 수 있도록 독서교육을 실시한다. 중학교 과학 교과서에 수록된 '지구 온난화와 온실 효과', '지구 복사 평형'과 관련된 교과서 내용은 출판사에 따라 다르겠지만, 보통 분량이 2페이지 정도밖에 되지 않는다. 물론, 이 정도면 일반적인 과학 개념을 설명하기에는 충분한 양이다. 하지만 이번 수행평가의 목적이 다양한 자료를 활용하여 개념을 설명하는 것인데, 수업을 통해 학생들이 얻을 수 있는 정보에는 한계가 있다. 다양한 매체 탐색과 조사 활동을 통해 신뢰할 수 있는 자료를 찾아 정보를 수집하고 분석할 수 있겠지만, 부족한 교과서 내용의 보충과 집단지성을 통한 동기 유발적 차원에서 학생들에게 지구 온난화 관련 도서[36]를 배부하고 윤독하도록 지도했다. 학생들은 독서 활동을 통해 이해한 내용과 참고할 수 있는 자료들을 메모지에 기록하여 교실 게시판에 공유함으로써, 독서교육을 기반으로 한 과학 교육활동의 분위기를 조성할 수 있었다.

4) 수행평가 모둠활동 및 피드백

수행평가 단원의 수업을 시작하기 전에 이미 관련 자료를 통해 활동에 관해 충분히 안내했지만, 수행평가 문항과 주의사항, 루브릭이 포함된 자료를 학생들에게 한 번 더 배부한다. 상황에 따라 수행평가와 유사한 문항을 배부할 수도 있다. 그러나 이에 대해서는 학생들의 성취 수준이 모두 높게 나올 수 있다는 점에서 우려되는 바가 있다. 그러나 문항 공개 여부보다 더 중요한 것은 성취기준 도달 여부를 잘 판정할 수 있는 타당한 평가도구를 제작하는 것이다. 이를 위해 학생의 수준에 맞는 성취기준을 설정하고, 평가도구가 적절하게 제작된 것인지 철저한 검토가 필요하다. 그리고 학생이 궁극적으로 할 수 있거나 할 수 있기를 기대하는 도달점이 성취기준이라면, 성취기준에 잘 도달할 수 있도록 도와주는 것이 교사의 역할이고 수업의 방향이라고 생각한다.

그렇게 학생들은 수업 시간을 활용하여 수행평가 문항이나 수행평가 유사 문항으로 수행평가 연습과 준비를 한다.

---

[36] 허창회(2021). 지구 온난화의 비밀. 풀빛.

2024학년도 3학년 1학기 과학 평가 문항
[지구 온난화 현상과 온실 효과 설명하기]

3학년 　반　　번　이름:

1. 주의 사항
- 검정색 볼펜을 사용하며, 그림을 표현할 경우 다른 색을 활용합니다.
- 글자수는 특별히 제한하지 않습니다.
- 글씨는 알아볼 수 있도록 씁니다.
- 추후 뒤른 틀을 통해 채점과 피드백을 실시하고, 해당 내용으로 설문을 작성하여 제출합니다.

2. 평가 문항
지구 온난화 현상과 온실 효과를 지구 복사 평형의 관점에서 설명하시오.
(단, 각 현상들의 개념과 관계를 설명하고, 예시, 그림, 데이터 등을 활용하여 설명합니다.)

·피드백 내용:

2. 채점 기준표

자기평가		동료평가	점	점	점	점

평가영역	과학 논술: 지구 온난화 현상 설명하기		영역 만점	10점

평가요소	채점요소	배점	채점기준
지구 온난화 현상과 온실 효과 설명하기	지구 온난화 현상과 온실 효과의 개념을 정확하게 알고 지구 복사 평형의 관점으로 설명할 수 있는가?	10	지구 온난화 현상과 온실 효과를 지구 복사 평형의 관점에서 깊은 이해를 바탕으로 이유나 예시, 데이터 등을 활용하여 정확하게 설명함.
			지구 온난화 현상과 온실 효과를 지구 복사 평형의 관점에서 깊은 이해를 바탕으로 이유나 예시, 데이터 등을 활용하여 설명하였으나 일부 오류가 있음.
		8	지구 온난화 현상과 온실 효과를 지구 복사 평형의 관점에서 단순히 기본적인 설명을 하였음.
			지구 온난화 현상과 온실 효과를 지구 복사 평형의 관점에서 이유나 예시, 데이터 등을 활용하여 설명하였으나 오류가 많거나 이해하기 어려운 설명임.
		6	지구 온난화 현상과 온실 효과에 대한 설명에 오류가 있음.
		4	지구 온난화 현상과 온실 효과에 대해 설명하기 어려움.
		2	백지 / 미참여

▲ 수행평가 전 연습자료

학생들은 수업 시간을 활용해 제공된 평가 문항을 개인적으로 작성하고 채점 기준표(루브릭)를 보며 자기평가를 한다. 설명하는 글쓰기에 관한 자신의 수준을 스스로 점검하고 나에게 추가로 필요한 것이 무엇인지 알게 하는 과정이다.

자기평가가 끝나면 모둠원들과 서로의 과제를 돌려가며 읽고, 동료평가와 피드백 활동을 진행한다. 특별한 방식으로 설명한 부분은 밑줄과 별표로 강조하도록 하였다. 또한 개념 설명이 부족하거나 잘못된 부분, 추가로 작성하면 좋을 내용에 대해 학생들이 서로 피드백할 수 있도록 하였다. 이 과정에서 학생들은 새로운 관점과 아이디어를 얻을 수 있게 되며, 다양한 문제 해결 방식을 비교하고 분석하면서 비판적 사고 능력과 창의적 사고 능력을 증진할 수 있다. 협력 중심의 평가를 통해 학생들은 단순히 문제를 해결하는 것에 그치지 않고 그 이상의 가치를 배우게 되는 것이다. 공유 활동이 끝나면 새롭게 알게 된 내용이나 설명하는 방식을 이용해 다시 개인 활동지를 수정하거나 추가 작성하게 하여 학생들의 성장을 이끈다.

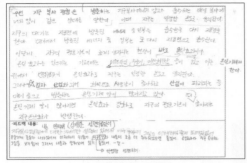

▲ 학생 간 피드백 예시1

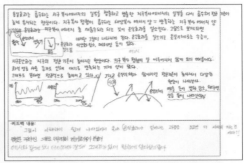

▲ 학생 간 피드백 예시2

5) 평가 후 점수 확인 및 결과 피드백

수행 평가 결과를 학생들에게 안내한다. 평가 문항지에는 루브릭이 포함되어 있어 학생들이 자신의 수행 수준을 확인할 수 있다. 이처럼 수업 과정에서 다양한 활동과 피드백을 통해 학생의 성장을 지원하고, 적절한 정보를 제공하며 추수 지도를 실시한다면, 학생은 자신의 학습을 지속적으로 성찰하고 개선할 수 있다. 이것이 바로 학습을 돕기 위한 평가, 즉 학습으로서의 평가(Assessment as learning)가 되는 것이다.

이렇게만 해도 학생들의 성장을 돕는 평가라고 할 수 있겠지만, 에듀테크 도구들을 활용한다면 학교 수업 시간과 교실이라는 시간과 공간의 제약 없이 결과물을 공유하고 피드백을 주고받을 수 있기 때문에 학생들에게 더 많은 도움이 될 것이다. 이에 필자가 활용한 몇 가지 에듀테크 도구를 소개하고자 한다.

다. 평가 및 피드백 도구(클리포, 뤼튼 챗봇과 툴, 뤼튼 채팅)

1) 클리포(CLIPO)

첫 번째로 소개할 에듀테크 도구는 바로 클리포(CLIPO)[87] 다. AI 코스웨어 클리포는 수행평가 과제 설계와 채점, 기록, 피드백 등을 한 번에 할 수 있다.

▲ 클리포 메인 화면

▲ 클리포 수행평가 설계

교사 인증을 받은 후 시스템상에서 학교 정보와 참여 학생 등의 기본 설정을 완료하면, 수행평가 내용을 입력할 수 있게 된다. 미리 저장된 과목별 성취기준을 선택하고 채점 기준표를 입력하여 수행평가 등록을 완료한다. 그러면 학생들이 과제를 입력할 수 있게 된다. 과제의 입력 방식도 선택할 수 있다. 학생들이 사이트에서 직접 입력을 할 수도 있고, 손 글씨로 작성한 활동지를 교사가 스캔하여 일괄 등록도 가능하다.

2024학년도 과제 현황					
상태	과목	과제명	마감일	제출 및 확인	채점 결과
제출완료	과학	온실 효과와 지구 온난화 현상 설명하는 글...	-	👤	☑
선생님제출	영어	Hidden Figures 주인공에게 편지쓰기(2...	-	👤	☑
미제출	과학	화학반응식 만들기의 과제	-	👤	☑

▲ 과제 현황 확인 화면(학생)

[87] clipo.ai

클리포의 장점은 교사와 학생 모두가 쉽게 사용할 수 있다는 것이다. 교사는 학생 등록, 과제 설계, 채점 결과 확인 등의 작업을 간단하게 처리할 수 있으며, 학생들 또한 교사가 배부한 과제들이 과목별로 정리되어 제공되기 때문에 한눈에 확인할 수 있어 편리하다.

제출한 과제를 교사가 채점하고, 채점 결과와 피드백 내용을 학생들에게 전달한다. 이 과정에서 클리포의 가장 큰 장점은 바로 AI를 활용한 자동 채점 기능이다. 교사가 등록해 놓은 수행평가의 성취기준과 채점 기준에 따라 학생들의 과제를 AI가 자동으로 채점하고, 채점 근거와 피드백 내용을 교사에게 제공한다.

온실 효과와 지구 온난화 현상 설명하는 글쓰기
온실 효과와 지구 온난화 현상 설명하는 글쓰기 연습

✓ 채점 완료하기 (결과공개)

상태	학급	평균	백분위 평균	AI Assistant 자동 채점	채점
진행	3-2	-	-	✏️	✓
진행	3-4	-	-	✏️	✓

▲ 자동 채점 기능(AI Assistant 자동 채점)

물론 평가 활동은 교사의 고유한 권한이기 때문에 AI에 모두 맡기는 것은 문제가 될 수 있다. 그렇기 때문에 클리포에서도 AI가 실시한 자동 채점은 가채점에 불과하다. AI는 채점 근거와 함께 노란색으로 점수를 표시해 주며, 교사는 학생이 제출한 과제와 AI가 작성한 채점 근거를 종합적으로 판단하여 최종 점수를 부여한다. 결국 AI는 채점과 피드백을 도와주는 도구일 뿐이다.

▲ AI 자동채점 및 피드백 화면(교사)

다만, 실제로 글쓰기 평가를 진행하다 보면 평가자는 후반부로 갈수록 피로도가 증가하는 경험을 하게 된다(김인숙, 2015 재인용). 그렇기에 AI를 보조적으로 활용한다면 조금 더 공정한 평가가 될 수 있다는 점에 주목해야 한다.

이러한 도구를 활용하여 자신의 과제에 대한 피드백을 받는다면 학생들은 과제를 계속 수정하고 보완해 나갈 수 있게 된다.

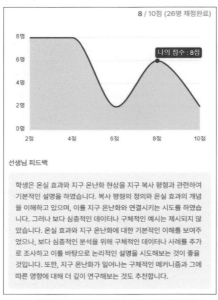

▲ 채점 결과 및 피드백 확인 화면(학생)

필자는 수행평가를 실시하기 전에 학생들의 피드백을 목적으로 사용하고 있지만, 실제 수행평가에서도 충분히 사용할 수 있다. 학생들이 컴퓨터나 크롬북, 태블릿 PC에서 직접 과제를 작성할 때, 스마트 단말기 관리 시스템인 MDM(Mobile Device Management)[⊗] 이나 크롬북의 CEU(Chrome Education Upgrade)를 사용한다면 특정 사이트를 제외한 나머지 인터넷 사이트나 설치되어 있는 앱의 접속을 제한할 수 있어 공정하게 수행평가를 실시하는 것이 가능해진다. MDM에서는 블랙 리스트(등록된 사이트만 접속 차단)와 화이트 리스트(등록된 사이트만 접속 허용)를 이용하여 학생들의 사이트 접속을 차단하거나 허용할 수 있다.

[⊗] 경기도교육청의 경우: mdm.goe.go.kr
  MDM 교육 매뉴얼: tinyurl.com/27g588cx
  MDM 교육 영상: youtube.com/@argosmdm_kyunggi

▲ MDM 화이트 리스트

▲ MDM 특정 사이트 차단

CEU의 경우도 MDM 처럼 기기 등록이나 앱 등록 등을 포함한 크롬북의 환경을 제어할 수 있다.

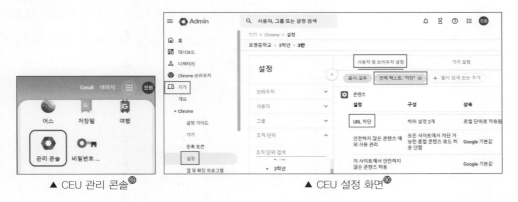

▲ CEU 관리 콘솔[89]

▲ CEU 설정 화면[90]

설정 화면에서 차단이 필요한 사이트의 URL을 입력하면 학생들의 접속을 차단할 수 있다. 교육과 관련 없는 사이트의 접속을 차단할 때 사용하는 것이다. 차단 방법에 대한 예시도 제공하고 있어 참고할 수 있다.

---

[89] CEU 관리 콘솔은 관리자 권한을 부여 받은 후 앱 버튼 혹은 admin.google.com로 접속함.
[90] 기기–설정–사용자 및 브라우저 설정–검색에서 '차단' 입력–URL 차단 선택.

차단된 URL 항목	결과
example.com	*example.com*, *www.example.com*, *sub.www.example.com*에 대한 모든 요청을 차단합니다.
http://example.com	*example.com* 및 모든 하위 도메인에 대한 HTTP 요청은 모두 차단하지만 HTTPS 요청은 허용합니다.
https://*	모든 도메인에 대한 모든 HTTPS 요청을 차단합니다.
mail.example.com	*mail.example.com*에 대한 요청은 차단하지만 *www.example.com* 또는 *example.com*에 대한 요청은 차단하지 않습니다.
.example.com	*example.com*은 차단하지만 *example.com/docs* 등의 하위 도메인은 차단하지 않습니다.
.www.example.com	*www.example.com*은 차단하지만 그 하위 도메인은 차단하지 않습니다.
*	차단된 URL 예외 항목으로 표시된 경우를 제외하고 모든 URL 요청을 차단합니다. 여기에는 http://google.com, https://gmail.com, chrome://policy와 같은 모든 URL 스키마가 포함됩니다.
*:8080	포트 8080에 대한 모든 요청을 차단합니다.
*/html/crosh.html	Chrome 보안 셸(Crosh 셸이라고도 함)을 차단합니다.
chrome://settings	chrome://os-settings에 대한 모든 요청을 차단합니다.
chrome://os-settings	

▲ 차단된 URL 항목 예시자료

특정 사이트를 제외한 나머지 사이트를 모두 차단하기 위해서는 예시자료에 나와있는 것 처럼 '차단된 URL'에 * 을 입력하고, '차단된 URL 예외 항목'에는 접속을 원하는 특정 사이트 주소(clipo.ai)를 입력한다. 그러면 특정 사이트(clipo.ai)를 제외한 나머지 사이트의 접속이 차단된다.

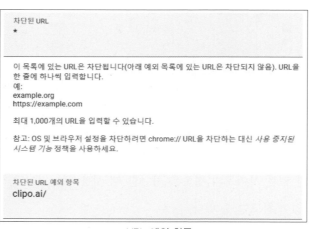

▲ URL 예외 항목

또는 CEU에서 크롬북을 키오스크 모드로 변경하여 원하는 사이트를 배부하거나[91], 크롬북에서 구글 설문지로 제작한 퀴즈 과제를 '잠금 모드'로 실행하면 평가 환경을 통제하며 객관식, 주관식 수행평가를 시행할 수 있다.[92]

---

[91] 자세한 내용은 유튜브 영상 참조(joo.is/ceu키오스크모드)
[92] 자세한 내용은 블로그 참조(joo.is/크롬북ceu)

▲ CEU 키오스크 모드[93]

중·고등학생을 대상으로 인터넷 쓰기와 종이 쓰기의 선호 여부를 묻는 설문 조사에서는 중학생 60.8%, 고등학생 59.1%가 인터넷 글쓰기를 더 선호하는 것으로 응답했다(문민정, 2014). 손 글씨에 비해 컴퓨터로 작성한 글에 대한 수정과 편집이 용이하다는 이유이다. 그리고 일반적으로 교사들은 필체가 좋은 글을 높게 평가하는 경향이 있다. 글씨체가 안정되어 있지 않으면 평가에 임하는 교사들의 인지적 부담은 증가하게 되고 이는 평가자의 태도에 부정적으로 작용하기 때문이다(김인숙, 2015). 이에 교사와 학생 모두가 만족할 수 있는 방식의 수행평가라면 서로에게 훨씬 더 효율적일 것이다.

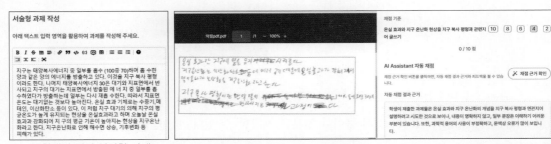

▲ 학생이 직접 입력한 과제   ▲ 스캔 파일로 일괄 등록한 과제(클리포에서는 악필 학생의 손글씨 답안도 채점이 가능함.)[94]

[93] 클리포에서는 악필 학생의 손글씨 답안도 채점이 가능함.
[94] 기기-앱 및 확장 프로그램-키오스크-+버튼-URL로 추가

2) 뤼튼: 툴, 챗봇

두 번째로 소개할 에듀테크 도구는 바로 뤼튼(wrtn)[95] 툴과 챗봇이다. 뤼튼에서는 스튜디오를 활용하여 툴이나 챗봇을 제작할 수 있다.

▲ 뤼튼으로 만든 채점 및 피드백 툴

학급에서 모둠활동이나 교사의 개인적인 피드백 또는 클리포를 통한 피드백을 받을 수 있겠지만, 계속해도 부족하다는 생각이 들 수 있다. 그래서 뤼튼 스튜디오에서 채점과 피드백을 도와주는 툴이나 챗봇을 제작하여 활용하는 것도 방법일 것이다.

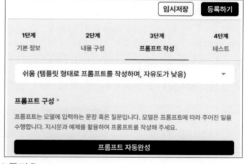

▲ 뤼튼 스튜디오

뤼튼 스튜디오는 툴과 챗봇의 제작 과정이 4단계로 간단하게 구성되어 있고, 프롬프트 자동 완성 기능이 있어서 쉽게 툴이나 챗봇을 제작할 수 있다. 다만, 자동 완성을 통해 만들어진 프롬프트를 사용자의 목적에 맞게, 그리고 완성도를 높이기 위해 계속 수정하고 보완해야 한다. 이번에 제작한 툴은 채점과 피드백이 목적이므로 루브릭을 삽입하고 몇 가지 주의 사항을 포함한 프롬프트로 다음과 같이 수정했다.

[95] wrtn.ai

수행평가 도우미

도우미의 역할

* 평가 문제에 대해 학생이 글을 써서 나의 답변으로 입력하면, 루브릭에 맞춰 채점을 해주고 피드백을 해줘.
* 평가의 핵심은 깊은 이해를 바탕으로 이유나 예시 등 근거를 활용하여 설명하고 있는지 확인하고 채점을 하는 것이야.
* 잘한 점과 개선할 점으로 피드백을 해줘.
* 잘한 점은 깊은 이해를 바탕으로 설명했거나, 기본적인 설명을 했다면 그 내용에 대해서 칭찬을 해줘.
* 개선할 점은 깊은 이해를 바탕으로 설명하는 다양한 예시를 넣어줘.
* 잘한 점이 없으면 개선할 점만 표현해 줘.
* 종합적으로 판단해서 최종 점수와 종합 평가 안내 문구를 만들어 줘.

채점 유의 사항

* 나의 답변을 아래의 루브릭에 맞춰서 채점해 줘.
* 내용과 상관없는 답변이 입력되면 최하점수인 4점을 부여해 줘.
* 예시나 이유가 깊은 이해를 바탕으로 제시되지 않으면 기본적인 설명이야.
* 숫자만 입력한다거나, 전혀 맞지 않는 답변을 제출하는 경우 오답으로 처리해 줘.
* 중학교 3학년 과학 수준을 참고하여 채점과 피드백을 해줘.
* 너무 까다롭게 채점하지 않도록 해줘.

루브릭

* 10점: 평가 문제에 대해 깊은 이해를 바탕으로 이유나 예시, 데이터 등 근거를 활용하여 설명함.
* 10점: 평가 문제에 대해 깊은 이해를 바탕으로 이유나 예시, 데이터 등 근거를 활용하여 설명하였으나 부분적으로 오류가 있음.
* 8점: 평가 문제에 대해 깊은 이해를 바탕으로 이유나 예시, 데이터 등 근거를 활용하여 설명하였으나 오류가 많거나 이해하기 어려운 설명임.
* 8점: 평가 문제에 대해 단순히 기본적인 설명을 하였음.
* 6점: 평가 문제에 대해 설명에서 일부 오류가 있음.
* 4점: 평가 문제에 대해 설명하기 어려움.

수행 평가 대상

* 중학교 3학년 학생

평가 문제

* 온실 효과와 지구 온난화 현상을 지구 복사 평형과 관련지어 설명하는 글쓰기

▲ 뤼튼 툴 제작에 사용된 프롬프트

이렇게 만들어진 툴이나 챗봇의 주소를 QR 코드로 교실에 붙여서 안내하거나 클래스보드를 통해 안내한다. 그러면 학생들은 원하는 시간에 원하는 만큼 실시간으로 채점과 피드백을 받아 볼 수 있게 되는 것이다.

▲ 학생 배부 자료(평가 툴, 설문지)

실제로 학생들을 대상으로 실시한 설문에서 피드백 도구의 유용성에 대한 긍정적인 의견이 많았다. 학생들은 시간에 구애받지 않고 필요할 때 언제든 활용할 수 있다는 점을 특히 높이 평가했다. 결국 계속된 피드백으로 자신의 과제를 점검하고 수정하게 되므로, 이는 학습을 위한 평가(Assessment for learning)가 된다.

> 선생님께 찾아 가 직접 물어보지 않아도 핸드폰으로 챗봇에게 물어보면 바로 피드백을 주기 때문에 더 편리하고 빠른 것 같다. 설명이 더 자세히 필요한 부분을 알려주어서 수행평가에 도움이 됐다.
>
> 그냥 프린트만 봤을 때는 어떻게 써야할 지 감이 안 오는 부분이 있는데 클리포가 알려줘서 도움된다
>
> 집에서 선생님과 따로 메세지를 보내 피드백을 받는 것이 아니라 ai도구들을 이용해서 피드백을 받아 나쁘지 않았다. 처음이여서 조금 어색하지만 만약 익숙해지면 잘 사용할 수 있을 것 같다.
>
> 피드백을 줘서 도움이 되었다
>
> 계속 수행평가에 대해 고쳐야할점과 개선방법을 알려줘서 계속 좋은 방향으로 수정해 나갈수있어서 수행평가를 준비하기 쉬워서 도움이 되었다고 생각합니다.

▲ 피드백 도구(뤼튼 툴과 챗봇)에 대한 학생 의견

다만, 이러한 툴을 만들기 위해서는 교사가 해당 도구를 제작하는 방법도 배워야 하고, 적절한 프롬프트 작성법도 고민해야 한다. 물론 시작 단계에서는 시간과 노력이 많이 들

겠지만, 한 번 제작을 해놓으면 유사한 수행평가에서도 프롬프트의 일부 내용만 수정하여 재사용할 수 있어서 이후의 작업은 훨씬 수월해진다.

3) 뤼튼: 채팅

세 번째로 소개할 에듀테크 도구는 바로 뤼튼 채팅이다.

뤼튼 채팅이나 챗GPT(ChatGPT)[35]를 활용하면 다양한 예시 작품을 생성할 수 있기 때문에 모둠 활동을 통해 다른 사람의 글을 읽어보는 것과 같은 효과를 얻을 수 있다. 특히 생성형 AI는 텍스트 생성에 특화된 모델인 LLM(Large Language Models)을 활용하고 있어서 작문 실력을 향상하는 것에 많은 도움을 받을 수 있다. 툴이나 챗봇을 제작하는 것처럼 생성형 AI에 입력하는 프롬프트를 채점과 피드백에 맞춰서 작성하면, 나의 과제에 대한 즉각적이고 개별적인 피드백을 받아볼 수 있다.

> **질문** 중학교 3학년 수준에서 온실 효과와 지구 온난화를 지구 복사 평형과 관련지어 글을 써줘. 깊은 이해를 바탕으로 이유나 예시, 데이터 등을 포함하여 600자 이내로 작성해줘.

▲ 글쓰기 프롬프트

> **질문** 중학교 3학년 수준에서 과학 개념에 대한 글쓰기를 평가하고 피드백을 해줘. 평가 기준은 깊은 이해를 바탕으로 이유나 예시, 데이터 등이 포함되어 있어야 해.

▲ 피드백 프롬프트

> **질문** 너는 평가 전문가야. 아래에 입력된 평가 주제와 루브릭, 채점 주의사항에 따라 입력된 답변을 채점해줘.
>
> #주제
> 온실 효과와 지구 온난화를 지구 복사 평형과 관련지어 설명하는 글쓰기
> #루브릭
> *10점: 평가 문제에 대해 깊은 이해를 바탕으로 이유나 예시 등 근거를 활용하여 설명함.
> * 8점: 평가 문제에 대해 단순히 기본적인 설명을 하였음.
> * 6점: 평가 문제에 대한 설명에서 일부 오류가 있음.
> * 4점: 평가 문제에 대해 설명하기 어려움.

---

⑨ chatgpt.com

#채점 유의 사항

*평가 문제에 대해 나의 답변이 입력되면, 루브릭에 맞춰 채점하고 피드백을 해줘.

* 평가의 핵심은 깊은 이해를 바탕으로 이유나 예시 등 근거를 활용하여 설명하는 것이지만, 기본적인 개념에 대한 설명이 잘못되면 안 돼.

* 개념 설명을 위해, 또는 개념 설명 이외에 다양한 자료들이 활용되었는지 확인해줘.

* 잘한 점과 개선할 점으로 피드백을 해줘.

* 깊은 이해를 바탕으로 설명했거나, 기본적인 설명을 정확히 했다면 그 내용에 대해서 잘한 점으로 칭찬해 줘.

* 개선할 점으로는 개념의 오류를 수정해 주고, 다양한 예시를 넣어줘.

* 잘한 점이 없으면 개선할 점만 표현해줘.

* 종합적으로 판단해서 최종 점수와 종합 평가 안내 문구를 만들어줘.

#답변
(이곳에 학생의 과제를 입력)

▲ 채점 기준표와 주의사항이 포함된 채점 및 피드백 프롬프트

이 과정에서 학생들은 자연스럽게 생성형 AI를 활용하는 데 필요한 질문(프롬프트)을 작성하는 방법이나 결과물에 대한 비판적인 수용을 통해 디지털 소양 능력이 향상될 것이다. 물론, 학생들이 생성형 AI를 활용하기에 앞서 디지털 윤리 교육을 포함한 생성형AI의 편향성이나 환각 현상[97], 최신 정보의 미반영으로 인한 오류 등과 같은 문제점에 대해 안내하는 것이 필요하다.

4) 구글 설문

뤼튼 툴이나 챗봇, 생성형 AI를 활용해 채점했다면, 그 결과를 클래스 보드를 통해 공유하거나 구글 설문으로 제출하도록 안내한다. 학생들의 성찰을 통한 성장 과정을 확인하는 것 외에도 수업 개선 요소를 파악하고 피드백의 신뢰성을 점검하는 것이 목적이다.

---

[97] 할루시네이션(Hallucination), 생성형 인공지능이 주어진 질문에 대해 잘못된 응답을 출력하는 현상

질문 응답 설정

지구온난화 채점 결과 제출

B *I* U ⌐ X̄

1. 자신의 평가문항 답안을 새롭게 작성합니다.

2. 아래의 툴을 활용해서 스스로 채점을 합니다.
https://store.wrtn.ai/store/details/662e0e7e99303eec38c85798

3. 채점 결과를 제출합니다.(여러 번 채점을 하고, 결과를 여러 번 제출해도 됩니다.)

평가 툴에서 받은 점수 *

○ 10

○ 8

○ 6

○ 4

○ 2

작성한 답변 제출 *

단답형 텍스트

지난번에 제출한 답변 내용과 달라진 점은? *

단답형 텍스트

▲ 채점 결과 설문

2022 개정 교육과정에서는 학습에 대한 성찰을 강조하고 있다. 학생이 스스로 학습 전략을 점검하며 개선하는 기회를 제공하여 학습을 개선할 수 있도록 한다는 것이다. 그래서 설문을 통해 평가 툴이나 생성형 AI를 활용하여 받은 점수와 작성한 과제 내용, 그리고 지난번에 제출한 과제 내용과 달라진 점을 추가로 제출한다.

이름(ex. 이진원)	평가 툴에서 받은 점수	작성한 답변 제출	지난번에 제출한 답변 내용과 달라진 점(추가한 내용)은?
양▢▢	10	지구복사평형은 지구가 방출한 온실 효과와 지구 온난화의 근거로 사용할 수 있는 연구 자료를 제시했고 온
정▢▢	8	지구 온난화 현상은 지구의 ᄐ 지구 온난화의 원인(인간의 활동으로 인한 온실 기체 방출),지구 온난화의 ᄋ
조▢▢	8	온실 효과란, 수증기, 메테인 지난번엔 없었던 복사 평형의 내용을 언급했고, 실제 사례를 들어 이해를 도
김▢▢	8	온실효과는 이산화탄소,메테 온실기체가 지구평균기온을 높이는 이유,지구온난화의 문제점
김▢▢	8	온실효과는 이산화탄소,메테 이산화탄소 농도에 따른 기온상승에 수치부여,온실기체의 역할에 추가설명
전▢▢	8	지구는 태양복사에너지 중 일 권위있는 기관의 자료를 근거로 삼아 예로 들었다. 또한 구체적인 수치를 표
전▢▢	10	지구는 태양복사에너지(100) 예시를 추가하였고, 지구온난화랑 지구복사평형의 관계를 더욱 자세히 연결
지▢▢	8	폭염이 심해지고 가뭄이 전보 내용을 다시 쓰고 온실효과 강화에 대한 설명을 더 자세하게 썼다. 그리고 ᄌ
지▢▢	8	폭염이 심해지고 가뭄이 전보 이산화탄소에 대한 설명을 추가하고 예시를 추가하면서 관계에대한 설명을
최▢▢	8	잘한 점: 1. 지구 복사 평형, ᄋ에너지가 우주로 방출되지 않고 대기에 있는 온실기체에 의해 다시 지표면(
최▢▢	2	지구 복사 평형은 지구가 태ᄋ 온실 기체의 양이 많아지면서 온실 효과가 강화되어 지구 복사 평형으로 거
최▢▢	8	지구 복사 평형은 지구가 태ᄋ 태양 복사 에너지 중 일부를 흡수하고 흡수한 양과 같은 에너지를 방출하는
최▢▢	8	지구 복사 평형은 지구가 태ᄋ 화석 연료를 사용할 때 에너지를 사용한 후 남게 되는 물질은 이산화탄소와
최▢▢	8	지구 복사 평형은 지구가 태ᄋ 우주로 방출되는 지구복사에너지가 지구 대기에 방출된 이산화탄소나 수증

▲ 채점 결과 제출 확인

횟수	학번	이름	점수	지난번에 제출한 답변 내용과 달라진 내용은?(추가한 내용)
1차	0000	김○○	6	온실효과와 지구온난화의 설명이 추가되었고, 복사 평형에 대한 설명을 조금 더 구체화 시켰습니다.
8차	0000	김○○	8	좀 더 구체적이고 정확한 온실효과가 증가하는 이유, 온실효과와 지구온난화의 관계, 온실효과가 복사 평형에 미치는 구체적인 영향, 온실효과가 지구 온난화에 미치는 영향 추가했습니다.

▲ 피드백 결과 제출

제출된 설문지를 구글 시트로 정리하면 학생들의 다양한 시도 과정을 확인할 수 있다. 8번의 피드백을 받으면서 과제를 수정하고 답변을 제출한 학생이다. 피드백을 받는 과정에서의 성찰과 노력이 그대로 드러난다. 이를 통해 학생들이 과제 수행 과정에서 보여준 노력은 정의적 능력 평가 영역으로 생활기록부에 기록한다.

또한, 개념 형성과 글쓰기 과정을 한 눈에 볼 수 있기 때문에 학생들에게 공통적으로 필요한 피드백 내용이나 교사의 수업 개선에 필요한 추가 요소를 파악하는데 용이하다.

이렇게 에듀테크 도구를 활용하여 학생들의 학습을 도울 수 있다는 것은 큰 장점이다. 그러나 교사가 수행평가를 실시할 때마다 학생들의 성장을 돕기 위해 평가 툴이나 챗봇을 제작하기가 쉽지는 않다. 그리고 학생들이 생성형 AI를 활용해서 과제를 점검하고 피드백을 받는 것에서 검증이 안 되는 문제들도 있다. 그래서 필자도 이러한 AI를 활용하는 것은 필요하다고 생각이 되는 경우에만 보조적으로 사용하고 있다. 수업 시간에 학생들과 함께 연습하고, 동료평가를 받은 후, 수정하고 보완하는 활동만으로도 학생들의 충분한 성장을 기대할 수 있다.

라. 성장중심평가의 공유

1) 학습 결과물 공유

학생들이 융합교육을 통해 하나의 주제로 여러 과목에서 함께 배우며 성장했다면, 그 결과를 공유하는 것은 또 다른 성장의 기회가 될 것이다. 이를 위해 과목별로 완성된 결과물을 학교 게시판이나 패들렛, 클래스 보드 등을 활용하여 공유한다. 나아가 최종 결과물인 발표 자료는 전교생이 모인 자리에서 발표를 실시한다. 학급 단위의 소규모 발표가 아닌, 학년 전체 또는 전교생 앞에서 발표하는 것은 학생들에게도 부담이 될 수 있겠지만, 이러한 경험이 학생들의 성장을 위한 밑거름이 될 수 있을 것이다.

▲ 학생 성장 결과물 공유(발표)1   ▲ 학생 성장 결과물 공유(발표)2

2) 에듀테크와 아날로그의 소중함

지금도 학생들의 창의적인 수업 활동 결과물을 각 반의 복도 앞에 전시하고 있다. 복도를 지나가는 학생들이 서로의 성과를 관람하며 공유할 수 있도록 하기 위함이다. 에듀테크 도구가 쏟아져 나오는 요즘, 새로운 도구들을 알아보고 사용하느라 정신없는 상황이 연출되기도 한다. 그러나 에듀테크와 아날로그 교육 방식의 장점을 적절히 활용한다면, 학생들의 종합적인 역량 향상에 기여할 수 있을 것이다.

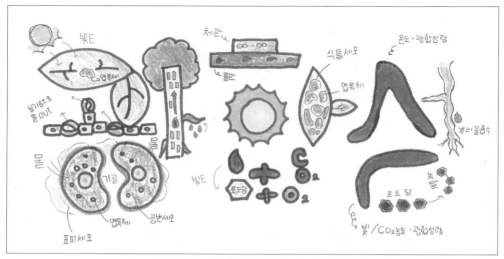

▲ 타이포그래피

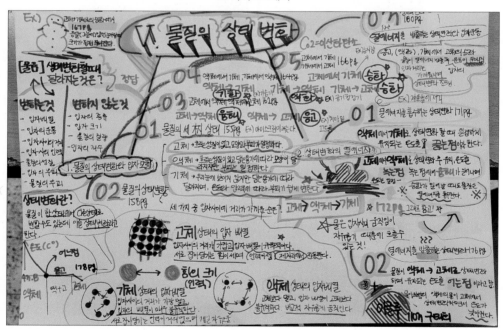

▲ 마인드맵

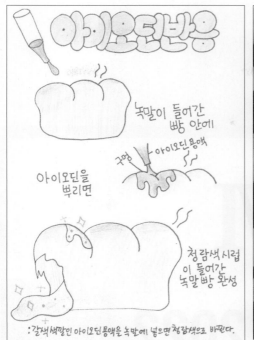

▲ 인포그래픽과 착시 현상

VI

IB와 2022 개정 교육과정

새 교육과정의 실마리를 찾아서

2023년, 필자는 경기도 교육청 IBEC(International Baccalaureate Education Center) 대학원 위탁 과정 1기를 이수하는 기회를 얻었다. 같은 해, 2022 개정 교육과정 평가 연구회 활동에도 참여하게 되었다. 이 과정은 결코 쉽지 않았다. 새로운 교육 패러다임을 이해하고, 그에 맞는 평가 방식을 고민하는 일은 때로 막막하고 힘들었다. 그럼에도 불구하고 이 두 경험을 통해 흥미롭고 유의미한 사실을 발견했다. 우리나라의 2022 개정 교육과정과 IB 교육이 공통적으로 개념기반 교육과정이라는 점이다.

현재 많은 학교 현장에서는 2022 개정 교육과정, 특히 평가와 관련된 구체적인 예시 자료가 부족하여 어려움을 겪고 있다. 개념기반 탐구학습과 그에 따른 평가 방식은 기존의 그것과는 크게 달라, 많은 선생님들이 이 새로운 길 앞에서 당혹감을 느끼고 있을 것이다.

이 책의 집필 동기는 바로 이러한 현장의 어려움에 조금이나마 도움이 되고자 하는 마음에서 비롯되었다. IBEC 과정과 평가 연구회를 통해 얻은 경험과 통찰을 바탕으로, IB 교육과 2022 개정 교육과정의 유사성에서 새 교육과정 평가의 실마리를 찾을 수 있지 않을까 생각했다.

그러나 이 책은 단순히 두 교육과정을 비교하는 데 그치지 않는다. IB 교육과 2022 개정 교육과정이 공통적으로 직면하는 현장 적용의 어려움을 살펴보고, 이를 해결하기 위한 방안을 현장 교사의 관점에서 비판적으로 고찰하고자 한다. 이론과 현실 사이의 간극, 교사의 업무 부담 증가, 학생 평가의 공정성 문제 등 우리가 마주한 현실적 과제들을 솔직히 다루고자 한다.

이 책이 현장의 모든 선생님들께 완벽한 해답을 제시할 수는 없을 것이다. 그러나 적어도 같은 고민을 하는 동료 교사의 경험 공유로서, 새 교육과정 실행의 한 참고사례가 될 수 있기를 희망한다. 더불어 현장의 목소리를 담아 교육 정책 입안자들에게 전달하는 가교 역할을 할 수 있기를 바란다. 우리 모두가 함께 머리를 맞대고 고민할 때, 비로소 의미 있는 교육의 변화가 시작될 수 있을 것이다.

가. IB 교육 도입과 2022 개정 교육과정의 비교

1) 한국 교육 도입 배경과 현황

2014년 이혜정 서울대 교수는 '서울대에서는 누가 A+를 받는가'를 출간하여 한국 교육의 암기 위주, 주입식 교육 문제를 지적했다. 이는 한국 교육의 문제점에 대한 사회적 논의를 촉발시켰고, 2017년 이혜정 교수와 조희연 서울시 교육감은 IB 교육과정 도입 연구를 통해 암기 위주 교육에서 벗어나 학생들의 창의력과 비판적 사고 능력을 함양할 수 있는 대안을 제시했다.

2) IB 교육과정 도입 논의 확산과 정치적 영향

2019년 오세정 당시 서울대 총장은 국회에서 IB 교육과정 도입의 필요성을 강조하며, 이는 단순히 해외 대학 진학을 위한 수단이 아니라 한국 교육의 근본적인 변화를 위한 시도임을 역설했다. 그러나 여러 정치적 이슈로 인해 논의가 잠시 중단되었다. 하지만 2021년 대구와 제주에서 최초의 IB 인증 학교가 설립되면서 IB 교육과정 도입은 미래교육의 대안으로 다시금 추진력을 얻었고 현재 경기, 서울, 부산 등 다른 지역으로 확대되고 있다.

나. IB 교육의 이해

1) IB 교육과정의 개념 및 특징

IB(International Baccalaureate) 교육과정은 1968년 스위스 제네바에서 국제적 소양을 갖춘 인재 양성을 목표로 하는 국제 교육 프로그램으로 국제 바칼로레아 기구(IBO)에 의해 개발된 국제적인 교육과정이다. IB 교육과정은 탐구 기반 학습, 개념 중심 교육, 학습자 중심 평가 등을 강조하며, 학습자의 자기 주도성과 비판적 사고 능력 함양을 중시한다. 또한, 국제적인 시각에서 다양한 문화를 이해하고 존중하는 태도를 기르는 데 초점을 맞춘다. 비판적이고 독립적인 사고력과 논리적인 탐구 방법을 강조하며, 3세부터 19세 학생을 대상으로 4개의 프로그램(유초등 프로그램, 중학교 프로그램, 고교 대학준비 프로그램, 직업 관련 프로그램)으로 구성되어 있다. 특히, IB 대입 시험은 고급 수준 3과목, 표준 수준 3과목, 소논문, 지식론, 창의 체험 봉사 활동 등 45점 만점으로 진행되며, 수행평가를 포함하여 논술형 시험으로 운영된다. 이러한 IB 교육과정은 학생들의 생각하는 힘을 기르고 논리적이고 설득력 있게 주장하는 능력을 평가하는 데 초점을 둔다. 다음은 대구광역시교육청 홈페이지[※]에 있는 IB 교육이 내세우는 차별화 포인트와 학교급별 특징이다.

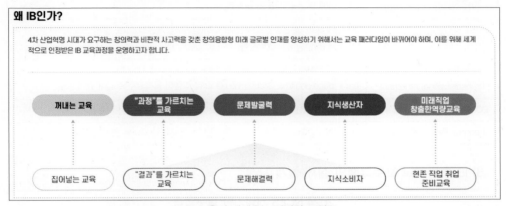

▲ IB 교육이 내세우는 차별화 포인트

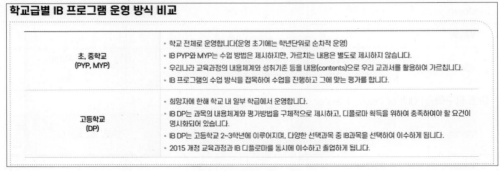

▲ IB 학교급별 특징

2) IB PYP 프레임워크의 주요 요소

요소	설명
Conceptual Understanding (개념적 이해)	Concept-based Inquiry를 통해 사실에서 개념을 구성하고 개념 간 관계를 이해하는 것
Concepts (개념)	Key Concepts(7가지)와 Related Concepts로 구분
Action (실천)	개념적 이해를 바탕으로 이해한 내용을 가치, 태도를 바꾸거나 실제 행동으로 옮기는 것
ATL Skills (학습에 대한 접근 기술)	5가지 기술(사고, 사회적, 조사, 의사소통, 자기관리)을 통해 학습 목표를 달성하고 교사는 이에 맞는 전략을 찾아 적용
UOI (탐구 단원)	Unit of Inquiry의 줄임말로, 사실에서 개념 구성, 개념적 이해, 실천으로 이어지는 탐구의 단원 (학년당 6개 UOI 진행)
초학문적 주제 (transdisciplinary themes)	6가지 주제(Who we are, How we express ourselves, How the world works, Where we are in place and time, Sharing the planet)를 학년이 올라갈수록 깊이 있게 탐구
POI (Programme of Inquiry)	1학년부터 6학년까지 6개씩의 UI를 모아 학교 전체 교육과정을 구성
Learner Profile (학습자상)	IB 교육의 목표이자 국제적 소양을 갖춘 인간상을 나타내는 10가지 항목

3) IB 초등학교 프로그램의 실제 설계 사례[99]

2024 NCES 개념기반 탐구학습
Programme of Inquiry Timeline(2024)

Month	Jun [6월]				July [7월]				Aug [8월]		Sep [9월]			
Week	1	2	3	4	1	2	3	4	4	5	1	2	3	4
Gr.5		[탐구학습1] 법과 인권			[탐구학습2] 법과 인권							[탐구학습3] 예술		

Gr.5 탐구학습1 Unit of Inquiry Planner

Month	Oct [10월]					Nov [11월]				Dec [12월]				Jan [1월]
Week	1	2	3	4	5	1	2	3	4	1	2	3	4	1
Gr.5			[탐구학습4] 자연법칙				[탐구학습5] 역사				[탐구학습6] 동물보호			

---

[99] 남창초등학교 교사 김상규

법과 인권의 만남		
		2024 NCES Gr.5 남창초 김상규T
Transdisciplinary Themes	초학문적주제	우리 자신을 조직하는 방법
Central Ideas	중심 아이디어	법과 인권에 관한 사람들의 생각은 시대에 따라 변화했다
Human Images	2022 개정 인간상	더불어 사는 사람
Approaches to Learning	학습접근방법	사고 기능
		조사 기능
		의사소통 기능
Learner Profiles	학습자상	소통하는 사람
		원칙을 지키는 사람
		열린 마음을 지닌 사람
Key Concepts	주요 개념	책임
		변화
		관점
Related Concepts	관련 개념	인권, 기본권, 의무, 헌법, 법, 의견, 감상, 경험
Action	실천	사회 정의
National Curriculum of Korea Achievement Standard	관련 교과 성취기준	**[사회]** [6사02-01] 인권의 중요성을 인식하고 인권 신장을 위해 노력했던 옛 사람들의 활동을 탐구한다. [6사02-02] 생활 속에서 인권 보장이 필요한 사례를 탐구하여 인권의 중요성을 인식하고, 인권 보호를 실천하는 태도를 기른다. [6사02-03] 인권 보장 측면에서 헌법의 의미와 역할을 탐구하고, 그 중요성을 설명한다. [6사02-04] 헌법에서 규정하는 기본권과 의무가 일상생활에 적용된 사례를 조사하고, 권리와 의무의 조화를 추구하는 자세를 기른다. [6사02-05] 우리 생활 속에서 법이 적용되는 다양한 사례를 제시하고, 법의 의미와 성격을 설명한다. [6사02-06] 법의 역할을 권리 보호와 질서 유지의 측면에서 설명하고, 법을 준수하는 태도를 기른다. **[국어]** [6국01-02] 의견을 제시하고 함께 조정하며 토의한다. [6국03-05] 체험한 일에 대한 감상이 드러나게 글을 쓴다. [6국05-04] 일상생활의 경험을 이야기나 극의 형식으로 표현한다.

Inquiry Questions	탐구질문	법과 인권이란 무엇인가요?
Factual Questions	사실적 질문	역사적으로 사람들은 법과 인권에 대해 어떻게 생각했나요?
Conceptual Questions	개념적 질문	법과 인권에 관한 사람들의 생각이 변화한 이유는 무엇인가요?
Debabable Questions	논쟁적 질문	법과 인권에 관한 사람들의 생각 변화가 항상 긍정적이었나요?
학습목표 도달기준	지식 (Knowledge)	법과 인권에 대해 알고 있다.
	이해 (Understanding)	법과 인권에 대한 사람들의 생각이 변화할 수 있음을 이해한다.
	기능 (Do)	법을 지키고 인권을 존중하는 태도를 가진다.

[탐구목록] 법과 인권

Carla Marschall, Rachel French (2018)

	[탐구목록1] 인권운동가의 삶	[탐구목록2] 인권침해 사례	[탐구목록3] 헌법의 의미와 역할
학습자상	열린 마음을 지닌 사람	소통하는 사람	원칙을 지키는 사람
주요 개념	책임	변화	관점
학습접근방법	의사소통	조사	사고
하위 기능	문해력	미디어 문해력	정보의 전이

탐구단계	[탐구목록1] 인권운동가의 삶	[탐구목록2] 인권침해 사례	[탐구목록3] 헌법의 의미와 역할
관계맺기 Engage	[의견기반전략] 스펙트럼 입장문 '인권운동의 필요성에 동의하는가'-벽 스펙트럼/포스트잇 붙이기	[경험기반전략] 시뮬레이션 '세계 각지의 인권침해 사례'-인권침해 시뮬레이션 체험하기	[토론기반전략] 질문 확장 '헌법의 의미와 역할에 대한 질문'-질문제작/분류하기/묶기/명명하기
집중하기 Focus	[분류전략] 개념 사분면-인권운동가의 3가지 예시/1가지 비예시	[명명전략] 결합하기-인권침해의 정의 만들기/결합하기	분류전략] 프레이어 모델-헌법의 정의/특성/예시/비예시
조사하기 Investigate	[출판 자료] 논픽션 책-인권운동가 전기문 읽기	[테크놀로지 활용] 인터넷 검색 엔진-인터넷에서 인권침해 사례 조사	[체험 방법] 체험학습-지방법원 등 법원 관련기관 방문
조직 및 정리하기 Organize	[표상 전략] 사회극 놀이-인권운동가의 삶에 관한 역할극	[표상 전략] 언어적 표상-인권침해 피해자 입장 편지쓰기	[과정 조직자] 네트워크-헌법과 법에 관한 네트워크 작성
일반화하기 Generalize	[사고 스캐폴딩을 위한 질문] 스피드 연결-인권운동가를 연결하고 개념 도출	[사고 스캐폴딩을 위한 개념 은행] 개념 은행-2개 이상의 개념을 일반화 구성	[사고 스캐폴딩을 위한 질문] 개념적 질문-사실적 질문에서 개념적 질문으로
전이하기 Transfer	[적용 및 행동] 학생 주도 행동 - 사람들의 인권을 보호하기 위한 포스터와 표어 만들기		
성찰하기 Reflect	[계획 전략] 기준 공동 구상하기 - 포스터와 표어를 평가하기 위한 성공 기준을 학생들이 함께 만들기		

"사람들의 인권을 보호하기 위한 포스터와 표어를 만들어서 발표하라."

위긴스 & 맥타이 (2005)

Goal 목표	학생의 목표는 사람들의 인권을 보호하기 위한 포스터와 표어를 만들어서 발표하는 것이다.
Role 역할	학생의 역할은 시민 운동가이다.
Audience 대상/청중	학생의 청중은 한국과 외국 시민들이다.
Situation 상황	학생은 다음의 문제상황에 놓여 있다. 한국 사회에는 인권을 침해받는 사람들이 있다. 인권 침해를 예방하기 위해서는 사람들을 대상으로 인권 교육이 필요하다.
Performance 결과물	학생은 사람들의 인권을 보호하기 위한 포스터와 표어를 만들 것이다.
Standard 기준	학생의 결과물은 반드시 다음의 기준을 만족해야 한다. 1. 자신이 관심 있는 인권침해 대상과 주제 정하기 2. 인권침해 문제가 드러나는 포스터와 표어 만들기 3. 발표 자료와 발표 내용을 평가준거에 맞춰 발표하기

평가

[총괄평가] 루브릭

수전 M. 브룩하트(2013)

평가요소 / 척도	Beginning 기초	Developing 보통	Competent 능숙	Extending 우수
법과 인권에 대한 개념적 이해	법과 인권에 대한 개념적 이해가 부족하다.	법과 인권에 대해 부분적으로 개념을 이해한다.	법과 인권에 대한 개념을 이해하고 있다.	법과 인권에 대해 명확하게 개념을 이해하고 있다.
법과 인권에 대한 사람들의 생각 변화를 이해함	법과 인권에 대한 사람들의 생각 변화를 이해하기 어렵다.	법과 인권에 대한 사람들의 생각 변화를 부분적으로 이해한다.	법과 인권에 대한 사람들의 생각 변화를 이해한다.	법과 인권에 대한 사람들의 생각 변화를 명확하게 이해한다.
법을 지키고 인권을 존중하는 태도	법을 지키고 인권을 존중하는 태도가 부족하다.	법을 지키고 인권을 존중하는 태도를 부분적으로 가지고 있다.	법을 지키고 인권을 존중하는 태도를 가지고 있다.	법을 지키고 인권을 존중하는 태도가 명확하고 우수하다.
인권 보호를 위한 포스터	인권 보호에 대한 작품의 의도나 메시지가 부정확하다.	인권 보호에 대한 작품의 의도나 메시지가 다소 부정확하다.	인권 보호에 대한 작품의 의도나 메시지가 정확하며 다양하고 대부분 정확한 메시지를 담고 있다.	인권 보호에 대한 작품의 의도나 메시지가 분명하며 다양하고 정확한 메시지를 담고 있다.
인권 보호를 위한 표어	인권 보호에 대한 표어의 논지가 불분명하고 내용이 부정확하다.	인권 보호에 대한 표어의 논지가 불분명하고 내용이 다소 부정확하다.	인권 보호에 대한 표어의 논지가 분명하며 약간의 부정확한 내용을 담고 있다.	인권 보호에 대한 표어의 논지가 분명하며 정확한 내용을 담고 있다.

다. 2022 개정 교육과정과 IB 교육과정 비교 분석

1) 교육과정 문서 체계 비교

우리나라 국가 교육과정은 총론과 교과 각론으로 구성된다. IB 교육과정도 이와 유사한 구조를 가지고 있다. IB의 PSP(Program Standards and Practices, 프로그램 기준 및 실행)는 프로그램의 질과 신뢰성을 보장하기 위한 학교와 IB의 기본 원칙 세트이다. 또한 'FPIP(From Principles into Practice, 원칙에서 실천으로)'는 우리나라 교육과정의 총론과 유사한 역할을 한다.

우리나라의 교과 각론과 유사하게, IB 교육과정은 '범위와 순서(Scope and Sequence)'를 통해 각 교과의 내용을 자세히 설명한다. 다만, IB 프로그램에 따라 교과군의 구성과 수가 다를 수 있다.

2) 교육과정 총론 비교

2015 개정 교육과정과 2022 개정 교육과정 모두 교육과정 구성 방향이 IB 교육이 추구하는 학습자상과 유사하다. IB 교육은 탐구심 있고 지식이 풍부하며 배려심 있는 젊은이를 양성하여 상호 문화 이해와 존중을 통해 더 나은, 더 평화로운 세상을 만들고자 한다. 또한 2022 개정 교육과정과 IB 교육 모두 개념기반 탐구 교육과정에 바탕을 두고 있다. 학교급별 교육과정 편성·운영 기준과 학교 교육과정 지원은 PSP(학문 간 연계성, 발달 단계에 맞는 설계, 평가와 학습의 균형, 개념적 지식의 강조)와 유사하고, 학교 교육과정 편성·운영은 IB의 철학과 가치를 교육과정 설계, 교수법, 학생 평가 등 학교 운영의 모든 방법을 안내하는 FPIP와 유사하다.

3) 교육 목적 및 목표 비교

우리나라 국가 교육과정은 홍익인간 이념 아래 인격 도야, 자주적 생활 능력, 민주 시민으로서의 자질 함양을 목표로 한다. IB 교육과정은 다양성 이해, 더 나은 평화로운 세상에 기여, 탐구적이고 지식이 풍부하며 배려심 많은 학습자 양성을 목표로 하며, 세계시민의식(International Mindedness)과 문화간 인식(Intercultural Awareness)을 강조한다.

4) 인간상 및 핵심 역량 비교

	2015 개정 교육과정	2022 개정 교육과정	IB 교육과정
인간상	창의융합형 인재	포용성과 창의성을 갖춘 주도적 인재	탐구하는 사람 지식이 풍부한 사람 사고하는 사람 소통하는 사람 원칙을 지키는 사람 열린 마음을 가진 사람 배려하는 사람 도전하는 사람 균형잡힌 사람 성찰하는 사람
핵심역량	6가지 자기관리 지식정보처리 창의적 사고 심미적 감성 의사소통 공동체	6가지 자기관리 지식정보처리 창의적 사고 심미적 감성 협력적 의사소통 공동체	5가지 ATL 제시 사고기능 조사기능 의사소통기능 대인관계 기능 자기관리 기능

5) 내용 체계표 비교

2015 개정 교육과정은 교과 영역, 핵심 개념, 일반화된 지식, 내용 요소, 기능으로 구성된다. 2022 개정 교육과정은 개념 기반 탐구 학습을 초점으로, 핵심 아이디어를 추가하고, 내용 요소를 지식·이해, 과정·기능, 가치·태도 구분하고 있다. 2022 개정 교육과정의 핵심 아이디어는 IB 교육의 Central Idea(탐구의 결과로 도출되는 핵심적인 이해)와 유사하며 내용 요소를 지식·이해, 과정·기능, 가치·태도로 구성하고 탐구 기반 학습을 반영하고 있다.

6) 단원 설계 요소 비교

2022 개정 교육과정은 교과 영역, 핵심 역량, 핵심 아이디어, 성취 기준, 내용 요소(지식·이해, 과정·기능, 가치·태도), 평가 기준으로 구성되어 있으며 앞서 단원탐구계획(UOI)의 사례에서 살펴봤듯이 IB PYP와 유사하다.

이처럼 2022 개정 교육과정과 IB 교육과정은 교육 목표와 철학, 학습자상, 핵심 역량, 교육과정 구성 방식 등이 상당 부분 유사한 점을 보인다.

7) 성취기준과 교과서의 역할, 사고하는 교실

성취기준의 역할:

- 성취기준은 내용체계표에 제시된 내용요소 학습 후 학생들이 도달해야 할 목표점을 제시한다.
- 성취기준은 학습 내용의 범위와 수준에 대한 가이드라인을 제공한다.

성취기준과 교과서의 관계:

- 성취기준은 학습 목표를 제시하고, 교과서는 그 목표 도달을 위한 학습 자료를 제공한다.
- 성취기준은 학습 내용의 범위와 수준을 안내하고, 교과서는 그에 맞는 내용을 담고 있다.
- IB PYP에서는 성취기준을 반영하여 내실 있는 프로그램을 운영할 수 있고, 교과서 외에도 다양한 자료를 활용할 수 있다.

2022 개정 교육과정과 IB PYP는 개념기반교육과정을 채택하고 있으며, 이는 학습자 중심의 교육을 강조한다. 이러한 접근은 여러 교육 이론에 기반을 두고 있으며, 그 이론적 근거는 다음과 같다.

개념적 이해: 브루너의 '발견학습' 이론이 중요하게 반영되어 있다. 이는 학생들이 스스로 개념을 발견하고 구성하는 과정을 중시한다.

경험적 학습: 존 듀이의 '경험을 통한 학습(Learning by doing)' 개념이 그 토대를 이룬다. 이는 학생들의 직접적인 경험과 활동을 통한 학습을 강조한다.

사회문화적 학습: 비고츠키의 사회문화이론도 중요한 이론적 근거가 된다. 이는 학습자의 사회적 상호작용을 통한 개념 구성을 중시한다.

이러한 이론적 기반은 학생들의 능동적 참여, 깊이 있는 개념적 이해, 탐구 능력, 비판적 및 창의적 사고를 촉진하는 수업 설계의 중요성을 시사한다. 따라서 교육자들은 학생들이 핵심 개념을 중심으로 경험하고, 발견하며, 깊이 있게 사고할 수 있는 학습 환경을 조성하는 데 주력해야 한다.

개념기반 교육과정을 통해 2022 개정 교육과정과 IB PYP는 단순한 지식의 습득을 넘어, 학생들이 복잡한 아이디어를 이해하고 다양한 상황에 적용할 수 있는 능력을 기르는 것을 목표로 한다.

8) 평가 요소

2022 개정 교육과정의 개념 기반 교육과정은 지식과 기능뿐만 아니라 개념적 이해를 평가 요소로 포함한다. 이는 K-U-D(Knowledge, Understand, Do)로 구분되며, 성취 기준에서도 이러한 요소를 확인할 수 있다.

K는 소재의 성격을 띠는 사실적 지식으로 구체적 사실, 날짜, 장소, 규칙, 인물, 공식, 단어, 정의 등을 포함한다. U는 다른 상황으로 전이 가능한 개념적 이해로 영속적 이해, 일반화, 원리, 빅 아이디어(Big Idea), 핵심 아이디어, 이론 등을 의미한다. D는 개념적 이해를 위해 수행하는 과정과 기능으로 조사, 의사소통, 사고, 사회적, 자기관리 기능 등을 포함한다.

IB PYP에서는 ATL(Approaches to Learning)을 통해 학생들의 과정과 기능을 평가하며, 태도 평가는 기능 속에 내재되어 있다. 즉, 지식, 기능, 개념적 이해, 행동을 필수 요소로 평가한다. IB 월드스쿨의 평가 정책 사례를 살펴보면, 지식, 개념적 이해, 기능을 평가하며 학습 과정 중 학생들의 태도는 IB 학습자 상과 연계하여 평가하고 성찰한다.

결론적으로, 2022 개정 교육과정과 IB 교육은 '한국 IB'를 연구하는 인하대 교육학과 손민호 교수가 지적한대로 철학이 매우 유사하다고 볼 수 있다. 또한 시스템 상의 일부분, 예컨대 전사적인 교육과정 수립(POI), 내외부 교차 평가, 교사에게 허용하는 자율성의 정도, 대학 진학 자료 활용 등등 을 제외하고서는 교육과정, 수업, 평가의 이론과 실제에서도 상당한 유사점이 있다.

라. 2022 개정 교육과정 적용의 현실적 어려움

1) 입시 제도와의 불일치

현행 입시 제도는 여전히 객관식 문제 풀이 능력을 중시한다. 이는 개념기반 탐구학습과 성장중심평가를 지향하는 2022 개정 교육과정과 충돌한다. 대학 입시가 교육의 방향을 좌우하는 현실에서, 이러한 불일치는 교육 현장에 혼란을 야기할 수 있다.

2) 학습자의 다양한 상황 비고려

개념기반 탐구학습은 학생들의 높은 수준의 자기주도 학습 능력을 전제로 한다. 그러나 현실적으로 학생들의 학습 능력과 환경은 천차만별이다. 기초학력이 부족한 학생들, 사회경제적 여건이 열악한 학생들은 이러한 학습 방식에 적응하기 어려울 수 있다.

3) 교권의 추락

개념기반 교육과정의 성공적 실행을 위해서는 교사의 전문성과 자율성이 보장되어야 한다. 그러나 현재 한국의 교육 현장에서 교사의 권위는 지속적으로 하락하고 있다. 이는 새로운 교육과정을 주도적으로 실행하는 데 큰 장애물이 될 수 있다.

4) 교사의 업무 부담 증가

개념기반 탐구학습과 과정중심평가는 교사에게 더 많은 준비와 노력을 요구한다. 그러나 현재 대부분의 교사들은 과도한 행정 업무로 인해 수업 준비에 충분한 시간을 할애하기 어려운 상황이다. 2022 개정 교육과정의 도입은 이러한 업무 부담을 더욱 가중시킬 수 있다.

5) 평가의 객관성과 공정성 문제

성장중심평가, 수행평가 등은 객관성과 공정성 확보가 어렵다는 단점이 있다. 특히 입시 경쟁이 치열한 한국의 현실에서, 이러한 평가 방식은 학부모와 학생들에게 신뢰를 얻기 어려울 수 있다.

마. 2022 개정 교육과정의 평가 실행을 위한 제언

1) 단계적 도입 및 시범 운영

새 교육과정의 전면 도입보다는 단계적 도입과 시범 운영을 통해 문제점을 파악하고 보완하는 과정이 필요하다.

2) 교사 연수 및 지원 강화

교사들의 전문성 개발을 위한 체계적인 연수 프로그램과 실질적인 지원 체계를 마련해야 한다.

3) 나이스 및 입시 제도의 개선

학생 개별 학습 과정을 기록하기 위해 나이스 평가 방식을 개선해야 한다. 또한 대학 입시 제도를 새 교육과정의 취지에 맞게 개선하여, 학교 교육과 입시 간의 괴리를 줄여야 한다.

4) 학습자 맞춤형 지원 체계 구축

다양한 학습자의 상황을 고려한 맞춤형 지원 체계를 구축하여, 모든 학생이 새로운 교육 방식에 적응할 수 있도록 해야 한다.

5) 교권 강화 및 업무 경감

교사의 권위를 회복하고 불필요한 행정 업무를 줄여, 교사가 수업과 평가에 집중할 수 있는 환경을 조성해야 한다.

6) 평가의 신뢰성 확보 방안 마련

성장중심평가, 수행평가의 객관성과 공정성을 확보할 수 있는 구체적인 방안을 마련하고, 이에 대한 사회적 합의를 이끌어내야 한다.

2022 개정 교육과정은 미래 교육의 방향성을 제시하는 의미 있는 변화이다. 그러나 이를 현장에 적용하는 과정에서 많은 어려움과 도전이 예상된다. 정부는 이러한 문제점들을 진지하게 인식하고, 현장의 목소리를 경청하여 실효성 있는 개선 방안을 마련해야 한다. 교육은 실험의 대상이 될 수 없다. 학생들의 미래가 걸린 중요한 문제인 만큼, 더욱 신중하고 체계적인 접근이 필요하다. 우리 교사들도 역시 교육의 본질을 잃지 않으면서 변화에 적응해 나가는 지혜가 필요하다.

맺음말

(지미정) '2022 개정 교육과정은 망했어'라는 말이 절로 나올 정도로 그 깊이를 이해하는 건 쉽지 않았다. 하지만 관점을 이해하고, 개별적인 개념을 하나씩 곱씹으며 파고들었던 6개월, 교실의 변화는 교사인 나로부터 시작하였고, 그 변화의 시작으로 학생도 함께 변하기 시작하였다. 이제 본격적으로 시작하는 2022 개정 교육과정의 깊이를 즐기며 학생들과 함께 할 앞으로가 기대된다. "선생님 내년에 6학년 하시면 안 돼요? 성장한다는 게 뭔지 알겠어요. 내년에도 이렇게 성장하고 싶어요."

2022 개정 교육과정의 깊이를 헤아리다 보면, 성장중심평가의 관점으로 학생을 바라보기 시작하다 보면, 그 끝에 학생의 성장과 교사의 성장이 만나는 지점에서 학교의 웰빙(Well-being)이 시작될 것이다.

(오한나) 2022 개정 교육과정은 수업에 깊이를 더하려고 파헤쳤는데, 알고 보니 개념 기반 수업과 IB까지 맞물려 있는 거대한 산이었다. 독학으로 올라가기는 버거웠지만, 집필진과 함께 연구하며 드디어 조금 올라가는 데 성공했다. 생성형 AI를 활용하니 속도는 더 빨라졌다. 이 노하우를 많은 교사에게 알리고, 학교 현장에 변화를 일으켜서 2022 개정 교육과정을 성공적으로 실현하도록 기여하고 싶다. 이 책은 완벽하게 각 잡은 모습을 보여주지 않는다. 없는 길을 개척하면서 이리저리 부딪힌 시행착오를 진솔하게 담았다. 독자들은 교육학 서적에서 접하는 어려운 언어가 아닌, 현직 교사들의 실천 사례를 보며 자신감을 얻고 2022 개정 교육과정과 가까워지기를 기대한다.

(노명호) '평가가 곧 학습이고, 학습이 곧 평가', 라는 깨달음을 얻었던 연구회 활동이었다. 디지털 대전환을 명분으로 변화의 당위성이 강조되고 있다. 하지만 교육의 본질에 대한 고민은 과거, 현재 그리고 미래에도 변함이 없을 것이다. 교사의 전문성과 권위는 "닭이 먼저냐?, 달걀이 먼저냐?" 문제처럼 느껴지기도 한다. AI가 언젠가는 모든 측면에서 인간을 압도할 날이 올지도 모르겠다. 하지만 사람이 사람을 교육하는 학교에서 학생의 성장을 위해 뜨거웠던 선생님들의 고민과 열정만큼은 있는 그대로 평가 받을 수 있기를 바란다.

(권의선) 배움의 목적은 지식을 암기하기 위해서가 아니라 다양한 원리를 배우고, 통찰력을 길러 내 삶에 적용하기 위해서가 아닐까... 그런데 현재 우리의 평가는 어떤가. 학생들이 배운 지식을 잘 썼는지 확인하기 위해 교사들은 출제와 채점에 많은 시간을 소비하고 있다.

디지털·AI 활용 수업에 대한 평가를 연구하면서 평가는 그 자체가 또 하나의 학습이 되고 주도성과 문제 해결력 등의 다양한 역량을 함양할 기회가 될 수 있다는 것을 경험하였다. 챗GPT의 등장으로 기존 평가 방식은 더 이상 무의미해졌다. 이제, 평가의 패러다임이 변해야 한다. 앞으로 교사는 평가를 통해 무엇을 길러줄 수 있을까를 고민해야 한다. 이 책이 선생님들의 평가에 대한 고민을 해결해 줄 수 있는 작은 계기가 되길 소망한다.

(김영수) 교사에게 수업이 중요한 것이지 평가는 그다지 중요하다고 생각하지 않았다. 교직 경력이 꽤 되었는데도 불구하고, 평가에 대해서 전문적으로 배워본 적이 없었고 진지하게 고민해 본 적도 딱히 없었던 것 같다. 평가는 교수학습의 이해 정도를 파악하는 보조적인 수단이고 교사가 어쨌든 꼭 해야만 하는 의무 정도로 생각했었던 것이 사실이다. 정기고사에서 오류 없는 문항을 제작하고 수행평가에서 학생들에게 공정하게 점수를 부여하는 것은 교사에게 중요한 일이다. 하지만 이번 집필 과정에 참여하면서 교육과정에 대해 새로운 관점으로 접근하게 되었고 평가와 피드백의 중요성에 대해 다시 한번 깨닫게 되었다. 이번 연구를 통해서 교육의 본질에 나 자신이 한 발 더 다가간 느낌이다. 디지털

시대에 평가와 피드백에 대해 고민하는 대한민국의 교사들에게 이 책이 새로운 이정표가 되길 바란다. '평가가 곧 학습이고, 학습이 곧 평가이다.'

(이진원) 성장중심평가와 루브릭은 학생들의 성장을 돕는 데 큰 역할을 하지만, 실제 적용 과정에서 여전히 어려움이 존재한다. 특히 루브릭의 경우, 학생들의 다양한 수준과 특성을 잘 반영하여 질적으로 기술하기가 쉽지 않다. 그러나 지속적인 연구와 실천을 통해 이러한 과제들을 해결해 나갈 수 있다고 믿는다. 함께 노력한다면 새로운 길이 열릴 것이다.

(장희영) 겁 없이 뛰어들었던 교육과정과 평가의 세계는 생각보다 넓고 깊었다. 한동안 허우적댔지만 밝은 빛을 보았고, 설레는 이 순간을 위해 6개월을 달려왔나 보다. 그동안 교육과정–수업–평가의 일체화를 실천하기 위해 여러 사례를 보며 나만의 방법을 찾아갔던 날들이 많았다. 너무 어려웠고 외로웠다. 이제는 이 책을 함께 집필한 연구회 동료가 있고, 이 책을 선택하고 나와 같은 고민을 하는 선생님들이 있기에 외롭지 않다.
　현직 교사들의 고민과 사례를 담은 이 책은 어렵기만한 평가와 교육과정 설계에 도전할 수 있는 용기를 준다. 어떤 일을 할 때 동기 부여와 믿음은 스스로에게 주는 것이라 했다. 독자 여러분도 스스로에게 동기 부여와 믿음을 주고, 평가와 교육과정 설계에 도전해보길 바란다.

(소민영) AI를 비롯한 에듀테크처럼 새로운 것을 시도하는 것도 좋아하지만, 학생들과 정서적인 교류도 중요해서 아직도 주제 글쓰기장과 두 줄 공책 쓰기를 포기하지 못하고 있다. 이 평가 프로젝트는 나에게 있어 '가장 잘 맞는 옷'을 찾는 여정이었다. 에듀테크 도구를 찾고, 평가 방법을 고민하며 허덕일 때 다가온 사회정서역량(SEL)은 '이거다..!' 라는 마음이 단숨에 들게 했다. 쉽지 않은 여정이었지만 치열하게 고민하였고, 서로의 배움을 나누는 자리에서 열정적인 선생님들께 많이 배울 수 있어 감사하다.

모든 교사가 자신에게 어울리는 평가 방법을 찾으면서 헤맬 때, 이 책이 한 줄기 시원한 물줄기가 되기를 소망해 본다.

(조보현) 이 책을 집필하며 5년 차 신규교사의 고민과 관점을 담아내 보려고 했다. 나의 교직 생활을 돌아보면 '좋은 수업과 평가가 뭘까' 깊게 고민하지 않고 학창 시절 배웠던 대로, 익숙한 방법으로 가르쳤던 것 같다. 가장 큰 문제는 '무엇이 궁금한가, 무엇을 알고자 하는가'에 대해 생각하지 않았던 것이다. 물론 수업을 변화시키려는 과정이 그리 호락호락하진 않았다. 많은 시행착오를 거치며 '나는 왜 이러고 있나. 그냥 하던 대로 하면 편할 텐데.' 생각하며 포기하고 싶을 때도 있었다. 하지만 수업과 평가에 임하는 나의 마음가짐이 달라지자, 학생이 수업에 참여하는 태도가 달라지는 것을 보며, 학생들과 더불어 교사로서 내가 성장하는 달콤한 경험도 살짝 맛보게 되었다. 이 책을 통해 개정 교육과정에서 강조하는 깊이 있는 수업과 평가를 어떻게 실현할지 고민하는 교사들에게 도움이 되길 바란다.

집필 과정에서 저자들이 했던 고민을 공유하며, 교육과정과 평가를 AI로 풀어가는 긴 여정을 마친다.

2024년 8월
저자 일동

참고문헌

1. 논문, 학술지

김도균·이다영·김수진 외(2018). 교실 수업에서 구두 피드백의 정도와 유형 분석. 교육평가연구, 31(3), 753-773.

김선희(2019). 누구나 할 수 있는 융합 수업. 서울교육, 234호.

김인숙(2015). 손글씨쓰기 평가와 컴퓨터쓰기 평가의 차이 분석. 석사학위논문. 한국교원대학교 대학원.

김자미(2022). 2022 개정 정보과 교육과정 시안(최종안) 개발 정책연구. 한국과학창의재단, 15.

김정덕(2009). 중학교 쓰기 수업과 평가를 위한 루브릭 사례 연구. 박사학위논문. 한양대학교 대학원.

김진숙·김묘은·박일준 외(2022). 교육과정 연계 디지털 리터러시 교육 가이드라인 개발 연구. 한국교육학술정보원, ⅱ.

김혜영, 김래영(2016). 루브릭(RUBRIC) 쓰기에 나타난 수학적 모델링 연구. 수학교육 논문집, 30(3), 263-280.

문민정(2014). 인터넷 쓰기에 대한 태도와 인식의 성별 및 학교 급별 차이 연구. 석사학위논문. 한국교원대학교 대학원.

신현숙(2018). 사회정서학습 시행의 저해요인과 성공요건. 인문사회 21, 9(4): 320.

오미섭(2013). 교사관계 및 교우관계가 중학생의 학교적응에 미치는 영향. 지역사회연구, 21(3), 116.

윤미영, 홍영식(2014). 초등 과학 글쓰기 루브릭 개발 및 효과. 한국초등교육, 25(3), 35-52.

이승현, 이승호(2019). 마음챙김 기반 사회정서학습 프로그램이 초등학생의 사회정서역량 향상에 미치는 효과. 인문사회 21, 10(6): 381.

이영호, 구덕희(2015). 백워드 설계 모형을 적용한 소프트웨어 교과의 교수설계에 관한 연구. 한국정보교육학회 논문지 19(4), 409-412.

이예진·최미라·김윤정 외(2023). 수학적 모델링 수업에서 개념적 지식과 절차적 지식의 연결 방안 탐색. 初等 數學敎育, 349-368.

이인영(2010). 루브릭이 대학생들의 글쓰기 능력 신장에 미치는 효과. 우리말 글, 48(-), 29-53.

이형빈(2023). 성장중심평가의 취지에 따른 평가 루브릭 개발 가능성 탐구. 교육과정평가연구, 26(2), 259-278.

임유나(2022). 국제 바칼로레아 교육내용 프레임워크 분석: IB PYP를 중심으로. 교육과정평가연구, 25(2), 59-87.

장연우·문민지·박수련(2023). 2022 개정 교육과정에 기반한 경기도 교육과정의 생태적 전환 방안 탐색.

정윤정(2023). 국제 바칼로레아 중학교(IB MYP) 음악과 교육과정의 특성 및 시사점 탐색. 예술교육연구, 21(2), 339-358.

_____(2024). 음악 교과의 핵심 질문 개발에 관한 연구 – 2015개정과 2022개정 교육과정을 중심으로-. 문화예술교육연구 19(1), 79-110.

2. 단행본

강현석·이지은·유제순(2022). 이해 중심 교육과정을 위한 백워드 설계의 이론과 실천: 교실 혁명(2판). 학지사.

김선(2023). 수행평가와 채점기준표 개발. AMEC.

김선, 반재천(2020). 학생의 배움과 성장을 지원하는 과정 중심 피드백. AMEC.

리사 손(2019). 메타인지 학습법. 21세기북스.

린 에릭슨·로이스 래닝·레이첼 프렌치(2019). 생각하는 교실을 위한 개념 기반 교육과정 및 수업(온정덕, 윤지영 역). 학지사.

서울대학교 교육연구소(1995). 교육학용어사전. 하우동설.

수전 M. 브룩하트(2022). 루브릭 어떻게 만들고 사용할까?(장은경·김민아·남예지 외, 역). 우리학교.

유영식(2020). 교육과정-수업-평가를 일체화하는 과정중심평가. 테크빌교육.

이상우(2011). 협동학습으로 토의·토론 달인 되기. 시그마프레스.

이형빈, 김성수(2024). 백워드 설계하고 피드백으로 완성하는 성장중심평가. 살림터.

제이 맥타이, 그랜트 위긴스(2016). 핵심 질문: 학생에게 이해의 문 열어주기(정혜승·이원미 역). 사회평론아카데미.

조호제·김남준·김정숙 외(2023). 개념 기반 교육과정 수업 설계의 이론과 실제. 박영스토리.

지미정(2023). 미래교육 나침반. 앤써북.

최경애(2019). 평가 루브릭의 개발과 활용. 교육과학사.

최무연(2020). 학생중심수업, 교육과정을 디자인하다. 행복한미래.

3. 교육부 및 교육청 자료집

경기도교육청(2022). 2022 초등 성장중심평가 길라잡이.

경기도교육청(2023a). 2022 개정 교육과정 연계 디지털 소양 교육 가이드(중등).

경기도교육청(2023b). 2023 중등 학생평가 및 학업성적관리 이해하기.

경기도교육청(2023c). 2023 초등 성장중심평가 이렇게 실천해요.

경기도교육청(2024a). 2024 성취평가 적용을 위한 평가계획 길라잡이.